Souverän investieren mit Indexfonds, Indexzertifikaten und ETFs ■

■ *Gerd Kommer* studierte Politikwissenschaft sowie Volks- und Betriebswirtschaftslehre in Deutschland und den USA. Derzeit ist er im internationalen Firmenkundengeschäft einer Bank in London tätig. Zu seinen bisherigen Veröffentlichungen gehören *Cleveres Banking. Profi-know-how für klein- und mittelständische Unternehmen* (1999), *Indexfonds und -zertifikate für Einsteiger. Gewinnen mit der genial einfachen Anlagestrategie der Profis* (Campus 2000) sowie *Weltweit investieren mit Fonds. Wie Sie Ihre Gewinne erhöhen und Ihr Risiko senken können* (Campus 2001).

Anregungen und Kritik zu diesem Buch nimmt der Autor gerne entgegen. Bitte wenden Sie sich dazu an den Campus Verlag oder senden Sie eine E-Mail an gerd_kommer@hotmail.com

Gerd Kommer

Souverän investieren
mit Indexfonds, Indexzertifikaten und ETFs

**Wie Privatanleger das Spiel gegen
die Finanzbranche gewinnen**

Campus Verlag
Frankfurt/New York

Haftungsausschluss:
Investieren heißt immer auch Risiken übernehmen. Wertpapieranlagen sind mit Verlustgefahren verbunden. Wir können daher keine Haftung für Schäden übernehmen, die aus der Interpretation oder Umsetzung der in diesem Buch getroffenen Aussagen resultieren. Die Aussagen in diesem Buch sind persönliche Meinungsäußerungen des Autors und auf keinen Fall als Anlageempfehlungen im Sinne des Wertpapierhandelsgesetzes zu verstehen. Weder Autor noch Verlag stehen in irgendeiner geschäftlichen Beziehung zu den Anbietern der im Buch erwähnten Anlageprodukte und ziehen keinerlei finanziellen Vorteil aus dem Verkauf dieser Produkte.

Der Verzicht auf weibliche Substantivformen in diesem Buch erfolgt allein im Interesse der Lesbarkeit des Textes und ist im Übrigen ohne Bedeutung.

Dieses Buch ist eine vollständig überarbeitete und aktualisierte Neuauflage des 2002 erschienenen Werkes *Souverän Investieren*.

Bibliografische Information der Deutschen Nationalbibliothek
Die Deutsche Nationalbibliothek verzeichnet diese Publikation in der
Deutschen Nationalbibliografie. Detaillierte bibliografische Daten
sind im Internet über http://dnb.d-nb.de abrufbar.
■ ISBN 978-3-593-38392-7

2., komplett aktualisierte und überarbeitete Auflage 2007

Copyright © 2007 Campus Verlag GmbH, Frankfurt/Main
Umschlaggestaltung: R.M.E. Roland Eschlbeck, München
Umschlagmotiv: © mauritius images GmbH, Mittenwald
Satz: Fotosatz L. Huhn, Linsengericht
Druck und Bindung: Druck Partner Rübelmann, Hemsbach
Gedruckt auf säurefreiem und chlorfrei gebleichtem Papier.
Printed in Germany

Besuchen Sie uns im Internet: www.campus.de

Inhalt

Einleitung

»Das Einzige, worum ich bitte, ist eine Chance zu zeigen, dass Reichtum nicht glücklich macht.«

Karl Valentin, bayerischer Denker und Komödiant

Die meisten Leser werden es schon oft gehört und gelesen haben: 90 Prozent und mehr aller Investmentfonds scheitern langfristig an der Aufgabe, einen korrekt gewählten Vergleichsindex – also den Markt – zu schlagen. Dasselbe gilt für Profianleger außerhalb der Fondsbranche und erst recht für Privatanleger, die direkt in Aktien investieren. Schlimmer noch: Die kleine Gruppe derjenigen, denen es gelingt, den Markt in einem einzelnen Zeitabschnitt zu übertreffen, wechselt in ihrer Zusammensetzung ständig und unvorhersehbar. Aktives Investmentmanagement – der Versuch, den Markt zu übertreffen – scheitert fast immer grandios. *Souverän investieren mit Indexfonds, Indexzertifikaten und ETFs* deckt das Ausmaß und die Ursachen dieses Debakels auf, das vielen Privatanlegern jährlich unnötig niedrige Gewinne oder sogar hohe Verluste beschert.

Doch wichtiger noch als die Diagnose des Missstandes ist seine Therapie. Dieses Buch zeigt Ihnen, wie das Investieren mit Indexanlagen (kurz »Indexing« genannt) funktioniert und warum dies die Idealstrategie für Privatanleger ist. Indexing kombiniert vier Prinzipien:

- radikale Kostenminimierung,
- »buy and hold« (kaufen und halten),
- »passives« Investieren mit denkbar simplen Indexing-Produkten und
- höchstmögliche Sicherheit durch Diversifikation.

Was sind überhaupt Indexanlagen? Es handelt sich dabei um einfache Investmentprodukte, mit denen sich die Rendite eines Wertpapierindex, wie zum Beispiel des DAX, fast exakt nachbilden lässt. Steigt der Index um 1 Prozent, so erhöht sich auch der Wert der Indexanlage um 1 Prozent – und umgekehrt. Um die Rendite einer Indexanlage zu überprüfen, genügt daher ein kurzer Blick in die Zeitung oder ins Internet, wo täglich die Veränderungen aller wichtigen Wertpapierindizes der Welt über einen Tag, ein Jahr oder längere Zeiträume genannt werden.

Es gibt drei Typen von Indexanlagen: traditionelle (»konventionelle«) Indexfonds, börsengehandelte Indexfonds (Exchange Traded Funds, ETFs) und Indexzertifikate. Wie diese Anlageinstrumente im Einzelnen funktionieren, erfahren Sie im Abschnitt »Indexfonds, Exchange Trade Funds (ETFs) und Indexzertifikate«.

Für viele Indizes werden alle drei Instrumente angeboten. In Abschnitt 4.3 untersuchen wir, wofür und wann sich welches Anlageprodukt am besten eignet.

Die Vorteile von Indexing gegenüber den Dutzenden alter und neuer »aktiver« Anlagestrategien sind gewaltig: Indexing

- führt Sie mit größerer Wahrscheinlichkeit in die Gruppe der erfolgreichsten 10 Prozent aller Anleger als jeder andere Investmentansatz;
- ermöglicht die Senkung des Anlagerisikos auf ein Minimum, dessen Höhe von der gewünschten Zielrendite abhängt;
- ist leichter umzusetzen, einfacher zu überwachen und erfordert weniger Betreuungsaufwand;
- ist wissenschaftlich fundiert;
- verursacht niedrigere einmalige und laufende Kosten;
- erfordert weniger Startkapital, obwohl Indexing auch von den größten Wirtschaftsunternehmen der Welt angewandt wird;
- verhilft Ihnen aufgrund dieser Vorteile zu mehr Seelenfrieden als jeder andere Investmentansatz.

Die Erfolgsgeschichte von Indexing, dem »passiven« Investieren, begann sehr verhalten mit einer Dissertation, die der Franzose Louis Bachelier im Jahr 1900 an der Pariser Sorbonne-Universität einreichte und in der er bereits einige der theoretischen Grundlagen formulierte. Leider wurde die Genialität von Bachelier (der sogar eine wichtige mathematisch-physikalische Erkenntnis Einsteins um fünf Jahre vorweggenommen hatte) zu seiner Zeit verkannt, und seine Schriften fanden erst lange nach seinem Tod Beachtung.

Anfang der siebziger Jahre hatte sich die Finanzwirtschaft jedoch so weit entwickelt, dass man begann, die Vorteile von Indexing zu erkennen. 1973 legte die US-amerikanische Wells Fargo Bank (heute Teil der britischen Barclays Bank) den weltweit ersten Indexfonds für »institutionelle«, das heißt gewerbliche Anleger auf. 1975 folgte die Auflage des ersten Indexfonds für Privatanleger durch die amerikanische Fondsgesellschaft Vanguard, die kurz vorher vom mittlerweile legendären John Bogle gegründet worden war (heute ist Vanguard die viertgrößte Fondsgesellschaft der Welt). Zunächst wurde der »Vanguard 500 Index Fund« (der bis heute den amerikanischen S&P 500-Index der Standardwerte abbildet) als »Bogles Narrheit« verlacht, doch nach einem dementsprechend zähen Start errang der Fonds im Jahr 2000 den Titel des »größten Publikumsfonds der Welt« – 100 Jahre nach Bacheliers bahnbrechender Veröffentlichung. Heute konzentrieren sich drei der fünf größten Vermögensverwaltungsgesellschaften der Welt fast ausschließlich auf indexbasierte Anlagen.

In den USA, dem größten und modernsten Kapitalmarkt der Welt, haben institutionelle Anleger mehr als 30 Prozent ihrer Finanzmittel in Indexanlagen, also passiv, investiert; das entspricht der unvorstellbaren Summe von 4 000 Milliarden Dollar. Die entsprechende Quote für amerikanische Privatanleger dürfte bei etwa 10 bis 15 Prozent liegen. In Deutschland hat Indexing seit Mitte der 90er Jahre ebenfalls langsam, aber stetig an Popularität gewonnen, zunehmend auch bei Privatanlegern. Schätzungen zufolge sind heute etwa 5 bis 10 Prozent der privaten Finanzanlagen der Deutschen in Indexfonds und Indexzertifikaten investiert. Die bitteren Erfahrungen, die viele Anleger im dreijährigen Börsencrash von 2000 bis 2002 mit aktiven Anlagestrategien machten, darunter Exzesse wie das sogenannte Day-Trading, dürften langfristig zur Popularität von Indexing beitragen.[1]

Es bestehen wenig Zweifel daran, dass Europa in den nächsten Jahren zu den Amerikanern aufschließen wird: Die Vorteile von Indexing sind einfach zu offensichtlich. Dennoch ist Indexing kein Massenphänomen und wird es wohl auch nie werden. Dies liegt zum einen daran, dass die Finanzbranche damit nicht viel verdienen kann – ganz im Gegensatz zu den Anlegern, seien es nun Profis oder Amateure. Eine gewichtige Rolle spielt zum anderen, dass es vielen Anlegern schwerfällt, die oft verblüffenden und manchmal sogar kontraintuitiven Gründe für Indexing emotional zu akzeptieren. Auf diese Gesichtspunkte werden wir später genauer eingehen.

Was dieses Buch für Sie tun wird

Kapitel 1 dieses Buches erklärt zunächst die Funktionsweise der Wertpapiermärkte. Mithilfe einer Fülle historischer Daten lernen Sie, wie man Risiko und Rendite einzelner Anlageklassen im Zeitablauf nachvollziehen kann. In Kapitel 2 erfahren Sie, warum Banken, Fondsgesellschaften und Vermögensberater Indexanlagen fürchten wie der Teufel das Weihwasser und wie sie ihren Kunden mit intransparenten, riskanten und teuren Anlagestrategien zu oftmals katastrophalen Renditen verhelfen. Es illustriert anhand statistischer Fakten und stichhaltiger Argumente, wie und warum die Finanzmedien Anleger zu teuren Fehlern verleiten und wie man sich gegen die Desinformation dieser Medien immunisiert. Kapitel 3 zeigt anschließend in einfacher und verständlicher Form, welche Kriterien die Produktauswahl bestimmen sollten. In Kapitel 4 lernen Sie dann ein konkretes und einfach umzusetzendes Indexportfolio (Depot aus Indexanlagen) kennen, das auf Ihren persönlichen Anlagehorizont, Ihre Risikoneigung und Ihre Anlagesumme zugeschnitten werden kann; außerdem erfahren Sie die Namen und Wertpapierkennnummern der besten Indexanlageprodukte. Kapitel 5 schließlich weist auf einige zumeist von Banken und Finanzmedien gelegte Fallstricke für Anleger hin, denen man tunlichst aus dem Weg gehen sollte.

Dieses Buch wird es Ihnen – unabhängig von Ihrer Vorbildung – ermöglichen, eine brillante und dennoch einfache Investmentstrategie umzusetzen, mit der Sie 90 Prozent oder mehr aller Privatanleger und Profis langfristig hinter sich lassen. Nach seiner Lektüre werden Sie in der Lage sein, Ihr Depot mithilfe nationaler und internationaler Indexinvestments so auszurichten, dass Rendite und Risiko in einem optimalen Verhältnis zueinander stehen – gleichgültig, ob dieses Depot 5 000 Euro oder 2 Millionen Euro »schwer« ist. Sie werden Fakten und Legenden in Fondsprospekten, in der Bankenwerbung, der Berichterstattung der Anlegermagazine und in landläufigen Meinungen zum Thema Geldanlage voneinander unterscheiden können. Sie werden vermutlich mehr über Vermögensanlage wissen als drei Viertel aller Wirtschaftsjournalisten. Und Sie werden in der Lage sein, das einzige Anlagesystem mit dem »TÜV-Siegel« der Finanzwirtschaft für sich anzuwenden, die verblüffend einfache Moderne Portfoliotheorie. Kurzum: Dieses Buch wird die langfristige Rendite Ihrer Geldanlagen erhöhen und Ihren Zeitaufwand für die Pflege dieser Anlagen reduzieren.

Unsere Darstellung setzt an sich nur einfache Grundkenntnisse über Wertpapieranlagen voraus. Lediglich einzelne Abschnitte behandeln einige Sachverhalte auf anspruchsvollerem Niveau. Aber auch diese Abschnitte werden für Leser mit der Bereitschaft, einen Abschnitt in wenigen Ausnahmefällen zweimal zu lesen, leicht zu bewältigen sein. Mathematische Vorkenntnisse jenseits der Grundrechenarten und einfacher Zinsrechnung sind nicht notwendig. Alle in diesem Buch verwendeten Fachbegriffe, die das Wissen eines Anlegers mit Grundkenntnissen übersteigen, werden in einer »Infobox« im laufenden Text oder im Glossar erläutert. Schlagen Sie zuerst dort nach, wenn Ihnen ein im Text verwendeter Ausdruck oder ein Konzept nicht unmittelbar verständlich sind.

Betrachten wir nun ein wenig genauer, wie Wertpapiermärkte wirklich funktionieren. Sie werden dabei ein faszinierendes Wissensgebäude kennen lernen, für das fünf Wirtschaftsnobelpreise vergeben wurden und das die Geschehnisse an der Börse tatsächlich durchschaubar macht. Was Sie nun lesen werden, hat nicht viel gemein mit dem knallbunten Börsenunsinn, der in den Medien und Investmentratgebern verbreitet wird. Machen Sie sich auf einige interessante Überraschungen gefasst.

1.

Wie die Wertpapiermärkte tatsächlich funktionieren

1.1 Die enttäuschenden Renditen von Aktienanlegern und Investmentfonds

»Privatanleger können den Markt nicht schlagen. Sie erreichen mit einem Minus von 1,4 Prozent gegenüber dem DAX noch nicht einmal durchschnittliche Resultate.«

Prof. Martin Weber, Universität Mannheim

Nur eine erstaunlich kleine Zahl von Investmentfonds und Privatanlegern schlägt ihren Vergleichsindex (siehe nachfolgende Infobox) über nennenswerte Zeiträume von mehr als drei Jahren. In diesem Abschnitt werden wir die von professionellen Fondsmanagern, aber auch von Privatanlegern erzielten Renditen kritisch beleuchten. Diese nüchterne Bestandsaufnahme wird uns dabei helfen, die Wirksamkeit aktiver Anlagestrategien zu beurteilen, mit denen wir uns im Abschnitt 2.4 beschäftigen. Zunächst wollen wir daher einen Blick auf die Hauptergebnisse der diesbezüglichen Forschung in den letzten 20 Jahren werfen:

Die überwältigende Mehrheit aller Investmentfonds, Profi- und Privatanleger scheitert in der Tat regelmäßig daran, einen korrekt ausgewählten Vergleichsindex (Benchmark) bei Berücksichtigung aller Kosten und des eingegangenen Risikos über Zeiträume von drei Jahren aufwärts zu übertreffen.[2] Je nach Untersuchungsmethode, betrachteter Periode und Marktsegment schwankt dieser »Verliererprozentsatz« zwischen 50 Prozent und über 95 Prozent. Der durchschnittliche aktiv gemanagte Investmentfonds liegt bei Berücksichtigung aller Kosten und des sogenannten Survivorship-Bias (siehe Infobox) um mehr als 2,5 Prozentpunkte unter der Rendite eines vergleichbaren Indexfonds – eines Fonds, der einfach nur einen Wertpapierindex nachbildet. Das ist ein Rückstand von mehr als einem Fünftel der durchschnittlichen nominalen Langfristrendite für Standardwertaktien von rund 11 Prozent p.a. und einem Drittel der realen (inflationsbereinigten) Rendite von rund 7 Prozent.[3] Bei der Gruppe der Anleger in Einzelaktien fällt dieser Rückstand gegenüber dem passenden Vergleichsindex sogar noch höher aus. Diese Tatsache ist durch eine Vielzahl wissenschaftlicher Studien zu diesem Thema belegt. Diese Untersuchungen decken buchstäblich jede Periode, jede Asset-Klasse und jedes Land ab, für das halbwegs brauchbare Daten existieren.[4]

→ **Infobox: Vergleichsindex (Benchmark)**

Der englische Begriff *Benchmark* steht sinngemäß für »Vergleichsgröße«: Gemeint ist die Entwicklung eines bestimmten Index, der einem Fonds als Vergleichsmaßstab für die eigene Wertentwicklung dient. Ziel eines aktiv gemanagten Fonds muss es notwendigerweise sein, den Vergleichsindex zu schlagen. Um die Performance (Rendite) von Investmentfonds objektiv beurteilen zu können, werden häufig Börsenindizes als Benchmark verwendet. Aber auch ein anderes »vergleichbares« Wertpapier kann als Benchmark dienen. Passiv gemanagte Indexfonds entwickeln sich immer genau wie der Benchmark-Index abzüglich des *Tracking-Error.* Dieser beschreibt das Ausmaß, mit dem die Rendite eines Indexfonds gegenüber dem Index zurückbleibt. Da ein Indexfonds im Unterschied zum Index selbst stets Transaktionskosten verkraften muss, die die Rendite schmälern, lässt sich bei einem echten Indexfonds immer ein (zumeist kleiner) Tracking-Error beobachten. Die besten Indexfonds weisen aufgrund ihrer niedrigen Transaktionskosten Tracking-Errors von etwa 0,25 Prozentpunkten p.a. (per annum) auf. In vielen Werbeanzeigen für aktiv gemanagte Investmentfonds oder Zertifikate wird bewusst eine falsche Benchmark gewählt, die das jeweilige Produkt in einem günstigeren Licht erscheinen lässt ∎

Es kommt aber noch schlimmer: Die vom aktiven Anleger tatsächlich realisierten Renditen liegen noch weiter unterhalb der von aktiven Investmentfonds publizierten Rendite. Der Grund: Die Mehrheit der Anleger handelt »prozyklisch«, das heißt, sie steigt erst dann in bestimmte Fonds und Asset-Klassen ein, wenn diese bereits seit zwei bis drei Jahren überdurchschnittliche Renditen erzielt haben – womit sie einen Großteil der später im Prospekt für diesen Fonds ausgewiesenen Rendite verpassen. Anders formuliert: Gewichtet man die Rendite von Fonds und Einzelanlegern mit dem Anlagevolumen eines Fonds, reduziert sich die tatsächlich erreichte Rendite aktiver Anleger (im Unterschied zu der berichteten Fondsrendite, die ja nicht volumengewichtet ist) noch weiter. In einer Untersuchung des 19-Jahres-Zeitraums von 1984 bis 2002 zeigte das amerikanische Forschungsinstitut Dalbar, dass der durchschnittliche US-Aktienfondsanleger nur deprimierende 2,6 Prozent pro Jahr verdiente, gegenüber einer Jahresrendite von 12,2 Prozent des Aktienmarkts in diesem Zeitraum. Es möge keiner glauben, dies sei in Deutschland anders. Warum aktive Anleger zu diesem zweifelhaften Anlageverhalten neigen, werden wir in diesem Buch eingehend beleuchten.

Infobox: Aktives und passives Anlagemanagement

Aktives Anlagemanagement ist der Versuch, auf der Basis einer bestimmten Anlagestrategie eine »Überrendite« (neudeutsch »Outperformance« oder »excess return«) zu erzielen, also eine höhere Rendite als der Durchschnitt der übrigen Marktteilnehmer, gemessen an einem Referenzindex. Anders formuliert: Es ist der Versuch eines einzelnen Investors oder Fondsmanagers, Wertpapiere oder ganze Marktsegmente zu identifizieren, die die restlichen Marktteilnehmer (vermeintlich) vorübergehend über- oder unterbewertet haben. Sobald der restliche Markt seinen »Irrtum« erkennt und korrigiert, kann der Investor/Fondsmanager – so die Vorstellung – einen Gewinn realisieren. Aktives Anlegen ist stets spekulatives Anlegen, da der Anleger bewusst von einer neutralen Gewichtung seiner einzelnen Anlagepositionen zugunsten einer Über- oder Untergewichtung bestimmter Assets oder Asset-Klassen abweicht, also auf mögliche Diversifikation verzichtet. Dem steht »passives« Portfoliomanagement (Indexing) gegenüber – eine Buy-and-Hold-Strategie, bei der ein Investor alle Wertpapiere, die zu einer bestimmten Asset-Klasse gehören, im Umfang proportional zum Anteil ihrer Marktkapitalisierung am gesamten »Anlageuniversum« hält. Aktives Trading (laufendes Kaufen und Verkaufen) findet nicht statt. Im Unterschied zu aktivem Portfoliomanagement verfolgt passives Management nicht das Ziel, eine Überrendite zu erzielen, und ist damit weniger riskant ■

Die kleine Gruppe der »Outperformer«-Fonds und -Anleger (zwischen 2 Prozent und 50 Prozent, je nach Untersuchungszeitraum) wechselt in ihrer Zusammensetzung von Betrachtungsperiode zu Betrachtungsperiode. Das heißt, es gibt praktisch keinerlei Performance-Konstanz und es ist unmöglich, »Gewinnerfonds« im Voraus mit einer Treffsicherheit, die nennenswert über dem statistischen Zufall liegt, zu identifizieren. Anders formuliert: Die Wahrscheinlichkeit, dass die Outperformer der Periode 1 auch in Periode 2 zu den Outperformern gehören, liegt nicht signifikant höher als die Chance der Underperformer der Periode 1, dies zu erreichen. Diese Feststellung – das wird oft übersehen – hat eine noch größere Bedeutung als die vorher genannte. Denn nur wenn es wenigstens für eine kleine Minderheit von Anlegern oder Fonds eine gewisse Performance-Konstanz gäbe, würde der Versuch lohnen, den Marktindex zu schlagen.

Der Versuch, den Index zu übertreffen, ist nicht kostenlos. Wer ihn unternimmt, muss zwangsläufig auf Diversifikation (Risikostreuung) verzichten und fast immer auch höhere Transaktionskosten auf sich nehmen als ein Buy-and-Hold-Anleger. Beides trägt dazu bei, dass aktive Anleger durchschnittlich ein erhöhtes Portfoliorisiko aufgrund stärkerer Renditeschwankungen hinnehmen müssen und langfristig eine geringere Nettorendite erzielen.

Dass in manchen der in Zeitungen und Zeitschriften veröffentlichten Renditevergleiche scheinbar mehr als die Hälfte aller Fonds über dem Marktindex liegen, ist praktisch immer die Folge eines »Äpfel-und-Birnen«-Vergleichs. Die entsprechenden Fonds repräsentieren nicht genau dieselbe Asset-Klasse wie der Vergleichsindex. Überspitzt formuliert: Wenn man Schwellenländerfonds mit dem DAX vergleicht, ist es nicht verwunderlich, wenn 95 Prozent und mehr aller aktiven Fonds besser abschneiden. Beispielsweise gibt es praktisch keinen deutschen →Blue-Chip-Fonds, der nicht auch in Aktien außerhalb des DAX 30 investiert. Trotzdem werden so gut wie nie der DAX (die 110 größten Aktien Deutschlands) oder der C DAX (die etwa 400 größten Aktien) verwendet – die eigentlich passenden Benchmarks –, sondern eben der DAX, weil dieser bekannter ist. Das ist zwar irreführend, aber dennoch üblich. Generell gilt: Die meisten Untersuchungen zur Performance von Fonds und Aktienanalysten stellen die durchschnittlichen Ergebnisse von Investmentfonds zu positiv dar, denn sie berücksichtigen entweder gar keine oder nicht alle Kosten der Fondsanlage.[5] Dass die wenigsten Renditevergleiche den »Survivorship-Bias« berücksichtigen, der die kollektive Performance der Investmentfonds optisch um rund 1,5 Prozentpunkte (mehr als ein Fünftel der langfristigen realen Durchschnittsrendite von rund 7 Prozent) nach oben treibt, ist ebenfalls in Dutzenden von Studien nachgewiesen. Auch lassen viele Studien das von den Fonds eingegangene Risiko in Form von Wertschwankungen außer Acht. Dieses Risiko ist für Indexfonds, die Alternative zu aktiv gemanagten Fonds oder Portfolios, jedoch fast immer niedriger.

Infobox: Survivorship-Bias

Sinngemäß »Ungleichgewicht zugunsten der Überlebenden«. Sämtliche Fondsgesellschaften liquidieren erfolglose Fonds nach einer bestimmten Zeit. Dies führt dazu, dass die kollektive Performance der Gruppe der aktiv gemanagten Fonds besser ausgewiesen wird als tatsächlich gerechtfertigt, da die »Pleitefonds« laufend aus der Statistik herausfallen (in manchen Jahren und Fondskategorien werden mehr als 5 Prozent aller Fonds aufgelöst). Der Survivorship-Bias verbessert die *ausgewiesene* durchschnittliche Jahresrendite aller aktiv gemanagten Fonds in der Statistik um 1 bis 2 Prozentpunkte (bei Hedge-Fonds sogar um mehr als 3 Prozentpunkte), je nach Fondssegment und betrachteter Zeitperiode. Die tatsächliche Durchschnittsrendite ist somit niedriger als diejenige, die in den Medien genannt wird. Würde man den Survivorship-Bias in jeder Vergleichsstudie berücksichtigen, dann blieben noch mehr aktiv gemanagte Fonds hinter dem Index zurück, als dies ohnehin der Fall ist ■

All diese ernüchternden Aussagen sind, wie erwähnt, vielfach belegt worden, oft von den führenden Finanzwirtschaftlern der Welt. Alle verbleibenden Zweifel sind ausgeräumt. Hier seien nur einige der empirischen Ergebnisse kurz aufgeführt: In der anspruchsvollsten Analyse der Langfrist-Performance von Investmentfonds, die jemals durchgeführt wurde, untersuchte der amerikanische Finanzökonom Mark Carhart die Performance von 1 892 aktiv gemanagten amerikanischen Investmentfonds über die 35-Jahres-Periode von 1961 bis 1995. In dieser Studie lagen knapp über 94 Prozent aller aktiv gemanagten Fonds unter ihrer Benchmark (Carhart, 1997).

Die drei renommierten Ökonomen Robert Arnott, Andrew Berkin und Jia Ye untersuchten die Renditen amerikanischer Standardwertefonds in den 20 Jahren von 1979 bis 1998 (Tabelle 1). Die Ergebnisse müssten jeden Angestellten der Fondsbranche bis ins Mark treffen.

Man stelle sich diese Katastrophe einmal in absoluten Zahlen vor: Ein Investor, der 10000 Dollar in den Vanguard-Indexfonds investiert hätte (geometrische Rendite in diesem Zeitraum 15,9 Prozent p.a.) hätte einen Vermögensendwert von rund 191000 Dollar (vor Steuern auf Anlegerebene) erreicht. Der Anleger im durchschnittlichen aktiven Fonds dagegen hätte kümmerliche 117000 Dollar verbucht, also nur 61 Prozent der Rendite des Indexers. (Wie wir später sehen werden, führen bereits relativ kleine Prozentsatzunterschiede durch den Zinseszinseffekt zu enormen Unterschieden im Vermögensendwert.) Übrigens sind diese Daten nicht einmal um den Survivorship-Bias bereinigt, was bedeutet, dass die Unterrendite der aktiven Fonds tatsächlich noch um rund 1 Prozentpunkt schlechter war.

Damit noch immer nicht genug: Die wenigen Fonds, denen es gelang, den Index zu schlagen, hatten im Durchschnitt einen viel kleineren Vorsprung auf diesen Index als die überdies neunmal zahlreicheren Verlierer einen Rückstand.

Mangels Performance-Kontinuität nutzt es auch nichts, in die Siegerfonds einer Periode zu investieren. Das belegt beispielsweise eine Unter-

Tabelle 1: Rendite amerikanischer Standardwertefonds im Vergleich zum Indexfonds Vanguard 500, 1979–1998

	Unterrendite nach Steuern (auf Fondsebene)	Anteil der aktiven Fonds mit Rendite unterhalb der des Indexfonds Vanguard 500	Durchschnittlicher Vorsprung der kleinen Gewinnergruppe	Durchschnittlicher Rückstand der großen Verlierergruppe
10 Jahre	−4,5%	90%	1,8%	−4,8%
15 Jahre	−5,1%	96%	0,6%	−4,8%
20 Jahre	−2,8%	86%	1,3%	−3,2%

Quelle: Arnott et al. (2000)

suchung, die Lukas Schneider von der Fachhochschule Kufstein für den britischen Fondsmarkt durchgeführt hat. Schneider untersuchte, wie die besten 30 Fonds in einem gegebenen Fünfjahresintervall in den darauf folgenden fünf Jahren abschnitten. Das Ergebnis ist für die Fondsindustrie geradezu beschämend (Tabelle 2).

Schneider stellte dieselbe Untersuchung auch für die Zeiträume von 1982 bis 1986 (Folgezeitraum 1987 bis 1991) sowie von 1987 bis 1991 (Folgezeitraum 1992 bis 1996) an. Ergebnis: Mit abgewandelten Zahlen zeigte sich eine identische Tendenz – »Winners don't repeat«, fast keiner siegt zweimal. Ähnliche Untersuchungen zur fehlenden Renditekonstanz von Investmentfonds und anderen Portfolios wurden für viele andere Aktienmärkte und Zeiträume durchgeführt.

Der bekannte amerikanische Finanzwirtschaftler Terrance Odean, der weltweit die umfangreichsten statistischen Untersuchungen zum Anlageverhalten und Anlageerfolg von Privatanlegern, die in einzelne Wertpapiere investieren, durchgeführt hat, kam unter anderem zu folgenden Ergebnissen: Eine Analyse von über 100 000 Privatanleger-Trades aus dem Zeitraum von 1987 bis 1993 ergab, dass Privatanleger noch schlechter abschneiden, als viele denken. Die von den Anlegern verkauften Aktien verzeichneten danach im Durchschnitt eine höhere Rendite als die neu erworbenen. In einer anderen Analyse von 60 000 Depots über den Zeitraum von 1991 bis 1996 stellte sich heraus, dass deren jährliche Nettorendite um 1,8 Prozentpunkte unter der Rendite des Marktindex lag – ohne Berücksichtigung des zudem höheren Risikos. Das Quintil (die 20-Prozent-Gruppe) der intensivsten Trader

Tabelle 2: Fehlende Renditekonstanz von Investmentfonds

	1997–2001 (5 Jahre)	2002–2006 (5 Jahre)
Durchschnittsrendite »Top 30 Fonds«	22,0 %	6,6 %
Durchschnittsrendite aller Fonds	5,6 %	8,2 %
FTSE All Share-Index	7,3 %	8,5 %
Anzahl der Fonds	951	1 638

Quelle: Lukas Schneider, Dimensional Fund Advisors (2007)

unter diesen 60 000 Haushalten schnitt sogar um 5,8 Prozentpunkte schlechter als der Index ab (Odean, 1999, 2000).

Auch Aktienanalysten stehen nicht besser da. Eine kaum noch zu überblickende Anzahl von Untersuchungen belegt, dass es keinen Grund zu der Annahme gibt, Analysten zeigten überlegenes Können bei ihren Aktienempfehlungen oder Kursprognosen. So blieben zum Beispiel während der Fünf-Jahres-Periode von November 1993 bis Oktober 1998 13 der 15 wichtigsten amerikanischen Investmentbanken mit ihren Anlageempfehlungen hinter dem amerikanischen S&P 500-Index zurück, und das ohne Berücksichtigung von Trading-Kosten (Swedroe, 2001).

Wir wollen es bei den genannten Belegen bewenden lassen (einige weitere werden in diesem Buch noch an anderer Stelle zitiert). Interessierte Leser seien auf das Literaturverzeichnis verwiesen, das einige Dutzend der relevanten Studien zum Thema aufführt.

In der Wissenschaft ist man sich längst einig: Der großen Mehrheit aller privaten und professionellen Anleger gelingt es unter Berücksichtigung von Transaktionskosten, Steuern und Risiko nicht, die Langfrist-Performance der entsprechenden Indizes zu erreichen, geschweige denn zu übertreffen. Und die Minderheit, die es schafft, wechselt in ihrer Zusammensetzung von Zeitperiode zu Zeitperiode. Keine bekannte Anlagestrategie konnte an diesem Faktum bisher etwas ändern. Die institutionellen Anleger (Versicherungen, Banken, Sozialkassen, Pensionsfonds und Großunternehmen) haben dies erkannt und in den vergangenen 15 Jahren dafür gesorgt, dass Indexfonds und andere Indexanlagen, bei denen das Erreichen der Marktrendite garantiert ist, global weit überdurchschnittlich zulegten und inzwischen weltweit knapp ein Drittel ihrer Finanzanlagen ausmachen. Für Privatanleger liegt dieser Anteil jedoch noch immer unter 10 Prozent.

Nach dieser ernüchternden Bilanz wollen wir uns im folgenden Abschnitt mit einem zwar wenig beachteten, aber umso bedeutsameren Merkmal der Wertpapiermärkte befassen. Der Wirtschaftsnobelpreisträger William Sharpe nannte diese unscheinbare Eigenschaft in einem inzwischen berühmten Aufsatz die »Arithmetik des aktiven Anlagemanagements«.

1.2 50 Prozent Underperformer sind mathematisch notwendig

»Wenn man die Begriffe ›aktives‹ und ›passives‹ Portfoliomanagement korrekt definiert, dann sind folgende Aussagen zwangsläufig wahr: Erstens, vor Kosten ist die Rendite der durchschnittlichen aktiv gemanagten Geldeinheit genauso hoch wie die der durchschnittlichen passiv gemanagten Geldeinheit. Zweitens, nach Kosten ist die Rendite der durchschnittlichen aktiv gemanagten Geldeinheit niedriger als diejenige der durchschnittlichen passiv gemanagten. Diese zwei Aussagen gelten für jede Zeitperiode und setzen keine zusätzliche Annahme voraus.«

William Sharpe, Wirtschaftsnobelpreisträger

Einer der wichtigsten Gründe dafür, dass die langfristigen Nettorenditen der meisten Anleger unter derjenigen eines angemessenen Marktindex liegen, ist ebenso simpel wie unbekannt. Technisch ausgedrückt könnte man diese Ursache als den »Nullsummenspiel-Charakter der Wertpapiermärkte hinsichtlich der Verteilung von Überrenditen unter allen Anlegern« bezeichnen. Klingt umständlich und trocken. Was ist damit gemeint?

In diesem Buch werden wir den Begriff der Überrendite (Outperformance) noch oft gebrauchen, ebenso ihr Gegenstück, die Unterrendite (Underperformance). Um Missverständnisse zu vermeiden, muss man »Überrendite« und »Rendite« auseinanderhalten. Überrenditen sind Renditen, die über der Performance des entsprechenden Marktsegmentes (der Asset-Klasse) liegen, wenn man das Risiko und die Transaktionskosten des Wertpapierhandels berücksichtigt. Beispiel: Deutsche Standardwerte-Aktien (Blue-Chips) erbrachten in den 37 Jahren von 1970 bis 2006 8,6 Prozent Rendite p.a. (real 5,3 Prozent). Erzielte ein Anleger in diesem Marktsegment und diesem Zeitraum ein Ergebnis über 8,6 Prozent, liegt eine Überrendite vor. Man kann auch für einzelne Jahre von einer Überrendite sprechen. Hätte beispielsweise ein global anlegender Nebenwertefonds im Jahr 2002 einen geringeren Verlust als −20 Prozent (die Marktrendite in Euro in diesem besonders schlechten Jahr) erzielt, hätte man von einer Überrendite sprechen können. Je länger man das Betrachtungsintervall wählt, desto seltener tritt Outperformance auf (bei korrektem Vergleich, in jedem Fall nie häufiger als bei 50 Prozent aller Anleger).

Infobox: Nullsummenspiel

Bildhafter Ausdruck für eine Situation, in der einer nur gewinnen kann, was ein anderer verliert. Der Gesamtgewinn des »Spieles« ist begrenzt. Hinsichtlich der Verteilung der Über- und Unterrenditen unter den einzelnen Anlegern ist der Wertpapiermarkt ein Nullsummenspiel. Bei jedem Trade muss notwendigerweise eine Partei relativ zum Marktdurchschnitt gewinnen, eine verlieren ■

Mathematische Notwendigkeit will es, dass 50 Prozent aller investierten Geldeinheiten über und 50 Prozent unter dem Marktdurchschnitt (Index) rentieren. Dieses Gesetz ist so sicher wie die Gravitation und hängt nicht von der Effizienz der Wertpapiermärkte ab. Selbst wenn jeder einzelne Investor plötzlich die Expertise eines Warren Buffett besäße oder gar bei seinen Investitionsentscheidungen fast ausschließlich Volltreffer landen würde, gälte das Gesetz weiterhin. Alle Anleger zusammen bilden den Markt, also den Index, daher kann nie mehr als die Hälfte ihrer Gelder über der Durchschnittsrendite des Marktes liegen. Wir nennen diese Regel das »Renditenullsummengesetz«. Statistisch hat jede angelegte Geldeinheit also von vornherein nur eine 50-prozentige Chance, vor Kosten mehr am Kapitalmarkt zu verdienen als die durchschnittliche Geldeinheit (Börsenindizes sind nach Geldeinheiten, das heißt nach Marktkapitalisierung gewichtete Durchschnittswerte). Im Eingangszitat dieses Abschnittes beschrieb der Nobelpreisträger Bill Sharpe genau diesen Umstand: Im Durchschnitt rentieren aktive und passive Investments innerhalb einer Asset-Klasse vor Kosten exakt gleich; nach Kosten müssen die aktiven Investments schlechter rentieren.

Infobox: Markteffizienz

Etwas verkürzt definiert ist ein effizienter Markt ein Markt, in dem es unter Berücksichtigung von Transaktionskosten und Risiko nicht möglich ist, »systematisch« (dauerhaft und wiederholt) eine Überrendite gegenüber der entsprechenden Marktrendite zu erzielen, ausgenommen durch Zufall. Dies ist im Wesentlichen auf Informationseffizienz zurückzuführen, das heißt, im aktuellen Marktpreis des entsprechenden

Wertpapiers sind alle öffentlich verfügbaren Informationen mit großer Wahrscheinlichkeit bereits enthalten. Auf der Basis solcher Informationen (einschließlich Spekulationen) sind dann keine systematischen Überrenditen möglich. Auf Markteffizienz gehen wir im Abschnitt über die Efficient-Market-Theorie noch genauer ein ■

Man darf dabei allerdings nicht vergessen, dass die Wertpapiermärkte als Ganzes – wie auch die Marktwirtschaft schlechthin – glücklicherweise ein Positivsummenspiel sind. Hier ist es eben nicht so, dass der eine nur gewinnen kann, was der andere verliert, sondern die volkswirtschaftlichen Gewinne und Einkommen überwiegen die Verluste, weil die Marktwirtschaft – besser als jedes andere System – Kapital dahin lenkt, wo es volkswirtschaftlich am besten angelegt ist. Bezogen auf die Börse als Teilsystem des Kapitalismus heißt das: Die Gesamtrendite des Wertpapiermarktes ist positiv. Allerdings ist die Verteilung der Renditen in einem Markt tatsächlich ein mathematisches Nullsummenspiel.

Führt man nun Kosten, die jeder Anleger unweigerlich verursacht, in diese Gleichung ein, müssen statistisch sogar mehr als 50 Prozent aller Geldeinheiten unter dem Marktdurchschnitt rentieren, denn dieser repräsentiert ja einen Durchschnittswert, in dessen Berechnung keine Transaktionskosten einfließen. Wie bereits erwähnt, schwankt der Wert der »Underperformer nach Kosten« je nach Markt und betrachteter Zeitperiode zwischen 50 Prozent und über 95 Prozent.

Die Transaktionskosten eines typischen Wertpapieranlegers liegen langfristig bei etwa 2 bis 3 Prozent seines Anlagevolumens. Bei Anlegern mit starker Handels-, das heißt Trading-Aktivität kann dieser Wert leicht über 6 Prozent hochschnellen. Dieses Geld fließt in Form unterschiedlicher Gebühren, von denen ein Teil explizit ausgewiesen wird, der andere Teil bereits mit der Performance des Investmentproduktes verrechnet ist (zum Beispiel bei Investmentfonds), an Vermögens- und Steuerberater, Broker, Banken, die Medien und so weiter. Unterstellt man eine langfristige *reale* Rendite von 7 Prozent (MSCI World[6] seit 1970), so verschenkt ein normaler Anleger mehr als ein Drittel seiner Rendite nach Inflation an die Finanzbranche. Die weltweit etwa 80 Milliarden Euro an jährlichen Gebühren für Wertpapierhandel und

-verwaltung dürften dazu beitragen, dass Banken inzwischen die größte Einzelbranche der Welt darstellen.

Wir haben oben erwähnt, dass in jedem Wertpapiermarkt der Welt und jederzeit nach Kosten mindestens 50 Prozent aller *Geldeinheiten* unter dem Marktdurchschnitt liegen müssen. In dieser Aussage sprechen wir bewusst nicht von 50 Prozent der *Anleger*. Hier besteht ein kleiner, aber feiner Unterschied. Rechnerisch wäre es mit dem Nullsummengesetz vereinbar, dass mehr als 50 Prozent der Anleger (vor Kosten) mit ihren jeweiligen Portfolios über dem Renditedurchschnitt liegen und zugleich 50 Prozent der investierten Geldeinheiten (vor Kosten) unter dem Durchschnitt. Diese Situation könnte eintreten, wenn tendenziell die großen Portfolios (also die Portfolios der »institutionellen« Anleger und anderer Großanleger) schlechter abschnitten als die Portfolios der kleinen Anleger. Dass diese Annahme unrealistisch ist, brauchen wir an dieser Stelle wohl nicht näher zu belegen. Daher kann man das Renditenullsummengesetz über die Verteilung der Überrenditen in der Praxis nicht nur auf die investierten Geldeinheiten beziehen, sondern auch auf die Anleger beziehungsweise ihre Portfolios selbst: Es lautet:

Das sollten Sie sich merken:
Vor Kosten liegt exakt die eine Hälfte aller Marktteilnehmer *unter* der mittleren Performance des Marktes, exakt die andere Hälfte *darüber*. Nach Kosten liegen deutlich mehr als die Hälfte aller Anleger unter der mittleren Marktperformance. Dieses Gesetz gilt immer und in jedem Wertpapiermarkt. Veröffentlichungen, die zeigen, dass mehr als die Hälfte aller Anleger oder Fonds einen bestimmten Markt (Index) geschlagen haben, sind zwangsläufig insofern falsch, als der Index und die Fonds nicht genau dieselbe Asset-Klasse darstellen (Äpfel-Birnen-Vergleich) ■

Manche Anleger glauben, sie könnten dem Nullsummengesetz entkommen, indem sie zum Beispiel 80 Prozent ihrer Mittel in einen deutschen Blue-Chip-Aktienfonds investieren und 20 Prozent in Emerging-Markets-Aktien, mit dem Ziel, die Rendite des DAX-Portfolios aufzubessern. Der Investor nimmt jedoch nun an zwei Renditenullsummenspielen teil, da er sich in zwei Märkten (Asset-Klassen) engagiert. Man kann dem »Nullsummenfluch« also nicht dadurch entgehen, dass man sich auf verschiedenen Märkten engagiert oder in seiner Anlagestrategie (durch seine Asset-Allokation) von einem bestimmten Vergleichsindex abweicht.

Nun könnte ein aktiver Anleger die praktische Relevanz des Renditenullsummengesetzes bestreiten, wenn sich belegen ließe, dass stets *bestimmte* Anleger den Marktdurchschnitt schlagen. Wie wir im weiteren Verlauf dieses Kapitels noch sehen werden, spricht sowohl die Theorie als auch die empirische Realität gegen dieses Wunschdenken.

1.3 Die Moderne Portfoliotheorie: Wissenschaft schlägt Praxis

»Eine der kontraintuitivsten Schlussfolgerungen der Modernen Portfoliotheorie besteht darin, dass die risikoadjustierten, erwarteten Renditen für alle Aktien ungefähr identisch sind. Die spontane Reaktion der meisten Anleger zu dieser Aussage ist hartnäckiger Unglauben.«

Dr. Ron Ross, Finanzökonom, Bestsellerautor, Anlageberater

Im Jahr 1990 erhielten drei amerikanische Finanzökonomen – Harry Markowitz, William Sharpe und Merton Miller – den Wirtschaftsnobelpreis für ihre Beiträge zu einem Theoriegebäude, das seit Mitte der siebziger Jahre die Erkenntnisse über Finanzinvestments zweifellos revolutioniert hat. Dieses Theoriegebäude ist unter dem Namen »Moderne Portfoliotheorie« (MPT) bekannt geworden. Die MPT liefert eine Reihe verblüffender Einsichten und ist gleichzeitig die Basis einer cleveren Investmentstrategie, die auch ganz normale Privatanleger umsetzen können. Anleger, die die zwar mathematisch komplex begründeten, aber in ihren Schlussfolgerungen leicht zu verstehenden Grundprinzipien der MPT nicht kennen, kann man mit Joggern vergleichen, die ohne Training einen Triathlon gewinnen wollen – ein aussichtsloses und für die Gesundheit höchst gefährliches Unterfangen.

Hier die wichtigsten Aussagen der MPT:

■ Risiko und Rendite sind untrennbar miteinander verknüpft. Risikoreiche Assets (Vermögensanlagen) müssen dieses höhere Risiko durch höhere

»erwartete Renditen« kompensieren (siehe Infobox). Diese höheren Renditen sind jedoch nicht für jeden Zeitabschnitt garantiert (sonst wären sie ja risikolos). Je länger die Halteperiode für ein Investment ausfällt, desto höher ist die Wahrscheinlichkeit, dass seine erwartete Rendite tatsächlich realisiert wird. Unter den wesentlichen Asset-Klassen (Aktien, Immobilien, Rohstoffe, festverzinsliche Wertpapiere, kurzfristige Geldmarktanlagen) rentieren Aktien langfristig am höchsten, weisen aber auch die stärksten Renditeschwankungen (Risiko) auf.

→ **Infobox: Erwartete Rendite, erwartetes Risiko**

Engl. *expected return, expected risk*; bezeichnet den auf der Basis einer bestimmten Methode für die Zukunft *angenommenen* (geschätzten) durchschnittlichen Wert für Rendite oder Risiko. Beispiel: Ein Portfolio besteht aus zwei Aktien. Aktie A rentiert bei einem Marktaufschwung mit +10 Prozent, in einem Marktabschwung mit –5 Prozent. Für Aktie B betragen diese beiden Werte +25 Prozent und –10 Prozent. (Andere Renditen gibt es der Einfachheit halber nicht.) Marktaufschwung und -abschwung sind gleich wahrscheinlich. Somit beträgt die erwartete Rendite (gewichtete Durchschnittsrendite) genau 10 Prozent. (Wenn Sie nachrechnen wollen: $0,5 \times 0,5 \times 10\% + 0,5 \times 0,5 \times -5\% + 0,5 \times 0,5 \times 25\% + 0,5 \times 0,5 \times -10\%$.) Der Erwartungswert für die Rendite ganzer Märkte wird üblicherweise ermittelt, indem man einen Durchschnitt aller Jahresrenditen während eines mehr oder weniger langen vergangenen Zeitraums, zum Beispiel über 30 Jahre, errechnet. Das erwartete Risiko in Form der Standardabweichung ist aufgrund der Definition dieser Variablen von vornherein ein Durchschnittswert. Auch er wird in der Regel für die Vergangenheit berechnet und dann auch für die Zukunft angenommen. Die historischen Erwartungswerte müssen sich aber keineswegs in der Zukunft, insbesondere nicht in bestimmten Teilabschnitten der Zukunft, bestätigen, und bei Aktien wird das überwiegend auch nicht der Fall sein. Dennoch ist dieser Erwartungswert im Allgemeinen die bestmögliche Prognose für die tatsächlichen zukünftigen Werte. Häufig wird vereinfacht von »Rendite« oder »Risiko« gesprochen, wenn eigentlich *erwartete* Rendite oder Risiko gemeint sind. Für ein Portfolio von Wertpapieren gilt: Je länger die Anlageperiode, desto höher die Wahrscheinlichkeit, die erwarteten Werte auch tatsächlich zu erzielen ▪

- Der Wert eines Investments (ausgedrückt in seinem Wertpapierkurs) wird in erster Linie durch die Erwartung der in der Zukunft an den Anleger fließenden liquiden Zahlungen (Cashflows) sowie deren Schwankungsintensität bestimmt. Vergangene Zahlungen wie zum Beispiel Dividenden oder die Angaben in der Bilanz des Unternehmens spielen letztlich keine Rolle.

- Die Mehrheit aller privaten und institutionellen Anleger scheitert daran, den Markt (repräsentiert durch einen entsprechenden Wertpapierindex, zum Beispiel den DAX) bei Berücksichtigung von Risiko und Transaktionskosten dauerhaft und langfristig zu schlagen. Zwar gibt es für ein gegebenes Zeitintervall stets eine kleine Gruppe von Outperformern, aber diese Überrendite gelingt nur zufällig.

- Die kleine Gruppe der Outperformer in einer gegebenen Zeiteinheit, zum Beispiel einem Jahr, wechselt in ihrer Zusammensetzung von Periode zu Periode und ist nicht vorhersagbar.

- Der Versuch, den Markt zu schlagen, ist nicht kostenlos. Anleger, die diesen Versuch unternehmen, müssen notwendigerweise höhere Verlustrisiken eingehen, um sich damit die Chance auf eine Überrendite zu erkaufen. Aufgrund der ebenfalls zumeist höheren Transaktionskosten dieser Anleger enden sie auch als Gruppe unter der marktdurchschnittlichen Nettorendite.

- Die Finanzmärkte sind hochgradig effiziente Mechanismen. In die jeweils aktuellen Marktpreise (Wertpapierkurse) sind alle am Markt verfügbaren Informationen einschließlich der Erwartungen und Vermutungen bereits eingepreist. Kein Investor kann hoffen, dauerhaft mehr zu wissen als der Markt insgesamt.

- Entdeckt ein Investor eine »Marktanomalie« (siehe Infobox), das heißt einen Wettbewerbsvorteil, der es gestattet, erfolgreich unter- oder überbewertete Wertpapiere aufzuspüren, kopiert der Markt (die übrigen Anleger) diese Strategie und zerstört damit ihre Wirksamkeit.

Infobox: Marktanomalien

Engl. *mispricings*; Wertpapierkurse, die systematisch von ihrem »wahren« oder »fairen« Wert (Preis) abweichen und daher eine Möglichkeit zur Erzielung einer Überrendite, also einer über dem Marktdurchschnitt liegende Nettorendite, bieten. Zwar lassen sich in historischen Daten immer wieder Marktanomalien nachweisen, doch werden diese nach ihrer Entdeckung regelmäßig »wegarbitriert«, das heißt, sie verschwinden oder sind so gering, dass sich eine Ausbeutung bei Berücksichtigung von Transaktionskosten nicht lohnt ■

- Wertpapiermärkte »haben kein Gedächtnis«, das heißt, historische Renditen haben zumindest für Zeiträume von bis zu fünf Jahren keinerlei Relevanz oder Prognosekraft für künftige Renditen. In kurzfristiger Sicht folgen Preise am Kapitalmarkt (Aktienkurse, Anleihenkurse, Devisenkurse) einem von niemandem zuverlässig vorhersehbaren »Random Walk« (Zufallslauf). Für Zeiträume, die deutlich über fünf Jahre hinausgehen, ist dagegen »Regression zum Mittelwert« (mehr dazu im gleichnamigen Abschnitt) beobachtbar, das heißt, auf langfristige sehr hohe Renditen folgen vereinfacht gesagt mit etwas größerer Wahrscheinlichkeit als 50 Prozent eher unterdurchschnittliche Renditen und umgekehrt.

- Mittels einer bestimmten Form der Diversifikation über sogenannte Asset-Klassen hinweg ist es möglich, rund zwei Drittel des Risikos (der Wertschwankungen) einzelner Assets ohne gleichzeitigen Verlust an Renditechancen zu eliminieren oder umgekehrt, bei gegebenem Risiko eine maximale Rendite zu erzielen. Portfolios, die so konstruiert sind, nennt man »effiziente« Portfolios.

- Der mit Abstand wichtigste einzelne Einflussfaktor auf die Performance eines Gesamtportfolios (gemeint ist die Nettorendite bei Berücksichtigung des Risikos) ist seine Asset-Allokation, das heißt seine spezifische Aufteilung auf ganze Asset-Klassen (siehe Infobox). Dagegen sind beispielsweise die Verteilung des Portfolios auf bestimmte Einzelwertpapiere (»Stock-Picking«) oder der Zeitpunkt von Käufen und Verkäufen (»Market-Timing«) für den Langfristerfolg des Portfolios nur von unbedeutender Wirkung – im positiven wie im negativen Sinne. Berücksichtigt man Trading-Kosten, dann haben Stock-Picking und Market-Timing im Durchschnitt einen negativen Einfluss auf den Portfolioerfolg.

- Zwar ist aktives Portfoliomanagement für den Investor ein Verliererspiel, doch drei andere Institutionen gewinnen dabei durchaus: (a) die Finanzbranche, das heißt Banken, Vermögensberater, Fondsgesellschaffen und Wertpapierhändler, die beträchtliche Provisionen und Spesen vereinnahmen; (b) die zahlreichen Finanzpublikationen, die Woche für Woche an den Anlageempfehlungen ihrer »Experten« verdienen, und (c) Vater Staat, der sich über ein Mehr an Kapitalertrag- bzw. Einkommensteuer freut.

Infobox: Asset-Klasse und Asset-Allokation

Asset ist der englische Begriff für Vermögenswert. Eine *Asset-Klasse* ist eine Gruppe von Assets mit ähnlicher oder identischer Risiko-Rendite-Kombination. Beispiele für (Haupt-)Asset-Klassen: Cash (Termingelder, Geldmarktpapiere bis zwölf Monate Laufzeit), festverzinsliche Wertpapiere (ab zwölf Monaten Laufzeit), Aktien, Immobilien, Rohstoffe. Diese Haupt-Asset-Klassen lassen sich wiederum unterteilen, die Haupt-Asset-Klasse Aktien etwa in Standardwerte, mittelgroße Werte und Nebenwerte. Diese Unterklassen können wiederum in nationale und internationale Titel und diese wiederum in bestimmte Branchen untergliedert werden. Wie in den meisten Klassifikationssystemen können auch Asset-Klassen – je nach Zielsetzung – in unterschiedlicher Weise gebildet werden und sich je nach Segmentierung auch überlappen. Ein bestimmtes Asset kann also zu vielen verschiedenen Asset-Klassen gehören. *Asset-Allokation* bezeichnet die Aufteilung eines Portfolios (Wertpapierdepots) auf einzelne Asset-Klassen. Die Bedeutung der Asset-Allokation beruht auf der Tatsache, dass der langfristige Ertrag eines Portfolios zu einem außerordentlich hohen Prozentsatz von der Auswahl und Gewichtung der Asset-Klassen bestimmt wird (nicht von der Auswahl einzelner Wertpapiere innerhalb der Asset-Klassen). Asset-Allokation zielt letztlich darauf, Rendite und Risiko eines Portfolios zu optimieren ■

Die Investmentstrategie, die sich aus den vorgenannten Erkenntnissen ableitet, heißt *Passives Portfoliomanagement* oder »Indexing«. Ihre Hauptmerkmale sind eine sehr langfristige Buy-and-Hold-Perspektive, die systematische Diversifikation über Asset-Klassen hinweg sowie eine radikale Kostenminimierung durch den Verzicht auf laufendes Trading und die Nutzung kostengünstiger Indexinvestments wie Indexfonds, Indexzertifikate und ETFs. »Passiv« heißt diese Anlagestrategie deshalb, weil auf die aktive Einzelauswahl bestimmter Aktien mit vermeintlich überdurchschnittlichem Wertsteigerungspotenzial vollständig verzichtet wird. Passives Investieren ist überraschend einfach. Wir stellen diesen Ansatz in den Kapiteln 3 und 4 detailliert vor.

Die MPT ist heute die einzige allgemein akzeptierte wissenschaftliche Theorie der Vermögensanlage. Ohne Übertreibung können wir behaupten, dass Theorien, die zu diesen Grundaussagen der MPT im Widerspruch stehen, von der Wissenschaft kaum noch ernst genommen werden. Ganz anders sieht es jedoch in der Finanzbranche aus: Die Informationen und Empfehlungen, die sie tagtäglich verbreitet, lassen sich zu einem beträchtlichen Teil nicht mit der MPT vereinbaren. Dies ist kein Zufall, denn nur so lassen sich viele Milliarden Euro an Wertpapierprovisionen und anderen Einkünften sichern.

Eines der wichtigsten und interessantesten Elemente der MPT ist die bekannte Efficient-Market-Theorie. Die EMT wird von der Finanzbranche oft geradezu emotional attackiert, weil sie viele für die Branche (nicht jedoch für die Anleger) ertragreiche Finanzprodukte und gängige Praktiken infrage stellt. Diese enorm praxisrelevante Theorie wollen wir uns im folgenden Abschnitt etwas näher ansehen.

1.4 Die Efficient-Market-Theorie (EMT): »Die praktischste Sache der Welt«

»Die zentrale Aussage der denkbar umfassenden Literatur zur Kapitalmarkteffizienz lautet, dass es nahezu unmöglich ist, Überrenditen zu erzielen, wenn man nur auf öffentlich zugängliche Informationen zurückgreifen kann.«

Lawrence Summers, ehemaliger US-Finanzminister, Chefökonom der Weltbank und Präsident der Harvard-Universität

Die Efficient-Market-Theorie (EMT) zeichnet sich durch zwei hervorstechende Merkmale aus: Erstens ist sie die am heftigsten angegriffene finanzwirtschaftliche Theorie in der Investmentzunft und zweitens ist sie diejenige Theorie, die – sofern sie zutrifft – unter allen Forschungsergebnissen der Finanzwirtschaft die größte Bedeutung für Anleger hat. Der Kern dieser Theorie besagt ganz einfach, dass Wertpapierkurse zu jedem gegebenen Zeitpunkt alle öffentlichen zugänglichen Informationen über diese Wertpapiere beinhalten. Daher sind Marktpreise stets »faire« Preise und der gegenwärtige Marktpreis ist die beste Schätzung des zukünftigen Marktpreises. (Auf diese kontraintuitive Aussage kommen wir weiter unten noch genauer zu sprechen.) Eine systematisch erkennbare Unterbewertung oder Überbewertung von Wertpapieren ist nicht nachweisbar oder zumindest nicht mit Erfolg ausbeutbar.

Die Implikationen dieser Aussagen – die manchen zunächst naiv erscheinen mag – sind tiefgreifend. Die meisten Aktienanleger kaufen Aktien in der Annahme, dass diese Wertpapiere mehr wert sind als der Preis, den sie dafür bezahlen, und verkaufen Aktien in der Annahme, dass diese Papiere weniger wert sind als das, was sie dafür erhalten. Nimmt man jedoch einen effizienten Aktienmarkt an, spiegeln die gegenwärtigen Marktpreise (Kurse) alle Information über die entsprechenden Aktien wider. Dann ist das Kaufen und Verkaufen von Aktien mit dem Ziel, den Markt zu schlagen, ein glücksspielartiges Unterfangen und eben gerade kein Vorhaben, bei dem Können oder Wissen den Erfolg bestimmen.

In einem solchen Markt führt der Wettbewerb unter den Marktteilnehmern zu einer Situation, in der zu jedem gegebenen Zeitpunkt die tatsächlichen Preise einzelner Wertpapiere alle Auswirkungen von Ereignissen widerspiegeln, die entweder bereits stattgefunden haben oder die der Markt in diesem Augenblick für die Zukunft erwartet. Das heißt, der tatsächliche Wertpapierkurs ist stets die beste Schätzung des »inneren Wertes« des Wertpapiers, also seines zukünftigen Kurses. Jeder andere Kurs ist weniger wahrscheinlich. Dementsprechend sind auch »ausbeutbare« Kursprognosen, wie sie Analysten jährlich zu Tausenden abgeben, nutzlos. Und tatsächlich wurde nachgewiesen, dass solche Prognosen für einzelne Wertpapiere oder für ganze Marktsegmente zum einen eine Trefferquote aufweisen, die über einen längeren Zeitraum hinweg kaum über der statistischen Zufallstrefferquote liegt, und zum anderen nach Transaktionskosten und bei Berücksichtigung des im Rahmen einer »aktiven Anlagestrategie« in Kauf zu nehmenden Risikos nicht profitabel ausgebeutet werden können. Mit anderen Worten: Das Anlegen nach Kursprognosen führt risikoadjustiert (risikogewichtet – siehe nachfolgende Infobox) und nach Kosten im Durchschnitt zu einer Unterrendite und allenfalls zufällig zu einer langfristigen Überrendite gegenüber dem relevanten Marktindex.

Die Wurzeln der EMT gehen letztlich auf Louis Bachelier, Adam Smith und vielleicht noch weiter zurück, aber im engeren Sinne hat der geniale amerikanische Ökonom und Nobelpreisanwärter Eugene Fama von der Universität Chicago seit Mitte der sechziger Jahre am meisten zu ihrer Weiterentwicklung beigetragen. Von ihm stammt auch das Bonmot, die EMT sei die »praktischste Sache der Welt«. Ein effizienter Markt hat nach Fama folgende Merkmale:

- *Hohe Transparenz und Informationseffizienz:* Es ist zu jedem Zeitpunkt leicht möglich, sich einen Überblick über das gesamte Angebot und die gesamte Nachfrage zu verschaffen. Informationseffizienz heißt jedoch nicht, dass alle Informationen sich in der Zukunft als wahr herausstellen müssen.
- *Hohe Liquidität:* Im Markt sind laufend Angebot und Nachfrage in hohen Volumina vorhanden.
- *Niedrige Transaktionskosten:* Das Zusammentreffen von Angebot und Nachfrage sowie der Austausch von Gütern verursachen wenig Kosten und Zeitaufwand.
- *Rationalität der Anleger:* Unter allen Anbietern und Nachfragern befindet sich zu jedem Zeitpunkt eine gewisse Mindestzahl rationaler, also nutzenmaximierender Personen (was jedoch nicht heißen muss, dass alle Marktteilnehmer permanent rational agieren).
- *Abwesenheit staatlicher Eingriffe:* Es handelt sich um einen deregulierten Markt ohne hoheitlich festgelegte Mindest- oder Höchstpreise und ohne sozial- oder strukturpolitische Eingriffe des Staates.

Ein wichtiger Spezialaspekt der EMT ist die Random-Walk-Theorie (wörtlich übersetzt: Zufallslauftheorie). »Random Walk« ist ein Begriff aus der Statistik, der in diesem Zusammenhang den Verlauf von Aktienkursen im Zeitablauf beschreibt. Die Random-Walk-Theorie sagt aus, dass historische Kursverläufe keine Aussagen über künftige Kursverläufe zulassen. Tatsächlich lässt sich nachweisen, dass der Verlauf von Wertpapierkursen – nach Berücksichtigung des natürlichen Aufwärtstrends (rund 0,052 Prozent pro Trading-Tag für einen Blue-Chip-Index) – kein Muster enthält, das nicht auch durch Zufall entstanden sein könnte.

Dementsprechend sind selbst Experten oder Computer nicht in der Lage, Kursdiagramme, die per Zufallsgenerator (mit einprogrammiertem natürlichem Aufwärtstrend) erzeugt wurden, von echten Kursdiagrammen zu unterscheiden. Salopp formuliert: »Der Wertpapiermarkt hat kein Gedächtnis.« Die Kurse von gestern bedeuten nichts für die

Kurse von heute. Zwar kann allein der Glaube an die Wirksamkeit eines Chartsignals kurzfristige Marktanomalien auslösen, falls die »Anlegerherde« diesem Signal folgt, doch genügt es für einen effizienten Markt bereits, wenn ein sehr kleiner Teil der Akteure rational handelt, und diese Anleger müssen nicht immer dieselben sein. Darüber hinaus treten solche Phänomene nicht systematisch auf, das heißt, sie lassen sich nicht zuverlässig vorhersagen – und nur unter dieser Voraussetzung könnte eine risikolose Zusatzrendite erzielt werden.

Infobox: Risikoadjustierung von Renditen / Sharpe-Ratio
Die Renditen zweier Wertpapiere können nur durch eine Risikoadjustierung (Risikogewichtung, Risikoanpassung) objektiv miteinander verglichen werden, denn eine höhere Rendite mit einem höheren Risiko in Bezug auf Wertschwankungen ist nicht unbedingt einer niedrigeren Rendite mit niedrigerem Risiko vorzuziehen (Problem des Äpfel-Birnen-Vergleichs). Die einfachste Form der Risikoadjustierung besteht darin, dass man grundsätzlich nur Renditen vergleicht, die zur selben Asset-Klasse gehören, also etwa die Aktien zweier Automobilhersteller (Äpfel-mit-Äpfeln-Vergleich). Da das in der Praxis aber oft nicht möglich ist, behilft man sich zum Beispiel damit, dass die Renditen zum entsprechenden Risiko ins Verhältnis gesetzt, sprich durch dieses dividiert werden. Das Ergebnis ist dann eine objektiv vergleichbare Renditezahl, bezogen auf eine Einheit Risiko. Die bekannteste Kennzahl hierfür ist das Sharpe-Ratio, eine Kennzahl, die – in ihrer einfachsten Form – die Rendite eines Fonds oder eines anderen Portfolios durch seine Standardabweichung (Maßzahl für Risiko, Volatilität, Wertschwankungen) dividiert. Das Sharpe-Ratio ist somit eine risikoadjustierte Renditekennzahl, die die Rendite pro Einheit der Standardabweichung (pro Risikoeinheit) ausdrückt, und damit ein besserer Vergleichsmaßstab zwischen Fonds als die Rendite oder die Standardabweichung (Volatilität) alleine ■

Erhält der Markt nun tatsächlich eine neue (also unerwartete) Information, passt sich der Marktpreis rasend schnell an. Viele Untersuchungen haben für die meisten Börsen Anpassungszeiträume zwischen fünf Sekunden und wenigen Minuten festgestellt. Für das Bekanntwerden der neuen Information im Markt bedarf es keiner speziellen Verlautbarung;

das Reagieren der einzelnen Marktteilnehmer auf die Information selbst sorgt bereits für ihre Übertragung. Ein allmähliches Einfließen einer Information über Wochen oder gar Monate hinweg ist kaum denkbar, geschweige denn statistisch nachgewiesen. Vermutungen sind wahrscheinlichkeitsgewichtete Informationen und unterscheiden sich hinsichtlich ihrer Einwirkungsart auf den Kurs nicht grundsätzlich von sicheren Informationen. Ferner können alte Informationen aufgrund neuer Erkenntnisse (Informationen) anders interpretiert werden, um erneut oder erstmalig einen Kurseffekt auszulösen.

Sollte es doch einmal länger dauern, bis eine neue Information in den Kurs einfließt, werden gewiss nicht Privatanleger davon profitieren. Rund 85 Prozent des weltweiten Wertpapierhandels geht von sogenannten institutionellen Marktteilnehmern aus, also von Banken, Investmentfonds, Brokern, Versicherungen, staatlichen Kapitalsammelstellen wie den Sozialkassen oder Großunternehmen. Kein Privatanleger – auch nicht im Zeitalter des Internets – hat eine echte Chance, in diesem Rennen mitzuhalten, genauso wenig, wie er mit einem VW Polo in der Formel 1 gewinnen könnte.

Wie muss man sich diese Informationseffizienz konkret vorstellen? Jede Information, die den Kurs beeinflussen kann, muss ihn sofort beeinflussen. Eine heute bekannte Information kann, sofern es auch nur eine Hand voll rationaler Investoren (unter Millionen irrationalen Anlegern) gibt, aus logischen Gründen unmöglich erst morgen den Kurs beeinflussen. Wüsste man mit Gewissheit, dass die Information X morgen den Kurs der Aktie Y vom derzeitigen Kurs 100 auf 110 erhöhen würde, wäre es völlig risikolos, die Aktie heute in jeder beliebigen Menge (bis hin zu 100 Prozent aller umlaufenden Y-Aktien) zu kaufen, um sie morgen beim Kurs von 110 wieder zu verkaufen. Das brächte eine Rendite von über 3 500 Prozent. Binnen eines Jahres könnte man so zum Multimilliardär werden. Es gibt also keine Informationen, die nicht bereits im aktuellen Kurs enthalten sind (im Börsendeutsch: »eingepreist«) – Insider-Informationen ausgenommen. Louis Bachelier stellte in seiner bereits erwähnten Dissertation schon im Jahr 1900 fest: »Ganz klar ist der vom Markt als am wahrscheinlichsten angenommene Preis der wahre, korrekte Preis; wäre der Markt anderer Meinung, wäre der Marktpreis entweder höher oder niedriger.«

Ändern sich die Marktpreise in einem effizienten Markt, dann nur aufgrund *neuer* Informationen. Neu sind Informationen aber nur, wenn sie eben nicht schon bekannt und auch nicht vorhersehbar waren. Eine Preisänderung aufgrund einer Information, die schon seit einigen Tagen bekannt war, ist mit den allgemein akzeptierten Grundeigenschaften von Märkten, zum Beispiel dem dominierenden Gewinnmotiv, unvereinbar und auch logisch nicht nachvollziehbar. Vermutungen, Ahnungen, Gerüchte und Hoffnungen sind keine neuen Informationen, sondern bekannte Informationen mit einem Unsicherheitsfaktor, also wahrscheinlichkeitsgewichtete Informationen. Wenn ein Ereignis »vorhersehbar« ist, ist die entsprechende Information nicht neu und hat daher den Preis bereits beeinflusst. Jede wirklich neue Information wird und muss jedoch – weil sie nicht systematisch vorhersagbar ist – zufälligen Inhalt haben (im Börsendeutsch: »random«). »Zufällig« hinsichtlich der Frage, ob die Information die Markterwartungen zur Rentabilität der Aktie (den gegenwärtigen Aktienkurs) bestätigt oder nicht. Da der Zufall nicht vorhersagbar ist, ist auch der Wertpapierkurs nicht vorhersagbar. Weil also alle verfügbaren Informationen bereits im Preis eines Wertpapiers enthalten sind und ein Prognostiker all jene Informationen, die der Kurs noch nicht reflektiert, nicht kennen kann, sind systematisch ausbeutbare Kursprognosen unmöglich. Das soll aber nicht heißen, dass es keine Outperformer gibt, die den Markt schlagen. Im Gegenteil: Es gibt sie sogar stets und in jedem Zeitintervall. Die Krux dabei ist jedoch, dass die Zusammensetzung dieser Gruppe sich ständig ändert und daher zufallsbedingt ist – auch wenn Fondsmanager das gerne anders sehen.

Die Informationseffizienz betrifft nicht nur die erwartete Rendite einer Aktie, sondern auch den kursbeeinflussenden Effekt von Risiken. In einem effizienten Markt sind alle bekannten (erwarteten) Risiken und die Wahrscheinlichkeit ihres Auftretens bereits im Marktpreis des Wertpapiers enthalten. Insofern können solche Risiken nur dann einen weiteren negativen Effekt auf den Marktpreis eines Wertpapiers auslösen, wenn die Risiken durch ein plötzliches, vom Markt unerwartetes Ereignis größer oder wahrscheinlicher werden oder der Risikofall tatsächlich eintritt. Dieser könnte zum Beispiel die Senkung des Ratings einer Aktiengesellschaft durch eine der großen Rating-Agenturen sein.

Die wesentliche Schlussfolgerung aus den Erkenntnissen der EMT besteht kurz gesagt darin, dass aktive Wertpapierinvestments, die notwendigerweise auf die Erzielung von Überrenditen abzielen, ein

»Glücksspiel« sind (dies gilt nicht hinsichtlich der Erzielung von Renditen an sich). Die EMT-Debatte spielt deshalb für Anleger bei der Beantwortung der Frage, ob sie »aktiv« oder »passiv« investieren sollten, eine eminent wichtige Rolle.

Aktives Anlagemanagement ist das, »was alle machen«. Über 90 Prozent aller privaten Anlagegelder und rund 70 Prozent der professionellen Anlagen werden aktiv gemanagt. Bei aktivem Investieren will der Anleger oder Fondsmanager Wertpapiere finden, die vom Markt gegenüber ihrem »fairen« (also »angemessenen« oder »korrekten«) Preis falsch bewertet werden, also entweder zu teuer oder zu billig sind. Im Falle zu billiger, unterbewerteter Aktien wird der aktive Anleger diese Aktie kaufen. Danach hält er das Papier so lange, bis der Markt den Bewertungsirrtum erkannt hat und den Preis durch verstärkte Nachfrage auf seinen fairen Level hinaufkorrigiert. An diesem Punkt verkauft der Anleger das Wertpapier wieder. Die Frage, wie ein Anleger die Unter- oder Überbewertung eines Wertpapiers erkennt, hängt von der speziellen aktiven Anlagestrategie ab, die er verfolgt. Davon gibt es – je nach Zählweise – rund fünfzig oder mehr. Die bekanntesten sind Stock-Picking auf der Basis fundamentaler Analyse, Stock-Picking auf der Basis technischer Analyse und Market-Timing auf der Basis makroökonomischer Analysen (vorübergehendes Über- oder Untergewichten von Märkten oder Marktsegmenten).[7]

Passives Anlagemanagement macht dagegen keinerlei Versuch, attraktive von unattraktiven Wertpapieren zu unterscheiden, Wertpapierkurse zu prognostizieren oder Märkte zu timen. Passive Anleger investieren nach dem Buy-and-Hold-Grundsatz in ein oder mehrere breite Segmente des Aktienmarktes (Asset-Klassen), zum Beispiel in Form von Indexfonds. Sie geben sich mit der jeweiligen Marktrendite zufrieden und versuchen, die hohen Transaktionskosten eines aktiven Portfoliomanagements zu vermeiden (mehr dazu in Kapitel 3 und 4).

Oft wird behauptet, dass die EMT – sofern sie denn zutreffe – das Hauptargument für passives Investieren sei. Das ist nicht korrekt. Ein ebenso wichtiges Argument ist der bereits weiter oben beschriebene »Renditenullsummenspiel-Charakter« der Wertpapiermärkte hinsichtlich der Verteilung von Überrenditen unter allen Anlegern. Aufgrund dieses ehernen mathematischen Gesetzes erzielt vor Kosten notwendigerweise eine Hälfte der Anleger (genauer: eine Hälfte der investierten Anlagemittel) eine unter dem betreffenden Marktindex liegende Rendite, nach Kosten ist diese »Verlierergruppe« noch deutlich größer. Die Efficient-Market-Theorie erklärt lediglich, warum die unweigerlich vorhandenen Outperformer nicht prognostizierbar und nicht ausschließlich Profianleger sind, sondern sich etwa repräsentativ aus allen Anlegergruppen – auch aus den Reihen der Privatanleger – zusammensetzen. (Rund 85 Prozent aller global investierten Mittel stammen von institutionellen, also professionellen Investoren, nur etwa 15 Prozent von Privatanlegern.)

Die EMT gilt nicht für jeden Markt, sondern nur für den Wertpapier- und den Devisenmarkt. Die große Mehrzahl der normalen Güter- und Dienstleistungsmärkte ist mehr oder weniger »ineffizient«. Beispiel: der Gebrauchtwagenmarkt. Hier ist es möglich, mit Fachverstand, Marktübersicht und entsprechendem Suchaufwand einzelne Fahrzeuge zu finden, die entweder »zu billig« oder »zu teuer« sind. Als Käufer würde man sich auf die zu billigen Autos konzentrieren und könnte so (bei gleichem Risiko) gegenüber dem durchschnittlichen Marktakteur höhere Renditen auf das eingesetzte Kapital erzielen. Ähnliches gilt für den Markt für Haarschnitte, Pelzmäntel oder Kunstgegenstände.

Ein kurioses, aber anerkanntes Paradox der EMT besteht übrigens darin, dass ihre Aussagen nicht mehr zuträfen, wenn alle Marktteilnehmer nach ihr handeln würden, also nur noch passives Portfoliomanagement, zum Beispiel mit Indexfonds, betrieben. Es gibt auch Schätzungen zu der Frage, wie groß der Anteil der passiven Investoren an der Gesamtzahl aller Investoren sein müsste, um die Effizienz der Märkte zum »Kippen« zu bringen, sodass sich aktive Anlagestrategien wieder lohnten. Diese belaufen sich auf etwa 80 bis 90 Prozent (gemessen am Anteil der passiv gemanagten Gelder am gesamten Anlagevolumen aus privaten und institutionellen Anlagen). Heute liegt dieser Anteil bei deutlich unter 30 Prozent. Fest steht: Wer den Markt dauerhaft schlagen will, muss nicht nur mehr wissen als irgendjemand anders – das wäre zweifellos möglich –, sondern mehr als jeder andere und das permanent.

In den finanzwirtschaftlichen Fakultäten der Universitäten wird heute im Grunde nur noch darüber gestritten, wie hoch der Grad der Markteffizienz ist. Über deren Vorhandensein an sich besteht unter Wissenschaftlern kein Dissens. Dennoch wird die EMT in der Investmentbranche vielfach mit hysterisch anmutender Leidenschaft angegriffen und in der populären Finanzpresse – gemessen an der enormen

Tabelle 3: So unterscheiden Sie effiziente von ineffizienten Wertpapiermärkten

Unterscheidungskriterium	Effizienter Wertpapiermarkt	Ineffizienter Wertpapiermarkt
Wie lange dauert es, bis neue Information (also Information, die vorher nicht bekannt war) im aktuellen Wertpapierkurs berücksichtigt wird?	nur wenige Minuten	einige Tage bis mehrere Monate
Wie lange bleiben daher falsche (das heißt zu hohe oder zu niedrige) Preise von Wertpapieren bestehen, bis eine Anpassung des Preises an den »wahren« Wert (den fairen Kurs) erfolgt?	extrem kurz	manchmal sehr lange
Wie hoch ist die Chance, ein Wertpapier zu finden, das gemessen an seinem fairen Kurs zu billig ist?	sehr niedrig bis beinahe null	hoch
Lohnt es sich, diesen Wertpapiermarkt mit hohem Aufwand an Zeit und Geld zu beobachten und zu analysieren?	nein	ja
Ist der Markt übersichtlich und transparent, das heißt, gibt es ausreichende, leicht zugängliche Informationen über Angebot und Nachfrage?	ja	nein
Lohnt es sich, einen professionellen Anlagemanager zu bezahlen, um eine Überrendite zu erreichen, das heißt eine höhere Performance (Rendite nach Risiko und Kosten) als der Markt?	nein	ja
Ist der Markt liquide, das heißt, treffen jederzeit ein relativ breites, aus vielen einzelnen Marktteilnehmern zusammengesetztes Angebot und eine breite Nachfrage aufeinander?	ja, fast immer	nein, häufig nicht
Ist es möglich, mit einem »Dart-Portfolio« (einen Dartpfeil 30-mal blind auf den Kurszettel des *Handelsblattes* werfen) langfristig eine ebenso hohe Rendite wie der Markt zu erzielen?	leicht möglich	schwer möglich
Welchen »Grundcharakter« hat Investieren in diesem Markt?	gleicht einem Glücksspiel (luck based game)	beruht auf Können (skill based game)

Bedeutung dieser Theorie – beinahe totgeschwiegen. Das lässt sich jedoch leicht erklären. Die Jobs von Fondsmanagern, Analysten und Finanzjournalisten erfordern zwingend den Glauben an ineffiziente Wertpapiermärkte. Andernfalls könnten diese Personen buchstäblich »nachhause gehen«, und die Fonds- und Bankenbranche würde Schätzungen zufolge weltweit rund 80 Milliarden Euro pro Jahr an risikolosen Wertpapierhandelsprovisionen verlieren – die entgangenen Umsätze der populären Finanzpresse nicht einmal mit eingerechnet. Deren kurzatmige, bei Berücksichtigung der Trading-Kosten genauso oft richtigen wie falschen Anlagetipps wären nämlich für passiv orientierte Anleger uninteressant.

Mittlerweile sind unzählige Studien zur Efficient-Market-Theorie (EMT) und zur Random-Walk-Theorie veröffentlicht worden, insbesondere zu der Frage, wie effizient bestimmte Märkte sind; aber auch grundsätzliche Überprüfungen dieser Theorien wurden angestellt. Zusammenfassend kann man sagen, dass die Ergebnisse dieser Studien die Markteffizienz für Wertpapiermärkte sehr weitgehend bestätigt haben. Hinsichtlich der Intensität der Markteffizienz werden drei mögliche Stufen unterschieden: schwach, mittel und stark. Die akademische Diskussion über den Effizienzgrad der Wertpapiermärkte dauert an, ihre praktische Bedeutung für den Privatanleger wird von der populären Presse jedoch auf absurde Weise übertrieben. Motto: Da hier noch keine völlige Einigkeit unter den Experten bestehe, könne man die EMT insgesamt nicht als bewiesen anerkennen. Eine naive und, wie das Geschehen an den Börsen lehrt, für die Anleger gefährliche Einschätzung. Für die Gültigkeit einer Theorie kommt es generell weder darauf an, ob alternative Erklärungsansätze vorhanden sind, noch ob vollständige Einigkeit über jeden Aspekt der betreffenden Theorie besteht, sondern schlicht, ob es sich um den besten Erklärungsansatz mit der höchsten Prognosekraft handelt. Dieser Rang unter den Theorien der Preisbildung an den Kapitalmärkten kommt ganz klar der EMT zu.

Neben diesem wenig ernst zu nehmenden Kritikpunkt an der EMT gibt es noch einige andere, etwas besser begründete Einwände, auf die wir kurz eingehen wollen.

Oft wird die Gültigkeit der EMT mit dem Hinweis auf die Existenz einzelner Anleger, die über lange Zeit hinweg den Markt nach Kosten und Risiko schlagen, in Zweifel gezogen. Dieses Faktum ist für sich genommen keine Widerlegung der EMT. Selbst in einem reinen Glücksspiel wird es Teilnehmer geben, deren Spielergebnis vom statistischen Erwartungswert über lange Phasen hinweg positiv abweicht. Würde man beispielsweise 66 500 Personen jeweils zehnmal hintereinander würfeln lassen, müsste statistisch gesehen einer unter ihnen sein, der zehn Sechsen würfelt. Diese Person lässt sich aber nicht im Vorhinein identifizieren, und kein Spieler kann vor dem Spiel erwarten, einen Augendurchschnitt zu erreichen, der wesentlich von 3,5 abweicht. Mithilfe statistischer Techniken lässt sich untersuchen, wie lange die Outperformance eines Anlegers anhalten muss, bis man mit 99-prozentiger Sicherheit behaupten kann, dass diese Überrendite auf Können und nicht auf Glück zurückzuführen ist. Nimmt man eine nominale Aktienmarktrendite (also einschließlich Inflation) von 11 Prozent p.a. an und eine erzielte jährliche Überrendite von durchschnittlich 2 Prozentpunkten (einmal mehr, einmal weniger), dauert es mehrere Jahrzehnte, bis sich mit 99-prozentiger Wahrscheinlichkeit schlussfolgern lässt, die Überrendite sei auf Können statt auf Zufall (Glück) zurückzuführen. Es mag einigen sogenannten »Fonds-Gurus«, die sich nach drei oder vier Jahren Index-Outperformance gerne im Rampenlicht des Medieninteresses sonnen, nicht gefallen, aber aus wissenschaftlicher Sicht ist diese Outperformance schlicht nicht vom Zufall unterscheidbar. So viel sachlicher und logischer Demut wird man in der Welt der »Reichmacher« aber wohl selten begegnen.

Weiter oben hatten wir bei der Beschreibung der EMT erläutert, dass der gegenwärtige Marktkurs eines Wertpapiers als die »beste Schätzung« des künftigen Kurses zu sehen sei. Demnach blieben Kurse stets stabil. Ganz offensichtlich ist das ausgesprochen selten der Fall, was jedoch keineswegs die EMT infrage stellt, wie manche »Fachleute« einwenden. »Beste Schätzung« heißt vielmehr, dass die Irrtümer dieser Schätzung gleichmäßig und statistisch zufällig nach oben und unten verteilt sind. Das bedeutet, dass sie (a) obwohl in der Mehrzahl der Fälle falsch, dennoch im Durchschnitt die beste Schätzung ist und (b) sich genau deswegen nicht mit Erfolg ausbeuten lässt (etwa indem man »unterschätzte« Wertpapiere kauft oder »überschätzte« verkauft).

Ein anderes Argument gegen die EMT besteht darin, starke Kursschwankungen, die bekanntlich oft genug vorkommen, zum Anlass zu nehmen, die Theorie auf der Basis des »gesunden Menschenverstandes« zu kritisieren, ja zu verhöhnen. Motto: Wie kann irgendjemand so naiv sein, »effiziente Märkte« anzunehmen, wenn der Kurs der XY-Aktie innerhalb von 24 Stunden um 30 Prozent fällt, obwohl sich am Geschäft des betreffenden Unternehmens nichts Wesentliches geändert hat?

Abgesehen davon, dass der sogenannte gesunde Menschenverstand bei zahllosen wichtigen Sachverhalten der Ökonomie versagt, gilt hier Folgendes: Aktienkurse sind der Gegenwartswert (Barwert) eines langfristigen Dividendenstroms in der Zukunft. Um diesen Marktbewertungsprozess rechnerisch zu simulieren, verwendet man das sogenannte »Dividend Discount Model«, das auch von Unternehmensberatungen und Analysten eingesetzt wird, um Unternehmenskaufpreise im Falle von Akquisitionen und Fusionen festzulegen. In diesem – übrigens unumstrittenen – Rechenmodell wirken sich schon geringfügige Änderungen der einfließenden Annahmen aufgrund der darin enthaltenen Hebelwirkungen drastisch auf den Kurs und damit auf den Unternehmenswert aus.

Bei anderen Gütern, deren Wert von lange in der Zukunft liegenden Zahlungsströmen abhängt, wie etwa Immobilien, ist das nicht anders. So kann beispielsweise eine vergleichsweise geringe Änderung des vom Markt erwarteten langfristigen Gewinnwachstums eines Unternehmens von nur einem Prozentpunkt, etwa aufgrund der Veröffentlichung einer neuen Unternehmensstrategie oder Patentanmeldung, den Kurs »schlagartig« um über 30 Prozent verändern. Ähnliche Korrekturen nach oben oder unten können sich für ganze Märkte ergeben, wenn diese aufgrund politischer oder anderer Ereignisse ihre Einschätzungen über das allgemeine Gewinnwachstum des Marktes oder aber über die künftigen Gewinnschwankungen (Risiko) revidieren. Grundsätzlich ist an solchen drastischen Wertschwankungen nichts »irrational«, wie manche Finanzjournalisten ohne Kenntnisse der modernen Kapitalmarkttheorie immer wieder oberlehrerhaft feststellen. Aktienkurse sind Erwartungswerte eines viele Jahre in die Zukunft reichenden, auf die Gegenwart abgezinsten Zahlungsstromes. Diese Erwartungen werden selbstverständlich von menschlichen »Grundstimmungen« (Optimismus, Pessimismus, Angst und so weiter) beeinflusst – wie praktisch unser ganzes Dasein. Derartige Stimmungen, insofern sie Unsicherheit über die zukünftige Entwicklung widerspiegeln, sind aber letztlich nichts anderes als wahrscheinlichkeitsgewichtete Informationen. Wer das als »irrational«

einstuft, hat das Wesen der Bewertung von Wertpapieren und den marktwirtschaftlichen Preismechanismus nicht richtig verstanden. Er behauptet damit ferner, er wisse besser als der Markt, sprich Millionen anderer Marktteilnehmer, was das »wahre«, richtige Bewertungsniveau eines Marktes oder einer Aktie sei – eine erstaunliche Arroganz.

Extreme Kurssprünge in sehr kurzer Zeit sind somit kein Beleg für mangelnde Markteffizienz. Sie wären es erst dann, wenn es bestimmten Anlegern gelänge, diese Kurssprünge nach Kosten und Risiko systematisch mit Gewinn auszubeuten. Das hat in der Vergangenheit nur eine winzige Minderheit von Anlegern geschafft.[8] Und niemand konnte die Zusammensetzung dieser Minderheit im Vorhinein zuverlässig voraussagen. Genauso wie niemand heute weiß, wer – von heute an gerechnet – in den kommenden fünf oder zehn Jahren zu dieser Outperformer-Gruppe gehören wird. Die einzige Gewissheit, die wir haben, ist, dass es eine Hand voll solcher »Investmentgenies« geben wird. Ob ihr Erfolg hingegen auf überlegenes Können oder einfach nur Glück zurückzuführen sein wird, war und ist durchaus schwierig zu beweisen. (Mehr zu dieser speziellen Frage in Abschnitt 2.9.)

Ein weiteres unter Wirtschaftsjournalisten und Privatanlegern verbreitetes Missverständnis stützt sich auf die wohl zutreffende Beobachtung, dass die Mehrzahl der Privatanleger Investmententscheidungen trifft, die zumindest zeitweilig emotionsgetrieben sind oder von vornherein auf erkennbar falschen Annahmen beruhen. Folglich könnten Wertpapiermärkte gar nicht effizient sein – da nicht vollständig rational –, und damit müsse die EMT als widerlegt gelten. Auch dieses Argument ist nur scheinplausibel. In einem transparenten, liquiden Markt genügt bereits ein kleiner Prozentsatz rationaler Anleger, um die Effizienz des Gesamtmarktes zu gewährleisten. Tatsächlich handelt in keinem Markt, sei es der Wertpapiermarkt oder der Markt für Gartenmöbel, Haarschnitte oder Urlaubsreisen, die Mehrheit der Akteure rational, und die kleine Minderheit der rationalen Anleger braucht sich nicht aus stets denselben Personen zusammenzusetzen. Diese wenigen rationalen Anleger sorgen bereits dafür, dass das Preisniveau oder – genauer formuliert – die Rendite-Risiko-Kombination von Wertpapieren »fair« ist, also den inneren Wert der Aktie bestmöglich schätzt. Man könnte das vielleicht mit einem kleinen Beispiel aus dem Kartoffelmarkt illustrieren (obwohl dieser nicht annähernd so effizient ist wie der Wertpapiermarkt). Niemand bezahlt im Supermarkt an der Ecke allein deshalb mehr für ein Kilo Erdäpfel, weil er nicht genau weiß, was der marktübliche, angemessene Preis in derartigen Läden ist. Vielmehr zahlen alle dasselbe – »irrationale« (ahnungslose) Kartoffelkäufer ebenso wie »Kartoffelexperten«. Um diesen wundersamen Zustand zu erreichen, reicht es aus, wenn nur wenige Kartoffelkäufer aktiv Preisvergleiche anstellen und die Händler mit den besseren Preisen bevorzugen. So bildet sich ein – bei Berücksichtigung der Transaktionskosten – sehr uniformer Marktpreis für eine gegebene Kartoffelqualität, der sicherstellt, dass auch »irrationale« Kartoffelkäufer nicht schlechter gestellt sind.[9]

Neuerdings ist oft zu hören, die junge Forschungsrichtung der Behavioral Finance (etwa »Verhaltensökonomie«, eine neue Spezialdisziplin der Finanzwirtschaft) widerlege die EMT. Forschungsergebnisse hätten gezeigt, dass die Mehrzahl der Anleger irrationale Verhaltensweisen an den Tag legten. Die EMT unterstelle dagegen den »Homo oeconomicus«, den vollständig rationalen, nutzenmaximierenden Wirtschaftsakteur, und sei deshalb realitätsfern. Einer eingehenden Überprüfung hält auch diese Behauptung nicht stand. Erstens ist es – wie wir gesehen haben – zur Erreichung einer hohen Markteffizienz nicht erforderlich, dass alle Anleger rational agieren, nicht einmal, dass die notwendige, rationale Minderheit sich immer aus denselben Akteuren zusammensetzt. Ferner sind viele von der Behavioral Finance aufgedeckten irrationalen Verhaltensweisen nicht »stabil«; das heißt, Anleger reagieren zwar oft »falsch« auf bestimmte Informationen, aber nicht kontinuierlich auf die gleiche Weise falsch. Falsches Verhalten wäre aber nur dann von anderen, rationalen Anlegern ausbeutbar, wenn es langfristig gleichförmig wäre. Und schließlich führt die Aufdeckung von Marktineffizienzen, wie wir gleich sehen werden, alsbald zu ihrem Verschwinden.[10]

Ein eigentümliches Merkmal der Efficient-Market-Theorie (EMT) besteht darin, dass sie durch diejenigen, die sie nicht beachten oder für falsch halten, gestärkt wird. In dieser Hinsicht nimmt die EMT unter allen finanzwirtschaftlichen Theorien vielleicht eine einzigartige Position ein. Dieser »Bumerang-Effekt« hat vorwiegend zwei Gründe:

Zum einen wird die Effizienz der Wertpapiermärkte täglich neu von den Marktteilnehmern mit aktiver Anlagestrategie (also jenen, die *nicht* an die EMT glauben) erzeugt. Das sind mehr als 90 Prozent aller Marktteilnehmer, also viele Millionen gewinnhungrige Investoren, Profis und Amateure, die 365 Tage im Jahr, 24 Stunden am Tag rastlos und weltweit nach fehlgepreisten (zu billigen oder zu teuren) Wertpapieren suchen. Unter diesen Anlegern befinden sich Tausende mit exzellenter Ausbildung, hohem IQ und Insider-Informationen. Dank der immer besseren Informationstechnologie und Telekommunikation werden die den Anlegern zur Verfügung stehenden Unternehmens- und Marktinformationen laufend umfangreicher, billiger, schneller und genauer. Das führt zu einem immer rascheren Wegkaufen oder Wegbieten der wenigen Gelegenheiten, den Marktdurchschnitt zu übertreffen. Bildhaft gesprochen: Es sind einfach zu viele Wölfe da, die alle um dasselbe freie, übersichtliche Feld lauern. Wann immer ein Lämmchen in einer Ecke des Feldes auftaucht, ist sein Schicksal ganz schnell besiegelt. Aber kein Wolf kann hoffen, stets als Erster bei der Beute zu sein. Die beiden amerikanischen Finanzökonomen Dwight Lee und James Verbrugge haben es etwas nüchterner und präziser formuliert: »Die Efficient-Market-Theorie [...] wird durch jede Entdeckung von Widersprüchen zwischen ihr und der realen Welt schrittweise noch mächtiger und allgemeingültiger gemacht. Die Freilegung einer Marktanomalie wird durch den Wettbewerb unter den Investoren um höhere Renditen beseitigt. Ironischerweise sind also diejenigen, die am meisten dazu beitragen, dass die EMT der Grunderklärungsansatz in der Finanzwirtschaft bleibt, nicht ihre akademischen Urheber und Verteidiger, sondern diejenigen, die sie für falsch halten und versuchen, sie in der Anlagepraxis zu widerlegen.« (*Journal of Applied Economics*, Spring 1996)

Der zweite Grund liegt darin, dass an den Universitäten und privaten Finanzinstituten Tausende Finanzwirtschaftler unermüdlich nach systembedingten Marktanomalien forschen – nach Wertpapieren also, deren Preis gemessen am Risiko des Wertpapiers zu hoch oder zu niedrig ist und damit im Widerspruch zur EMT steht. Jede erdenkliche Anlagestrategie, ob alt oder neu, jede auch noch so unplausible »Korrelation« wird überprüft (wir gehen darauf später noch ein). Und tatsächlich wurden immer wieder solche Anomalien (in der Fachsprache: *mispricings*) gefunden. Eine berühmte Marktanomalie war der sogenannte Januar-Effekt bei Nebenwerten: Die historischen Preisdaten zeigten nämlich, dass Anleger, die neue Aktien nur im Monat Januar gekauft hätten, den Marktdurchschnitt kontinuierlich outperformt hätten, denn in diesem Monat waren die Kurse stets besonders niedrig. (Es wurden auch einige Hypothesen formuliert, worauf dieser in der Vergangenheit über viele Jahrzehnte hinweg überraschend konsistente, relative Kursrückgang im Januar zurückzuführen sei, auf die wir hier nicht eingehen.)

Infobox: Korrelation, Korrelationskoeffizient
Eine nützliche Kennzahl aus der Statistik, die den Grad der Parallelität der Entwicklung zweier Größen (Zahlenreihen) misst, zum Beispiel der Kursveränderungen zweier Aktien. Die Korrelation wird gemessen in Form des Korrelationskoeffizienten, der zwischen +1 und –1 liegen kann. 1 steht für vollständige Korrelation (exakte Parallelentwicklung), 0 steht für vollständig unabhängige Entwicklung (allenfalls zufällige Parallelentwicklung) und –1 steht für exakt gegenläufige Entwicklung. Je niedriger die Korrelation zwischen zwei Finanz-Assets, desto besser eignen sie sich zur Diversifizierung in einem gemeinsamen Portfolio. Genauso wie Renditen schwanken auch Korrelationen im Zeitablauf, allerdings weit weniger heftig ■

Doch dann setzte ein faszinierender Prozess ein, der Finanzökonomen wohlbekannt ist: die Selbstzerstörung von Marktanomalien und Outperformance-Strategien nach ihrer Entdeckung. Der Januar-Effekt verschwand, nachdem er in wissenschaftlichen Aufsätzen benannt worden war. Das Gleiche geschieht mit allen anderen Marktanomalien und den Strategien zu ihrer Ausbeutung. Sobald diese Strategien bekannt werden, verpufft ihre Wirksamkeit. Wie das? Nun, wenn jemand quasi mit dem Finger auf ausbeutbare Marktanomalien zeigt, indem er sie laufend mit Gewinn ausbeutet, wird die ganze Anlegergemeinschaft darauf aufmerksam, und alle »steigen ein«. Damit treibt die »Herde« den Preis für diese Investmentchance nach oben, und die Strategie verliert ihre Wirkung. Dieses blitzschnelle »Wegarbitrieren« von Gelegenheiten zur Erzielung von Überrenditen ist ein Hauptmerkmal effizienter Märkte.

Infobox: Arbitrage

Beruht auf dem sogenannten »Gesetz des Preisausgleichs« (*law of one price*), eines zentralen Grundpfeilers der Wirtschaftswissenschaft. Das Gesetz sagt aus, dass zwei identische Güter den gleichen Marktpreis haben müssen. Wäre dies nicht der Fall, könnte jemand diese Ungleichheit ausbeuten, indem er gleichzeitig das billigere Gut einkauft und es teurer verkauft (Arbitrage ist definitionsgemäß immer risikolos). Dies würde sich so lange fortsetzen, bis aufgrund eines Nachfragedrucks für Gut A und eines Angebotüberhangs für Gut B sich die Preise angeglichen hätten. In Bezug auf Wertpapiere bedeutet das Gesetz, dass zwei Finanz-Assets mit dem gleichen Risikograd auch den gleichen erwarteten Ertrag haben müssen, andernfalls würde es sich lohnen, das Finanz-Asset A mit dem niedrigeren Preis (und deswegen höherer erwarteter Rendite) zu kaufen und simultan zu einem höheren Preis (niedrigere Rendite) zu verkaufen. Soweit identische Güter in zwei real existierenden Märkten tatsächlich unterschiedliche Preise haben, ist dieser Zustand entweder nur temporär (bis er wegarbitriert ist) oder die Transaktionskosten für Kauf und Verkauf in den unterschiedlichen Märkten sind genauso hoch oder höher als die Preisunterschiede und verhindern so den Preisangleich ◾

Die Existenz von Marktanomalien widerlegt also nicht die EMT, wie in der Finanzpresse vielfach behauptet wird. Eine Widerlegung der EMT wäre dann gegeben, wenn Marktanomalien nach ihrer Entdeckung dauerhaft weiter bestünden und bei Berücksichtigung von Transaktionskosten systematisch ausgebeutet werden könnten.

Aktive Anleger jedoch halten die EMT offensichtlich für zumindest teilweise falsch. Ansonsten würde die kostspielige Suche nach fehlgepreisten Wertpapieren und das Tragen hoher (weil nicht wegdiversifizierter) Risiken keinen Sinn ergeben.

Passive Anleger, die in Indexfonds, ETFs und Indexzertifikate auf der Basis eines Low-Cost-, Buy-and-Hold-Ansatzes investieren (zur konkreten Umsetzung siehe Kapitel 4), sollten sich daher über die erdrückende Mehrheit der aktiven Anleger freuen und ihnen verbunden sein. Ohne aktive Anleger würde die in der Regel überlegene passive

Strategie ihre spektakulären Vorteile verlieren. Man kann es mit dem großen Mark Twain sagen: »Lasst uns dankbar sein für die Narren, denn ohne sie könnte der Rest von uns nicht gewinnen.«

1.5 Risiko und Rendite sind untrennbar miteinander verbunden

»Entweder halten Sie die ›Wahrscheinlichkeitstheorie‹ für eines der faszinierendsten Themen überhaupt oder nicht. Falls nicht, tun Sie mir leid.«

Robert Solow, Wirtschaftsnobelpreisträger

Bereits in Abschnitt »Die Moderne Portfoliotheorie: Wissenschaft schlägt Praxis« hatten wir es erwähnt: Risiko und Rendite sind unentrinnbar miteinander verknüpft. Ökonomen formulieren dieses »Axiom« der Wirtschaftswissenschaft gelegentlich auch salopp, indem sie den amerikanischen Volksmund zitieren: »There ain't no free lunch« (es gibt kein Gratis-Mittagessen). Investments, die einen höheren Ertrag als kurzfristige Staatsanleihen oder Festgelder versprechen, gehen auch mit einem höheren Risiko einher. Und das bedeutet: Diese erwarteten Erträge werden in manchen Perioden (deren Zeitpunkt und Häufigkeit nicht vorhersehbar ist) ausbleiben und durch Verluste ersetzt werden – ansonsten wären die höheren Renditen ja nicht riskant. Umgekehrt ist von Anlagen, die ein geringes Risiko besitzen (also geringe Wertschwankungen aufweisen), jedenfalls langfristig auch keine hohe Rendite zu erwarten. Die jährlichen Renditedaten verschiedener Asset-Klassen im Anhang sowie die dort ausgewiesene Standardabweichung (siehe hierzu Infobox im Abschnitt »Risiko richtig verstehen«) geben hiervon ein plastisches Bild. Wer Risiko aushalten kann, sei es nervlich oder weil er in einer so komfortablen finanziellen Position ist, dass ein möglicher Verlust keine Rolle spielt, der wird – aufgrund dieses Gesetzes – mit einer recht hohen Wahrscheinlichkeit auch durch langfristig hohe Erträge belohnt.

In einer gewissen Weise hat finanzielles Risiko auch eine philosophische Dimension: Wer im Leben stets nur auf »Nummer sicher« geht, wird wohl nie abstürzen, aber vermutlich auch nie einen Gipfel erklimmen. Doch immerhin gibt es in der Investmentwelt zwei erfreuliche Einschränkungen der für manch einen schwer akzeptierbaren Verzahnung von Risiko und Rendite: Unter bestimmten Umständen nimmt Risiko bei langem Anlagehorizont von fünf Jahren und mehr im Zeitablauf ab. Durch eine bestimmte Form der Diversifikation (die wir in diesem Buch noch genau darstellen werden) kann ein großer Teil des Risikos »wegdiversifiziert« werden, ohne dass man dabei auf Rendite verzichten

Abbildung 1: Risikospektrum unterschiedlicher Asset-Klassen

Hohe erwartete Rendite + hohes Wertschwankungsrisiko

Optionen und andere Derivate

Schwellenländeraktien

Rohstoffe

Immobilien (bei 80 Prozent Fremdfinanzierungsanteil)

Industrieländeraktien (Nebenwerte sind riskanter als Standardwerte und Value-Aktien riskanter als Growth-Aktien, siehe hierzu Infobox)

Wandelanleihen

Hochverzinsliche Anleihen von Schwellenländern und Unternehmen (»Junk-Bonds«)

Unternehmensanleihen (je schlechter das Rating und je länger die Laufzeit, desto riskanter)

Langfristige Staatsanleihen der BRD mit Laufzeiten über 12 Monaten (je länger die Laufzeit, desto riskanter)

Kapitallebensversicherungen*

Festgelder und Staatsanleihen der BR Deutschland bis 18 Monate Laufzeit – weitgehend risikofreie Geldmarktanlagen

Niedrige erwartete Rendite + niedriges Wertschwankungsrisiko

---

*   Die genaue Einordnung der Kapitallebensversicherungen in diese Übersicht ist etwas ambivalent, denn sie sind deutlich risikoreicher als Staatsanleihen und stehen damit nur von der Rendite her, nicht aber vom Risiko her betrachtet am richtigen Platz. Außerdem bieten sie eine Risikolebensabsicherung, die die anderen Asset-Klassen nicht leisten.

müsste. Das ändert aber nichts daran, dass bei Einzelinvestments hohe Ertragserwartungen immer mit hohen Risiken einhergehen.

Eigentlich ist die Feststellung, dass Risiko und Rendite verknüpft sind, recht banal und entspricht dem gesunden Menschenverstand. Kein ernsthafter Finanzökonom würde eine Sekunde an diesem »ehernen Gesetz der Kapitalmärkte« zweifeln; anders dagegen die Mitglieder der Finanzbranche, die gegenüber ihren Privatkunden gerne so tun, als ob sie das Gesetz kraft ihres »überlegenen« Wissens einfach außer Kraft setzen könnten. Motto: Was nicht sein darf, kann auch nicht sein. Bei vielen Privatanlegern fällt dieses Wunschdenken auf fruchtbaren Boden. Willig glauben sie die Mär, dass Renditen von – je nach Ruchlosigkeit des Produktanbieters oder Beraters – zwischen 6 und 20 Prozent oder auch mehr »garantiert« werden könnten, also risikolos seien. Ein Sirenengesang, den viele teuer bezahlt haben ...

Abbildung 1 listet die gängigen Anlageformen (Asset-Klassen) geordnet nach erwartetem Ertrage und damit einhergehendem Risiko auf. Diese Reihenfolge stimmt natürlich nur näherungsweise; im Einzelfall mag es, je nach Produktmerkmalen, Abweichungen geben.

Die Frage, wo Immobilienanlagen in dieses Spektrum eingeordnet werden sollten, hängt insbesondere damit zusammen, wie hoch der Anteil des Investments ist, der mit Kredit finanziert wurde (»Leverage«-Grad). Vollständig aus Eigenkapital finanzierte Immobilien dürften risikomäßig etwas über langfristigen Staatsanleihen liegen. Der Risikograd nimmt jedoch mit zunehmenden Fremdfinanzierungsanteil rapide zu (siehe Abschnitt 3.5).

Infobox: Value- versus Growth-Aktien

Eine Value- (Wert-)Aktie ist eine Aktie, die eines oder mehrere der folgenden Merkmale aufweist: niedriges Kurs-Gewinn- bzw. Kurs-Buchwert-Verhältnis – also eine »billige« Aktie; relativ hohe Verschuldung; (zumeist) relativ hohe Dividendenrendite; geringes Gewinnsteigerungspotenzial in den Augen der Analysten; zu einer »langweiligen« Branche gehörig mit (nach herrschender Meinung) begrenzten Wachstumsperspektiven. Metaphorisch könnte man Value-Aktien als »hässliche« Entlein bezeichnen oder – wissenschaftlicher – als »distressed stocks«.

Growth- (Wachstums-)Aktien sind von alledem das Gegenteil. Aktien sind entweder Growth-Aktien (das ist die Mehrzahl) oder Value-Aktien. Aktien, die sich nicht eindeutig zuordnen lassen, werden gelegentlich als »Blend«-Werte bezeichnet (engl. »Mischung«). Im Unterschied zu einer verbreiteten These weisen Value-Aktien statistisch ein höheres Risiko als ihr Gegenstück, die Growth-Aktien, auf. Allerdings zeigt sich dieses höhere Risiko nicht zwangsläufig in dem am meisten verbreiteten Risikomaß, der Standardabweichung der Aktienrenditen. Im langfristigen historischen Vergleich haben sich Value-Aktien besser entwickelt als Growth-Aktien. Mehr zu diesem wichtigen Thema in Abschnitt 2.7 ■

Naturgemäß sind Einzelinvestments insbesondere für die Asset-Klassen ab Unternehmensanleihen aufwärts riskanter als Fondsinvestments, da selbst Fonds mit engem Anlagefokus gegenüber Einzelinvestments besser diversifiziert sind.

1.6 Regression zum Mittelwert: Die mächtige Tendenz zum Durchschnitt

»Regression zum Durchschnitt, einer der mächtigsten Einflussfaktoren in der Finanzwelt, erklärt die Neigung zur Umkehrung von Erfolg und Misserfolg.«

David Swensen, Chief Investment Officer der Yale University und einer der erfolgreichsten Portfoliomanager der Welt

Kommen wir nun auf ein ganz anderes mächtiges Phänomen zu sprechen, mit dem Anleger unweigerlich konfrontiert werden, zumeist ohne sich je dessen bewusst zu werden. In der Finanzpresse und den meisten Anlegerratgebern wird sie ebenfalls regelmäßig ignoriert: die »Regression zum Mittelwert«. Hinter diesem wenig anschaulichen Begriff aus der Statistiktheorie verbirgt sich eine faszinierende Gesetzmäßigkeit, die die langfristige Renditeentwicklung von Kapitalanlagen aller Art betrifft.

Die meisten Anleger spüren es intuitiv, auch wenn sie sich über die Gründe nicht im Klaren sind: Die *Brutto*rendite (die Rendite vor

Kosten) des eigenen Wertpapierdepots pendelt irgendwann zu einem langfristigen Marktdurchschnittswert zurück, seien die Ausgangsrenditen nun besonders positiv oder besonders negativ. Mit anderen Worten, es existieren wenige Portfolios, die 20 Jahre lang deutlich über dem Durchschnitt ihrer Risikoklasse liegen, und genauso wenige, die 20 Jahre lang darunter performen. Bereits die Zahl der Portfolios, die auch nur fünf Jahre ununterbrochen über oder unter diesem Mittelwert liegen, ist erstaunlich gering. Dieses Phänomen wird in der Statistik als Regression zum Mittelwert bezeichnet (engl.: *regression/reversion to the mean*).

Langfristige Regression zum Mittelwert ist bei Kapitalanlagen durch zahllose statistische Studien nachgewiesen.[11] Sowohl überdurchschnittliche als auch unterdurchschnittliche Renditen aktiv gemanagter Investmentfonds, Wertpapierportfolios und Wertpapierindizes nähern sich langfristig (über Zeiträume von sieben Jahren und mehr) tendenziell wieder dem für die jeweilige Asset-Klasse durchschnittlichen Wert an. Das gilt auch für Zinssätze und die Standardabweichung (das Risikomaß) von Wertpapieren. Das heißt, die Rendite eines einzelnen aktiv gemanagten Portfolios oder Indizes schwankt im langfristigen Zeitablauf um den Asset-Klassen-Mittelwert. Noch einmal anders formuliert: Über- oder Unterrenditen haben nahezu immer vorübergehenden Charakter. Dieses Phänomen kann übrigens in der Mehrzahl aller physikalischen, chemischen, biologischen, sozialen und ökonomischen Systeme auf breiter Front beobachtet werden.

Lediglich auf kurze Sicht (weniger als fünf Jahre) und bezogen auf einzelne Aktien lässt sich Regression zum Durchschnitt nicht klar nachweisen. Aber auch das ist aus der Sicht der modernen Finanzforschung nicht überraschend: Hier kommt der im Kapital über die Efficient-Market-Theorie bereits angesprochene Charakter des Random Walk (Zufallslauf) von Aktienkursen zum Ausdruck. Deswegen lässt sich Regression zum Mittelwert auch nicht im Wege einer kurzfristig orientierten »konträren« Anlagestrategie mit Erfolg ausbeuten.

Wichtig beim Verständnis dieser statistischen Gesetzmäßigkeit: Regression zum Mittelwert ist nur der *Ausdruck* bestimmter (zumeist mehrerer) Ursachen, nicht aber die Ursache selbst. Regression zum Mittelwert kann auch als eine Art Gleichgewichtsgesetz oder -tendenz verstanden werden, denn ohne sie würden die meisten ökonomischen, sozialen, biologischen und physikalischen Systeme – metaphorisch gesprochen – implodieren oder explodieren.

Ein Beispiel aus der Biologie: Trotz anderslautender herrschender Meinung werden die Nachkommen körperlich groß gewachsener Eltern nicht von Generation zu Generation größer. Stattdessen gilt Folgendes: Je größer die Eltern, desto häufiger (wahrscheinlicher) sind die Kinder kleiner als die Eltern – gleichgeschlechtliche Vergleiche natürlich vorausgesetzt. Umgekehrt: Je kleiner die Eltern, desto häufiger (wahrscheinlicher) sind die Kinder größer als sie. Wäre es nicht so, gäbe es schon längst Menschen, die nur noch 20 Zentimeter oder aber gigantische 5 Meter groß wären.

Zurück zum Wertpapiermarkt: In der Phase der unkritischen Aktieneuphorie, die von etwa 1995 bis Mitte 2000 reichte, überschätzten fast alle Anleger aufgrund der weit überdurchschnittlichen Aktienrenditen in den USA und Westeuropa die kurz- und langfristigen Ertragschancen von Aktienanlagen. So ist zum Beispiel sicher, dass die durchschnittliche Rendite des MSCI Europe (europäische Standardwerteaktien) in den neun Jahren von 1991 bis Ende 1999 von kumulativ 355 Prozent (18,3 Prozent p.a.) unter keinen Umständen dauerhaft wiederholbar ist, weil die Höhe und das Wachstum der Unternehmensgewinne dies gar nicht erlaubt – und dieses Wachstum bestimmt langfristig die Entwicklung der Aktienrenditen. Ein Anleger, der nach mehreren Jahren so hoher Renditen glaubt, dieses Wachstum würde sich fortsetzen, unterstellt damit, dass sich die Unternehmensgewinne in Zukunft dauerhaft etwa alle vier Jahre verdoppeln. Auf längere Sicht hat es das aber in der ganzen Geschichte des Kapitalismus noch nie gegeben.

Das Phänomen der Regression zum Mittelwert diktiert, dass in der Vorausschau für jedes überdurchschnittliche Jahr pro Asset-Klasse irgendwann ein unterdurchschnittliches auftreten muss. Dementsprechend wies der europäische Aktienmarkt ab 2000 einen Verlust von −52 Prozent (kumulativ) auf und radierte damit alle Gewinne ab Mitte 1997 wieder aus. Nach dieser starken »Baisse« ging es jedoch für diejenigen, die vernünftig und nervenstark genug waren, die Schwankungen auszusitzen, ab März 2003 wieder steil bergauf, nämlich vier Jahre lang im Durchschnitt 19 Prozent p.a., sodass Ende 2006 ein neuer Indexrekordstand erreicht wurde.

Ein anderer statistischer Hinweis auf Regression zum Mittelwert:

Betrachtet man die Abfolge der Jahresrenditen, zum Beispiel des DAX oder des S&P 500 seit 1950, dann kann man in gut 70 Prozent aller Jahre eine Tendenz der Regression zum Mittelwert feststellen. Dazu muss eine der beiden folgenden Beobachtungen vorliegen: (a) Weist Jahr 1 eine historisch überdurchschnittliche Rendite auf, wird die Rendite im Jahr 2 gegenüber Jahr 1 sinken. (b) Weist Jahr 1 dagegen eine historisch unterdurchschnittliche Rendite auf, wird die Rendite im Jahr 2 gegenüber Jahr 1 steigen. Wer Regression zum Mittelwert, das heißt ein erratisches und kurzfristig nicht prognostizierbares Auf und Ab um die langfristigen Durchschnittsrendite herum (im Falle dieser Asset-Klasse nominal 11,5 Prozent und real 8,2 Prozent) versteht und akzeptiert, ist gegenüber anderen Anlegern also beträchtlich im Vorteil:

- Er wird von vornherein die besseren Anlageentscheidungen treffen, weil er nicht sinnloser kurzfristiger Outperformance hinterherjagt, die letztlich wegen höherer Trading-Kosten und Risikokonzentration in langfristiger Unterperformance gegenüber dem Markt mündet;
- er wird ruhiger schlafen können, weil er vorübergehende Abschwünge und Verluste besser versteht und gelassener hinnehmen kann und seltener zu emotionsgetriebenen, spontanen Entscheidungen neigt.

1.7 Wie Diversifikation wirklich funktioniert

»Es ist wahrscheinlich, dass die meisten Privatanleger den Nutzen eines korrekt diversifizierten Portfolios schlicht nicht verstehen.«

Prof. Terrance Odean, University of California at Berkeley, einer der führenden Forscher auf dem Gebiet der Behavioral Finance

Diversifikation ist das vermutlich wichtigste Instrument zur Senkung von Rendite- und Wertschwankungen bei Wertpapieranlagen überhaupt. Leider haben viele empirische Untersuchungen ergeben, dass die Depots der Deutschen (wie auch von Anlegern in vielen anderen Ländern) dramatisch unterdiversifiziert sind. Dabei machen die meisten Fondskäufer und Einzelwertanleger denselben Fehler: Sie investieren größtenteils nur in deutsche und westeuropäische Standardwerteaktien und hie und da in einen Nebenwert, den Ihnen ihr Bankbetreuer oder eine Internet-Website »ins Ohr geflüstert« hat. Daneben halten viele Anleger lediglich einen Rentenfonds oder ein Bundeswertpapier und glauben dann – wiederum von ihren Bankkundenbetreuern in diesem Trugschluss bestärkt – ausreichend diversifiziert zu sein.[12] Ein Fehler, den viele Anleger mit unnötig starken Wertschwankungen ihres Portfolios bezahlen, die besonders schmerzen, wenn es an der Börse längerfristig abwärts geht.

Langfristig noch bedauerlicher ist, dass diese typischen Anleger – zu ihrem eigenen Schaden – mehrere Asset-Klassen ignorieren, die zwar für sich genommen relativ riskant sein mögen, in einem Portfolio mit dem richtigen Mischungsverhältnis jedoch die Gesamtrendite erhöhen *und* dabei das Gesamtrisiko sogar reduzieren: der sprichwörtliche Heilige Gral des Investierens.

Doch schauen wir uns das viel diskutierte, aber selten wirklich verstandene Thema »Diversifikation« etwas genauer an. Unter welchen Bedingungen könnte man auf Diversifikation tatsächlich verzichten? Diversifikation wäre dann unsinnig, wenn bezüglich der zukünftigen Renditen von Investments keine Unsicherheit bestünde. Könnte man diese Wertentwicklungen mit völliger Sicherheit vorhersagen, wäre die einzig richtige Anlagestrategie, sein gesamtes Vermögen in das Asset mit der höchsten definitiven Rendite zu konzentrieren (Konzentration statt Diversifikation). In diesem Paradies leben wir zweifellos nicht, und daher lohnt sich Diversifikation. Das klassische, oft wiederholte Beispiel zur Illustration ihrer Vorteile ist das folgende:

Wir denken uns zwei Aktiengesellschaften. Die eine stellt Badehosen her, die andere Regenschirme. In überwiegend heißen Jahren geht es der Badehosen AG finanziell gut, ihr Gewinn steigt. In eher kalten Jahren hingegen geht er zurück. Genau umgekehrt verhält es sich mit der Regenschirm AG. Im langfristigen Durchschnitt gibt es gleich viele kalte wie heiße Jahre. Ein Investor hätte – vereinfacht gesagt – drei Möglichkeiten: Er könnte seine Mittel vollständig in die Badehosen AG, vollständig in die Regenschirm AG oder je zur Hälfte in beide Unternehmen investieren. Wie aus Tabelle 4 hervorgeht, ist die langfristige Durchschnittsrendite aller drei Portfolios identisch. Dennoch ist das diversifizierte »50:50-Gesamtportfolio« (Portfolio Nr. 3) klar vorzuziehen, denn es weist keinerlei jährliche Renditeschwankungen und daher kein Risiko auf. Bei den anderen beiden Portfolios ist das nicht der Fall.

Tabelle 4: Auswirkung der Diversifizierung auf die Schwankung der jährlichen Renditen eines gemischten Portfolios

Portfoliostruktur	»Kaltes« Jahr 1	»Heißes« Jahr 2	»Kaltes« Jahr 3	»Kaltes« Jahr 4	»Heißes« Jahr 5	»Heißes« Jahr 6	»Heißes« Jahr 7	»Kaltes« Jahr 8	Ø Jahresrendite	Std-abw.
Rendite Portfolio 1: 100 % Badehosen AG	4 Euro	10 Euro	4 Euro	4 Euro	10 Euro	10 Euro	10 Euro	4 Euro	7 Euro	3,2
Rendite Portfolio 2: 100 % Regenschirm AG	10 Euro	4 Euro	10 Euro	10 Euro	4 Euro	4 Euro	4 Euro	10 Euro	7 Euro	3,2
Rendite Portfolio 3: 50 % Badehosen AG / 50 % Regenschirm AG	7 Euro	7 Euro	7 Euro	7 Euro	7 Euro	7 Euro	7 Euro	7 Euro	7 Euro	0,0

Wäre ein Anleger fähig, stets korrekt zu prognostizieren, welches Unternehmen in einem gegebenen Jahr den höheren Gewinn realisiert, würde er seine Anlagen jeweils konzentrieren, statt zu diversifizieren, und könnte so einen Gewinn von 10 Euro p.a. erzielen (ohne Berücksichtigung von Transaktionskosten und Steuern).

Damit ein Diversifikationsnutzen – in unserem etwas unrealistischen Beispiel die vollständige Eliminierung der Volatilität des Gesamtportfolios (Standardabweichung = 0) – erreicht werden kann, dürfen die Gewinne der beiden Unternehmen (bzw. in der realen Welt die Aktienkurse) nicht vollkommen positiv miteinander »korrelieren«. Sie müssen somit eine Korrelation (präziser formuliert: einen Korrelationskoeffizienten) von unter +1,0 haben. Die Spannbreite reicht von +1 bis –1 (»1« steht für vollständige Korrelation, das heißt perfekte Parallelentwicklung, »0« steht für vollständig unabhängige Entwicklung, das heißt allenfalls zufällige Parallelentwicklung, und »–1« steht für perfekt gegenläufige Entwicklung). Die Korrelation der jährlichen Unternehmensgewinne der Badehosen AG und der Regenschirm AG hat den Idealwert von –1. Die beiden Unternehmen sind deswegen optimal geeignet zur Risikosenkung eines gemischten Portfolios. Eine Korrelation von 0,5 zwischen zwei Aktien A und B würde bedeuten, dass für jeden Prozentpunkt Rendite über der langfristigen Durchschnittsrendite der Aktie A die Aktie B im Durchschnitt nur um 0,5 Prozentpunkte über ihre Durchschnittsrendite ansteigt und für jeden Prozentpunkt Rendite unter der langfristigen Durchschnittsrendite der Aktie A die Aktie B nur um 0,5 Prozentpunkte unter ihre Durchschnittsrendite fällt. In der Realität sind negative Korrelationen zwischen zwei Wertpapieren oder zwei Wertpapiermärkten äußerst selten. Im Anhang stellen wir die langfristigen Korrelationen zwischen den wichtigsten Asset-Klassen vor.

Zu beachten ist, dass auch Korrelationen im langfristigen Zeitablauf nicht unverändert bleiben. Sie schwanken allerdings weitaus weniger als Renditen. (Gleichwohl haben Korrelationen zwischen Wertpapieren oft die unangenehme Eigenschaft, in Marktabschwungsphasen zuzunehmen, ausgerechnet dann, wenn man sich eine Zunahme am wenigsten wünscht.) Sobald ein Vermögenswert eine Korrelation von ungefähr 0,8 oder weniger zu einem Portfolio aufweist, lohnt es sich, diesen Vermögenswert dem Portfolio beizumischen, um die Gesamtvolatilität des erweiterten Portfolios unter die alte Gesamtvolatilität zu senken.

Die Rendite eines Portfolios entspricht der Rendite des gewichteten Durchschnitts seiner Bestandteile. Beim Risiko ist die Rechnung komplizierter. Das Gesamtrisiko (die Standardabweichung) entspricht nicht dem gewichteten Durchschnitt, sondern sinkt erfreulicherweise bei jeder Hinzufügung eines neuen Investments, das mit dem restlichen Portfolio mit einem Wert von unter 1,0 korreliert, unter den gewichteten Durchschnitt der einzelnen Standardabweichungen.

Diese Erkenntnis ist geradezu genial und ungemein praktisch. Sie kann in ihrer Tragweite kaum überschätzt werden. Wir wollen sie uns deswegen noch einmal deutlich vor Augen führen: Das Gesamtrisiko eines Portfolios aus verschiedenen Anlagen, die nicht hundertprozentig miteinander korrelieren, ist kleiner als die Summe oder der Durchschnitt der Einzelrisiken. Risikosteuerung hat deshalb nur auf der Ebene des Gesamtportfolios Sinn. Der Risikograd einer einzelnen Portfoliokomponente (zum Beispiel einer einzelnen Aktie) spielt im Grunde genommen keine Rolle, selbst dann nicht, wenn dieser Risikograd (in Form der Schwankungsintensität) hoch ist. Eine Betrachtung der Einzelrisiken in einem Depot – wie sie den Empfehlungen der meisten Banken und Anlegerzeitschriften zugrunde liegt – ist praktisch nutzlos und führt in der Regel zu falschen Entscheidungen.

Tabelle 5 zeigt, wie internationale Diversifikation über Asset-Klassen hinweg das Risiko eines Portfolios senkt. Man möge dabei beachten, dass diese Portfolios bewusst keine risikofreie Komponente wie etwa Geldmarktanlagen oder kurzlaufende Staatsanleihen enthalten, mit denen das Risiko noch deutlich gesenkt werden könnte (zum Begriff »risikofreie Anlage« siehe Glossar).

Tabelle 5: Richtige Diversifikation senkt das Risiko, ohne auf Rendite zu verzichten

	Gering diversifiziertes Portfolio	Stark diversifiziertes Portfolio
	Gewichtung	Gewichtung
Aktien Deutschland (DAX)	100%	–
Aktien Welt, Industrieländer Standardwerte (MSCI World)	–	10%
Aktien Welt, Industrieländer Nebenwerte	–	25%
Aktien Welt, Industrieländer (Large Cap Value Stocks)	–	15%
Aktien Schwellenländer	–	25%
Immobilien Westeuropa + USA (50/50)	–	15%
Commodities (Rohstoffe)	–	10%
Gesamtportfolio	**100%**	**100%**
Jahr	**Rendite**	**Rendite**
1988	32,8%	24,6%
1989	34,8%	40,6%
1990	–21,9%	–20,7%
1991	12,9%	27,7%
1992	–2,1%	–4,6%
1993	46,7%	39,0%
1994	–7,1%	0,9%
1995	7,0%	–1,9%
1996	28,2%	18,2%
1997	47,1%	16,8%
1998	17,7%	–0,6%
1999	39,1%	39,0%
Crash-Jahr: 2000	–7,5%	21,7%
Crash-Jahr: 2001	–19,8%	–3,3%
Crash-Jahr: 2002	–43,9%	–11,6%

2003	37,2%	18,1%
2004	7,5%	10,0%
2005	28,0%	20,7%
2006	23,7%	19,2%
Gesamtzeitraum (1988–2006)		
Reale geometr. Rendite p.a.[13]	7,9%	9,3%
Nominelle geometr. Rendite p.a.	10,6%	12,0%
Std.-abw. der Jahresrenditen	26%	18%
Sharpe-Ratio	0,3	0,5
Niedrigste jährl. Einzelrendite	–44%	–21%
Anteil der Jahre mit neg. Rendite	32%	32%

Diversifizieren kann man jedoch nicht nur über einzelne Assets oder Asset-Klassen hinweg, sondern auch über die Zeit hinweg (neudeutsch *Time-Diversification*). Gemeint ist nichts anderes als ein langfristiger Buy-and-Hold-Ansatz oder – noch simpler formuliert – »warten zu können« und »vorübergehende Buchverluste aushalten zu können«. Hinter dem Konzept der Zeitdiversifikation verbirgt sich die oftmals bestätigte Beobachtung, dass die erwartete Rendite eines Wertpapiers oder einer Asset-Klasse umso wahrscheinlicher eintrifft, je länger man wartet, oder umgekehrt formuliert, dass das Risiko negativer Abweichungen von der erwarteten Rendite im Zeitablauf sinkt.

Was ist Asset-Klassen-Rotation?

Der Begriff der Asset-Klassen-Rotation beschreibt die Beobachtung, dass sowohl die jährliche Renditen-Spitzenposition als auch die »Rote Laterne« unter den Asset-Klassen dauernd und fast völlig zufallsgetrieben zwischen den einzelnen Asset-Klassen wechselt. So lässt ein Vergleich der jährlichen Rendite von fünf größeren Asset-Klassen (MSCI Deutschland, MSCI USA, MSCI Japan, MSCI EMF (Aktien der Schwellenländer) und GSCI Total Return (Rohstoff-Futures), jeweils gemessen in Euro, seit 1970 keinerlei Muster erkennen: Spitzenreiter, Verlierer und Zwischenpositionen wechseln ständig und unvorhersehbar. Die meisten der von den Medien hochgejubelten »Megatrends« (darunter zum Beispiel die Japan-Euphorie Ende der achtziger Jahre oder die Internet-Begeisterung Ende der neunziger Jahre) erweisen sich somit im Nachhinein als Seifenblasen, egal wie plausibel sie irgendwann einmal geklungen haben mögen. Zwei weitere Beobachtungen am Rande: Der angeblich »hoffnungslose« Aktienmarkt Japan hat (jedenfalls in Euro gemessen) langfristig besser performt als die Märkte Deutschlands oder der USA. Ergo: Eine Anlagestrategie auf kurzfristige historische Trends, »herrschende Meinungen« und Moden aufzubauen ist ein Fehler, der zulasten der Langfristrendite und bestmöglicher Diversifikation geht.

Ein Vergleich der Jahresrenditen mit den rollierenden Fünf-Jahres-Renditen auf Jahresbasis (Abbildung 2) zeigt, das für das kürzere jährliche Intervall sowohl die Spannbreite der Periodenrenditen als auch die Standardabweichung deutlich höher liegen. Je länger ein Portfolio unverändert besteht, desto wahrscheinlicher wird das Gesamtergebnis am Ende dieses Zeitraumes dem ursprünglich erwarteten Ergebnis (zum Beispiel dem langfristigen Durchschnittsertrag für das jeweilige Wertpapier beziehungsweise die Asset-Klasse) entsprechen. Grund dafür ist, dass mit zunehmender Anlagedauer die einzelnen positiven wie negativen Renditeschwankungen dazu neigen, sich auszugleichen. Dieses Gesetz kommt in der allgemein akzeptierten Empfehlung zum Ausdruck, dass man risikobehaftete, also stark schwankende Anlagen nur tätigen sollte, wenn man es sich leisten kann, lange Zeit (mehrere Jahre) zu warten, bevor die Anlage wieder liquidiert wird.[14]

Leider lässt sich das Risiko eines Portfolios in der Praxis auch durch noch so hohe Diversifikation nicht vollständig beseitigen. Grund dafür ist, dass es praktisch keine zwei Wertpapiere oder Asset-Klassen auf der Welt gibt, die eine stabile Korrelation von −1,0 aufweisen. Tatsächlich bewegen sich die meisten Korrelationen zwischen −0,1 und +1,0. Auch damit ist allerdings bereits eine erhebliche Risikosenkung erreichbar. Dies hängt damit zusammen, dass die Wertschwankungen, denen eine Aktie unterliegt, auf drei Typen von Ursachen zurückgehen:

- Risikofaktoren, die nur das jeweilige Unternehmen betreffen
- Risikofaktoren, die die jeweilige Asset-Klasse betreffen
- Risikofaktoren, die alle Aktien weltweit betreffen

Abbildung 2: Das Aktienrisiko nimmt im Zeitablauf ab

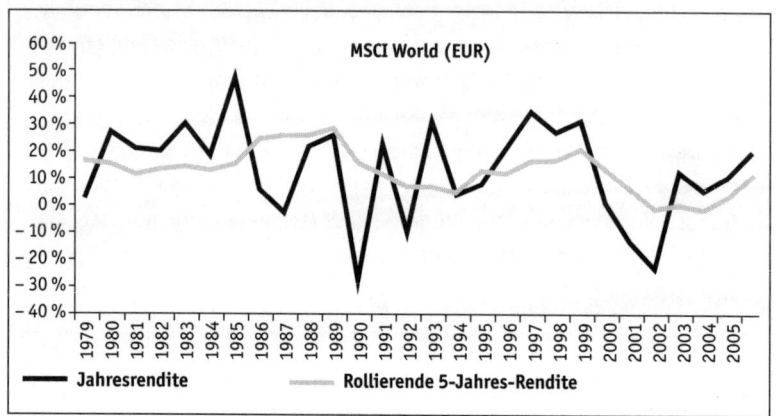

Nun zur Krux: Die beiden erstgenannten Risikofaktoren lassen sich durch Diversifizierung vollständig neutralisieren, der dritte dagegen nicht. Warum das so ist, werden wir sehen, wenn wir die drei Klassen ein wenig differenzierter betrachten:

Einzelwertrisiko (wegdiversifizierbar) Dieses Risiko kann man durch geeignete Diversifizierung vollständig eliminieren, da es auf negative Einflüsse zurückgeht, die nur diese einzelne Aktie treffen, zum Beispiel auf eine falsche Entscheidung der Geschäftsleitung, einen Großbrand auf dem Firmengelände, die spezifische Eigenkapitalausstattung des Unternehmens, eine desolate Personalpolitik oder das Auslaufen eines profitablen Patents.

Asset-Klassen-Risiko (wegdiversifizierbar) Dieses Risiko lässt sich durch Diversifizierung über mehrere Asset-Klassen hinweg beseitigen, da es auf negative Einflüsse zurückgeht, die jeweils nur eine oder wenige Asset-Klassen treffen, zum Beispiel auf den negativen Einfluss fallender Zinsen auf Bankaktien, des Ölpreisanstiegs auf die Automobilindustrie oder branchenweiter Streiks.

Gesamtmarktrisiko (nicht wegdiversifizierbar) Darunter versteht man das Risiko des weltweiten Aktienmarktes schlechthin. Auch durch noch so viel Diversifizierung innerhalb des Aktienuniversums lässt sich dieses

Risiko nicht beseitigen, denn es geht auf Einflussfaktoren zurück, die alle Aktien weltweit betreffen (zum Beispiel die »Nachrangigkeit« von Eigenkapitalansprüchen wie etwa Dividenden gegenüber Fremdkapitalansprüchen wie der Schuldendienst, Wechselkurse der Weltwährungen, die Konjunktursituation in den größten Volkswirtschaften der Welt und viele andere Einflüsse, die weltweit alle Aktienmärkte tangieren).

Durch eine breite Streuung auf verschiedene Aktien und Asset-Klassen lassen sich die unternehmensspezifischen und Asset-Klassen-spezifischen Renditeschwankungen eines Portfolios vollständig eliminieren, denn aufgrund genau dieser beiden Risikotypen liegt die Korrelation zwischen einzelnen Aktien und einzelnen Asset-Klassen häufig unter + 1,0. Mithin ist niemand, der in Aktien investieren will, gezwungen, diese beiden Risikoarten zu tragen. Da das so ist, »bezahlt« der Finanzmarkt die Anleger nicht für das Tragen dieser Risiken, denn diese können ja ohne Renditeverzicht – also ohne Kosten – wegdiversifiziert werden. Der Markt bezahlt den Anleger lediglich für das Tragen gesamtmarktbezogener Risiken (da sich diese nicht wegdiversifizieren lassen). Diese Erkenntnis geht auf den Nobelpreisträger William Sharpe zurück und ist von kaum zu überschätzender praktischer Tragweite. Sie ist durch viele statistische Untersuchungen bestätigt worden und in der Finanzwirtschaft unumstritten.

Untersuchungen zufolge umfasst das gesamtmarktbezogene, nicht wegdiversifizierbare Risiko einer individuellen Aktie oder Anleihe in einem nicht bis kaum diversifizierten Portfolio durchschnittlich etwa 20–30 Prozent des Gesamtrisikos. Die übrigen 70–80 Prozent bestehen aus unternehmensspezifischem und Asset-Klassen-spezifischem – also wegdiversifizierbarem – Risiko. Mischt man nun verschiedene Einzelwerte und Asset-Klassen in einem Portfolio, so führt das zu einer erfreulichen Senkung des Gesamtrisikos, wie Abbildung 3 veranschaulicht.

Das gesamtmarktbezogene Risiko lässt sich zwar nicht wegdiversifizieren, aber man kann es bis zu einem gewissen Grad »steuern«. Genauer gesagt verfügt der Anleger über zwei indirekte Einflussmöglichkeiten auf dieses unangenehme Restrisiko:

■ Die Beimischung einer risikofreien Anlage, zum Beispiel eines Festgeldes, eines Bundeswertpapiers mit einer Laufzeit von bis zu zwölf

Abbildung 3: Beseitigung des einzelwertbezogenen und des Asset-Klassen-Risikos eines Portfolios durch weltweite Diversifizierung

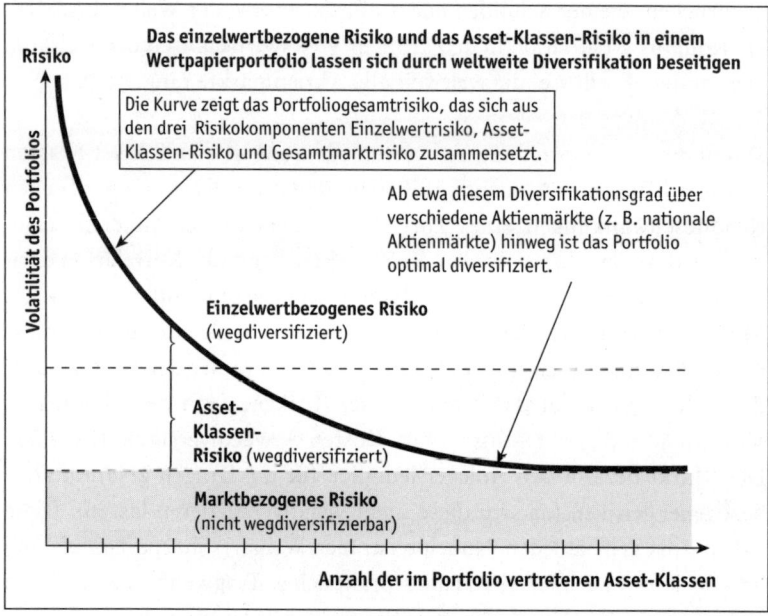

Monaten oder eines (fast risikofreien) Geldmarktfonds (alle Anlagen in Euro). Proportional zur Beimischung der risikofreien Anlage sinkt auch die Rendite eines vormals zu 100 Prozent aus Aktien bestehenden Portfolios. Das Portfoliorisiko (Wertschwankungen) sind überproportional.

- Die Erweiterung des Anlagehorizonts: Je länger der Anlagezeitraum für ein einzelnes Asset oder für ein Portfolio von Assets ausfällt, desto höher ist die Wahrscheinlichkeit, in diesem Zeitraum die langfristig zu erwartende Durchschnittsrendite des Assets beziehungsweise Portfolios auch tatsächlich zu erreichen (Zeitdiversifikation).

In diesem Zusammenhang wollen wir noch auf einen gefährlichen Irrtum zum Thema Diversifikation eingehen, der in vielen Bankbroschüren und Finanzratgebern verbreitet wird: Da heißt es dann, statistische Untersuchungen hätten gezeigt, dass der Vorteil der Diversifikation ab etwa 20 (zufällig ausgewählten) Aktien im Depot »ausgereizt« sei. Eine

Hinzufügung weiterer Aktien führe nicht mehr zu einer wesentlichen Senkung der Wertschwankungsintensität (Volatilität, gemessen als Standardabweichung). Den sogenannten Beweis liefert dann meistens eine Grafik, die Abbildung 3 ähnelt, allerdings nur nach Einzelwertrisiko und Gesamtmarktrisiko unterscheidet (also das Asset-Klassen-Risiko ignoriert). Für sich genommen ist diese Aussage zwar nicht falsch, doch stellt sie leider nur die halbe Wahrheit dar. Richtig ist, dass innerhalb der einzelnen dargestellten Asset-Klasse (zum Beispiel deutsche Blue-Chip-Aktien) durch Hinzufügung weiterer Aktien kaum noch eine Risikosenkung erzielt werden kann, sehr wohl aber durch Hinzufügung weiterer Asset-Klassen. Würde man einem Portfolio aus 20 DAX-Aktien die Asset-Klasse »deutsche Nebenwerte« oder »Blue-Chips Lateinamerika« hinzufügen, käme es durchaus zu einer ansehnlichen Senkung des Portfoliorisikos. Nach unserer Ansicht wird diese Halbwahrheit von der angeblich ausreichenden Diversifikation bei 20 Aktien oft deswegen verbreitet, weil man vor allem Anlegern in Einzelwerten damit weismachen will, mit dem Kauf einiger weiterer einzelner Aktien hätten sie genug für die optimale Diversifikation ihres Portfolios getan (schließlich verdienen die Banken an dieser Anlegerkategorie noch mehr als an Fondsanlegern).

Wir haben nun einiges über die Ursachen von Wertpapierrisiken erfahren und gesehen, wie man dieses Risiko so weit wie möglich senken kann: durch eine möglichst breite Diversifikation. Wir empfehlen dabei eine Streuung der Anlage über mindestens fünf wesentliche Asset-Klassen hinweg. Diese Asset-Klassen sollten eine möglichst geringe Korrelation zueinander haben. Deshalb gehört beispielsweise ein Emerging-Market-Fonds in jedes Anlegerdepot. Der Bedeutung halber sei nochmals betont: Diese Diversifikation ist »gratis« – sie bedeutet keinen Verzicht auf erwartete Rendite. Wie ein Portfolio richtig diversifiziert wird, zeigen wir in Kapitel 4.

Risiko hat etwas mit der »Stabilität« von Rendite zu tun. Diese Stabilität ist in einem systematisch diversifizierten Portfolio weit stärker als in einem planlos und gering diversifizierten Portfolio. Neben der Stabilität von Portfoliorenditen ist Anlegern naturgemäß auch deren Höhe wichtig. Mit den wichtigsten Bestimmungsfaktoren von Renditen wollen wir uns im nächsten Abschnitt beschäftigen. Es sind keineswegs diejenigen Faktoren, die die meisten Anleger vermuten.

1.8 Asset-Allokation: Was die Rendite Ihres Portfolios tatsächlich bestimmt

»Ihre Investment-Performance wird fast vollständig durch einen einzigen Faktor bestimmt – Ihre Asset-Allokation über breite Asset-Klassen hinweg. Aktien- oder Fonds-Picking sowie Market-Timing – die Faktoren, von denen traditionell angenommen wird, sie würden den Anlageerfolg bestimmen, sind tatsächlich fast irrelevant.«

William Bernstein, Neurologe, Finanzwirtschaftler, Bestsellerautor

Viele Leser wird es überraschen: Die Entscheidung, die sich am stärksten auf die Rendite und das Risiko eines Portfolios auswirkt, ist die Auswahl der in dem Portfolio enthaltenen Asset-Klassen und deren Gewichtung. Nicht jedoch kommt es – wie viele Anleger annehmen – vor allem auf die in den einzelnen Asset-Klassen enthaltenen konkreten Wertpapiere an. Warum das so ist, werden wir in diesem Abschnitt erläutern.

Was genau versteht man unter dem Begriff Asset-Klasse (Anlageklasse)? Es handelt sich dabei um eine Gruppe von Assets (investierbaren Vermögenswerten) mit ähnlichen Risiko- und Renditemerkmalen, die weitgehend gleichen makroökonomischen Einflüssen ausgesetzt sind. Aktien, wie auch andere Wertpapiere, können in solche Asset-Klassen gruppiert werden. Beispielsweise besitzen alle Bankaktien in Deutschland in langfristiger Betrachtung verblüffend ähnliche Rendite- und Risikomerkmale, das heißt, die Aktienkurse dieser Banken entwickeln sich im Zeitablauf überwiegend parallel und reagieren auf Markteinflüsse (wie zum Beispiel Zinsveränderungen) in ähnlicher Weise. Mit zunehmender Feindifferenzierung nimmt die Einheitlichkeit des Risiko-/Renditeprofils in den dann resultierenden Asset-Klassen weiter zu.

Asset-Klassen kann man in vielerlei Weise klassifizieren. Der Begriff ist in der Investmentwelt zwar von kaum zu überschätzender Bedeutung, wird aber nicht einheitlich verwendet. Eine grobe Aufgliederung zeigt Tabelle 6.

Eine Reihe populärer Anlageprodukte stellt keine eigene Asset-Klasse dar, sondern ist eine besondere Form der Investition in eine oder mehrere der oben genannten Haupt-Asset-Klassen. Das gilt zum Beispiel für

Tabelle 6: Die wesentlichen Asset-Klassen

Haupt-Asset-Klasse	Beispiele für Sub-Asset-Klassen	Bemerkung
Cash	Bargeld, Sparguthaben, Festgeldanlagen (Termingeldanlagen), Tagesgeld, Geldmarktfondsanteile	Cash ist die Anlageklasse mit dem geringsten Risiko und der geringsten Rendite. Cash-Anlagen in Fremdwährung (Devisen) unterliegen einem Wechselkursrisiko.
Aktien	Standardwerteaktien, Nebenwerteaktien, Growth-Aktien, Value-Aktien, Technologieaktien, deutsche Aktien, japanische Aktien, Schwellenländeraktien usw.	Die genannten Beispiele umfassen nur einen kleinen Teil der wesentlichen Typen von Aktien. Die Auswahl an Indexanlagen zu dieser Asset-Klasse ist inzwischen außerordentlich breit, aber in Deutschland noch nicht ganz umfassend.
Anleihen	Staatsanleihen, Unternehmensanleihen, Hochzinsanleihen (Junk-Bonds), Schwellenländeranleihen, Wandelanleihen, Asset Backed Securities (ABS-Anleihen), inflationsgesicherte Anleihen usw.	Die genannten Beispiele umfassen nur einen kleinen Teil der wesentlichen Typen von Anleihen. Weitere wichtige Unterscheidungsmerkmale sind: Land des Emittenten (Schuldners), Kreditwürdigkeit des Emittenten, Währung, Laufzeit, Besicherung usw. Für unsere Zwecke sind lediglich kurzlaufende Staatsanleihen relevant. Die Auswahl an Indexanlagen zu dieser Asset-Klasse ist zwar relativ eng, reicht aber für unsere Zwecke vollständig aus.
Immobilien	Wohnimmobilien, Gewerbeimmobilien	Auch hier kann man weiter unterscheiden, zum Beispiel nach Standorten im Inland oder Ausland, nach Wohn-/Büro-/Industrieimmobilien usw. Inzwischen gibt es auch Immobilien-Indexinvestments.
Rohstoffe und Rohstofftermingeschäfte	Öl, Erdgas, Kohle, Edelmetalle, Basismetalle, Kohle, Holz, Baumwolle, Agrargüter usw.	Direkte Investments in diese Anlageklasse sind insbesondere für Privatanleger relativ schwer (Ausnahme Gold), wenn nicht gar unmöglich, was letztlich mit dem Problem der Lagerhaltung zusammenhängt. Es gibt jedoch abgeleitete Investmentprodukte wie rohstoffbezogene ETFs, Indexzertifikate, Aktien und Aktienfonds.

Haupt-Asset-Klasse	Beispiele für Sub-Asset-Klassen	Bemerkung
Optionen (Derivate)	Call-Optionen, Put-Optionen	Zwar basieren Optionen als spezielle Form von Derivaten auf einem zugrunde liegenden anderen Asset (zum Beispiel einer Aktie), sie sind aber aufgrund ihre spezifischen Risiko-Rendite-Charakteristika als eigenständige Haupt-Asset-Klasse zu sehen. Aus einer Reihe von Gründen (insbesondere Risiko und Komplexität) sind Optionen kein für Privatanleger geeignetes Investmentprodukt.
Kunstgegenstände und Antiquitäten	–	Auf diese Asset-Klasse gehen wir in diesem Buch nicht weiter ein. Kunst und Antiquitäten sind Liebhabereien, aber keine Kapitalanlagen.[15]
Humankapital	–	Humankapital wird zwar nicht oft als Asset-Klasse wahrgenommen, ist es jedoch ohne Zweifel und für die Mehrzahl der Anleger unter 50 Jahren sogar die wichtigste von allen. Der rein finanzielle Wert (Gegenwartswert aller noch zu erwartenden Arbeitseinkünfte) wird in erster Linie von der verbleibenden Lebensarbeitszeit bestimmt, aber natürlich auch vom zukünftigen Gehaltsniveau sowie von Fähigkeiten und Qualifikationen, für die es einen Markt gibt (mehr dazu in Abschnitt 3.6).

alle Indexzertifikate sowie für Hedge-Fonds (auf die wir in Abschnitt 2.20 eingehen).

Bei Devisen (zum Beispiel Tagesgeldkonten in Hochzinswährungen) handelt es sich um eine weitere Sub-Asset-Klasse von Cash in Fremdwährung. Es lässt sich sowohl theoretisch nachweisen als auch anhand historischer Daten zeigen, dass Devisen nach Transaktionskosten langfristig keine Überrendite gegenüber Anlagen in der heimischen Währung abwerfen (ihre erwartete Rendite also langfristig null ist, weil Währungskursverluste die möglicherweise höheren Zinserträge langfristig ausgleichen). Anlagen in Fremdwährungs-Cash-Anlagen sind daher lediglich als kurzfristiges, rein spekulatives Investment zu sehen, von dem wir dringend abraten.

Nach dieser Klassifizierungsübung kommen wir nun zur Hauptsache:

der Bedeutung der Asset-Allokation für den Anlageerfolg. Eingangs nannten wir bereits eines der faszinierendsten Forschungsergebnisse der Finanzwirtschaft in den letzten 20 Jahren:

Das sollten Sie sich merken:
Über 90 Prozent der Rendite und etwa 90 Prozent des Risikos (das heißt der Wertschwankungen) eines Aktienportfolios werden von den in ihm enthaltenen Asset-Klassen bestimmt. Weniger als 10 Prozent der Rendite geht auf die innerhalb der einzelnen Asset-Klassen enthaltenen konkreten Wertpapiere zurück ■

Die relativ komplexen statistischen Techniken zur Herleitung dieses Forschungsergebnisses wollen wir an dieser Stelle nicht näher beschreiben. Entscheidend ist die Schlussfolgerung: Der Löwenanteil von Rendite und Volatilität eines Portfolios wird von der Asset-Klassen-Allokation, also der Aufteilung des Portfolios auf die einzelnen Asset-Klassen, bestimmt. Hingegen erklären die konkrete Auswahl einzelner Wertpapiere (Stock-Picking) und die kurzfristige Höher- und Niedergewichtung bestimmter Märkte im Zeitablauf (Market-Timing) innerhalb der im Portfolio vorhandenen Asset-Klassen weniger als 10 Prozent der Renditen und Risikograde.

Die bekannteste Studie zu diesem Thema stammt von den Wissenschaftlern Brinson, Hood und Beebower (1986, 1991), die den amerikanischen Aktienmarkt untersuchten. Die Untersuchungen des Forschertrios gelten in der Ökonomenzunft als richtungsweisend. Seitdem wurden weitere Studien mit ähnlichen Ergebnissen für die wesentlichen Aktienmärkte angestellt, zum Beispiel von den renommierten Ökonomen Eugene Fama und Kenneth French (1992) sowie Roger Ibbotson und Paul Kaplan (2000).

Aber selbst als Laie kann man dieses Phänomen – ohne jedes wissenschaftliche Hilfsmittel – beobachten. Vergleicht man in einem der monatlich erscheinenden Fonds-Rankings der Zeitschriften *Capital, Finanztest, Euro* oder ähnlichen Magazinen die Renditen von Fonds innerhalb klar definierter Asset-Klassen (zum Beispiel deutsche Nebenwerte-Fonds) über Zeiträume ab 24 Monaten hinweg, wird man eine erstaunlich geringe Variation dieser Renditen zwischen den einzelnen

Fonds feststellen. Vergleicht man hingegen Fonds aus unterschiedlichen Asset-Klassen (etwa asiatische Technologiefonds mit deutschen DAX-Fonds), streuen die Ergebnisse sehr viel breiter. Das ist zu erwarten, denn diese Fonds decken unterschiedliche Asset-Klassen ab, daher sind auch ihre Renditen mit hoher Wahrscheinlichkeit unterschiedlich, während die Fonds, die dieselbe Asset-Klasse abdecken, auch ähnliche Renditen liefern.

Warum ist das so? Eine einfache Antwort lautet: Da eine Asset-Klasse ja dadurch definiert wird, dass die in ihr zusammengefassten Wertpapiere vergleichbare Rendite- und Risikomerkmale aufweisen, weil diese Unternehmen mehr oder weniger direkt miteinander im Wettbewerb stehen, weil sie ähnlichen oder gleichen makroökonomischen Einflüssen ausgesetzt sind und weil ferner Aktienkurse – aufgrund der Markteffizienz – die bestmöglichen Schätzungen des inneren Wertes der Aktie sind, überrascht es nicht, wenn die Auswahl eines einzelnen Wertpapiers innerhalb einer Asset-Klasse langfristig keinen großen Einfluss auf die Rendite eines Gesamtportfolios hat. Wenn Märkte effizient sind, dann sind einzelne Aktienkaufentscheidungen in 50 Prozent der Fälle »richtig« (liefern eine risikoadjustierte Überrendite) und in 50 Prozent der Fälle »falsch« (liefern keine risikoadjustierte Überrendite). Somit spielt das konkrete Kaufverhalten des einzelnen Fondsmanagers normalerweise keine Rolle, und es müssen andere Ursachen für das Rendite-/Risikoprofil des Portfolios verantwortlich sein, nämlich die Asset-Klassen-Aufteilung gemäß Unternehmensgröße und »Style« (Value vs. Growth).

1.9 Investmentpornografie: Allgegenwärtig in der Finanzbranche

»Artikel, die glauben machen, dass Investieren kinderleicht sei – beispielsweise ›Drei Wege, Ihr Geld zu verdoppeln‹ oder ›Zehn heiße Aktien‹ –, das ist Investmentpornografie.«

Jane Bryant Quinn, Wirtschaftsjournalistin, Bestsellerautorin

Der in den USA gängige, aber hierzulande noch nicht sehr verbreitete Begriff der »Investmentpornografie« beschreibt treffend einen Typus von Information, der heute von den Medien und zum Teil auch von der Finanzbranche als »Information« getarnt über Wertpapier- und andere Vermögensanlagen verbreitet wird. Was genau ist Investmentpornografie? Wie echte Pornografie ist auch dieses Phänomen schwer zu definieren, aber leicht zu erkennen.

Für Investmentpornografie ist charakteristisch, dass die Risiken des Investierens heruntergespielt oder ganz übergangen werden; dass Aussagen, die nur zufällig stimmen können (zum Beispiel Kursprognosen), mit der Aura gesicherten Expertenwissens versehen werden; dass vergangene Prognosen nur dann noch einmal erwähnt werden, wenn sie zufällig eingetroffen sind; dass ein überholter Stand der Wissenschaft vermittelt wird; dass die modernsten Forschungsergebnisse mit wenigen Ausnahmen totgeschwiegen werden, da nicht schlagzeilentauglich; und nicht zuletzt, dass ein kindischer Starkult mit einer laufend wechselnden Kollektion aus »Reichmachern« und »Börsengurus« betrieben wird.

Nehmen wir zum Beispiel populäre Bücher zum Thema Geldanlage. Schon manche Buchtitel lassen vermuten, welche Qualität von »Informationen« dem Leser dabei verkauft werden sollen. Da verspricht beispielsweise der gelernte Bäckermeister Markus Frick *Ich mache Sie reich*, Jack Schwager stellt uns *Magier der Märkte* vor, oder Michael Mross zeigt uns in *Schnell reich* »Die ewigen Gesetze der Börse«. Ein anderer Autor will seinen Lesern zeigen, wie sie ihr Vermögen innerhalb von vier Jahren verdoppeln – ein Unterfangen, das eine Bruttorendite (vor Kosten und Steuern) von gut 20 Prozent über vier ununterbrochene Jahre hinweg erfordern würde, was es seit dem Zweiten Weltkrieg weder in Deutschland noch in den USA gegeben hat. Die Rendite des US-Aktienmarktes, für den die längsten Datenreihen vorliegen, von 1926 bis heute betrug real vor Steuern und Kosten 7,7 Prozent p.a. und nominal 10,7 Prozent. Um sie zu realisieren, hätte ein Anleger außerdem zu 100 Prozent in Aktien investiert sein müssen – ein Anlageverhalten, das für einen herkömmlichen Privatanleger völlig unvorstellbar und verantwortungslos wäre.

Zeitschriften sind im Allgemeinen noch schlimmer. So präsentiert stolz *Der Aktionär* »Zehn Aktien mit 100 % Gewinnchance in 6–12 Monaten«. Da fragt man sich unwillkürlich, warum die Verfasser überhaupt noch in einem so mühseligen Geschäft wie dem Fachzeitschriftenmarkt tätig sind – denn wenn auch nur die Hälfte dieser Tipps in *Der Aktionär* funktionierte, wären die Redakteure in kürzester Zeit mehrfache Millionäre. Zu noch mehr kurzfristigem Gewinn verhilft *Focus Money*: »227 % Gewinn an einem Tag mit brandheißen Penny Stocks«. Wer nachrechnen möchte: Bei dieser Rendite genügt ein Einsatz von 100 Euro, um in 17 Werktagen so reich zu werden wie Bill Gates (rund 60 Milliarden Dollar). Einen langfristigeren Horizont bietet die Anlegerzeitschrift *Finanzen* ihren Lesern: »Biotechnologie: Die Investment-Chance des Jahrhunderts«. So weiß der Leser also nun, was in den nächsten hundert Jahren am besten rentieren wird. Doch auch »Softporno«-Pessimismus ist verbreitet: *Businessweek*, das Wirtschaftsmagazin mit der höchsten Auflage weltweit, schrieb am 13.8.1979 nach einem relativ schlechten Jahrzehnt für Aktien: »Die US-Wirtschaft muss den Tod von Aktien [als Asset-Klasse] wohl als dauerhaft betrachten.« In den folgenden zehn Jahren rentierte der USA-Aktienmarkt (MSCI USA) mit nie da gewesenen 16,6 Prozent p.a.

Selbst die vorgeblich seriösesten Blätter der Welt verbreiten diese Art »bauchgesteuerten« Populismus, der mit erstaunlicher Zuverlässigkeit immer dann zutage tritt, wenn sich der Trend dreht. So veröffentlichte das britische Wirtschaftsmagazin *The Economist* am 14.2.2002 unter der Überschrift »Die Traurigkeit Japans« einen akribisch recherchierten, achtseitigen Leitartikel über den angeblichen strukturellen Niedergang der japanischen Wirtschaft. Die Leser erfuhren viel über »kollabierende Unternehmensbilanzen«, ein »wackeliges Bankensystem« sowie »Reformen, die unwahrscheinlicher sind denn je«. In den vier Jahren von 2002 bis 2005 allerdings schlug der MSCI Japan alle großen Aktienmärkte der Welt (Deutschland, Großbritannien, Europa, USA) wie auch den MSCI World um Längen – sowohl in Yen als auch in Euro gerechnet. Wäre diese »Warnung« zwölf Jahre eher gekommen, hätte sie Anlegern geholfen, so aber stiftete sie enormen Schaden in Form von entgangenen Gewinnen. Wir werden in diesem Buch noch eine Anzahl solcher Peinlichkeiten zitieren, die letztlich dazu dienen, die Finanzgesundheit der Anleger zu schädigen.

Dass das Internet dem Ganzen die Krone aufsetzt, dürfte klar sein. Wir wollen uns aber mit einem einzigen Beispiel begnügen: »China-Aktien vor einer Kursexplosion!« titelte der Online-Börsenbrief *Emerging Markets Investor* auf der Website Onvista.de am 13.7.2001. Man kann nur hoffen, dass potenzielle Anleger sich viel Zeit ließen mit der Umsetzung dieser Empfehlung: Der MSCI-China-Index erlebte nämlich ab Juli 2001 eine fast zweijährige »Kursimplosion« um 43 Prozent, bevor wieder eine Erholung einsetzte.

Da mutet die Werbung für Börsengänge, für die Prominente engagiert werden (Thomas Gottschalk, Veronika Feldbusch, Johannes B. Kerner, Charles Brauer, Günter Netzer und andere), ja noch harmlos an. Diese ist wenigstens als Werbung und nicht als Information erkennbar. In einem raren (und späten) Wandel von Selbsterkenntnis entschuldigte sich der Schauspieler Manfred Krug Anfang 2007 sogar bei den Telekom-Aktionären. 1996 hatte er für die »Volksaktie« (Ex-Bundeskanzler Schröder) geworben, die zehn Jahre später noch immer unter ihrem Emissionspreis (umgerechnet 14,60 Euro) notierte. Am schlimmsten traf es natürlich diejenigen Anleger, die im Vertrauen auf den »Volksschauspieler« Krug beim Spitzenkurs von knapp 90 Euro einkauften. Johannes B. Kerner (»Bei Aktien setze ich nur auf Sieger«) hatte diesen Anstand trotz »Bruchlandung« des Börsengangs der Billigfluggesellschaft Air Berlin (2006), für den Kerner in Fernsehspots die (für ihn wohl lukrative) Werbetrommel schlug, nicht.

Fassen wir zusammen: Investmentpornografie sind Medienaussagen, die Anleger glauben machen, jeder könne in kurzer Zeit selbst mit geringem Startkapital Millionär werden. In Wirklichkeit gelingt dies natürlich nur einigen wenigen Glückspilzen und zwar primär deshalb, weil sie ein hohes Verlustrisiko eingegangen sind, indem sie alles »auf eine Karte«, sprich auf wenige Einzeltitel oder Marktsegmente, setzten. Solche Wetten gehen oft, aber eben nicht immer schief.

90 Prozent der Informationen über Wertpapiermärkte, die täglich in Tageszeitungen, Anlegermagazinen, Investment Newslettern, Ratgeberbüchern, im Fernsehen und ganz besonders im Internet verbreitet werden, sind Investmentpornografie: Informationen, die nicht nur nutzlos, sondern schädlich sind – bestens geeignet, die Nettorendite von Anlegerportfolios zu senken und die finanzielle Gesundheit des Anlegers zu schädigen. Es handelt sich dabei überwiegend um kurzatmiges, aus dem Kontext gerissenes, sensationsheischendes, gezielt an Gier und Neid appellierendes »Marktgeschrei« mit dem primären Ziel, Anleger zum Kaufen und Verkaufen zu animieren oder die Absatzzahlen der entsprechenden Medien zu steigern.

Man könnte seitenlang mit ähnlich krassen Beispielen aus den einschlägigen Medien fortfahren. Nicht alle wären so leicht zu durchschauen. Der Soziologe Thomas Schuster hat sich in seinem Buch *Die Geldfalle. Wie Medien und Banken die Anleger zu Verlierern machen* mit Investmentpornografie befasst. Sein Fazit: Seriöse Berichterstattung mit dem Ziel, Anleger wahrheitsgetreu zu informieren und sie vor Risiken und Fehlern zu schützen, ist in den Medien die Ausnahme, nicht die Regel.

Die Finanzwirtschaft hat wenig Zweifel: Das Trommelfeuer der Wirtschaftsmedien und der Finanzbranche aus täglich neuen Anlagetipps, Musterportfolios, Unternehmensanalysen und Börsennachrichten ist in der Summe unbrauchbar. Wenige nützliche Informationen gehen in einem Meer von pseudowissenschaftlichem, missverständlichem »Datenlärm« unter. Fast alles, was *Börse-Online, Der Aktionär, Finanzen*, n-tv, *Focus Money* und andere sowie praktisch das gesamte Internet laufend verkünden, müsste – wie jede Zigarettenschachtel – einen Warnhinweis tragen: »Achtung – die Verwendung dieser Empfehlungen gefährdet Ihre finanzielle Gesundheit.« Gegen diesen Angriff auf Ihre Finanzgesundheit will Sie dieses Buch immunisieren und Ihnen eine überlegene, seriöse Alternative vorstellen.

1.10 Warum Anleger noch immer das Verliererspiel des aktiven Managements spielen

»Wenn Sie den größten Gefahrenherd für Ihre finanzielle Zukunft sehen wollen, gehen Sie nachhause und schauen Sie in den Spiegel.«

Jonathan Clements, Redakteur beim *Wall Street Journal*

Obwohl es bei genauerer Betrachtung ein Fiasko ist, spielen rund 90 Prozent aller privaten Investoren nach wie vor das Verliererspiel des aktiven Portfoliomanagements, und Indexing wird nur langsam (wenn auch stetig) populärer. Da nun die Wissenschaft sämtliche Hoffnungen infrage stellt, dass aktive Strategien rational begründet und erfolgversprechend sein könnten, drängt sich natürlich die Frage auf: Warum dominiert aktives Anlagemanagement bei Privatanlegern noch immer unangefochten?

Grund Nr. 1: die Desinformationspolitik der Finanzbranche. Wie bereits erwähnt, verdienen Banken, Vermögensberater und Fondsgesellschaften umso mehr, je häufiger ein Anleger neue Wertpapiere (oder Fonds) kauft und alte verkauft. Diese Erträge für die Finanzbranche (aus Sicht des Anlegers handelt es sich um Transaktionskosten) sind bei Indexing-Produkten aber typischerweise fünf- bis zehnmal niedriger. Hinzu kommt, dass sich nur relativ wenige Bankangestellte im Privatkundengeschäft jemals mit Finanzierungstheorie beschäftigt haben, selbst die Mehrzahl derjenigen nicht, die direkt in der Wertpapierberatung tätig sind. 80 Milliarden Euro an Gebühren, die die Finanzbranche jährlich weltweit vereinnahmt, sind ein mächtiger Anreiz, die Dinge zu lassen, wie sie sind.

Grund Nr. 2: die Totschweigepolitik der Fachpresse. Nicht nur die Finanzinstitute, auch die Finanzpresse hätte durch die Verbreitung von Indexing-Produkten beträchtlich zu verlieren. Warum? Nun, ein »Indexer« benötigt weder wöchentlich erscheinende, kurzatmige Anlagetipps noch marktschreierische Anlageempfehlungen im Internet, laufend wechselnde Fonds-Rankings oder reißerische Porträts von »Star-Fondsmanagern«. Stattdessen praktiziert er gelassen eine Buy-and-Hold-Strategie, die sich an Indizes und Asset-Klassen orientiert und die er nur alle ein oder zwei Jahre ein wenig neu austarieren muss. Wir beschreiben diese Strategie in den folgenden Kapiteln. An der ausführlichen Berichterstattung über eine solche Anlagestrategie können Finanzpresse und Business-Rundfunkkanäle gewiss kein Interesse haben. Nicht nur gingen ihnen buchstäblich die Berichtsthemen aus, sondern sie müssten zudem befürchten, dass die Fondsgesellschaften, Banken und Broker die Werbung in ihren Medien drosselten oder gar einstellten.

Grund Nr. 3: das Investment-Know-how und die Psyche des Anlegers selbst:

■ Viele Anleger kennen schlicht die Grundaussagen der Modernen Portfoliotheorie nicht, die die Aussichtslosigkeit aktiven Portfoliomanagements – gemessen an objektiven Kriterien – nachgewiesen hat. Und tatsächlich erscheint sie ja auch in vielerlei Hinsicht »kontraintuitiv«, das heißt, sie läuft in manchen Punkten dem gesunden Menschenverstand zuwider. Auch widerspricht sie einigen tradierten herrschenden Meinungen – gängigen, aber falschen Auffassungen über Vermögensanlage.

- Die Annahme, dass harte Arbeit und viel Fachwissen auch bei Wertpapieranlagen – wie auf den meisten Gebieten des Lebens – zum Erfolg führen, ist fest in der Psyche der meisten Menschen verankert. Da aber Indexing auf einer »Nichts-tun-Philosophie« basiert, wollen oder können viele Anleger diesen Ansatz, selbst wenn sie darüber informiert worden sind, emotional nicht akzeptieren. Wertpapieranlagen sind jedoch eine der vermutlich wenigen Ausnahmen von der an sich richtigen Lebensregel, dass harte Arbeit am ehesten zum Ziel führt.

- Die wirtschaftswissenschaftliche Spezialdisziplin Behavioral Finance (Verhaltensökonomie) hat inzwischen gezeigt, dass viele Anleger an einem »overconfidence bias« (das heißt einer systematischen Selbstüberschätzung) leiden: Richard Thaler von der Universität Chicago, ein Pionier dieser Disziplin, erläutert hierzu: »Wenn Sie zufällig ausgewählten Personen die Frage stellen: ›Wie stufen Sie Ihre Fähigkeit ein, mit anderen Menschen zurechtzukommen?‹, dann antworten 90 Prozent ›überdurchschnittlich‹. Und 90 Prozent aller Fondsanleger glauben auch, dass sie überdurchschnittlich gut Fonds auswählen können.« Es liegt auf der Hand, dass nicht 90 Prozent aller Befragten überdurchschnittlich sein können. Folglich haben mindestens 40 Prozent aller Anleger eine verzerrte Wahrnehmung der Realität.[16] Dieses Phänomen ist jedoch schon lange bekannt. Bereits Alfred Cowles, ein erfolgreicher amerikanischer Investor und Finanzwirtschaftler, der in den dreißiger Jahren die empirische Finanzmarktforschung begründete, sagte 1974: »Aktive Investoren wollen einfach glauben, dass irgendjemand Aktienkurse vorhersagen kann. Eine Welt, in der keiner dazu fähig ist, kann für sie fürchterlich beängstigend sein.«

- Und schließlich – seien wir ehrlich – lassen sich viele Anlege bei Ihren Investments von Gier, Neid, Naivität, Ungeduld und Bequemlichkeit treiben. In dieser Gemütsverfassung sind sie allzu willige »Opfer« einer Finanzbranche, die, wie oben erwähnt, primär Produkt- und Trading-Kommissionen erhöhen will, auch wenn das zulasten der Nettoanlegerrendite geht.

»Indexing ist wie Farbe beim Trocknen zusehen oder wie seine eigene Schwester küssen. Todlangweilig. Es geschieht halt ...« – so der Wirtschaftsnobelpreisträger Paul Samuelson, und damit hatte er nicht unrecht. In der Tat ist Vermögensanlage für viele Menschen nicht nur ein notwendiges Übel im Rahmen der Altersvorsorge (wie für den Autor), sondern ein spannendes Hobby, das Spaß machen soll. Da geht es um Geld, um prominente Stars (Super-Fondsmanager), um Geheimtipps und Gerüchte, um ökonomische Trends, schnelle Gewinne und Verluste und um Risiko. Manch einer liebt und braucht diesen Kick, den eine passive Anlagestrategie nicht bietet. Passives Investieren – schon der Name sagt es – ist im Vergleich dazu dröge und taugt auch nicht für »heiße Storys«, die man in der Firmencafeteria oder bei einer Cocktailparty erzählen kann.

In diesem Kapitel haben wir gesehen, wie Wertpapiermärkte wirklich funktionieren. Diese Wirklichkeit unterscheidet sich beträchtlich von der Barbie-Puppen-Welt in den Finanzmedien, die vorwiegend aus »Vom-Tellerwäscher-zum-Millionär«-Geschichten, »Wer-nicht-wagt-der-nicht-gewinnt«-Unsinn, »Gurus«, »Reichmachern«, »Geheimtipps«, »Jahrhundert-Investmentchancen« und »Powerstrategien« besteht. Im nächsten Kapitel beschäftigen wir uns mit zwanzig Anlegerirrtümern, zu deren Beseitigung die Finanzbranche und -medien leider wiederum kaum etwas beitragen.

2

Lassen Sie sich nicht täuschen: Zwanzig verhängnisvolle Anlegerfehler

2.1 Fehler (1): Sich an historischen Renditen orientieren

»Aktive Fondsmanager auf der Basis vergangener Renditen auszuwählen ist eine hirnlose Verliererstrategie.«

Frank Armstrong, Präsident von Investor Solutions, Inc., Buchautor

Der Performance von Fonds in der Vergangenheit – zum Beispiel während der zurückliegenden zwölf Monate oder zehn Jahre – wird in den Medien eine Aufmerksamkeit zuteil, die an Besessenheit grenzt. Umfangreiche Artikel mit aufwändigen Renditevergleichstabellen, die oft 500 oder mehr Fonds umfassen, erscheinen laufend in den Anlegerzeitschriften wie *Capital*, *Finanztest*, *Euro* oder auch im *Handelsblatt*. Selbst Tageszeitungen und gewöhnliche Illustrierte publizieren solche Performance-Rankings, oft begleitet von Interviews mit den »Star-Managern« der in den Tabellen ganz oben stehenden Fonds.

Hinter diesem starken Interesse für vergangenheitsbezogene Fondsrenditen steht die Überzeugung, Fonds mit hohen historischen Renditen würden auch in der Zukunft zu den Gewinnern zählen. Folgerichtig ist die vergangenheitsbezogene Rendite das mit großem Abstand wichtigste Auswahlkriterium der Anleger für neue Fondsanlagen. Wenn man Fondssparpläne unberücksichtigt lässt, fließen über 90 Prozent aller jährlichen Fondsneuanlagen in die Fonds, die in den letzten drei Jahren in ihrem Segment über dem Renditedurchschnitt lagen. Aufgrund der hohen Mittelzuflüsse verdient die Fondsbranche mit diesen Fonds naturgemäß am meisten (Ausgabeaufschläge, Verwaltungsgebühr) und wirbt fast ausschließlich für diese Fonds, was natürlich bei den Anlegern den

(Irr-)glauben weiter verstärkt, vergangene Renditen seien ein sinnvolles Fonds- oder Aktienauswahlkriterium.

Diese Tatsachen stehen in einem für viele Anleger möglicherweise schwer zu akzeptierenden Gegensatz zu der folgenden Aussage der Finanzwirtschaft:

Das sollten Sie sich merken:
Historische Performance hat einen allenfalls minimalen Prognosewert für zukünftige Performance. Die Wahrscheinlichkeit, dass ein »Outperformer« der Vergangenheit auch in der Zukunft wieder zu den Spitzenfonds in seinem Segment zählen wird, ist praktisch nicht höher als für jeden anderen zufällig ausgewählten Fonds, wenn man die 10 bis 15 Prozent umfassende Gruppe der schlechtesten Fonds ausnimmt. Der mit der künftigen Netto-Performance am stärksten verknüpfte (korrelierte) Einzelfaktor ist nicht die historische Performance, sondern die Gesamtkostenquote des Fonds (das Total Expense Ratio). Fonds mit hoher Gesamtkostenquote liegen statistisch häufiger im untersten Quintil als Fonds mit niedriger Gesamtkostenquote ■

Neben der bereits dargestellten Tatsache, dass die große Mehrzahl aller Fonds an ihrem Benchmark-Index scheitert, wurde kaum ein anderer Sachverhalt im Zusammenhang mit Investmentfonds von der Wissenschaft so aufwändig, so präzise und mit so beständigen Ergebnissen untersucht. Fazit: Es gibt keine Performance-Konstanz. So untersuchte beispielsweise die amerikanische Fondsgesellschaft DFA 2003, wie die in den Fünf-Jahres-Zeiträumen von 1971 bis 2000 jeweils 30 erfolgreichsten US-Standardwerte-Aktienfonds nachfolgend rentierten (Tabelle 7).

Das Ergebnis lässt sich als Debakel für die Fondsbranche interpretieren. In nur einem einzigen Nachfolgezeitraum (1976 bis 1980) gelang es den ursprünglichen Top-30-Fonds, die Überrendite für einen weiteren Fünf-Jahres-Zeitraum zu wiederholen – und auch nur hauchdünn. In fünf der sechs Vergleiche hinkten die ehemaligen Stars dem Index im Folgezeitraum hinterher, in einem Fall mit einer extremen Unterrendite von fast 6 Prozent p.a.

Bedenkt man, dass der weitaus größte Mittelzufluss in diese Fonds

Tabelle 7: Performance-Konstanz lässt sich nicht nachweisen

Ursprünglicher Outper-formance-Zeitraum der »Top–30-Fonds«	Nachfolgezeitraum	Performance in Prozent-punkten relativ zum S&P 500-Index im Nachfolge-zeitraum
1971 – 1975	1976 – 1980	+ 0,6 % p.a.
1976 – 1980	1981 – 1985	– 2,4 % p.a.
1981 – 1985	1986 – 1990	– 1,8 % p.a.
1986 – 1990	1991 – 1995	– 0,7 p.a.
1991 – 1995	1996 – 2000	– 4,9 % p.a.
1996 – 2000	2001 – 2002 (2 Jahre)	– 5,7 % p.a.

Quelle: DFA (Datenbasis Micropal)

aufgrund der guten Vergangenheitsrenditen erst mit zwei bis vier Jahren Verspätung einsetzt, wird die Tragweite dieses Phänomens deutlich.

Eine stichprobenartige Literaturauswertung des Autors ergab, dass von 21 praktisch zufällig ausgewählten Presseartikeln, die größere tabellarische Fondsvergleiche aus mehr als nur einer Asset-Klasse enthielten und im Zeitraum von Januar 2000 bis Juni 2001 in der deutschen Finanzpresse erschienen, nur drei einen Hinweis darauf enthielten, dass historische Performance keinen Prognosewert besitzt und daher nutzlos für die Fondsauswahl ist.[17] Wie nicht anders zu erwarten, waren in allen 21 Artikeln die Fonds in der Reihenfolge ihrer Bruttorendite aufgelistet. Daran hat sich bis heute kaum etwas geändert.

Die renommierte Zeitschrift *Economist* stellte in diesem Zusammenhang Folgendes fest: Hätte ein Anleger im Jahr 1900 einmalig einen einzelnen US-Dollar angelegt und am Ende des Jahres dieses Investment in die im Folgejahr jeweils weltweit rentierlichste Asset-Klasse (Aktien, Edelmetalle, Bonds, Immobilien oder Kunstgegenstände) investiert, wäre dieser eine Dollar nach 100 Jahren Ende 1999 auf die ganz und gar unvorstellbare Summe von über 13 500 Milliarden Dollar angewachsen, und das nach Berücksichtigung von 1 Prozent Trading-Kosten p.a. und einer jährlichen Steuerquote von 25 Prozent. Das wäre etwa 220-mal mehr als das Vermögen von Bill Gates zu diesem Zeitpunkt und entspräche einer auf den ersten Blick gar nicht so hohen Netto-Nachsteuerrendite von 35,3 Prozent p.a. Hätte dieser Anleger mit dem märchenhaften Prognosevermögen nun stattdessen das getan, was die meisten Anleger *tatsächlich* tun, nämlich sein Vermögen jedes Jahr in die Asset-Klasse umgeschichtet, die *im Vorjahr* die weltweit rentierlichste war, dann hätte er nach diesen 100 Jahren mickrige 280 Dollar (nach Abzug der gleichen Transaktionskosten- und Steuersätze) sein Eigen nennen können – eine Jahresrendite von 5,8 Prozent und damit weniger als die durchschnittliche US-Dollar-Inflationsrate in diesem Zeitraum. Fast exakt genauso viel hätte eine »antizyklische« Anlagestrategie erbracht, bei der man jedes Jahr in diejenige Asset-Klasse investiert hätte, die im Vorjahr die *schlechteste* Performance aufwies. (*The Economist*, 18.12.1999 und 12.2.2000)

Nicht zufällig findet sich im Kleingedruckten jedes Fondsprospektes der Hinweis: »Vergangene Renditen sind kein zuverlässiger Hinweis auf künftige Erträge.« Die Fondsgesellschaften sind sich darüber im Klaren, welchen beträchtlichen Haftungsrisiken sie ohne diese einschränkende Aussage unterliegen könnten. Doch wenn selbst die Fondsgesellschaften die Irrelevanz vergangener Renditen eingestehen müssen, dann stellt sich die Frage, warum die historische Rendite für die Fondsgesellschaften unverändert das Werbeargument Nummer eins ist.

Nicht wenig trägt hierzu eine Neigung vieler Anleger bei, die man in den USA mit dem bildhaften Begriff »Performance-Chasing« (nach Rendite jagen) umschreibt und die dazu führt, dass die vom durchschnittlichen Fondsanleger tatsächlich realisierte Rendite weit unter der jeweiligen ausgewiesenen Fondsrendite liegt. Jene berücksichtigt ja nicht, dass die meisten Fonds aufgrund falschen Anlegerverhaltens mehr Mittel in Marktabschwungsphasen aufweisen als in Marktaufschwungsphasen. Warum?

Private Anleger handeln überwiegend →prozyklisch, das heißt, sie investieren primär in Asset-Klassen, die in der jüngeren Vergangenheit gut liefen, oder lassen sich bereitwillig von angepriesenen Traumrenditen für ein bestimmtes Produkt überzeugen. Performance-Chaser verwechseln Produktprospekte mit wissenschaftlicher Forschung (seriöse, unspektakuläre Forschungsergebnisse finden sie hingegen uninteressant), vernachlässigen Kosten (die ihrer Meinungen nach durch die realisierbaren Überrenditen mehr als ausgeglichen würden) und nehmen die Finanzinformationen in den Medien beim Wort. Sie sehen sich der Masse der Anleger unausgesprochen als überlegen an und sind davon überzeugt, dass ihr Wissen und ihre Fähigkeiten sie befähigen, zügig und bei begrenztem Risiko reich zu werden. Performance-Chaser haben oft ein selektives Gedächtnis und merken nicht, dass ihre zeitweiligen Erfolge von ihren Misserfolgen und Kosten langfristig aufgewogen werden.

Der bekannte amerikanische Finanzökonom Burton Malkiel urteilt abschließend: »Ich garantiere Ihnen, dass weder heute noch in der Zukunft eine Methode existieren wird, (...) mit der Sie vorhersagen können, welcher aktive Investmentfonds künftig im Top-25 %-Segment liegen wird. Ich garantiere Ihnen aber ebenso, dass sich in 20 Jahren ein auf einem breiten Marktindex basierender Indexfonds in diesem Top-25 %-Segment aller heutigen, dann noch existierenden Fonds befinden wird.«

2.2 Fehler (2): Transaktionskosten unterschätzen

»Wenn Sie davon ausgehen, dass Aktienfonds risikolose, kurzlaufende Staatsanleihen langfristig um rund sechs Prozentpunkte schlagen und Sie zugleich 1,5 Prozent an laufenden Gebühren für Ihre Anlage bezahlen, dann haben Sie bereits 25 Prozent der Prämie verschenkt, die Ihnen der Markt dafür zahlt, dass Sie Aktienrisiko tragen.«

William Sharpe, Wirtschaftsnobelpreisträger

Eine triviale, aber gern ignorierte Einsicht lautet: Wertpapiere handeln (Traden) kostet Geld; im Ökonomendeutsch: Es verursacht Transaktionskosten. Diese Kosten decken den letztlich unvermeidbaren Aufwand des Händlers, also desjenigen, der das Handelsgeschäft arrangiert und in irgendeiner Form Lagerhaltung betreiben muss. Diese Transaktionskosten können offen ausgewiesen oder aber mit den Gesamtpreisen verrechnet und somit versteckt sein, meistens ist Letzteres der Fall. Dies führt aber zu, dass die meisten Menschen die Größenordnung von Transaktionskosten bei typischen Handelsgeschäften unterschätzen – sei es der Kauf eines Autos, das Buchen einer Ferienreise oder der Erwerb eines Wertpapiers –, oft sogar sehr dramatisch.

Wertpapiere bilden hier keine Ausnahme. Die Gesamtkosten der Vermögensanlage können im besten Fall bei 0,3 Prozent des Anlagevolumens pro Jahr liegen, im schlechtesten Fall aber über 4 Prozent betragen. Das gilt sowohl für Fonds- als auch für Einzelwertanleger.

Manche Anleger, die viel traden, übertreffen sogar einen Wert von 4 Prozent noch beträchtlich. Was hohe Kosten für die Wertentwicklung der Anlage bedeuten, zeigt ein einfaches Zahlenbeispiel (Tabelle 8). Dabei unterstellen wir eine Bruttorendite von 11 Prozent p.a. vor Kosten der Anlage, einen einmaligen Anlagebetrag von 10 000 Euro und zwei alternative Fondsinvestments: Das eine verursacht Kosten von 3,0 Prozent p.a. (ein eher am unteren Rand des üblichen Spektrums liegender Wert), das andere von 0,3 Prozent p.a. (mit den kostengünstigsten Indexfonds erreichbar).

Tabelle 8: Die langfristige Wertentwicklung einer Einmalanlage von 10 000 Euro in Abhängigkeit von den Anlagekosten (Beträge gerundet)

	Wert des Fondsinvestments (in Euro)		
	nach 10 Jahren	nach 20 Jahren	nach 30 Jahren
Wertentwicklung *vor* Kosten (11 % p.a.)	28 400	80 600	228 900
Wertentwicklung nach Kosten von 3,0 % p.a. des Anlagevolumens	21 600	46 600	100 600
Wertentwicklung nach Kosten von 0,3 % p.a. des Anlagevolumens	27 600	76 400	211 000
Differenz des Endwertes der beiden Anlagen in Euro	– 6 000	– 29 800	– 110 400
Wertvorsprung der kostengünstigeren Anlage	28 %	64 %	110 %

Die Beispielrechnung zeigt eindrucksvoll, welche krassen Unterschiede in der Wertentwicklung selbst eines kleinen Portfolios sich im langfristigen Zeitablauf ergeben, wenn die Kosten der Anlage nicht optimiert werden. Für das erstaunliche Ausmaß dieses Unterschiedes bei langfristigen Investments ist der Zinseszinseffekt verantwortlich.

Sich mit den Kosten ihrer Kapitalanlagen zu beschäftigen ist für viele Anleger noch lästiger als die Auswahl und Verwaltung dieser Anlagen. Das ist zwar verständlich, aber insofern bedauerlich, als dass die Kostenbelastung (gemeinsam mit einer sinnvollen Asset-Allokation) langfristig der wichtigste einzelne Einflussfaktor auf die Nettorendite des Anlegers ist – weitaus wichtiger als die Auswahl bestimmter Einzelanlagen. Und weil der Anleger diese Kosten beeinflussen kann, behandeln wir dieses Thema ausführlich.

Nicht wenige Anleger unterliegen dem Irrglauben, Anlagekosten seien deshalb zweitrangig, weil es in erster Linie auf die gute (Brutto-) Performance des Portfolios ankomme – nach dem Motto, Leistung und Qualität hätten nun einmal ihren Preis und mit einer guten Performance würden hohe Kosten mehr als ausgeglichen. Leider ein Trugschluss, denn gegen diese Auffassung spricht, dass nur eine kleine Minderheit der Investmentfonds dauerhaft und langfristig nach Kosten über ihrem Vergleichsbörsenindex liegt und diese Fonds nicht im Vorhinein systematisch identifizierbar sind. Auch ist keinerlei Zusammenhang zwischen hohen Kosten und einer erstklassigen Performance erkennbar. Wenn überhaupt, dann verhält es sich umgekehrt: Unter den besten aktiven Fonds während einer bestimmten Periode sind die besonders günstigen Fonds überproportional vertreten.

Überdies pendelt die langfristige Bruttorendite (Rendite vor Kosten) praktisch aller aktiv gemanagten Investmentfonds irgendwann zum Marktdurchschnitt abzüglich ihrer Kosten zurück. Das gilt sowohl für Outperformer als auch für Underperformer. Das ist ein typischer Fall von Regression zum Mittelwert, einem Phänomen, mit dem wir uns bereits beschäftigt haben: Besonders deutlich tritt es zutage, wenn man nicht nur ein einzelnes Anlageintervall (etwa die zurückliegenden fünf Jahre) betrachtet, wie in der Fondswerbung üblich, sondern viele verschiedene Zeiträume parallel.

Das sollten Sie sich merken:
Wenn von aktiven (ebenso wie passiven) Portfolios langfristig nur die Bruttorendite des Marktdurchschnittes zu erwarten ist und es keine zuverlässige Methode gibt, Outperformer-Fonds im Voraus zu identifizieren, werden die Kosten der Anlage für die Maximierung der Nettorendite zum wichtigsten Unterscheidungsmerkmal zwischen Fonds einer Anlagegruppe (Asset-Klasse, Fondsklasse). Das gilt sowohl für aktiv gemanagte Fonds als auch für Indexanlagen ∎

Bei dieser Gelegenheit wollen wir ein weiteres unter Fondsanlegern verbreitetes Missverständnis ausräumen: Verglichen mit den laufenden (in der Regel jährlich zu zahlenden) Kosten einer Fondsanlage ist der einmalige, beim Kauf zu zahlende Ausgabeaufschlag für Anlagezeiträume von fünf Jahren und mehr weniger bedeutsam. Trotzdem widmen viele Fondsanleger dem Ausgabeaufschlag mehr Aufmerksamkeit als den laufenden Kosten. Tabelle 9 zeigt ein realistisches Zahlenbeispiel für ein einmaliges Investment von 10 000 Euro. Fonds A hat einen hohen Ausgabeaufschlag, aber niedrige laufende Kosten, bei Fonds B ist es umgekehrt. Die Bruttorendite (vor Kosten) für beide Fonds beträgt 12 Prozent p.a.

Tabelle 9: Vergleich der Wertentwicklung zweier Fonds mit unterschiedlichen Kostenstrukturen (Beträge gerundet)

		Wert des Fondsinvestments (in Euro)				
		nach 2 Jahren	nach 5 Jahren	nach 10 Jahren	nach 15 Jahren	nach 20 Jahren
Fonds A	Ausgabeaufschlag: 5 % Laufende Kosten: 0,35 %	11 840	16 480	28 600	49 600	86 100
Fonds B	Ausgabeaufschlag: 1 % Laufende Kosten: 1,5 %	12 090	16 300	26 900	44 270	72 900
Wertvorsprung von *Fonds A*		– 2 %	+ 1 %	+ 6 %	+ 12 %	+ 18 %

Mit folgender Formel können Sie naherungsweise berechnen, wie lange es dauert, bis ein Fonds mit hohem Ausgabeaufschlag, aber niedrigen Verwaltungsgebühren einen Fonds ohne beziehungsweise mit niedrigem Ausgabeaufschlag und hohen Verwaltungsgebühren hinsichtlich der Rendite eingeholt hat (»Break-even-Dauer«). Diese Berechnung unterstellt natürlich, dass die beiden Fonds die gleiche Bruttorendite aufweisen, was man allerdings bei Indexfonds mit dem gleichen Bezugsindex vereinfachend annehmen kann:

$$t = (A_1 - A_2) : [(V_2 \div 12) - (V_1 \div 12)]$$

Die Formel sieht komplizierter aus, als sie ist. t = Anzahl der Monate

Tabelle 10: Typische Kosten von aktiv gemanagten Investmentfonds in Deutschland

Kostentyp	Höhe (in % des Anlage- oder Kaufvolumens)	Form der Weitergabe an den Anleger	In der publizierten Rendite von Fondsenthalten?	Wie lassen sich diese Kosten reduzieren? Wie hoch sind diese Kosten bei Indexfonds?
Ausgabeaufschlag (einmalig beim Kauf zu zahlen)	– Aktienfonds: durschschnittl. etwa 4 % – Index-Aktienfonds: 0–2 % – Rentenfonds: durchschnittl. 3 %	beim Kauf als Preisaufschlag auf den publizierten Kurswert des Fonds	nein	Bei Kauf des Fonds über bestimmte Direktbanken oder von der Fondsgesellschaft selbst wird der Ausgabeaufschlag häufig um 25–75 % (gelegentlich sogar um 100 %) reduziert. Indexfonds haben fast immer um die Hälfte niedrigere Ausgabeaufschläge als aktiv gemanagte Fonds, mehr sollte auch nicht bezahlt werden. In den USA sind Ausgabeaufschläge für Indexfonds praktisch unbekannt.
Rücknahmeabschlag	1–4 % des Anlagevolumens	Preisabschlag auf den publizierten Kurs des Fonds	nein	In relativ seltenen Fällen verlangen Fondsgesellschaften statt oder zusätzlich zu den Ausgabeaufschlägen auch noch Rücknahmeabschläge auf den publizierten Anteilspreis. Rücknahmeabschläge sind nur dann akzeptabel, wenn sie dem Fondsvermögen und nicht der Fondsgesellschaft zufließen.
Wertpapierhandelskosten (Transaktionskosten), jährlich	– Aktienfonds: durchschnittl. 1 % p.a. des Fondsvermögens – Rentenfonds: 0,5 % p.a.	sind bereits mit der ausgewiesenen Rendite des Fonds verrechnet (werden dem Fondsvermögen entnommen)	ja	Indexfonds haben fast immer deutlich niedrigere laufende Wertpapierhandelskosten als aktiv gemanagte Fonds. Sie liegen für Aktienindexfonds bei etwa 0,15–0,3 % p.a. des Fondsvermögens.
Verwaltungsgebühr (Management-Fee), jährlich	– Aktienfonds: durchschnittlich 1,4 % p.a – Rentenfonds: durchschnittlich 0,7 % p.a.	ist bereits mit der ausgewiesenen Rendite des Fonds verrechnet (wird dem Fondsvermögen entnommen)	ja	Indexfonds haben fast immer deutlich niedrigere Verwaltungsgebühren als aktiv gemanagte Fonds, nämlich nur ca. 0,4 % p.a. oder auch weniger. Nicht ganz so groß ist der relative Kostenvorteil bei Rentenfonds.

Kostentyp	Höhe (in % des Anlage- oder Kaufvolumens)	Form der Weitergabe an den Anleger	In der publizierten Rendite von Fondsenthalten?	Wie lassen sich diese Kosten reduzieren? Wie hoch sind diese Kosten bei Indexfonds?
Depotbankvergütung, jährlich (nicht zu verwechseln mit Anlegerdepotgebühr)	durchschnittl. 0,2 % p.a.	ist bereits mit der ausgewiesenen Rendite des Fonds verrechnet (wird dem Fondsvermögen entnommen)	ja	Keine systematische Möglichkeit zur Einflussnahme durch den Anleger. Außerdem sind die Unterschiede dieser Kostenposition bei verschiedenen Fonds bzw. Fondsgesellschaften vergleichsweise gering.
Depotgebühr (Anlegerdepot), jährlich	– bei Direktbanken: ca. 0,25 % p.a. vom Depotwert – bei Filialbanken: ca. 0,5 % p.a.	wird dem Anlegerdepot oder einem anderen Konto des Anlegers vierteljährlich oder in anderen Intervallen belastet	nein	Direktbanken und Fondssupermärkte berechnen niedrigere Depotgebühren als Filialbanken. Ebenfalls häufig recht günstig sind die Fondsgesellschaften selbst, bei denen gelegentlich sogar kostenlose Depots geführt werden können (nur für die gesellschaftseigenen Fonds)
Performanceabhängige Managementvergütung (üblich bei Hedge-Fonds)	Bei wenigen, aber einer wachsenden Anzahl aktiv gemanagter Fonds. Höhe: 10–20 % p.a. (nicht Prozentpunkte) der Überrendite (Renditevorsprung gegenüber dem publizierten Vergleichsindex). Bei Indexfonds existiert diese Gebühr naturgemäß nicht.	wird mit der Bruttorendite des Fonds verrechnet (dem Fondsvermögen entnommen)	nein	Empfehlung: auf keinen Fall kaufen. Solche aktiv gemanagten Fonds sind im langfristigen Durchschnitt noch teurer als herkömmliche aktive Fonds, daneben gibt es keinen systematisch nachweisbaren Zusammenhang zwischen der Rendite solcher Fonds und dieser Gebühr. Mit anderen Worten: ein nur scheinbar kundenfreundlicher Marketinggimmick.

bis zum Break-even-Zeitpunkt (also das, was wir ausrechnen wollen), A_1 = Ausgabeaufschlag des ersten Fonds in Prozent, A_2 = Ausgabeaufschlag des zweiten Fonds in Prozent, V_1 = Verwaltungsgebührensatz des ersten Fonds im Prozent und V_2 = Verwaltungsgebührensatz des zweiten Fonds in Prozent. Bei No-Load-Fonds (Fonds ohne Ausgabeaufschlag) ist der Ausgabeaufschlag logischerweise gleich null. Daher einfach null in die Formel einsetzen, sie funktioniert trotzdem. Beispiel: Bei einem Ausgabeaufschlag von 5 Prozent und einem Verwaltungsgebührensatz von 0,55 Prozent dauert es rund 75 Monate, bis ein No-Load-Fonds mit einem Verwaltungsgebührensatz von 1,4 Prozent renditemäßig eingeholt wird. Auf lange Sicht sind solche »Trading-Fonds«, die Anleger zum häufigen Traden (Kaufen und Verkaufen) animieren sollen, für den Anleger also ein klares Verlustgeschäft.

In Abschnitt 1.1 haben wir schon gesehen, dass die von Fonds offiziell ausgewiesene Rendite (selbst ohne die Berücksichtigung von Ausgabeaufschlägen und anderen nicht schon in der ausgewiesenen Rendite enthaltenen Kosten) vom durchschnittlichen Anleger in der Realität gar nicht erreicht wird. Man kann sagen, dass aktive Anleger zusätzlich zu den in diesem Abschnitt besprochenen hohen Kosten des aktiven Anlegens noch etwa 2 bis 3 Prozentpunkte durch häufiges Traden und schlechtes Timing verlieren.

Da wir den Erwerb von Einzelwertanlagen für Privatanleger generell nicht für sinnvoll halten, gehen wir in Tabelle 10 lediglich auf die Kosten von Fondsanlagen ein.

Die Kostenstrukturen von ETFs und Indexzertifikaten sind aus Anlegersicht etwas weniger kompliziert. Zunächst sollte man sich vergegenwärtigen, dass ETFs und Zertifikate börsengehandelte Wertpapiere sind und somit nicht direkt oder indirekt von der Fondsgesellschaft erworben werden (wie es typischerweise bei Investmentfonds der Fall ist), sondern von einem Vorbesitzer, also einem anderen Börsenteilnehmer. Dieser Unterschied hat auch Auswirkungen auf die Kosten für den Anleger (Abschnitt 3.1 geht ausführlich auf die strukturellen Unterschiede zwischen diesen drei Produkten ein). Tabelle 11 nennt typische Größenordnungen für die Kosten von Indexzertifikaten und ETFs:

Tabelle 11: Typische Kosten von Indexzertifikaten und ETFs in Deutschland

	Indexzertifikate	ETFs	Erläuterung
Erwerbs-kosten	Geld-Brief-Spanne: 0,2–1,5 % (davon etwa die Hälfte bei Kauf fällig). Ferner hat ein Käufer in der Regel noch eine Courtage und eventuell andere Spesen an die Bank und die Börse zu zahlen, über die der Handel abgewickelt werden. Diese liegen in Größenordnungen zwischen 10 und 150 Euro pro Handelstransaktion.	Geld-Brief-Spanne: 0,1–1,3 % (davon etwa die Hälfte bei Kauf fällig). Siehe auch Angaben zu Courtage und Handelspesen für Indexzertifikate.	Der Begriff »Geld-Brief-Spanne« bedeutet, dass der Ankaufspreis etwas niedriger ist als der Marktkurs (der etwa in der Mitte der Geld-Brief-Spanne liegt) und der Verkaufspreis etwas höher. Die Spanne ist etwa hälftig beim Kauf und hälftig beim Verkauf zu zahlen. Sie kann von Tag zu Tag variieren.
Verkaufs-kosten	Geld-Brief-Spanne: 0,2–1,5 % (davon etwa die Hälfte bei Verkauf fällig). Hinzu kommen Courtage und Handelspesen (siehe oben).	Geld-Brief-Spanne: 0,1–1,3 % (davon etwa die Hälfte bei Kauf fällig). Hinzu kommen Courtage und Handelspesen (siehe oben).	siehe Bemerkung zu Erwerbskosten
Laufende Kosten	Verwaltungsgebühr oder Management Fee: 0,15–1 %	Verwaltungsgebühr oder Management Fee: 0–1 %. Siehe hierzu auch Bemerkung weiter unten zu Zertifikaten, die sich auf Kursindizes beziehen	siehe Anmerkung zu Indexzertifikaten im Text
Depotge-bühr (Anlegerdepot), laufend	Analog zu Investmentfonds (siehe dortige Tabelle)	Analog zu Investmentfonds (siehe dortige Tabelle)	–

Quelle: eigene Berechnungen

Bei der Mehrzahl der Indexzertifikate auf Aktien handelt es sich um sogenannte »Kursindexzertifikate« (im Unterschied zu »Performance-Indexzertifikaten«). Bei Ersteren schüttet der Zertifikatemittent (eine Bank) die Dividenden der zugrunde liegenden Aktien nicht an die Anleger aus. Im Gegenzug wird normalerweise auf eine Verwaltungsgebühr verzichtet. Da aber die Dividendenausschüttungen im Durchschnitt bei gut 2 Prozent liegen, kommt diese Regelung den Anleger teurer als die direkte Belastung mit einer Verwaltungsgebühr in üblicher Höhe. Daher sollten Indexanleger grundsätzlich nicht in Kursindexzertifikate investieren und sich stattdessen auf Performance-Indexzertifikate beschränken. Diese haben zwar eine Verwaltungsgebühr, schütten aber die Dividenden an die Anleger aus (in thesaurierter Form).

Manche Fondsanleger werden im Zusammenhang mit Investmentfonds den wichtigen Begriff des *Total Expense Ratio* (TER) schon einmal gehört haben. Das TER, die Gesamtkostenquote, beinhaltet sämtliche laufenden Kosten einer Fondsanlage, die der Anleger tragen muss, also Verwaltungsgebühr, Depotbankgebühr sowie alle sonstigen Betriebskosten wie etwa Personal-, Research- und Sachkosten. Nicht im TER enthalten sind der Ausgabeaufschlag, die Wertpapierhandelskosten des Fonds sowie die Depotgebühr des Anlegers. Da das TER eine prozentuale Quote ist, wird die Gesamtsumme der genannten Kosten mit dem Brutto-Fondsvermögen (vor Abzug dieser Kosten) ins Verhältnis gesetzt. Das TER ist somit die aussagekräftigste Größe zur Bewertung der Kostenbelastung von Fonds, aussagekräftiger als die überall verwendete Verwaltungsgebühr (denn diese bildet ja einen kleineren Teil der laufenden Gesamtkosten). In Deutschland liegt das TER durchschnittlich um 50 Prozent über den Verwaltungsgebühren (für Aktienfonds und Rentenfonds zusammengenommen), in Einzelfällen beträgt die Differenz bis zu 150 Prozent. Leider wird das TER in den fondsspezifischen Fact-Sheets und Online-Datenbanken nicht immer angegeben. Bisweilen sind die Angaben auch ganz offensichtlich unplausibel (weitaus zu niedrig oder auch zu hoch).

2.3 Fehler (3): An Kursprognosen der Experten glauben

»Wenn ich etwas gelernt habe in meinen 60 Berufsjahren an der Wall Street, dann ist es, dass Leute mit Aktienmarktprognosen keinen Erfolg haben.«

Benjamin Graham, legendärer Value-Investor, Vorbild von Warren Buffett und Autor des meistverkauften Investmentbuches der Welt

Die Medien sind voll davon: Finanzprognosen. Eine verwirrende Fülle solcher Prognosen für Aktienkurse, Wertpapierindizes, für Zinsen, Devisenkurse, Unternehmensgewinne, Arbeitslosenquoten, Inflations- und Wirtschaftswachstumsraten ergießt sich tagtäglich über die Anlegerschaft. Viele dieser Prognosen stammen von renommierten Wirtschaftsexperten, weltweit bekannten Ökonomen und Analysten oder großen, angesehenen Banken. Die meisten Anleger orientieren sich an diesen Prognosen, in der an sich plausiblen Annahme, dass die Experten »es ja wissen müssen«.

So überraschend es klingen mag: Die Erfolgsbilanz all dieser Prognosen ist geradezu haarsträubend. In seinem Buch *The Fortune Sellers* beschrieb William Sherden dieses Versagen auf der ganzen Linie anhand einer Fülle von Beispielen, die überwiegend, aber nicht ausschließlich dem Finanzbereich entspringen. Wir werden uns im Folgenden auf die Betrachtung von Aktienkursprognosen konzentrieren.

Die Finanzwirtschaft ist sich darüber einig, dass es nicht möglich ist, systematisch ausbeutbare Prognosen für einzelne Wertpapiere oder auch für ganze Marktsegmente zu erstellen. »Systematisch ausbeutbar« bedeutet: Solche Prognosen erreichen eine Trefferquote, die über einen längeren Zeitraum hinweg nachweislich (a) über der statistischen Zufallstrefferquote liegt und (b) nach Transaktionskosten und bei Berücksichtigung des einzugehenden Risikos im Rahmen einer aktiven Anlagestrategie profitabel ausgebeutet werden kann – also zu einer risikogewichteten langfristigen Überrendite führt. Das Gleiche gilt übrigens auch für sogenannte Konsensusprognosen – also Durchschnitte mehrerer voneinander unabhängiger Prognosen. Es gibt Hunderte, wenn nicht Tausende Studien, die das uneingeschränkte Versagen der Prognostiker dokumentieren. Ohne jedes Wenn und Aber. Nicht einmal den historisch fast einmaligen Crash der Technologieaktienmärkte um annähernd 70 Prozent von Februar 2000 bis März 2003 hat auch nur einer unter den Tausenden von Aktienanalysten weltweit korrekt vorausgesagt.

Zunächst zur naheliegenden Frage: Wenn die Erstellung systematisch ausbeutbarer Prognosen unmöglich ist, warum ist dieser Umstand bei den Anlegern offenbar nicht allgemein bekannt? Dafür gibt es eine Reihe von Gründen; hier nur die wichtigsten:

- Praktisch alle Prognostiker vermarkten ihre richtigen Prognosen weithin, lassen aber die falschen stillschweigend unter den Tisch fallen.

- Viele Prognosen sind so ungenau, dass sie zwar irgendwann eintreffen, aber von vornherein nicht zur Grundlage einer Investitionsentscheidung taugen (zum Beispiel Kurszielprognosen ohne genaue Angabe eines Zeitpunktes).

- Falsche Prognosen werden kurzerhand »revidiert«, also durch neue Vorhersagen ersetzt.[18] Und schließlich wollen viele Anleger glauben, die Experten müssten doch ganz einfach einen Wissensvorsprung vor den Laien haben, da dies ja auf den meisten anderen Fachgebieten des Lebens auch der Fall sei – eine vielleicht verständliche, aber dennoch falsche Annahme.

Ein Beispiel unter vielen: Am 10.8.2006 veröffentlichte das als seriös geltende *Handelsblatt* einen Artikel mit der Überschrift »Wall-Street Analysten warnen vor Kursrutsch«. Im Text heißt es: »Führende technische Analysten der Wall Street prognostizieren für die Aktienmärkte im Herbst eine Kurskorrektur um rund 20 Prozent. Sie raten daher ›(...) ab September (...) zum Ausstieg‹.« Und weiter, um die Seriosität der Prognose noch zu unterstreichen: »(...) Yamada [der Analyst] wurde viermal in Folge vom Magazin *Institutional Investor* zum besten technischen Analysten gekürt.« Was geschah tatsächlich? In der Zeitspanne vom 1.9. bis zum 31.1.2007, als der Herbst wohl endgültig vorüber war, legte der MSCI-World-Index (auf US-Dollar-Basis) um 10,6 Prozent zu, was einer annualisierten Rendite von 25,4 Prozent entsprach. Glauben Sie, dass das *Handelsblatt* diese Prognose jemals wieder erwähnt hat? Wer alte Zeitungen und Zeitschriften aufhebt, könnte Tausender solcher Einzelbeispiele finden.

Die aufwändigsten statistischen Untersuchungen zur Qualität von Analystenprognosen und -empfehlungen hat der bekannte amerikanische Finanzwirtschaftler Terrance Odean durchgeführt (siehe Literaturverzeichnis). In einer seiner Studien analysierte er die Qualität von sage und schreibe 360 000 Analystenempfehlungen, abgegeben von 269 amerikanischen Brokerage-Häusern oder Banken im Zeitraum von 1986 bis 1996. Resultat: Nach Berücksichtigung der (aus der Sicht eines Privatanlegers wohl zu niedrig angesetzten) Trading-Kosten konnte bei Umsetzung dieser Empfehlungen keine Überrendite gegenüber dem Marktindex nachgewiesen werden.

Für den deutschen Markt haben die Ökonomen Bofinger, Schmidt und Spiwoks (2003) Voraussagen deutscher Banken, Wirtschaftsforschungsinstitute und des Nachrichtendienstes Reuters zu Zinsen, Wechselkursen und Aktienkursen untersucht. Ergebnis: Fehlleistung auf ganzer Linie. Die Mehrzahl der Vorhersagen war schlechter als das, was Forscher eine »naive Prognose« nennen, das heißt die Beibehaltung des gegenwärtigen Wertes (zum Beispiel Aktienkurs) in unveränderter Form.

Übrigens beweist allein die Tatsache, dass einige Kursprognosen sich als richtig erweisen, noch überhaupt nichts – genauso wenig, wie sechs Richtige im Lotto beweisen, dass der Tipper Lottozahlen richtig vorhersagen kann. Glück, also eine zufällig korrekte Vorhersage, ist nicht gleich Prognosefähigkeit. Wirtschaftlich verwertbare Prognosen setzen voraus, dass der Prognostiker seriös nachprüfbar das wiederholte Eintreffen seiner Prognosen in der Vergangenheit beweisen kann. Dass die Erstellung systematisch ausbeutbarer Kursprognosen unmöglich ist, hängt mit der Effizienz der Wertpapiermärkte zusammen (siehe auch Abschnitt 1.4). Diese zeigt sich vor allem in beiden folgenden Phänomenen:

- *Die Informationseffizienz:* Sie bedeutet, dass die Preise (Kurse) am Wertpapiermarkt jederzeit »korrekte« (im Börsenslang »faire«) Preise sind, das heißt, sie spiegeln die beste Schätzung des tatsächlichen Marktwerts des Wertpapiers wieder. Alle am Markt verfügbaren Informationen (auch Informationen über Trends sowie Vermutungen) sind bereits im Preis des Wertpapiers enthalten.
- *Das Wegarbitrieren von Überrenditen:* Würde jemand eine zuverlässige Methode entwickeln, um Kursprognosen zu optimieren oder

Mispricings (Marktanomalien) systematisch auszunutzen, würden andere Anleger diese Methode schnell in großer Zahl imitieren und so den Preis für die entsprechenden Wertpapiere in die Höhe treiben. Die Möglichkeit zur Erzielung der Überrendite wäre dann wegarbitriert. Gäbe es diesen Mechanismus, der eigentlich ein Grundtatbestand der Marktwirtschaft ist, aber nirgendwo effizienter funktioniert als an den Wertpapiermärkten, nicht, müssten viele Anleger existieren, die in kürzester Zeit aufgrund ihres überlegenen Wissens zu Multimilliardären geworden wären. Dem ist nicht so – ein überzeugender Beleg für die Gültigkeit der EMT.

Wir haben nun gesehen, warum Aktienkursprognosen von Analysten (und Fondsmanagern) nicht mit höherer als einer dem Zufall entsprechenden Wahrscheinlichkeit zutreffen können. Darüber hinaus müsste jede objektive Überprüfung des Nutzens von Prognosen deren Umsetzungskosten berücksichtigen, was die meisten Prognostiker in ihren »Erfolgsmeldungen« jedoch geflissentlich unterlassen. Doch damit nicht genug. Analysten *wollen* nicht einmal konsistent richtige Kursprognosen abgeben – selbst wenn sie dazu in der Lage wären. Denn die große Mehrzahl von ihnen befindet sich in einem unauflösbaren Interessenkonflikt. Wohl mehr als 90 Prozent aller Aktienanalysten sind bei Banken beschäftigt. Bei jenen Institutionen also, die

■ in Form von Provisionen am Aktienhandel verdienen – je mehr Trading stattfindet, desto höher sind diese Einkünfte;
■ die in ihren Geschäftsbereichen Treasury, Mergers and Acquisitions und Commercial-Banking an Börsengängen, Anleihenemissionen, Unternehmensfusionen und -akquisitionen, Krediten und im Anlagegeschäft mit den analysierten Gesellschaften verdienen wollen.

Dass ein Aktienanalyst es wiederholt wagt, diese für seinen Arbeitgeber enorm lukrativen Einkünfte durch eine pessimistische Analyse (niedriges Kursziel, Verkaufsempfehlung) zu gefährden, erscheint eher unplausibel. Die Banken bemühen sich denn auch eifrig, die Bedeutung dieses Interessenkonfliktes mit dem Hinweis auf »chinesische Mauern« zwischen den Aktien- und Bond-Research-Abteilungen einerseits sowie den oben genannten Geschäftsbereichen andererseits herunterzuspielen. Dessen ungeachtet haben mehrere Studien bestätigt, dass in den

Jahren bis 2000 nur in etwa 1 Prozent (!) aller Analystenempfehlungen zum Verkauf geraten wurde (*The Economist*, 5.5.2001). Diese lächerlich geringe Quote galt sogar im Februar 2000, unmittelbar vor Beginn des massiven Börseneinbruchs bis Anfang 2003. Wären die Analystenempfehlungen einigermaßen seriös, dürfte es insgesamt kaum weniger Verkaufs- als Kaufempfehlungen geben.

Anfang 2001 leiteten die Börsenaufsichtsbehörden mehrerer Länder Untersuchungen in die Wege, um zu eruieren, inwieweit Bankanalysten durch ihre überwiegend falschen Kaufempfehlungen zu Technologieaktien mit bereits horrend hohen Preisen zu den dramatischen Verlusten Tausender Anleger ab März 2000 beitrugen. Der New Yorker Staatsanwalt (und heutige Gouverneur des US-Bundesstaates New York) Elliot Spitzer strengte mehrere Prozesse gegen namhafte Banken an, in denen er diesen die Verletzung von Verbraucherschutzgesetzen und Börsenregularien, Insider-Handel und ähnliche Vergehen vorwarf. Insgesamt wurden Bußgelder in Höhe von 1,4 Milliarden Dollar verhängt. Zu den betroffenen Banken gehörten einige der namhaftesten Adressen der Welt (Citibank, Deutsche Bank und acht andere Institute). Als Reaktion darauf und um in den Augen der Aufsichtsbehörden und der Öffentlichkeit Glaubwürdigkeit zurückzugewinnen, reorganisierten viele Banken die organisatorische Trennung zwischen ihren Aktienanalyseabteilungen und dem Firmenkundengeschäft. Die langfristigen Folgen bleiben abzuwarten. In jedem Fall sollten Anleger Aussagen von Banken und Fondsgesellschaften stets mit einer großen Portion gesunden Misstrauens begegnen. Die offenkundigen Interessenkonflikte von Banken (auf die wir in Abschnitt 2.15 näher eingehen), wenn sie gegenüber Privatkunden gleichzeitig als Anlageberater und Produktverkäufer fungieren, bestehen nach wie vor in unveränderter Form.

2.4 Fehler (4): Aktive Anlagestrategien praktizieren

»Je mehr sie darüber wissen, wie Wertpapiermärkte funktionieren, desto mehr wird Ihnen die Überlegenheit von Indexing einleuchten.«

Patricia Dunn, ehemalige Vorstandsvorsitzende von Barclays Global Investors, der größten Fondsgesellschaft der Welt

Börsenanlagestrategien gibt es wie den sprichwörtlichen Sand am Meer. Man sollte daher annehmen, dass wenigstens einige wenige dieser aktiven Strategien tatsächlich funktionieren. Die Fachpresse und die zahllosen Investmentratgeber gehen ja ganz offensichtlich von dieser Annahme aus und präsentieren laufend neue »unschlagbare« Investmentstrategien, »Power-Aktientipps« oder »spektakulär performende« Musterportfolios. Weltweit werden täglich Tausende von Anlageempfehlungen, Kurszielen und Musterportfolios verbreitet.

Ein hochprofitables Geschäft – für die Erfinder und Vermarkter aktiver Anlagestrategien. Traditionell in Form aktiver Investmentfonds, neuerdings sehr oft in Form von Hedge-Fonds, »absolut« oder »total Return-Fonds«, Private-Equity-Fonds und buchstäblich Tausenden von fantasievoll benannten strukturierten Zertifikaten (»Turbo-Zertifikat« ist ein noch eher harmloses Beispiel). Doch das Problem mit diesen Produkten beziehungsweise Strategien besteht darin, dass keine gesicherten Belege für ihr Funktionieren existieren. Diese Einschätzung mag zunächst überzogen klingen, dennoch ist sie leicht zu belegen. Wir werden das in drei Schritten tun:

1. Zu Beginn gehen wir kurz auf die Frage ein, was unter einer funktionierenden Anlagestrategie zu verstehen ist. Diese Definition ist Voraussetzung jeder seriösen Behandlung unserer eigentlichen Fragestellung.
2. Im zweiten Schritt werfen wir einen Blick auf die Qualität der Medienberichterstattung hinsichtlich der sogenannten »Outperformer-Strategien«. Es wird deutlich, dass die überwältigende Mehrzahl dieser Berichte sich bei näherer Betrachtung als die sprichwörtliche heiße Luft entpuppt, als ethisch fragwürdiger Umgang mit Fakten und oft sogar als Lügengebäude, gekennzeichnet von der gezielten Unterschlagung wesentlicher Informationen.
3. Schließlich analysieren wir in knapper Form die populärsten aktiven Anlagestrategien. Dabei wird gezeigt, dass diese Strategien allesamt einen oder gar mehrere nicht heilbare Konstruktionsmängel aufweisen, das heißt, sie bauen auf erstaunlich unrealistischen, oft geradezu abenteuerlichen Annahmen auf. Weil diese Annahmen so wirklichkeitsfremd sind, können die darauf aufbauenden Strategien nur zufällig, aber nicht systematisch (dauerhaft) funktionieren.

Zunächst zum ersten Punkt: Was genau ist eine »funktionierende« Anlagestrategie? Dieses Attribut kennzeichnet eine Strategie, die über einen hinreichend langen Zeitraum und belegt durch eine größere Anzahl wiederholbarer, nach dem Stand der Finanzwissenschaft durchgeführter Tests zu einer risikogewichteten Nettorendite führt, die *über* dem durchschnittlichen Wert der betreffenden Asset-Klasse (des Marktsegmentes, in das investiert wurde) liegt. Man spricht in diesem Fall vom Erzielen einer *Überrendite* (*excess return*). Eine risikogewichtete Nettorendite liegt vor, wenn (1) von der Bruttorendite des Investments alle Kosten, die das Investment verursacht hat, abgezogen wurden und (2) die dann resultierende Nettorendite zum Risiko des Investments in Form von Wertschwankungen (= Volatilität) ins Verhältnis gesetzt wurde (siehe hierzu den Abschnitt »Risiko richtig verstehen«). Ein objektiver Vergleich der Rendite zweier Investments ist nur möglich, wenn die risikogewichtete Nettorendite beider Anlagen einander gegenübergestellt wird. Eine funktionierende Anlagestrategie ist also nicht einfach eine Anlagestrategie, die eine Rendite abwirft – genauso wenig, wie ein guter Weitspringer einer ist, der »weit springen kann«, sondern einer, der in seiner Wettkampfklasse dauerhaft, nennenswert und in dokumentierter Form über der durchschnittlichen Leistung liegt.

Wie ist es nun – zweiter Punkt – um die Qualität der Medienberichterstattung über aktive Anlagestrategien bestellt? Natürlich finden sich für jede der weiter unten diskutierten Strategien entsprechende Berichte, die zum Teil mehrjährige, »spektakuläre« Erfolge belegen wollen. Bevor Sie diesen Berichten Glauben schenken, sollten Sie sie allerdings anhand der folgenden Fragen einer genauen Prüfung unterziehen:

- Sind alle Kosten, die die Anwendung der Strategie verursacht und die der Anleger zu tragen hat, berücksichtigt?
- Erfolgte die Performance-Messung, das heißt das Benchmarking, mit einem tatsächlich geeigneten Index oder auf risikoadjustierter Basis? Anders ausgedrückt: Welches Risiko wurde bei der Anwendung der Strategie eingegangen? Ist sichergestellt, dass nicht Äpfel mit Birnen verglichen werden?
- Gibt es anstelle rein hypothetischer Anlageerfolge durch Anwendung der Strategie auf historische Daten (sog. »Backtesting«) auch dokumentierte, mehrjährige Anlageerfolge in der Praxis, bei denen *echtes*

Geld verdient wurde? Wie lange reichen die Backtesting-Daten zurück? (Daten für einen Zeitraum unter fünf Jahren sind keinesfalls vertrauenswürdig.) Wie lange und wie regelmäßig konnte der betreffende Erfolg wiederholt werden?

■ Welche wissenschaftlichen (kausalen, sachlogischen) Begründungen existieren für die Strategie, das heißt, warum sollte die Strategie überhaupt funktionieren? Handelt es sich möglicherweise um rein statistische Beobachtungen historischer Marktanomalien in begrenzten Datenstichproben (»Data-Mining«)?

■ Präsentiert die jeweilige Quelle nicht einfach nur ihr zurzeit am besten performendes Anlageprodukt (oder ihre Anlagestrategie) aus einer Gruppe von vielleicht 50 Angeboten – während die anderen 49 Produkte (über die wir nichts erfahren) nur den Marktdurchschnitt erreichen oder darunter bleiben? Schließlich wird, wer 50 verschiedene Strategien gleichzeitig praktiziert, sicherlich mit einer davon zeitweilig einen Vergleichsindex schlagen. Die Frage lautet somit: Konnte ein Anleger das zuverlässig im Vorhinein wissen und wird diese Outperformance langfristig anhalten?

Nach Beantwortung dieser wenigen Fragen müssen die Advokaten der vorgeblichen Outperformer-Strategien zumeist recht kleinlaut in die zweite Reihe zurücktreten. Acht von zehn Medienberichten oder auch Erzählungen von Freunden und Kollegen würden an diesem Fragenkatalog vermutlich scheitern, also letztlich einen »Erfolg« darstellen, der auf ungetesteten, rein theoretischen Mutmaßungen, → »Data-Mining«, ausgewählten, isolierten Momentaufnahmen, Glückstreffern und Ähnlichem basiert, die seriöser, finanzwirtschaftlicher Überprüfung nicht standhalten würden.

Schauen wir uns jetzt – dritter Punkt – die bekanntesten aktiven Anlagestrategien und ihre Konstruktionsmängel an. Das Wichtigste vorweg: Neben der Tatsache, dass für die Wirksamkeit dieser Strategien in keinem einzigen Fall wissenschaftlich unstrittige Beweise vorliegen, ist den meisten von ihnen noch ein weiteres Merkmal gemein: Sie sind für normale Privatanleger schon deswegen ungeeignet, weil sie einen Analyse- und Arbeitsaufwand erfordern, den niemand in seiner Freizeit und generell über längere Zeit hinweg leisten kann, auch nicht studierte Ökonomen.

Um auf sämtliche jemals formulierten aktiven Anlagestrategien einzugehen, müsste man vermutlich eine zwanzigbändige Anthologie verfassen, denn selbst so Haarsträubendes wie »Stock-Picking mithilfe der Astrologie« oder »Aktienanalyse mithilfe Gottes« wird bis zum heutigen Tag ernsthaft in den Medien verbreitet und findet beim Publikum Gehör. Im Folgenden beschreiben wir daher nur kurz das Panoptikum der aktiven Anlagestrategien, für deren Funktionieren keine allgemein akzeptierten Beweise vorliegen und die dennoch von 95 Prozent aller Privatanleger und 80 Prozent aller Profianleger mehr oder weniger bewusst angewendet werden.

Stock-Picking auf der Basis fundamentaler Aktienanalyse

Die »Mutter aller aktiven Anlagestrategien«. Ihr wichtigstes Kriterium, anhand dessen der Stock-Picker entscheidet, ob eine Aktie unterbewertet ist, ist stets eine betriebs- oder finanzwirtschaftliche Kennzahl, manchmal auch eine Kombination aus mehreren Kennzahlen. Die bekanntesten dieser Kennzahlen sind: Kurs-Gewinn-Verhältnis (*price earnings ratio*), Kurs-Buchwert-Verhältnis (*price book ratio*), Kurs-Umsatz-Verhältnis (*price sales ratio*), Dividendenrendite (*dividend return*), Eigenkapitalrendite (*return on equity*) sowie jährliche Gewinnänderung pro Aktie (*earnings growth per share*). Es gibt viele Gründe, warum Stock-Picking nicht funktioniert, genauer: nicht funktionieren kann. Einige dieser Gründe haben wir im Abschnitt zur Efficient-Market-Theorie kennen gelernt. Neben den dort genannten Argumenten (die in erster Linie die Informationseffizienz der Wertpapiermärkte betreffen) lässt sich anführen, dass Stock-Picking mittels fundamentaler Aktienanalyse deshalb nicht funktioniert, weil die dafür notwendigen Voraussetzungen in der Wirklichkeit nicht gegeben sind. Welche Voraussetzungen sind gemeint?

Stock-Picking heißt wörtlich »einzelne Aktien auswählen«. Ziel ist dabei, individuelle Aktien (oder andere Wertpapiere) zu finden, die vom Markt »unterbewertet« sind. Diese Unterbewertung muss der Markt jedoch – nachdem der Stock-Picker das Papier gekauft hat – erkennen und somit den Börsenkurs auf den »wahren« Wert hinaufkorrigieren. Danach verkauft der Stock-Picker das Papier, um mit dem Erlös wiederum ein anderes, unterbewertetes Papier zu erwerben. Die Theorie setzt also mehrerlei zwingend voraus: (1) Unser Stock-Picker ist zunächst der Einzige oder einer von wenigen, die die Unterbewertung des Wertpapiers erkennen – daher kann er rechtzeitig kaufen; (2) nach dem Kauf erkennt der restliche Markt die Unterbewertung, kauft auch und treibt damit den Preis auf seinen sogenannten *fairen* (also »richtigen«) Level; (3) jetzt erkennt der Stock-Picker wieder als Erster oder als einer der Ersten, dass der Preis diesen fairen Level erreicht hat, mit weiterer Aufwertung nicht mehr zu rechnen ist und das Papier somit verkauft werden muss. Wer das heutige Börsengeschehen aus eigener Anschauung kennt, muss sich wundern, wie es möglich ist, dass irgendjemand eine Anlagestrategie auf derart unrealistischen Annahmen aufbaut. Der von Eugene Fama stammende Vergleich von Stock-Pickern mit Astrologen erscheint tatsächlich nicht übertrieben.

Stock-Picking mittels technischer Analyse

Gemeint ist der Versuch, Aktienkurse auf der Basis von Veränderungen der Kurse und Handelsvolumina der kürzeren Vergangenheit vorherzusagen. Dazu werden vor allem Diagramme (Charts) der Kursverläufe verwendet, aus denen grafische Muster herausgelesen werden, denen man bestimmte Bedeutungen zuschreibt. Technische Analysten verzichten vollständig auf eine Betrachtung der Finanzdaten oder Marktperspektiven der betreffenden Unternehmen. Diese Anlagestrategie wird von Akademikern im Allgemeinen nur müde belächelt. Das Attribut »Theorie« verdient sie nicht, da sie – abgesehen von einem nicht näher erläuterten »Herdenverhalten der Anleger« (dem der technische Anleger natürlich selbst nicht unterliegt) und »Momentum-Effekten« – weitgehend auf sachlogische, kausale Erklärungsmuster für ihr vorgebliches Funktionieren verzichtet. Warum die genannten Phänomene manchmal vorliegen und manchmal nicht, können technische Analysten »treffsicher« immer nur für die Vergangenheit erklären, und dies verpackt in viel pseudologisches Kauderwelsch. Tatsache ist, dass diese Effekte zeitweilig vorhanden sind, zu anderen Zeiten auch nicht, Zeitpunkte und Ausmaße sich allerdings nicht zuverlässig vorhersagen lassen. Selbst die »Expertise« des weltweit bekanntesten technischen Analysten und

»Chart Gurus« (*Börse Online*), Ralph Acampora von Prudential Securities, ändert diese Grundtatsache nicht. Im Oktober 1999 machte er folgende Aussagen: »Wir befinden uns in einem sehr langfristigen Aufwärtstrend, einem Mega-Bullenmarkt. Dieser dürfte noch einige Jahre anhalten (...) Sehr interessant sehen die High-Tech-, Biotechnologie-, Pharma- und Energiewerte aus.« Dass Acamporas »langfristiger Mega-Bullenmarkt« bereits sechs Monate später verhängnisvoll einbrach, Technologieaktien innerhalb von rund einem Jahr rund zwei Drittel an Wert verloren, dass die von Acampora genannten Sektoren am stärksten absackten, ließ sich mittels technischer Analyse offenbar nicht erkennen – dennoch glaubt Acampora, dass »... jede technische Methode funktioniert«. (*Börse Online* 41/1999) Der Finanzprofessor Burton Malkiel: »Technische Analyse ist absolut und offenkundig falsch. Es mag fast unfair erscheinen, eine so armselige Thematik zu kritisieren.« Dennoch beschäftigt jede größere Investmentbank technische Analysten, weil die Anlegergemeinde offenbar nach den hübschen »Bildchen« (Charts) verlangt.

Market-Timing

Unter Market-Timing, gelegentlich auch hochtrabend als Tactical-Asset-Allocation bezeichnet, versteht man die kurzfristige Veränderung der Gewichtungen einzelner Asset-Klassen in einem Portfolio mit dem Ziel, von zyklischen Marktveränderungen zu profitieren. Diese Marktveränderungen werden oft mit makroökonomischen oder branchenbezogenen Kriterien und Kennzahlen gemessen. Obwohl scheinbar plausibel, wurden dennoch für keine andere Anlagestrategie ähnlich blamable Ergebnisse nachgewiesen. Die Ergebnisse für Market-Timing sind tatsächlich so desaströs schlecht, dass der ehrwürdige britische *Economist* lakonisch feststellte: »Mit Market-Timing beschäftigt sich kein ernst zu nehmender Fondsmanager.« Fischer Black, einer der wichtigsten Finanzökonomen des 20. Jahrhunderts: »Im Durchschnitt rentiert der Markt genauso gut, wenn der Market-Timer im Markt investiert ist, wie wenn er nicht investiert ist. Deswegen verliert der Market-Timer verglichen mit einer simplen Buy-and-Hold-Strategie Geld, da er zeitweilig nicht investiert ist.« Trotz miserabler Erfolgsbilanz erscheint Market-Timing vielen Anlegern als interessante Anlagestrategie. Diese Anleger haben möglicherweise bereits in einem verlustreifen Prozess eingesehen, dass Stock-Picking nicht zuverlässig funktioniert. Nun folgern sie, es sei zwar nicht möglich, einzelne Wertpapiertitel mit Outperformance-Potenzial im Voraus systematisch zu identifizieren; bezogen auf breite Marktsegmente, sprich Branchen oder Länder, müsse dies jedoch möglich sein. Es sei doch offensichtlich, dass es »Zukunftsbranchen« und alte, im Niedergang befindliche Branchen gebe, dass bestimmte Länder langfristig ein stärkeres Wachstums- und damit Kurspotenzial als andere aufwiesen und dass diese Attribute – anders als möglicherweise bei einem einzelnen Unternehmen – sich nicht von heute auf morgen ändern würden. Diese Überlegungen mögen zum Teil zutreffen, sie sind für Anlageentscheidungen dennoch nutzlos, denn die positiven und negativen Aussichten einer Branche oder eines Landes sind längst in das jeweilige Kursniveau (repräsentiert von einem entsprechenden Marktindex) eingepreist. »Gute« Branchen mit Aussicht auf einen hohen Cashflow sind genau deswegen teure Investments (etwa gemessen am Kurs-Gewinn-Verhältnis), »schlechte« Branchen mit ungünstigen Cashflow-Perspektiven sind gerade aus diesem Grund billige Investments, sodass die Renditen beider Alternativen wegen der unterschiedlichen Ertragserwartungen jedenfalls nicht differieren können.

Daneben gibt es noch eine Reihe anderer Argumente für die fehlenden systematischen Erfolge mit Market-Timing, darunter die impulsartige Entwicklung der Märkte. Beispiel: In den 20 Jahren von 1986 bis Ende 2005 wies der britische FTSE All Share Index eine nominale jährliche Durchschnittsrendite von 11,5 Prozent auf. Lässt man jedoch nur die besten fünf Tage unberücksichtigt (also kaum 0,1 Prozent dieses Zeitraums), sackt die Rendite bereits auf 10,1 Prozent ab, ein erstaunlicher Rückgang um 12 Prozent. Nimmt man die besten 25 Tage (0,3 Prozent der Gesamtzeit) aus der Bilanz heraus, bricht die Rendite dramatisch auf 6,2 Prozent ein (also um 46 Prozent). Umgekehrt formuliert: In 0,3 Prozent der Gesamtzeit wurde 54 Prozent der Gesamtrendite erwirtschaftet. Da Market-Timer aber ständig aus den Aktienmärkten ein- und aussteigen und oft nicht voll investiert sind, verpassen sie einige oder sogar die meisten dieser entscheidenden Tage. Darüber hinaus verursachen sie beträchtliche Transaktionskosten.

Unter den Hunderten von Untersuchungen zu Market-Timing wollen wir hier nur eine einzige herausheben: Der amerikanische Finanzwirtschaftler Mark Hulbert analysierte die Performance 32 amerikanischer Investment-Newsletters mit Schwerpunkt Market-Timing über den Zehn-Jahres-Zeitraum 1988 bis 1997. Ergebnis: Kein einziges der 32 Portfolios schlug den S&P 500-Index (*Business Week*, 9.3.1998). Die wirklichen Experten sind sich jedenfalls einig: »Market-Timing: Die Wahrheit? Niemand schafft es. Finanzökonomen haben dieses Thema zu Tode untersucht, und die Antwort ist stets die Gleiche: Es gibt keinerlei wissenschaftliche Evidenz, dass irgendjemand – unter Berücksichtigung von Transaktionskosten – ausreichend zuverlässig und profitabel Market-Timing praktizieren kann.« (Richard Evans, Autor von *The Index Fund Solution*)

Ein weiteres Beispiel zur Verliererstrategie Market-Timing: Am 5. Dezember 1996 warnte der damalige US-Notenbankpräsident Alan Greenspan in einer heute berühmten Rede zum ersten Mal vor einer Überhitzung des Aktienmarktes. Wörtlich sprach er vom »irrationalen Überschwang« (»irrational exuberance«) und von »unangemessen eskalierenden Aktienkursen« (»unduly escalating stock prices«). Nehmen wir nun an, unser fiktiver Market-Timer hätte vier Wochen später, Anfang Januar 1997, aufgrund Greenspans Warnung seine sämtlichen Aktienbestände in risikofreie Geldmarktanlagen umgeschichtet (die kleine Verzögerung für die Reaktionszeit brachte dem Anleger noch zusätzlich Rendite). Ferner nehmen wir an, dass unser aktiver Anleger ein fast geniales Timing schafft, indem er zum beinahe optimalen Zeitpunkt, nämlich Ende 2003 (nur gut neun Monate nach dem Börsentiefstand) seine Geldmarktanlagen wieder komplett in Aktien umschichtet (der Aktien-Crash, vor dem Greenspan – zu früh – gewarnt hatte, dauerte von März 2000 bis Februar 2003). Unser hypothetischer Market-Timer hielt zunächst ein Portfolio aus 100 Prozent MSCI-World-Aktien, nach der Umschichtung 100 Prozent US-amerikanische kurzlaufende Staatsanleihen (Treasury Bills) und danach wieder 100 Prozent MSCI-World-Aktien. Wir vergleichen nun den Erfolg dieses aktiven Anlegers mit einem einfachen Buy-and-Hold-Portfolio, das aus 100 Prozent MSCI-World-Aktien bestand und über den fraglichen Zeitraum von Anfang 1997 bis Ende 2006 (zehn Jahre) unverändert blieb. Welcher Anleger stünde am Ende besser? Antwort: der Buy-and-Hold-Anleger. Er hätte seit Anfang 1997 bis heute 8,1 Prozent p.a. verdient, der Greenspan-orientierte Market-Timer hingegen nur 7,1 Prozent p.a. (ein herkömmlicher Market-Timer hätte vermutlich noch schlechter abgeschnitten). Natürlich wies das fiktive Market-Timer-Portfolio weitaus geringere Schwankungen aus, aber dennoch bleibt die Erkenntnis, dass selbst die Orientierung an den »besten« Markt-Gurus die aktive Strategie des Market-Timing gegenüber der einfachsten Form des Indexing (nur eine einzige Aktien-Asset-Klasse, radikales Buy-and-Hold) ertragsmäßig unterliegen lässt. Dabei haben wir in dieser kleinen Untersuchung sogar noch Annahmen getroffen, die ausgesprochen großzügig gegenüber der Market-Timing-Strategie sind (zum Beispiel Transaktionskosten und Steuern ignoriert und ein in der Realität unmöglich präzises Timing angenommen).

Weitere bekannte Strategien

Zu den Anlagestrategien, auf die wir aus Platzgründen nicht weiter eingehen können, zählen antizyklisches Investieren, Investieren mithilfe neuronaler Netzwerke auf der Basis von in historischen Daten gefundenen Marktanomalien (wie bei der technischen Analyse fehlt hier auch eine kausale, sachlogische Begründung für die getroffenen Anlageentscheidungen), die Dividendenrenditestrategie, die Dogs-of-the-Dow-Strategie, sogenannte Insider-orientierte Strategien (Käufe und Verkäufe aufgrund von Aktiengeschäften der leitenden Firmenangestellten), Behavioral-Finance-basierte Ansätze, verschiedene Hedge-Fonds-Strategien und vieles mehr. Day-Trading ist im Allgemeinen eine Form von Market-Timing, vermischt mit Elementen der technischen Analyse, insbesondere des Momentum-Investing. Neben diesen aktiven Anlagestrategien, die mit viel fachsprachlichem Klimbim daherkommen, existieren noch Scheinstrategien, die von Privatanlegern gerne angewandt werden, wie das Investieren in die Sieger von Fonds-Rankings (league table investing, track record investing), »Guru-Investing« (das Investieren in Fonds, deren Manager ein bestimmtes Renommee besitzt) oder Fonds-Picking durch professionelle Portfoliomanager (etwa in Form von Dachfonds). Das Investieren in die Sieger von Fonds-Rankings versagt deswegen, weil bekanntlich historische Rendite bei Berücksichtigung von Transaktionskosten und Risiko keinerlei ausbeutbare Prognosekraft für die zukünftige Rendite eines Investments besitzt. Guru-Investing funktioniert ebenfalls nicht, aus denselben Gründen, die auch einen Erfolg der konkreten Anlagestrategie des »Gurus« verhindern.

Schließlich ist noch die »naive Growth-Aktien-Strategie« zu nennen. Mit dieser Bezeichnung könnte man eine bei vielen Privatanlegern sehr beliebte Variante des traditionellen Stock-Pickings versehen: Sie folgen einfach den Aktientipps eines mehr oder weniger vom Zufall bestimmten, zusammengewürfelten Kreises sogenannter Experten. Zu dieser illustren Gruppe zählen die Autoren von Investmentartikeln in Tageszeitungen und Anlegerzeitschriften, prominente Träger von Werbebotschaften im Zusammenhang mit Börsengängen, der Kundenbetreuer bei der Hausbank, Arbeitskollegen, Freunde, Teilnehmer in Internet-Chatrooms und viele andere mehr. Den Empfehlungen eines solchen Sammelsuriums von »Fachleuten« zu folgen ist vergleichbar mit dem Verhalten eines Todkranken, der – nachdem er von drei Ärzten drei verschiedene Therapievorschläge erhalten hat – alle drei Therapien gleichzeitig anwendet.

Investieren in die jeweils neuste von den Medien und Banken hochgejubelte »Modebranche« oder das Modeprodukt ist ebenfalls bei vielen Anlegern populär. Zu diesen Branchen gehörten beispielsweise PC-Hersteller (1986–1994), Internet-Unternehmen (1998–2000), Pharma und Biotechnologie (1999 – 2001) oder Rohstoffe (2004 bis heute); in neuster Zeit galten Investments in die Bereiche Infrastruktur, Hedge-Fonds, Private Equity und demografischer Wandel als »angesagt«.

Auffällig ist, dass diese »Gelegenheiten« immer dann populär werden, nachdem die entsprechenden Sektoren (manchmal auch Regionen wie China oder Japan) drei oder mehr Jahre überdurchschnittlich gut liefen, Bewertungen (Aktienkurse) bereits außergewöhnlich hoch sind und das Ende des Trends bereits bevorsteht oder erreicht ist. Die Anleger, die – oft genug aus einer Mischung aus Naivität und Gier heraus – auf diese »Megatrends« aufspringen, steigen in überteuerte Märkte ein und haben historisch oft überdurchschnittliche Verluste erlitten. Man denke dabei nur an die seinerzeitigen Modeinvestments Japan, Medien, Internet, UMTS oder Logistik.

Doch die schlechteste aller möglichen Strategien ist vermutlich die unter Kleinanlegern am meisten verbreitete, nämlich ein unsystematisches Potpourri aus mehreren der zuvor genannten Einzelstrategien, gekoppelt mit fortlaufendem Umschichten des Depots.

Seriöse Untersuchungen, welche Überrenditen durch intensives Traden nach Berücksichtigung von Kosten und Risiko für Privatanleger nachweisen konnten, existieren nicht. Eine einfache Buy-and-Hold-Strategie ist einer Strategie des intensiven Tradens langfristig in der großen Mehrzahl aller Fälle überlegen. Das gilt sowohl für Anlagen in einzelne Wertpapiere als auch für Fondsinvestments, wie Studien des bereits zitierten Finanzwirtschaftlers Terrance Odean und anderer Wissenschaftler belegen. So zeigte Odean in einer Analyse von 60 000 Depots privater Anleger über den Zeitraum von 1991 bis 1996, dass deren jährliche Nettorendite um 1,8 Prozentpunkte unter dem Marktindex lag (ohne Berücksichtigung des zudem höheren Risikos). Das Quintil (die 20-Prozent-Gruppe) der intensivsten Trader unter diesen 60 000 Anlegern schnitt sogar um 5,8 Prozentpunkte schlechter als der Index ab. Die amerikanischen Ökonomen Lakonishok, Shleifer und Vishny wiesen nach, dass der durchschnittliche einzelne Wertpapier-Trade amerikanischer Pensionsfonds im Jahre 1988 über die folgenden drei Jahre die Fondsnettorendite um einmalig 0,78 Prozent reduzierte. Amerikanische Pensionsfonds sind die weltweit größten Aktieninvestoren.

Kein Wunder deshalb, dass der erfolgreichste lebende Finanzinvestor, Warren Buffett, ein radikaler Buy-and-Hold-Investor ist. Die durchschnittliche Halteperiode der in seiner Investment-Holding Berkshire Hathaway gehaltenen Aktien (Beteiligungen) betrug laut einer Pressemeldung von 1997 über 17 Jahre.

Übrigens bildet auch Day-Trading – die extremste Form des aktiven Portfoliomanagements, bei der Wertpapiere durchschnittlich weniger als einen Tag gehalten werden – keine Ausnahme zu unserer Regel. Mehrere Studien haben nachgewiesen, dass der durchschnittliche Day-Trader den Markt nicht zu schlagen vermag und die Outperformer von Halbjahr zu Halbjahr wechseln. Es ist darüber hinaus bezeichnend, dass Day-Trading im Verlauf des letzten großen Kurssturzes der Weltbörsen von März 2000 bis März 2003 weitgehend von der Bildfläche verschwand.

Die einzige aktive Strategie, für die man oberflächlich betrachtet von Erfolgsbelegen sprechen kann, ist Value-Investing, also das Investieren in »billige« Value-Aktien – Aktien krisengeschüttelter Unternehmen mit angeblich schwacher Nachfrage oder Aktien aus Branchen, die als überlebt und unattraktiv gelten und denen man folglich kein Wachstumspotenzial mehr attestiert. Bei genauerer Betrachtung verflüchtigt sich jedoch auch dieser Scheinerfolg, denn die Überrendite vieler Value-Anleger geht letztlich auf das gegenüber dem Gesamtmarkt höhere Risiko der Value-Aktien zurück. Zudem verschwindet die Überrendite der meisten Value-Anleger ebenfalls, wenn man sie – statt an einem allgemeinen Marktindex – an einem Value-Index misst und dabei Kosten und Risiko berücksichtigt. Mehr zum durchaus interessanten Value-Investing-Ansatz lesen Sie in Abschnitt 2.7.

Letzten Endes wird man für all diese aktiven Anlagestrategien langfristige, methodisch sauber ermittelte Erfolgsbelege, die den eingangs genannten vier Kriterien standhalten, vergeblich suchen.

Warum – so muss man sich angesichts dieser unseligen Leistungsbilanz der aktiven Anlagestrategien fragen – werden sie dann weiterhin in einem buchstäblichen Trommelfeuer der Medien weltweit und tagtäglich neu propagiert? Antwort: nicht deswegen, weil diese Strategien funktionieren, sondern weil diejenigen, die sie propagieren, von der Anwendung der Strategien durch Anleger profitieren. Aktive Strategien motivieren den Anleger zu mehr oder weniger intensivem laufendem Trading mit Einzelaktien beziehungsweise zum Switchen zwischen einzelnen Investmentfonds. Dadurch entstehen für Banken und Fondsgesellschaften beträchtliche Provisionen, die zu deren bevorzugten, weil risikolosen Haupteinnahmequellen gehören. Diese Feststellung ist gelegentlich sogar in der seriösen Wirtschaftspresse zu lesen: »Das Problem ist so alt wie der Wertpapierhandel: Broker und Banker haben einen starken Anreiz, Kunden zum Traden zu bewegen, selbst wenn es im Interesse des Kunden wäre, nichts zu tun.« (*Business Week*, 14.8.1997)

Ungeachtet all dessen ist unbestreitbar, dass es eine Anlagestrategie geben könnte oder irgendwann in der Zukunft geben wird, mit der man konsistent Überrenditen erzielen kann. In der Tat wurden in der Vergangenheit immer wieder einfache oder komplexere Strategien bekannt, die genau das leisteten (wenngleich die empirischen Belege für diese Erfolge oft genug recht dünn waren). Sobald diese Strategien aber bekannt wurden, verpuffte ihre Wirksamkeit. Verständlich, denn solche Strategien müssen notwendigerweise auf Marktanomalien beruhen. Wenn nun jemand sozusagen mit dem Finger auf diese Anomalien deutet, indem er sie laufend mit Gewinn ausbeutet, wird die ganze Anlegergemeinschaft darauf aufmerksam, und alle versuchen, sich an diesen Erfolg anzuhängen. Damit treibt die Masse der Anleger den Preis für diese Investmentchance nach oben, und die Strategie verliert ihre Wirkung. Dieses blitzschnelle »Wegarbitrieren«, man könnte auch sagen: Selbstzerstören von Gelegenheiten zur Erzielung von Überrenditen, ist ein Hauptmerkmal effizienter Märkte, zu denen die Wertpapiermärkte zweifellos gehören. Und die Moral von der Geschicht?

- Jeder Entdecker einer Erfolgsstrategie muss diese geheim halten, denn mit ihr wäre leicht ein märchenhaftes Vermögen zu verdienen – aber eben nur, solange sie im Markt nicht bekannt ist. Wenn es also solche Strategien gibt, werden wir dies notwendigerweise nie erfahren. Sollten sie jedoch bekannt werden, werden die Strategien umgehend nicht mehr funktionieren. Das ist Fluch und Segen eines effizienten Marktes. Aktive Anlagestrategien, wenn sie denn jemals funktionierten, haben durch öffentliche Bekanntmachung ihre »Zauberkraft« längst verloren und eignen sich deshalb nur noch zur Resteverwertung in der Finanzratgeberliteratur, den Medien oder im Internet.
- Die einzige Anlagestrategie, die zuverlässig funktioniert und dabei noch erstaunlich simpel ist, heißt passives, Low-Cost-, Buy-and-Hold-Investieren mithilfe von Indexanlagen. Auf diese einfache Anlagestrategie gehen wir in Kapitel 3 und 4 näher ein.

Die hier präsentierten, durchaus nicht neuen Erkenntnisse überzeugten schließlich sogar Benjamin Graham, Begründer der Fundamentalanalyse und zugleich Autor des meistverkauften Investmentratgeberbuches der Welt. In einem Interview kurz vor seinem Tode im Jahre 1976 sagte Graham: »Ich bin nicht länger ein Befürworter komplexer Techniken der Wertpapieranalyse zur Identifikation von Gewinnchancen. Dieses war vielleicht vor 40 Jahren noch eine lohnende Aktivität, als mein Buch [über Fundamentalanalyse] erstmalig publiziert wurde. Doch die Umstände haben sich verändert (...) Heute bezweifle ich, ob die dadurch mögliche Mehrrendite ihre Kosten noch rechtfertigt (...) Ich stehe jetzt auf der Seite der Efficient-Market-Schule.«

2.5 Fehler (5): Annehmen, den Markt schlagen zu wollen, koste nichts

»Auch wenn es schwer zu akzeptieren ist: Die Märkte sind so weit effizient, dass Spekulation dem normal informierten Privatanleger im Endeffekt mehr schadet als nützt.«

Prof. Martin Weber, Universität Mannheim

Im vorhergehenden Abschnitt haben wir gezeigt, dass für keine einzige aktive Anlagestrategie unstrittige Funktionsbeweise vorliegen. Manch ein Anleger mag nun einwenden: Wenn es denn tatsächlich keine sichere aktive Anlagestrategie gibt, warum sollte man dann nicht – den persönlichen Neigungen folgend – irgendeine aus der Vielzahl der vorgeschlagenen Strategien auswählen und es mit dieser probieren? Im schlechtesten Fall werde die Strategie eben nicht funktionieren, aber einen Versuch sei es doch immerhin wert. Leider ist das eine verhängnisvolle Fehleinschätzung.

Der Versuch, den Markt schlagen zu wollen, ist nicht kostenlos – genauso wie die Teilnahme an einer Lotterie nicht kostenlos ist. Auch dort gilt: Je weiter sie ihre theoretische Gewinnchance nach oben schrauben wollen, desto mehr Lose müssen Sie kaufen und desto höher ist Ihr möglicher (und auch wahrscheinlicher) Verlust. Risiko und Rendite sind positiv korreliert. Das ist das eherne Gesetz des Kapitalmarktes, ja eigentlich des Lebens schlechthin. Keine einzige Gewinnchance an der Börse ist gratis und risikolos zu haben. Jede aktive Anlagestrategie, also jeder Versuch, den Markt schlagen zu wollen, verursacht bewiesenermaßen (a) höhere Risiken (Wertschwankungen, Verlustgefahren) bezogen auf ein gegebenes, statistisch zu erwartendes Renditeniveau sowie (b) höhere Kosten, als dies bei einer Entscheidung für ein optimal diversifiziertes Low-Cost-, Buy-and-Hold-Portfolio der Fall wäre.

Höhere Risiken entstehen deshalb, weil jede aktive Strategie in gewissem Umfang auf Konzentration (statt Diversifikation) setzt und setzen muss. Den Markt, also den Marktdurchschnitt, kann nur schlagen, wer nicht in den gesamten Markt, sondern nur in einzelne Wertpapiere oder Teilbereiche des Marktes investiert, also bewusst auf mögliche Diversifikation verzichtet. Ferner enthalten alle aktiven Strategien ein »Trading-Element«, das heißt, sie zielen darauf ab, bei Vorliegen bestimmter Bedingungen billig einzukaufen, dann teurer zu verkaufen,[20] um dieses Prozedere anschließend zu wiederholen. Traden kostet jedoch Geld. Je nach Trading-Intensität liegen die dadurch verursachten Kosten für aktive Privatanleger zwischen 2 und 6 Prozent des Portfoliowertes im Jahr, der Durchschnitt etwa bei 3 Prozent – gleich ob sie in Einzelwerten oder Fonds anlegen. Welche dramatischen Auswirkungen diese nur scheinbar geringen Nebenkosten des Investierens auf die langfristige Rendite haben, zumal verglichen mit der geringen Kostenbelastung bei Indexing, haben wir in Abschnitt 2.2 bereits gezeigt.

Dass die hohen Verlustrisiken bei dem Versuch, den Markt schlagen zu wollen, nicht rein theoretischer Natur sind, zeigen die insgesamt enttäuschenden Nettorenditen von Aktienanlegern und Investmentfonds. Interessant ist in diesem Zusammenhang, dass die größten und professionellsten Anleger der Welt, Banken, Versicherungen und staatliche Pensionskassen, in kein anderes Anlagevehikel mehr investieren als in supersichere, staatliche Kurzfristanleihen, die langfristig eine eher bescheidene Bruttorendite von real etwa 1 bis 1,5 Prozent erbringen. Diese Genügsamkeit ist kein Zufall und dürfte kaum mit mangelndem Knowhow oder Bequemlichkeit zusammenhängen. Erfreulicherweise ist es – wie wir in Kapitel 3 und 4 näher erläutern werden – dennoch möglich, eine langfristige Rendite von real etwa 7 bis 9 Prozent p.a. zu erzielen, vorausgesetzt, man akzeptiert das damit einhergehende nicht unbeträchtliche Risiko und minimiert Kosten durch sehr diszipliniertes Buy-and-Hold.

2.6 Fehler (6): Glauben, Experten könnten den besten Einstiegszeitpunkt finden

»Wie können Sie sicher feststellen, ob Aktienkurse vor einem Aufschwung oder einem Fall stehen? Sie können es nicht. Niemand kann es. Auch nicht die Experten.«

Zvie Bodie, Finanzprofessor an der Boston University,
Co-Autor des meistverkauften Investmentlehrbuches der Welt

Fast alle Anleger, der Autor eingeschlossen, unterliegen stets dem Eindruck, dass der jeweils aktuelle Zeitpunkt zum Einstieg in Wertpapierinvestments nicht optimal sei. Sind die Aktienkurse schon über einen längeren Zeitraum gestiegen, befürchten wir, in einen überteuerten Markt einzusteigen, der kurz vor der Trendwende nach unten steht; sind die Aktienkurse dagegen schon lange gefallen, haben wir Angst, dass es noch weiter nach unten gehen könnte. Viele Anleger fragen sich daher, ob Experten eine Hilfestellung bei der Wahl des geeigneten Einstiegszeitpunktes leisten können.

Zu diesem Thema wird besonders viel Unfug in Anlegerzeitschriften, Ratgeberbüchern, Rundfunk und im Internet verbreitet, denn zumeist wird nur eine unvollständige und damit gefährlich falsche Antwort gegeben. Zusammenfassend könnte man die Frage nach der Bedeutung des Markteintrittszeitpunktes wie folgt beantworten: Der Zeitpunkt des Markteintritts ist einerseits bedeutsam und andererseits bedeutungslos. Diese scheinbar paradoxe Antwort erklärt sich folgendermaßen:

- Der konkrete Zeitpunkt des Markteintrittes – korrekter: der exakte Kalenderzeitraum, über den ein Investment besteht – hat einen erheblichen Einfluss auf die durchschnittliche Jahresrendite eines Investments. Dieser Einfluss nimmt mit der Länge des Anlagezeitraums ab, verschwindet aber bei realistischen Anlagezeiträumen von unter 25 Jahren niemals vollständig. In diesem Sinne ist der Markteintritts- und -austrittszeitpunkt bedeutsam.

- Zugleich aber sind diese Zeitpunkte wiederum unwichtig, denn es gibt letztlich keine erfolgversprechende Methode, den günstigsten Markteintrittszeitpunkt im Voraus zu bestimmen. Um dies zu können, müsste die aktive Anlagestrategie Market-Timing funktionieren. Diese weist aber bekanntlich unter allen aktiven Anlagestrategien die schlechteste Erfolgsbilanz auf. Wenn es mithin unmöglich ist, den richtigen Zeitpunkt zuverlässig abzupassen, dann ist der Zeitpunkt des Markteintritts in diesem Sinne letztlich unbedeutend.

Ein einfaches Beispiel, das den ersten Punkt illustriert: Wer Anfang 1990 100 000 Euro in einen MSCI-World-Indexfonds investiert hätte, dessen Depot wäre bis Ende 2006 auf 336 000 Euro angewachsen (ohne Berücksichtigung von Kosten und Steuern). Wer denselben Betrag dagegen erst ein Jahr später im Jahr 1991 investiert hätte, der hätte Ende 2006 eine Summe von 458 000 Euro sein Eigen nennen können (zuzüglich der Geldmarktrendite für ein Jahr, die hier nicht berücksichtigt ist). Die hohe Differenz erklärt sich aus der einfachen Tatsache, dass 1990 ein ausgesprochen schlechtes Aktienjahr war (der MSCI World verlor in Euro gerechnet knapp 27 Prozent). Dieser anfängliche Verlust machte sich auch noch nach 17 Jahren stark bemerkbar. Diese Erkenntnis nützt aber in der Praxis dennoch wenig, da es kaum eine verlässliche Möglichkeit gibt, den bestmöglichen (oder schlechtestmöglichen) Einstiegszeitpunkt im Voraus zu erkennen. Aktien sind nun einmal die rentabelste Asset-Klasse, aber sie sind auch riskant. Die Schwankungsbreite der Jahresrenditen des MSCI World (in Euro) seit 1970 reichte von +46 Prozent bis –32 Prozent. Da die meisten Aktienindizes wesentlich enger sind als der MSCI World, schwanken sie naturgemäß noch mehr.

Dem zweiten Punkt ist ein wenig relativierend hinzuzufügen, dass man bei größeren Investments in regionale Märkte, die im sehr langfristigen historischen Vergleich hoch bewertet sind (zum Beispiel gemessen am Kurs-Gewinn-Verhältnis eines Index), in der Tat vorsichtig sein sollte. Hier eine Faustregel: Wenn die Bewertung den langjährigen historischen Durchschnitt um über zwei Drittel übersteigt (also um sehr viel), kann es angebracht sein, einen solchen Markt relativ zu seiner »Standardgewichtung« in einem diversifizieren Portfolio vorübergehend unterzugewichten.[21]

Wem die hier präsentierte Antwort auf die Frage nach dem richtigen Einstiegszeitpunkt zu resignativ oder mit seinem Bauchgefühl nicht vereinbar erscheint, dem mag die folgende, an der Anlegerpsychologie orientierte Strategie eventuell weiterhelfen:

Wir nehmen an, ein Anleger steht vor der Entscheidung, einen größeren Betrag zu investieren. Es könnte nun sein, dass die Aktienmärkte zu diesem Zeitpunkt schon über einen langen Zeitraum hinweg gefallen oder auch gestiegen sind. Im ersteren Fall mag der Anleger befürchten, in einen im Sturzflug befindlichen Markt, im zweiten Fall in einen überteuerten Markt kurz *vor* dem Sturzflug zu investieren. Soll der Anleger nun alles auf einmal investieren oder sein Investment in Teilbeträgen nach und nach tätigen? Einfach nur zu warten und sein Geld in einem sicheren Geldmarktfonds zu parken wäre im Durchschnitt die falsche Strategie, denn die Aktienmärkte weisen langfristig eine positive reale Rendite auf und steigen im Durchschnitt an sechs von zehn Tagen. Außerdem verpassen solche Anleger sehr häufig die wenigen Tage im Jahr, an denen die Kurse ruckartig nach oben gehen. Zur Auflösung dieses scheinbaren Dilemmas empfiehlt sich ein »Investmentfahrplan mit Selbstverpflichtung«. Dieser Fahrplan könnte wie eine der folgenden Alternativen aussehen:

- Man investiert ein Drittel des Gesamtanlagebetrages sofort und in jedem der beiden folgenden Monate oder Quartale ein weiteres Drittel.
- Man investiert ein Viertel heute und in jedem der drei folgenden Quartale ein weiteres Viertel.
- Man investiert ein Sechstel des Anlagebetrages sofort und in jedem der folgenden fünf Monate ein weiteres Sechstel.

Leichte Abwandlungen dieser alternativen Investmentfahrpläne – je nach persönlicher Präferenz – sind möglich, allerdings sollte der Fahrplan sich über maximal 36 Monate erstrecken. In jedem Fall müssen Sie den Fahrplan sehr konsequent umsetzen, gleich in welche Richtung sich die Märkte kurzfristig bewegen (dieser letztere Aspekt ist ausgesprochen wichtig). Mit einem solchen Fahrplan können Sie gefühlsmäßig eigentlich nur gewinnen: Steigt der Markt nach dem Anfangsinvestment, werden Sie sich einerseits über den Wertzuwachs Ihres Portfolios, andererseits über Ihre Klugheit, das Investment nicht aufzuschieben, freuen. Fällt der Markt, habe Sie nun die Gelegenheit, zu günstigeren Preisen zu kaufen, und Sie werden sich in der Entscheidung bestätigt fühlen, nicht alles auf einmal investiert zu haben. Andererseits müssen Sie sich dabei vergegenwärtigen, dass dieser »psychologisch« und risikosenkend motivierte Einstiegsfahrplan im Rückblick so gut wie immer nur die zweitbeste Lösung war. Sind die Kurse in der gestreckten Investitionsphase gestiegen, dann wäre es besser gewesen, alles sofort investiert zu haben; sind sie gefallen, wäre es besser gewesen, alles erst am Ende zu investieren. Mit diesem Ansatz liegen sie somit nie ganz falsch, aber auch nie ganz richtig.

Fazit: Der beste Einstiegszeitpunkt ist im Grunde genommen immer »jetzt«. Aufgrund des Zinseszinseffektes wächst ein Wertpapierdepot, gemessen in Geldeinheiten, im Zeitablauf immer schneller. Diese »Magie« des Zinseszinseffektes kann man sich zunutze machen, indem man möglichst früh anfängt zu investieren.

Wir kommen nun zu einem der wichtigsten Themen dieses Buches: dem Irrglauben, aus guten betriebswirtschaftlichen Kennzahlen eines Unternehmens auf ertragreiche Aktienrenditen in der Zukunft schließen zu können.

2.7 Fehler (7): Ein gutes Unternehmen für eine gute Aktie halten (der Value-Effekt)

»Gute Unternehmen sind im Allgemeinen schlechte Aktien und schlechte Unternehmen im Allgemeinen gute Aktien. Dieses Konzept zu begreifen ist sowohl für Kleinanleger als auch für professionelle Investoren sehr schwer. Und es ist vermutlich die Ursache für die niedrige Rendite der meisten Profianleger.«

William Bernstein, Neurologe, Finanzwirtschaftler, Bestsellerautor

Der unter Privatanlegern vielleicht am meisten verbreitete, am häufigsten in den Finanzmedien wiederholte und wohl kostspieligste Irrtum über Aktienanlagen (neben dem zu häufigen Traden) besteht in der Annahme, ein betriebswirtschaftlich gutes Unternehmen müsse auch eine gute, ertragreiche Aktie sein, also eine hohe Aktionärsrendite aufweisen. Auf der Grundlage dieser Annahme veröffentlichen die Finanzmedien und die Banken jährlich Tausende an Anleger gerichtete Unternehmensanalysen, teilweise zehn und mehr Seiten lang, mit langen Kolonnen finanzwirtschaftlicher Kennzahlen, vergleichenden Tabellen, Marktanalysen, Grafiken und Aktienkurszielen. Die Anlegerzeitschriften verpacken diese Analysen dann in spannend gemachte Unternehmensporträts mit Überschriften wie »Angriff auf IBM. Wie Computer Associates den Markt aufrollt« (*Finanzen*, 2001). Das Problem dieser Aktien- und Unternehmensanalysen – die ja das Herzstück jedes Anlegermagazins bilden – liegt nun darin, dass sie für den Anleger buchstäblich nutzlos sind.

Das sollten Sie sich merken:

Die scheinbar plausible Annahme, dass Unternehmen, die in der Vergangenheit höhere Gewinne als ihre Konkurrenten, ein schnelleres Wachstum oder höhere Marktanteile vorwiesen, zugleich überdurchschnittliche Aktionärsrenditen erwirtschaften, ist schlicht falsch. Statistisch lässt sich nicht nachweisen, dass solche »Siegerunternehmen« ihre betriebswirtschaftlich schwächeren Konkurrenten auch an der Börse schlagen – weder kurz- noch langfristig. Das Gegenteil ist der Fall:

Gute Unternehmen sind überdurchschnittlich häufig schlechte Aktien. Aktientipps, die sich auf gute betriebswirtschaftliche Kennzahlen stützen, erweisen sich in mehr als 50 Prozent der Fälle als falsch – gleich nach welcher Definition ■

Die fehlende Zusammenhang zwischen betriebswirtschaftlichen Kennzahlen (ob historisch oder prognostiziert) und der Aktionärsrendite erklärt sich daraus, dass Erstere das Preisniveau (Bewertungsniveau) einer Aktie nicht berücksichtigen, was bei Anlegern und Journalisten gerne übersehen wird. Gewinn, Gewinnwachstum, Cashflow eines Unternehmens – all das sagt allein nichts darüber aus, wie viel ein Anleger dafür bezahlen muss, um daran teilzuhaben.

Eine banale Analogie: Zwei Einfamilienhäuser stehen zum Verkauf. Das erste ist eine nagelneue Villa in bester Wohnlage, von einem Star-Architekten entworfen und mit den teuersten Materialien in hoher Qualität und aufwändig gebaut. Das zweite ist ein heruntergekommenes, 30 Jahre altes Haus, das an einer lauten, viel befahrenen Durchgangsstraße steht. Welches ist die bessere Investition? Antwort: Das kommt ganz auf den Preis an, genauer gesagt: auf den Preis relativ zur erzielbaren Nettomiete. Und nur zu oft sind gerade Prunkvillen schlechte Investments, weil es Liebhaber gibt, die aus emotionalen Gründen ihren Preis in die Höhe treiben (ohne dass deswegen eine höhere Miete erzielbar wäre), was bei Nullachtfünfzehn-Häusern nicht passiert. Ähnlich verhält es sich mit Aktien: Glamour-Unternehmen aus »heißen« Branchen mussen noch lange keine guten Aktien sein und sind es in der Mehrzahl der Fälle auch nicht. Deswegen sind Artikel wie derjenige zur Firma Computer Associates nur zu oft im Bereich der »Investmentpornografie« angesiedelt (die Aktienrendite von Computer Associates lag zwischen 2001 und April 2007 bei −2,2 % p.a., diejenige von IBM bei +2,7 % p.a.).

Betriebswirtschaftlich solide Unternehmen werden in der Finanzwirtschaft gemeinhin als »Growth«-Aktien (Wachstumsaktien) bezeichnet, betriebswirtschaftlich eher marode Unternehmen als »Value«-Aktien (Substanzwertaktien). Tabelle 12 fasst die Unterschiede zusammen:

Tabelle 12: Merkmale von Growth- und Value-Aktien

Unterscheidungs-merkmal	Growth-Aktien (Wachstumsaktien)	Value-Aktien (Substanzwertaktien)
Kurs-Gewinn-Verhältnis (KGV), Kurs-Buchwert-Verhältnis, Kurs-Gewinnwachstums-Verhältnis oder Kurs-Cashflow-Verhältnis	tendenziell hoch, daher spricht man von »teuren« Aktien	tendenziell niedrig, daher spricht man von »billigen« Aktien
Verschuldung	tendenziell niedrig	tendenziell hoch
Dividendenrendite (Dividende : Aktienkurs)	tendenziell niedrig (meistens unter 1% oder 0)	tendenziell hoch (in der Regel zwischen 1% und 5%)
Unternehmensgewinn und -Cashflow	tendenziell niedrig	tendenziell hoch
Erwartetes Gewinnwachstum	tendenziell hoch	tendenziell niedrig
Erwartetes Gewinnwachstum der Branche	tendenziell hoch	tendenziell niedrig
Branchencharakterisierung	tendenziell »moderne«, aktuell hochgeredete Branchen wie High-Tech, Telekommunikation, Internet, Biotechnologie, Medien	tendenziell »altmodische«, »langweilige« Branchen wie Stahl, Einzelhandel, Rohstoffe, Energieversorgung, Automobilbau, Finanzen
Charakterisierung der Aktien	tendenziell Aktien mit »Glamour« wie Cisco, Apple, Intel, Amazon, Microsoft; populäre Aktien, denen jeder glänzende Gewinnwachstumsperspektiven einräumt und die nicht als krisenanfällig gelten	tendenziell unpopuläre Aktien (»distressed stocks«), denen nur wenige noch nennenswertes Gewinnwachstum zutrauen; oft Aktien, die in jüngerer Vergangenheit eine mittlere bis schwere Krise durchlaufen haben (bis hin zur Konkursgefahr)
Emotionale Hemmschwelle gegenüber dem Kauf	tendenziell niedrig; jeder kauft sie (geschätzte 90–95% aller Anleger – Profis wie Amateure – sind Growth-Investoren)	tendenziell hoch, sie gelten als »Verlierer-Aktien«
Typische Marktkapitalisierung	tendenziell hoch, aber auch Nebenwerte aus dem »New-Economy«-/Technologie-/Internet-Sektor	tendenziell mittelhoch (Mid-Caps) oder niedrig (Small-Caps), selten hoch
Rating (Bonitätsnote) für Unternehmensanleihen	tendenziell am oberen (guten) Ende	tendenziell am unteren (schlechten) Ende

Die Anlageempfehlungen der Banken und Anlegermagazine beziehen sich weit überwiegend auf »gute« Unternehmen, also Growth-Aktien. Unterstellt wird, dass diese guten Unternehmen aufgrund ihrer positiven Wachstumsaussichten eine über dem Markt liegende Renditeerwartung hätten. Einer statistischen Überprüfung hält diese Annahme allerdings nicht stand, wie Tabelle 13 illustriert. Die nominale Rendite globaler Value-Aktien (Großunternehmen) betrug in den letzten 32 Jahren 17,7 Prozent p.a. gegenüber 15,4 Prozent p.a. für Standardwerte.[22]

Tabelle 13: Value-Aktien sind rentabler als Growth-Aktien

	MSCI World, Growth (Euro)	MSCI World (Euro)	MSCI World Value (Euro)
1975–2006 (32 Jahre)			
Reale geometr. Rendite p.a.	6,4%	6,6%	9,9%
Inflation p.a.	2,7%	2,7%	2,7%
Nominelle geometr. Rendite p.a.	9,2%	9,4%	12,9%
Std.-abw. der Jahresrenditen	18%	17%	17%
Sharpe-Ratio	0,3	0,4	0,6
Niedrigste jährl. Einzelrendite	–28%	–28%	–28%
Anteil der Jahre mit neg. Rendite	22%	19%	19%
Einzelne Zeitabschnitte: Reale geometr. Rendite p.a.			
1975–1979	0,9%	3,9%	6,7%
1980–1989	15,2%	16,9%	18,9%
1990–1999	9,9%	9,2%	8,4%
2000–2006	–5,8%	–1,6%	2,5%

In den hier berücksichtigten 32 Jahren lagen Value-Aktien 24-mal und Growth-Aktien 6-mal vorne. Der größte einzelne Jahresverlust fiel bei beiden Aktientypen zufällig gleich groß aus (obwohl in vielen Untersuchungen Value-Aktien diesbezüglich schlechter abschneiden). Die

Standardabweichung der Jahresrenditen war gleich (obwohl Growth-Aktien in vielen Untersuchungen etwas höhere Standardabweichungen aufweisen). Generell kann man sagen: Value-Aktien sind riskanter als Growth-Aktien, sie sacken oft vor und in Konjunkturabschwüngen stärker ab.

Der langfristige Renditevorsprung von Value-Aktien wird in der Finanzwirtschaft als *Value-Premium* bezeichnet. Seine Existenz ist unumstritten und wurde in einer Vielzahl weiterer Studien für sämtliche wesentlichen Aktienmärkte der Welt einschließlich der Emerging-Markets bestätigt. Die Hauptergebnisse aus rund einem halben Dutzend solcher Untersuchungen zu unterschiedlichen Aktienmärkten und Zeitperioden zitiert Larry Swedroe in seinem Buch *What Wall Street doesn't want you to know* (S. 150 ff.).

Zwar treten in allen Märkten vorübergehende, zum Teil mehrjährige Perioden auf (zum Beispiel die 90er Jahre), während derer Growth-Aktien besser abschneiden als Value-Aktien, das beweist jedoch nichts. Die Finanzmärkte unterliegen vielen Schwankungen, die nur temporäre Abweichungen von einer Grundstruktur oder -tendenz darstellen. Die von 1996 bis Mitte 2001 von den meisten Analysten postulierten »neuen Bewertungsgesetze der New Economy«, die danach »plötzlich« wieder ungültig wurden, sind ein treffendes Beispiel. Leider bläst die Finanzindustrie so gut wie jede dieser zeitweiligen Abweichungen von den Grundstrukturen des Kapitalmarktes in ihrem Drang zur Erhöhung von Einschaltquoten, Magazinauflagen und Anleger-Trading zu einem »neuen Paradigma«, zur »einmaligen Einstiegschance«, zum »heißen Trend«, zur »Innovation an der Börse« oder gar zum »neuen Gesetz an der Wall Street« auf – bei langfristiger Betrachtung fast immer zum Nachteil der Anleger.

Schlechte Unternehmen (Value-Aktien) werden vom Markt, verglichen mit betriebswirtschaftlich guten Unternehmen, als risiko*reicher* eingeschätzt, und zwar unter anderem aufgrund folgender Risikomerkmale: höhere Konkurswahrscheinlichkeit, höhere Gewinn- und Cashflow-Volatilität, häufigere Dividendenkürzungen und höhere Kapitalkosten (von Fremd- und Eigenkapital) sowie höhere Verschuldung; zudem entwickeln sich ihre Aktienkurse in allgemeinen Börsenabschwüngen oft überproportional schwach. Kurioserweise lässt sich für die in der Finanzwirtschaft am meisten verbreitete Risikomaßzahl, nämlich die Volatilität (Standardabweichung) des Aktienkurses, bei Value-Aktien jedenfalls sehr langfristig oft *kein* höheres Risiko gegenüber Growth-Aktien nachweisen. (Allerdings scheint die Volatilität von Value-Aktien in Börsenabschwungphasen, also genau dann, wenn es »unbequem« wird, über den langfristigen Durchschnitt zu steigen.)

Aufgrund des im Vergleich zu Growth-Aktien höheren Risikos werden die künftigen Cashflows der schlechter dastehenden Value-Unternehmen mit einem Preisabschlag belegt, sprich, der für die Zukunft erwartete Cashflow an die Aktionäre (hier gleichgesetzt mit Gewinn oder Dividende) wird mit einer höheren Diskontrate (auch Kapitalkosten genannt) abgezinst, die dieses erhöhte Risiko reflektiert. Die Finanzökonomen sagen, die Aktie hat ein höheres Equity-Premium. Dieser höhere Abzinsungsfaktor führt zu einem vergleichsweise niedrigen Aktienkurs und damit einem niedrigen KGV (und Kurs-Buchwert-Verhältnis). Das Equity-Premium ist die Belohnung, die der Aktionär für das Tragen des betreffenden Cashflow-Risikos erhält. Noch einmal anders formuliert: Relativ zu einem guten Unternehmen wird das künftige Ertragspotenzial eines Value-Unternehmens niedriger bewertet, daher spricht man von einer »billigen« Aktie im Sinne eines niedrigen KGV (für eine Geldeinheit *gegenwärtigen* Gewinns ist im Wege des Aktienkurses weniger zu zahlen). Dieser niedrige Kurs ermöglicht es, pro erwarteter Geldeinheit künftigen Cashflows mit einer solchen Aktie eine (langfristig) höhere Rendite zu erzielen als mit dem guten, »teuren« Unternehmen.

Nach dem ehernen Gesetz der Wertpapiermärkte, demzufolge hohe Renditen mit hohen Risiken einhergehen, muss dieses erhöhte Risiko von Value-Aktien bei einem Einzelinvestment langfristig mit einem überdurchschnittlichen Ertrag belohnt werden. Dieser Renditevorteil ist also kein »free lunch«, kein Gratismittagessen, denn er muss vom Aktionär mit einem höheren Risiko erkauft werden. Dass sich dieses erhöhte Risiko nicht durchgängig in einer erhöhten Kursvolatilität niederschlägt, kann man als erfreulichen Nebeneffekt, aber nicht als Mispricing betrachten. Nebenbei gesagt ist es daher nicht korrekt, einen Value-Fonds, ob aktiv oder passiv, an einem normalen (d.h. Growth-lastigen) Aktienindex zu messen, wie es in den Medien aber fast immer geschieht.

Fazit: Auch wenn uns die Finanzmedien mit jährlich Tausenden betriebswirtschaftlicher Unternehmensanalysen das Gegenteil weismachen wollen: Schlechte, krisengeschüttelte Unternehmen in langweiligen Branchen sind in Durchschnitt und langfristig die besseren Aktien; gute, spektakuläre Unternehmen oder Unternehmen aus Glitzerbranchen dagegen überwiegend die schlechteren Aktien. Das »Value-Premium«, der langfristige Renditevorsprung von Value-Aktien gegenüber Growth-Aktien in der Vergangenheit, beweist es.

Das Value-Premium ist allerdings eine im Zeitablauf launische Größe, die zudem immer wieder für längere, nicht vorhersehbare Zwischenphasen von der Bildfläche verschwindet oder sich sogar in einen Value-Abschlag (Renditenachteil) verkehrt. Die Unterperformance von »Value« kann auch mehr als fünf Jahre andauern. Das Value-Premium lässt sich jedenfalls systematisch nur einfangen, indem man eine Vielzahl von Value-Aktien im Rahmen einer langfristig orientierten Buy-and-Hold-Strategie hält. Auf das Value-Premium im Rahmen einer Stock-Picking- oder Market-Timing-Strategie zu spekulieren ist aussichtslos, da es für einzelne Unternehmen oder Branchen nicht zuverlässig prognostizierbar ist. Aktienempfehlungen, die sich beispielsweise auf die Zugehörigkeit zu einer Wachstumsbranche, das Vorliegen oder die Erwartung hoher Margen oder Marktanteile, eines starken Gewinnwachstums oder einer hohen Eigenkapitalrendite stützen, sind genauso oft falsch wie richtig. Diese schwache Trefferquote, die aufgrund der mit ihrer Befolgung verbundenen hohen Trading-Kosten für den Aktionär letztlich zu einer Unterrendite gegenüber dem Markt oder Buy-and-Hold-Anlegern führt, sollte niemanden mit einem Grundverständnis für Wertpapiermärkte verwundern. Sie wird jedoch von der Finanzbranche aus den inzwischen bekannten Gründen totgeschwiegen.

2.8 Fehler (8): Sich an Fondsbewertungen (Ratings) orientieren

»All die Mühe und Zeit, die viele dafür aufwenden, den richtigen [aktiven] Fonds zu finden, den richtigen Manager mit der goldenen Nase – all das hat in den allermeisten Fällen zu keinem Vorteil geführt.«

Peter Lynch, einer der weltweit erfolgreichsten Fondsmanager

Bei der Auswahl von Fonds verlassen sich viele Anleger auf Fonds-Ratings (Fondsbewertungstabellen), wie sie zum Beispiel die Stiftung Warentest regelmäßig in ihrer Zeitschrift *Finanztest* veröffentlicht.

Andere Organisationen, die solche Rankings veröffentlichen, sind die Gesellschaft für Fondsanalyse (GFA), Morningstar und Standard & Poor's. Die Ratings dieser Organisationen werden wiederum von den Direktbanken und diversen Zeitschriften übernommen und abgedruckt.

Angesichts der über 4000 in Deutschland zugelassenen Fonds liegt es auf der Hand, dass Fondsanleger nach einem Analyseinstrument dürsten, mit dem sie die sprichwörtliche Spreu vom Weizen schnell und objektiv trennen können, sei es anhand einer einzelnen Bewertungszahl oder anhand von Qualitätssternchen wie bei Standard & Poor's oder Morningstar. Die Annahme, dass Fonds-Ratings und -Rankings diese Positivauswahl leisten, erweist sich jedoch als völlige Illusion. Die Ratings versagen regelmäßig, wenn es darum geht, die in der *Zukunft* besten Fonds oder die überhaupt für einen bestimmten Anleger am besten geeigneten Fonds zu identifizieren. Da dieses eindeutige Forschungsergebnis enorm wichtige praktische Konsequenzen hat, lohnt es wiederholt zu werden:

Das sollten Sie sich merken:
Fonds-Ratings als Hilfsmittel zur Fondsauswahl sind vollkommen nutzlos. In mehreren Untersuchungen haben sie sich sogar als ausgesprochen schädlich erwiesen, da die hoch bewerteten Fonds (denen deshalb besonders viel neue Mittel zugeflossen sind) schwächer als der Durchschnitt der übrigen Fonds abschnitten. Fonds-Ratings sind – salopp gesagt – eine Mogelpackung ■

Im Folgenden zeigen wir die nicht behebbaren Konstruktionsmängel dieser Rating-Verfahren sowie – daraus folgend – ihre mangelhafte Prognosequalität. Als Beispiel dient uns dabei das Fonds-Rating-Verfahren der an sich ehrwürdigen Stiftung Warentest (siehe etwa *Finanztest-*Sonderheft »Investmentfonds«, März 2001).

Das Verfahren der Stiftung produziert für jeden analysierten Investmentfonds eine sogenannte »Bewertungszahl«. Diese setzt sich aus drei Komponenten zusammen: (a) der Fondsrendite in den vorausgegangenen fünf Jahren relativ zu einem »passenden« Vergleichsindex, (b) der Intensität der negativen Renditeschwankungen relativ zum Vergleichsindex und (c) der Intensität der positiven Renditeschwankung relativ zum Vergleichsindex. Die erste Komponente (Rendite) wird doppelt gewichtet.

In Abschnitt 2.1 haben wir bereits von der wissenschaftlich nicht mehr umstrittenen Erkenntnis berichtet, derzufolge vergangene Renditen bei einzelnen Wertpapieren und bei Investmentfonds ein nutzloses Beurteilungskriterium sind, wenn es darum geht, sich für ein künftiges Investment zu entscheiden. Warum also ein unbrauchbares, nur scheinrelevantes Kriterium allein 50 Prozent der »Fondsnote« bestimmen soll, dürfte die Stiftung Warentest selbst nicht erklären können, denn sie erkennt diese Irrelevanz kurioserweise sogar selbst an: »Gute Ergebnisse in der Vergangenheit bieten auf Grund der mangelnden Performance-Konstanz von Investmentfonds *keinerlei* Gewähr für die Zukunft. (...) Langfristige Betrachtungszeiträume mildern dieses Problem nicht ab, sondern verstärken es.«[23]

Doch damit nicht genug. Das Ranking-Verfahren der Stiftung krankt noch an vielen anderen Stellen: Das Kriterium mit der nachgewiesenermaßen *höchsten* Prognoseleistung für die langfristige Nettorendite eines Investmentfonds, nämlich seine Gesamtkostenbelastung, lässt das Rating-Verfahren ganz unberücksichtigt.

Ein weiterer gravierender Fehler des Verfahrens besteht darin, dass es den Diversifikationsbeitrag eines Fonds in einem Gesamtportfolio ignoriert. Dieser Diversifikationsbeitrag wird üblicherweise mit dem sogenannten Korrelationskoeffizienten gemessen. Der statistische Korrelationskoeffizient zwischen zwei Vermögensanlagen (Assets) kann zwischen $-1,0$ und $+1,0$ liegen. Mischt man nun zwei Wertpapiere zusammen, die für sich genommen jeweils sehr hohe Risiken (Rendite- und Wertschwankungen) aufweisen, die aber perfekt negativ korreliert sind (das heißt einen Korrelationskoeffizienten von $-1,0$ haben) resultiert ein völlig schwankungsfreies Gesamtportfolio. Ergo: In einem Depot (Portfolio) kommt es nicht darauf an, wie stark die einzelnen Positionen schwanken (was die Stiftung Warentest in ihrem Verfahren misst), sondern wie intensiv das *Gesamtportfolio* schwankt, und Letzteres wird durch die einzelnen Überkreuz-Korrelationen bestimmt. Noch einmal anders ausgedrückt: Das Gesamtrisiko (die Schwankungsintensität) eines diversifizierten Portfolios ist stets geringer als die Summe oder der Durchschnitt seiner Einzelrisiken. Für den brillanten Nachweis dieser immens praktischen Gesetzmäßigkeit erhielt Harry Markowitz 1990 den Wirtschaftsnobelpreis. Ob der Stiftung Warentest das bekannt ist?

Neben diesen fundamentalen Mängeln des Rating-Verfahrens der Stiftung erscheinen einige weitere geradezu trivial. So ist zum Beispiel unerklärlich und fragwürdig, warum die Stiftung für die historische Performance ausschließlich den Zeitraum der vorhergehenden fünf Jahre heranzieht. Fonds, die noch keine fünf Jahre am Markt sind, werden deswegen überhaupt nicht berücksichtigt. Will die Stiftung damit sagen, dass man grundsätzlich keine Fonds kaufen soll, die weniger als fünf Jahre am Markt sind? Wohl kaum.

Als Vergleichsmaßstab (Benchmark) verwendet das Rating-Verfahren – je nach Fondskategorie – einen von 25 MSCI-Länder- oder Regionalindizes (Morgan Stanley Capital International). An sich handelt es sich dabei um renommierte, tadellose Aktienindizes. Das ändert jedoch nichts an der Tatsache, dass Gegenüberstellungen von Investmentfonds und bestimmten MSCI-Regional-Aktienindizes in vielen Fällen irreführend, ja geradezu unfair sind. Zahlreiche Fonds verfolgen bewusst einen speziellen Anlagestil, der von vornherein gar nicht auf diese Indizes hin ausgerichtet ist, das heißt, sie investieren zum Beispiel auch außerhalb der jeweiligen MSCI-Index-Region, sie investieren in Small-Cap-Fonds (Nebenwertefonds) oder Value-Aktien. Auch hierüber verliert die Stiftung kein Wort. Dass die Stiftung sogar Branchenfonds (!) am MSCI-World-Index misst, kann eigentlich nur noch Kopfschütteln hervorrufen.

Es ist bezeichnend, dass die Stiftung noch nie einen Beweis für den Nutzen dieses Rating-Verfahrens geliefert hat. Dieser Beweis wäre an sich einfach zu erbringen: Wenn das Verfahren funktionierte, müssten die untersuchten Fonds ihre relative Ranking-Position im Prognosezeitraum (also in den Jahren nach Feststellung der Bewertungszahl) mit hoher Regelmäßigkeit beibehalten. An dieser Prüfung dürfte das Verfahren jedoch scheitern.

Auf andere Fonds-Rating-Verfahren können wir hier aus Platzgründen nicht eingehen. Da sie aber ähnlich aufgebaut sind (und insbesondere historische Renditen stark, Diversifikationsbeiträge hingegen gar nicht berücksichtigen), dürften die hier genannten Argumente größtenteils auch dort gelten. Die Nutzlosigkeit oder sogar Schädlichkeit des weltweit bekanntesten Fonds-Rating-Verfahren, desjenigen der Analyse-Gesellschaft Morningstar, wurde ebenfalls nachgewiesen. Angesichts der Unausweichlichkeit der Fakten hat Morningstar in einer Pressemitteilung sogar selbst bestätigt, dass seine Fonds-Ratings nicht zur Fondsauswahl geeignet seien.

Fazit: Fonds-Ratings sind eine Mogelpackung. Auf der Basis scheinbar objektiver und genauer Zahlenspielchen geben sie vor, eine Hilfestellung zu bieten, die regelmäßig zur Auswahl der falschen Fonds führt. Besonders bedauerlich ist dies, weil sogar ansonsten seriöse Organisationen diese abträgliche, aber offensichtlich gut verkäufliche Dienstleistung anbieten. Eine ähnlich enttäuschende Bilanz wie für Fonds-Ratings muss man für die Arbeit der Fondsmanager selbst ziehen. Das versucht der folgende Abschnitt zu belegen.

2.9 Fehler (9): Von Fondsmanagern einen Mehrwert erwarten

»Ein gewisser Respekt vor den Fakten zwingt mich zu der Hypothese, dass die meisten Portfoliomanager Ihr Geschäft aufgeben sollten [...] vielleicht klempnern sollten oder Altgriechisch unterrichten [...] Es ist jedoch klar, dass dieser Rat nicht befolgt werden wird.«

Paul Samuelson, Wirtschaftsnobelpreisträger

Angesichts der weltweit mehr als 30 000 aktiv gemanagten Investmentfonds und der mit großer Hingabe betriebenen Suche der Medien nach »Investmentgurus« ist es verwunderlich, dass man kaum mehr welche kennt. Die einzigen beiden internationalen Namen, die derzeit noch kursieren, sind Bill Miller und Warren Buffett. Buffett hat mit seiner Holding-Gesellschaft Berkshire Hathaway den S&P 500-Index und insbesondere den US-Value-Aktienindex seit Ende der neunziger Jahre zumeist nicht erreicht (nach Jahrzehnten phänomenaler Erfolge), und Bill Miller, der zum »erfolgreichsten Fondsmanager aller Zeiten« gekürt wurde, musste sich 2006 ebenfalls mehrmals dem S&P 500 geschlagen geben. Millers Bilanz von 15 »Jahressiegen« über den S&P 500 (bis Ende 2005, 2006 endet seine Glückssträhne) sähe im Übrigen weit weniger beeindruckend aus, wenn man den korrekten Vergleichsindex gewählt hätte, nämlich einen Large-Cap-Value-Index. Bill Miller selbst bezeichnet sich als Value-Investor.

Die Anzahl der verblichenen Sterne am Aktienhimmel – bekannte Manager, die irgendwann ihren »Midas Touch« verloren und nie mehr wiederfanden – ist Legion. Fast alle deutschen Finanzmagazine feierten während der Zeit der Internet-Blase bis März 2000 laufend in mehrseitigen, bunten Artikeln für jede denkbare Fondskategorie ihre »Fondsmanager des Jahres«. Dabei waren Titulierungen wie »Superstar«, »Finanzgenie«, »Magier« und »der Manager, der Sie zum Millionär macht« nicht die Ausnahme, sondern die Regel. Als der nachfolgende Aktien-Crash jedoch andauerte, die Fonds der ehemaligen Star-Manager absackten und zudem einige ihre neu gewonnene Popularität mit einem Wechsel zur Konkurrenz versilberten, wurde die neue Marketingmasche wieder eingestellt.

Es setzte ein Niedergang fast aller ehemals berühmten »Investmentgurus« ein. Peter Lynch war schon seit 1990 im Ruhestand, hat aber nachweislich mit den wenigen von ihm später empfohlenen Aktien den Markt unterperformt. Die übrigen, noch aktiven US-Fonds-Stars zehren von vergangenem Ruhm, aber ihr jüngerer Track-Record, ihre Renditebilanz in den letzten Jahren, ist kaum noch vorzeigbar. Dazu gehören John Neff (nach Lynch vermutlich der zweitbekannteste Fondsmanager der Welt) und eine ganze Reihe von in Deutschland zwar weniger prominenten, aber in den USA legendären Fondsmanagern und Analysten: Robert Sanborn, Eric Ryback, Gary Pilgrim, Bill Sams, Marty Whitman, Elaine Garzarelli, Emerging-Market-Zauberer Mark Moebius, Hedge-Fonds-Manager Julian Robertson, die »Internet Königin« Mary Meeker, Henry Blodget, der »Chart-Papst« Ralph Acampora, die »Börsenprophetin« Abby Cohen und eine Reihe anderer. Auch »Hedge-Fonds-König« George Soros, der Mann, »der die Bank von England in die Knie zwang«, setzte im Jahr 2000 so viele Milliarden in den Sand, dass er sich verbittert aus dem Hedge-Fonds-Geschäft zurückzog und seitdem kapitalismuskritische Bücher schreibt, über deren Qualität sich seriöse Ökonomen mokieren. Schon 1998 waren die beiden berühmten Hedge-Fonds-Stars Robert Merton (Wirtschaftsnobelpreisgewinner) und Fisher Black mit ihrem LTCM-Fonds untergegangen. Der Schweizer »Investment-Star« Martin Ebner, dessen Vermögen 2001 auf 5 Milliarden Franken geschätzt wurde, verschwand im Trubel des Börsenabschwungs von 2002 mit einer gewaltigen Pleite in der Versenkung. Aber auch die deutsche Liste der vom Markt geschlagenen, einstigen »Investmentgenies« und »Reichmacher« wurde seit dem Einsetzen des Bärenmarktes im März 2000 bis März 2003 immer länger: Wassili Papas (Union Investment), Elisabeth Weisenhorn (ehemals DWS), Volker Kuhnwaldt (Nordinvest) und Kurt Ochner (Julius Bär), um nur die bekanntesten zu nennen. Bei anderen »Gurus« wie André Kostolany, dem Saudi-Prinzen Al-Walid ben Talal, Klaus Kaldemorgen (DWS), N24-»Money Maker« Markus Frick und vielen »Star-Analysten« weiß mangels dokumentierter Datenlage – trotz viel Tamtams in den Medien – niemand genau, wie deren objektive Renditebilanz aussieht. Ihr Kultstatus basiert eher auf nicht belegten Behauptungen in der Finanzpresse, Anekdoten und in Internet-Chat-Rooms kursierenden Gerüchten.

Man kann recht leicht ausrechnen, wie viel Fonds-Superstars es rein statistisch geben müsste, und diese Zahl dann mit jener der real existierenden »Stars« vergleichen. Erzeugt die statistische Rechenmethode ein plausibles Ergebnis, wäre das ein weiterer Hinweis, wenn auch kein Beweis, dass die Leistung der Gurus zufallsbedingt ist. In unserem statistischen Gedankenexperiment nehmen wir an, dass jeder der 30 000 Fonds beziehungsweise Fondsmanager (in einem effizienten Markt) eine 45-prozentige Chance hat, den Index zu schlagen (die Chance ist nicht 50 Prozent, da aktive Fonds eine Kostenbelastung haben, der Index jedoch nicht). Bei dieser Wahrscheinlichkeit müssten rein rechnerisch nach zehn Jahren noch 3,4 Manager übrig bleiben, die ihre Benchmark in jedem Jahr geschlagen haben. Tatsächlich entspricht diese Zahl auch grob der Realität. Allein mithilfe der Statistik lässt sich also schon eine plausible Erklärung für die wenigen Fonds-Superstars finden, nämlich Glück im Kontext des Gesetzes der großen Zahl.

Die Tatsache, dass es in bestimmten Perioden einzelne Fondsmanager gibt, die den Markt über längere Zeit geschlagen haben, beweist somit nicht zwangsläufig, dass diese Leistung auf Können zurückgeht – auch wenn die Fondsbranche ständig das Gegenteil postuliert. Hätte die Fondsbranche Recht, müsste es viel mehr Buffetts und Millers geben, da die bestehenden Outperformer ja schon allein statistisch und ganz ohne jedes Können zu erwarten wären. Sechs Richtige im Lotto beweisen ja auch nicht, dass der Gewinner Lottozahlen richtig vorhersagen kann. Selbst jemand, der über sehr lange Perioden hinweg den Markt schlägt, könnte einfach nur Glück gehabt haben.

Generell tun sich viele Anleger schwer, konkrete Investmenterfolge nüchtern im Lichte der Statistik und speziell des Gesetzes der großen Zahl zu betrachten. Wenn beispielsweise rund 8 000 Personen jeweils fünfmal hintereinander würfeln, wird statistisch gesehen etwa einer aus dieser Gruppe fünf Sechsen erzielen. Es ist wahrscheinlichkeitsmathematisch quasi gesichert, dass es in einer Gruppe dieser Größe in dieser Konstellation einen solchen »Star-Würfler« geben wird. Hingegen ist unklar, wer das sein wird.

Für *einzelne* Zeitfenster, zum Beispiel sechs Monate oder 20 Jahre, wird es ohnehin immer Fondsmanager mit extremen Überrenditen geben – das ist vollkommen vereinbar mit der Efficient-Market-Theorie –, doch weiß eben niemand im Vorhinein zuverlässig, wer diese Fondsmanager sind und ob sie diesen Erfolg wiederholen können.

In seinem exzellenten Buch *Innumeracy* beschreibt der amerikanische Mathematiker John Allen Paulos eine Art Pyramidenspiel, mit dem auch Sie, lieber Leser, leicht zum Aktien-Guru werden und nebenbei noch rund 100 000 Euro verdienen können. Das geht so: Sie schicken unaufgefordert ihren neuen »Guru-Investment-Newsletter« mit einem elegant aussehenden Briefkopf an 32 000 Empfänger, deren Adressen Sie einer Telefonbuch-CD-ROM entnommen haben. In dem Newsletter schwadronieren Sie von einem »neuartigen neuronalen Netzwerk«, das von Physikern und Informatikern der Universität Stanford entwickelt wurde und mit dem die Genauigkeit von Börsenkursprognosen um einen »Quantensprung« gestiegen sei. Ihr Unternehmen habe für die ersten 24 Monate eine Exklusiv-Lizenz zu der Software für den deutschen Markt erwerben können. In 16 000 Briefen schreiben Sie, der DAX werde in den nächsten sieben Tagen steigen, in den anderen 16 000 Briefen, er werde fallen. Es liegt auf der Hand, dass die eine Hälfte der Empfänger die richtige Vorhersage bekommt. Diese 16 000 Empfänger erhalten eine Woche später einen zweiten Brief, 8 000 davon mit einem prognostizierten DAX-Anstieg für die darauf folgende Woche, 8 000 mit einem prognostizierten Fall. Dieses Spiel wiederholen Sie einige Male. Nach jeder Runde erhalten nur diejenigen einen weiteren Brief, bei denen alle vorherigen Prognosen korrekt waren. Nach sechs Runden sind zwangsläufig noch genau 500 solche Personen übrig. Diesen 500 Personen bieten Sie die weitere Zusendung dieser wertvollen »Prognose« bis zum Ende der 24-monatigen Lizenzlaufzeit an – gegen eine Gebühr von 690 Euro. Nehmen wir an, die Hälfte der Angeschriebenen, nämlich 250 Personen, geht auf das Angebot ein und überweist den Betrag. Das spült Ihnen gut 172 000 Euro in die Kasse. Dagegen stehen Ihre Porto- und Frankierkosten von etwa 70 000 Euro. Es verbleiben Ihnen über 100 000 Euro Gewinn. Diese Vorgehensweise ist absolut legal. Dass die restlichen rund 25 zweiwöchigen Investment-Newsletter nur noch eine Trefferquote von 50 Prozent aufweisen (statt scheinbar 100 Prozent wie zuvor), ist für die Abonnenten bedauerlich, aber nicht zu ändern.

Der Hedge-Fonds-Manager und Mathematiker Nassim Taleb übertreibt in seinem brillanten Buch *Narren des Zufalls* nur ein klein wenig, wenn er sagt, dass bei einer ausreichend großen Anzahl von Zooaffen, denen man zwei Jahre lang eine Schreibmaschine in den Käfig stellt, einer per Zufall einen nobelpreisträchtigen Roman tippt, während alle anderen naturgemäß lediglich aussagelose Buchstabenfolgen produzieren.

Warum ist »Guru-Investing« – die Strategie, in Fonds eines bekannten Fondsmanagers zu investieren – dennoch so populär? Das hat wohl mit der an anderer Stelle bereits erwähnten Annahme vieler Menschen zu tun, derzufolge es auf dem Gebiet der Geldanlage zugehen müsse wie im sonstigen Leben auch: Harte Arbeit, viel Fachwissen und Intelligenz/ Talent führen am ehesten zum Erfolg. Was Kapitalanlagen betrifft, ist das leider ein Trugschluss: Hier schlägt eine passive Philosophie des »Nichtstuns« (Buy and Hold) den aktiven, zeitaufwändigen Stock-Picking-Ansatz der Gurus.

Dieser Erkenntnis schließen sich auch Fachleute an, die es wissen müssen, etwa John Rekenthaler, Mitglied der Geschäftsleitung von Morningstar, der wichtigsten Fondsanalysegesellschaft der Welt. Für ihn ist das Vertriebsargument »Star-Manager« nichts weiter als ein »Marketingbetrug an bedauernswerten Verlierern«.

2.10 Fehler (10): Annehmen, Risikoabsicherung sei umsonst zu bekommen

»Auf der Suche nach Risikoabsicherungsstrategien für ihr Portfolio verlieren Investoren mehr, als sie gewinnen. Abgesicherte Portfolios generieren unterlegene Renditen pro Einheit Risiko, sogar dann, wenn man die Kosten der Absicherung unberücksichtigt lässt.«

ABN Amro, Global Investment Returns Yearbook, 2007
(ABN Amro ist eine große niederländische Bank)

In Abschnitt 1.5 »Risiko und Rendite sind untrennbar miteinander verbunden« haben wir bereits das seit jeher gültige eherne Gesetz des Geldanlegens kennen gelernt. Dieses besagt, dass derjenige, der mehr Rendite will, auch mehr Risiko eingehen muss; wer Risiko vermeiden will, muss langfristig eine geringere Rendite hinnehmen. Renditegeschenke hält der Markt nicht bereit. Trotz dieser eigentlich banalen Feststellung finden Garantiezertifikate, Garantiefonds oder ähnliche Produkte bei Privatanlegern zunehmenden Absatz. Offenbar zieht das Versprechen der Produktwerbung, wonach hohe langfristige Renditen und gleichzeitige Risikosenkung auf Produktebene möglich seien. Was meint die Wissenschaft dazu?

In der Studie, der das Eingangszitat entnommen wurde, stellten die renommierten Professoren Dimson, Marsh und Staunton von der London Business School fest, dass sowohl die Risikoabsicherungsstrategien, die in Garantiezertifikaten zur Anwendung kommen, als auch maßgeschneiderte Absicherungsmethoden wie etwa → Stopp-Loss-Orders zu einer eindeutigen langfristigen Unterperformance führen. Die Professoren testeten dies anhand von Daten des US-Aktienmarktes seit dem Jahr 1900. Eine Stopp-Loss-Order-Strategie (wie sich auch von den Zertifikateabteilungen der Banken, die Garantiezertifikate emittieren, eingesetzt wird) führte in einer Berechnung zu einer nominalen Langfristrendite von 8,8 Prozent p.a. gegenüber 9,8 Prozent p.a. bei simplem »Buy and Hold«. Dabei ließen die Forscher die höheren Vertriebskosten der abgesicherten Produkte und ihre höhere Steuerbelastung sogar großzügig außer Acht. Über einen Zeitraum von 20 Jahren hätte damit die Absicherungsstrategie bei einem Einmalinvestment von 10 000 Euro zu einem Endwert von 54 000 Euro geführt, die Buy-

and-Hold-Strategie dagegen zu einem Wert von 65 000 Euro. Auch beim Sharpe-Ratio lag die Buy-and-Hold-Strategie vorne. Die Autoren empfehlen daher einen »back to the basics«-Ansatz, bei dem Risikokontrolle schlicht durch breite Diversifikation erzielt wird, einschließlich der Beimischung von Staatsanleihen mit niedrigen Nebenkosten im Depot des Anlegers.

Fazit: Die perfekte Welt, in der das Risiko bei gleichzeitig hohen Renditen minimiert wird, existiert nicht. Das gilt für Hedge-Fonds genauso wie für Indexzertifikate. In einem einzelnen Jahr mag sich die Absicherung lohnen, aber langfristig frisst sie wertvolle Renditeprozente auf. Anleger, die das in der Produktwerbung von Banken immer wieder verbreitete Märchen von der »Rendite ohne Risiko« glauben, bezahlen ihre Naivität mit niedrigeren Langfristrenditen.

2.11 Fehler (11): Mit »Zukunftsbranchen« den allgemeinen Markt outperformen wollen

»Large-Cap-Technologieaktien sind eine Idiotenwette.«

Jeremy Siegel, Finanzprofessor an der renommierten Wharton Business School, Bestsellerautor

Eine oft zu vernehmende Investmenttheorie lautet folgendermaßen: Es ist offensichtlich, dass High-Tech-, Telekommunikations- und Biotechnologieunternehmen in der Zukunft schneller expandieren und höhere Gewinnzuwachsraten als die restliche Wirtschaft verzeichnen werden. Daher sollten Anleger diese Sektoren in ihrem Portfolio übergewichten.

Leider ist diese Argumentation, die zur Übergewichtung schnell wachsender Sektoren – seien es nun Technologieaktien, Infrastrukturunternehmen oder Immobilien-Reits – rät, schlicht falsch. Wenn überhaupt, dann wäre gemessen an der Marktkapitalisierung des Technologiesektors eine Untergewichtung sinnvoll, denn die »Zukunftsbranchen« rentieren – da sie überwiegend aus sogenannten Growth-Aktien bestehen – langfristig eher schlechter als der restliche Aktienmarkt.

Infobox: Marktkapitalisierung
Auch »Börsenwert« oder »Börsenkapitalisierung« genannt; entspricht dem Aktienkurs multipliziert mit der Anzahl der ausgegebenen Aktien. Die Marktkapitalisierung ist also der aktuelle Marktwert des Gesamtunternehmens, das heißt der Marktwert seines Eigenkapitals. Man kann die Marktkapitalisierung auch für ganze Märkte berechnen. Die mit den Aktienkursen schwankende Marktkapitalisierung des Weltaktienmarktes liegt in der Größenordnung von 30 000 Milliarden Dollar ■

Warum? Die Antwort auf diese Frage haben wir bereits in Abschnitt 2.7 kennen gelernt: Die Erwartung eines höheren Umsatz- und Gewinnwachstums ist in den Preisen der Growth-Aktien bereits enthalten. Das lässt sich an ihrem überdurchschnittlich hohen Preis-Buchwert- oder Kurs-Gewinn-Verhältnis ablesen. Für den möglicherweise höheren Cashflow in der Zukunft muss der Aktienkäufer also entsprechend mehr bezahlen. Auf diese Weise kann keine Outperformance entstehen. Nur wenn der Markt dieses höhere Wachstumspotenzial nicht erkennen würde, wäre eine Outperformance möglich. Die Unplausibilität dieser Annahme ist mit Händen zu greifen.

Hinzu kommt ein weiteres Argument: Im Kapitalismus bringt innovative Technologie ihren Erfindern vermutlich nicht wesentlich mehr Nutzen als allen anderen Unternehmen. Die Vorteile neuer Technologien sickern einfach zu schnell durch die ganze Volkswirtschaft – dafür sorgt auf geniale Weise der Wettbewerb. Der Finanzwirtschaftler Larry Swedroe führt dafür folgendes Beispiel an. Einer der wichtigsten Gründe für das phänomenale Wachstum des amerikanischen Walmart-Konzerns – inzwischen der größte Einzelhändler der Welt – war die Einführung eines innovativen computergesteuerten Lagerhaltungssystems. In den vergangenen 25 Jahren, zehn Jahren und fünf Jahren hat die »langweilige« Einzelhandelsaktie Walmart den legendären High-Tech-Wert und weltgrößten Chip-Hersteller Intel outperformt – obwohl die Chip-Branche schneller gewachsen ist als der amerikanische Einzelhandelsmarkt. Nach den Überzeugungen der begeisterten Technologiewerte-Investoren hätte das nicht passieren dürfen.

Tatsache ist: Sowohl bei Neben- als auch bei Standardwerten

rentieren Value-Aktien, also Werte aus Branchen mit geringem oder sogar negativem Wachstum, auf lange Sicht durchschnittlich besser als Growth-Aktien aus den schnell wachsenden Lieblingsbranchen von Fondsmanagern, Finanzmedien und Privatanlegern. Das ist weder Zufall noch Marktanomalie, sondern Konsequenz des höheren Risikos von Value-Aktien.

Der Renditevorteil von Value-Werten lässt sich anhand der Entwicklung der beiden größten amerikanischen Börsen illustrieren, der New York Stock Exchange (NYSE) und der Technologiebörse Nasdaq (Tabelle 14). Die 1972 etablierte Nasdaq besteht zu etwa 77 Prozent aus Technologie- und Telekommunikationswerten, die weit ältere NYSE nur zu 24 Prozent (eine Aktie kann nicht an beiden Börsen gleichzeitig notiert sein).

Tabelle 14: Renditevorsprung der NYSE-Aktien vor den Nasdaq-Aktien im Zeitablauf

Zeitraum	Durchschnittl. Renditevorsprung der NYSE-Aktien in Prozentpunkten
01/1972 – 12/2000 (29 Jahre)	+ 1,8 % p.a.
01/1982 – 12/2000 (19 Jahre)	+ 2,2 % p.a.
01/1992 – 12/2000 (9 Jahre)	– 0,3 % p.a.
01/1998 – 12/2000 (3 Jahre)	+ 2,1 % p.a.

Quelle: Bogle (2001)

Hätte ein in NYSE-Werte, also überwiegend »alte« Branchen investierter Anleger bei Etablierung der Nasdaq im Jahre 1972 sein Depot vollständig in dynamisch wachsende Nasdaq-Werte getauscht, wie es einige Apologeten der Technologiewerte empfahlen, hätte er damit rund 40 Prozent (!) seines bis Ende 2000 an der NYSE erzielbaren Wertzuwachses verschenkt.

Ein anderes Beispiel: Über den 15-Jahres-Zeitraum von 1992 bis 2006 rentierte der Dow Jones Global Titans Technology Index mit 12,5 Prozent p.a. (auf US-Dollar-Basis). Der »langweilige« Bruder DJ Global Titans Personal & Household Goods brachte es fast auf fast dieselbe Rendite, nämlich 12,0 Prozent p.a. Dieser geringe Renditeabschlag wurde allerdings durch dessen weitaus niedrigeres Risiko mehr als wettgemacht. So lag der maximale Jahresverlust des Technologie-Index bei 35 Prozent, derjenige des Haushaltsgüterindex bei 16 Prozent. In »Zukunftsbranchen« finden besonders viele Neuemissionen statt. Viele Anleger nehmen an, dass man mit einer Beteiligung an solchen Börsengängen besonders gutes Geld verdienen kann. Ob diese Annahme zutrifft, untersuchen wir im folgenden Abschnitt.

2.12 Fehler (12): Sich an Neuemissionen (IPOs) beteiligen

»Ein weiterer Mythos, den man dringend aufklären muss, besteht darin, dass IPOs besonders gute Investments seien.«

Larry Swedroe, Forschungsdirektor
von Buckingham Asset Management, Bestsellerautor

Ohne auf die technischen Details von Börsenneuemissionen (*initial public offerings*, IPOs) im Einzelnen einzugehen, kann man uneingeschränkt feststellen: IPOs sind für Privatanleger insgesamt ein miserables Geschäft. Hier nur ein kleine Auswahl aus den vielen Forschungsstudien, die zu diesem Thema in den USA angestellt wurden (diese Ergebnisse sind ohne Einschränkungen auf den westeuropäischen Markt übertragbar):

■ Die 1 006 größten amerikanischen IPOs von 1988 bis 1993 performten durchschnittlich um 30 Prozent schlechter als der amerikanische Nebenwerteindex Russell 3000. 46 Prozent dieser IPOs wiesen gar eine negative Drei-Jahres-Rendite auf (Swedroe, 2001).

■ Eine Studie, die den Zeitraum von 1988 bis 1995 abdeckt, zeigt, dass die »heißen« IPOs (jene IPOs, die am Tag des Börsengangs um mindestens 60 Prozent nach oben schossen) gleichzeitig die schlechtesten Performer über den gesamten Sieben-Jahres-Zeitraum waren (*Journal of Finance*, Juni 1999).

■ Annähernd 74 Prozent aller amerikanischen IPOs zwischen Mitte

1995 und Ende 1999 notierten im Februar 2000 unter ihrem Emissionspreis (*The Economist,* 26.2.2000).

■ Die 146 amerikanischen IPOs im ersten Quartal 2000 erlebten am ersten Handelstag einen durchschnittlichen Kursanstieg von 98 Prozent. Bereits am 6. April 2000 notierten 130 dieser IPOs wieder unter ihrem Eröffnungskurs, 44 von ihnen sogar unter ihrem Emissionskurs (Swedroe, 2001).

■ Gemäß dem deutschen *Schwarzbuch Börse 2004* (von der Schutzgemeinschaft der Kapitalanleger herausgegeben) traten im Gefolge der 439 Börsengänge (IPOs) zwischen 1997 bis Ende 2003 nur in 8 Prozent aller Fälle Kursgewinne auf. In diesem Zeitraum produzierte der MSCI World Small Cap (Euro) die außerordentlich starke Rendite von 13,9 Prozent p.a.

Die einzigen Investoren, die an IPOs zu verdienen scheinen, sind die Banken und Finanzberater, die beträchtliche Beratungsgebühren und Zwischenfinanzierungszinsen vereinnahmen, sowie die großen institutionellen Anleger, denen die umfangreichsten Aktienpakete zugeteilt werden – die also zum Angebotskurs kaufen können, nicht zu dem meist höheren Eröffnungskurs. Dagegen sind für Privatanleger in der Regel nur kleine Kontingente der gesamten Platzierung reserviert. Diese Anleger müssen die IPO-Aktien dann zum höheren Eröffnungskurs über die Börse erwerben.

In den meisten großen Ländern haben die Finanzaufsichtsbehörden – zum Teil auf der Basis neuer Gesetze und Regularien – diese Praktiken in Augenschein genommen. In der Folge kam es seit 2001 zur Aufdeckung einer Reihe von Skandalen sowie zu juristischen Klagen und Verurteilungen vor allem vor amerikanischen Gerichten. Die Bußgelder, die eine Reihe internationaler Investmentbanken in mehreren Ländern zu zahlen hatten, beliefen sich auf mehrere Milliarden Euro. Inzwischen dürfte sich die Situation in der Tat gebessert haben. Letztlich bedarf es aber keiner neuen Regeln der Aufsichtsbehörden, die – wie so oft – mehr schaden als nutzen. Benötigt werden stattdessen aufgeklärte, rational handelnde Privatanleger, die sich – wenn überhaupt – an einem IPO nur in dem Maße beteiligen, wie sie Aktien zum Ausgabekurs erhalten, nicht aber zum höheren Eröffnungskurs. Doch leider lässt sich mancher Anleger nicht von Argumenten, sondern nur durch bittere Verluste überzeugen. Manchmal weiß es der Volksmund am besten: Wer nicht hören will, muss fühlen.

2.13 Fehler (13): Sich auf Renditeangaben der Finanzindustrie verlassen

»In der Fondsbranche ist es kein Geheimnis, dass konventionelle Renditemaße – mit wenigen Ausnahmen – eine Performance wiedergeben, die signifikant, in einigen Fällen sogar extrem über derjenigen liegt, die die einzelnen Anleger tatsächlich erzielt haben.«

John Bogle, Gründer und ehemaliger Vorstandsvorsitzender von Vanguard, der fünftgrößten Fondsgesellschaft der Welt

Viele Anleger vertrauen darauf, dass Renditeangaben der Banken, Fondsgesellschaften und Finanzmedien gleichsam reine, »objektive« Mathematik seien. Diese Vorstellung ist nicht zutreffend. Um Renditen ganz legal in einem möglichst günstigen Licht erscheinen zu lassen, macht die Zunft Gebrauch von zwei verschiedenen Kategorien von Mitteln. Für beide Kategorien lassen sich Hunderte von Beispielen finden.

- *»Präsentationstricks«:* Darunter fallen vor allem die Unterdrückung unvorteilhafter und die einseitige Hervorhebung vorteilhafter Informationen, das Ausweisen von Bruttorenditen, die kein einziger Anleger tatsächlich erzielen kann, da er eine Reihe unterschiedlicher Anlagekosten zu bezahlen hat, und die Verwendung nur scheinbar angemessener Vergleichsgrößen.
- *Mathematische Tricks:* Ein einzelnes mathematisches Verfahren, mit dem Renditen – seien es nun Wertpapier-, Depot- oder Fondsrenditen – »objektiv« errechnet werden können, existiert nicht. Vielmehr lassen sich etwa ein halbes Dutzend unterschiedlicher, formal korrekter Rechenmethoden unterscheiden, die je nach Situation zu gravierend unterschiedlichen Renditeangaben führen.

In der Gesamtschau muss man leider feststellen, dass es der Finanzbranche fast mühelos gelingt, über die im Folgenden dargestellten »Hebel« Renditen auszuweisen, die zum Teil dramatisch über denen liegen, die

die Anleger tatsächlich erzielt haben. Aber auch Anleger, die selbst Renditeberechnungen oder -schätzungen für das eigene Portfolio vornehmen, begehen zumeist aus Unkenntnis dieselben Fehler. Vermutlich fällt es deswegen der Finanzbranche so leicht, mit ihrer Renditekosmetik beim Publikum durchzukommen.

Betrachten wir zunächst die Präsentationstricks bei der Berechnung von Renditen. Anschließend gehen wir dann auf die vier wichtigsten mathematischen Hebel ein. Die fünf populärsten Präsentationstricks sind die folgenden:

Trick 1: Bruttorenditen ausweisen Wichtige Kosten, die der Anleger tatsächlich zu tragen hatte, werden in der Renditekalkulation nicht berücksichtigt. Unter der neutralen Bezeichnung »Rendite« wird eine reine Bruttorendite ausgewiesen, die jedoch höher ist als die Nettorendite (die Bruttorendite nach Kosten), die schlussendlich im Geldbeutel des Anlegers ankommt. Der durchschnittliche Fonds- oder Einzelwertanleger muss jährliche Kosten von 2 bis 3 Prozent seines Anlagevolumens hinnehmen (exklusive Steuern). Bei Anlegern, die viel oder sehr viel traden, kann diese Quote leicht auf über 4 Prozent steigen. Nimmt man nun an, dass ein Fonds- oder Einzelwertanleger langfristig bei mittlerem Risiko eine Bruttorendite von nominal etwa 10 Prozent p.a. (real 7 Prozent) wohl kaum überschreiten kann,[24] verschenkt er bei einer Kostenbelastung von 2,5 Prozent rund 25 Prozent (nicht Prozentpunkte) der Rendite auf sein Kapital an die Finanzbranche. Umgekehrt betrachtet muss ein Anleger, der glaubt, durch seine aktive Anlagestrategie den Markt schlagen zu können, durchschnittlich mindestens 25 Prozent erfolgreicher sein als der Markt, um netto überhaupt erst mit diesem gleichzuziehen. Dass es leicht möglich ist, mit Indexanlagen bei gleicher langfristiger Bruttorendite die laufende Kostenbelastung auf deutlich unter 1 Prozent zu senken, macht Vergleiche der Bruttorenditen aus der Sicht der Anbieter kostenintensiver Anlageprodukte umso interessanter ...

Trick 2: Den vorteilhaftesten Zeitraum auswählen Der Renditeberechnung wird eine Zeitperiode zugrunde gelegt, die günstiger war als diejenige, während derer der Anleger tatsächlich investiert war, oder günstiger als diejenige, die ein neutraler Sachverständiger auswählen würde. Ein beliebter, erstaunlich durchsichtiger, aber dennoch populärer Trick, den Banken und Fondsgesellschaften immer wieder gerne anwenden. Da Renditen nicht als absolute Größen, sondern erst im Vergleich Aussagekraft gewinnen, stellt sich folgerichtig die Frage, welchen vergangenen Zeitabschnitt man für den Vergleich verwendet. Da es hierzu keine Vorschriften gibt (und wohl auch nicht geben sollte oder kann), wählen Fondsgesellschaften und Musterdepotmanager Zeitintervalle, in denen das betreffende Anlageprodukt eine besonders gute Rendite aufwies. Nun schwanken bekanntlich die Renditen von Wertpapieren und Fonds im Zeitablauf, und so überrascht es nicht, dass es für so gut wie jedes Anlageprodukt einen oder mehrere Zeiträume gibt, in denen es besser als die Konkurrenz oder der Vergleichsindex abgeschnitten hat. War das im abgelaufenen Jahr nicht der Fall, dann vielleicht in den vergangenen drei, sieben oder 15 Jahren. Was liegt näher, als diese Intervalle in der Werbung zu betonen und die ungünstigen Vergleichszeiträume, zum Beispiel ein, zwei, fünf oder zehn Jahre, entweder im Kleingedruckten zu begraben oder gleich gar nicht anzugeben? Betrachten wir beispielsweise die hypothetische Performance-Statistik eines Investmentfonds (Tabelle 15).

Tabelle 15: Renditebeispiel eines fiktiven Investmentfonds

Jahr	2002	2003	2004	2005	2006	2007
Fondsrendite	6 %	22 %	14 %	– 13 %	9 %	22 %
Marktrendite	21 %	7 %	19 %	– 8 %	14 %	19 %

Angenommen, Sie konzipieren im Frühjahr 2008 eine Werbeanzeige für den besagten Investmentfonds und wollen in der Annonce die Performance des Fonds im Vergleich zum Marktindex so vorteilhaft wie möglich darstellen. Welche Zeitintervalle geben Sie in der Anzeige an? Ganz offensichtlich zunächst einmal das letzte Jahr (2007), denn da lag Ihr Fonds mit 22 Prozent über der Benchmark (19 Prozent). Nun rechnen Sie die verschiedenen arithmetischen Durchschnitte für die einzelnen Mehrjahresperioden von 2007 an rückwärts aus, bis Sie auf eine Mehrjahresperiode stoßen, in der Ihr Fonds die Benchmark geschlagen hat. In diesem Beispiel ist das der arithmetische Durchschnitt für die Periode von fünf Jahren (2003 bis 2007). Über diesen Zeitraum hinweg übertraf der Fonds mit durchschnittlich 11 Prozent p.a. die Benchmark, die bei 10 Prozent p.a. lag. Dass der Fonds über die letzten sechs Jahre hinweg genauso wie über die letzten vier, drei und zwei Jahre – also in vier von sechs naheliegenden Betrachtungszeiträumen – *unter* der Benchmark lag, lassen Sie nonchalant unter den Tisch fallen.[25] Sie sehen, wie mit ein wenig selektiv angewandter Arithmetik aus einem Shetland-Pony ein schnelles Vollblut wird ...

Trick 3: Mit falscher Benchmark vergleichen Als Benchmark für einen Fonds werden sachlich unangemessene Indizes verwendet, weil diese Vergleichsmaßstäbe eine niedrigere Rendite aufweisen als die eigentlich angemessene Benchmark. So erscheint der eigene Fonds in einem günstigeren Licht. Nicht selten erfolgt der Vergleich auch mit der Durchschnittsrendite einer »Vergleichsgruppe« von Fonds, wenn dieser Durchschnitt niedriger liegt als der Index.

Trick 4: Risiko ignorieren Der eigene risikoreiche Fonds (mit einer hohen Volatilität = starken Wertschwankungen) wird mit einem Index verglichen, der zwar eine geringere Rendite, zugleich aber auch eine deutlich stabilere Entwicklung aufwies. Ein solcher Vergleich ist irreführend. Um fair zu sein, müsste er auf risikogewichteter (risikoadjustierter) Basis erfolgen. Dennoch messen fast alle Fondsgesellschaften wie auch die meisten Einzelanleger ihre Fonds beziehungsweise Investments permanent an Börsenindizes (Benchmarks), die einen geringeren Risikograd aufweisen. Es ist zum Beispiel gang und gäbe, dass sich deutsche Aktienfonds mit dem DAX vergleichen, obwohl sie bis zu drei Vierteln in kleinere, nicht im DAX gelistete Werte investiert sind. Diese kleineren Aktien sind aber riskanter (volatiler) als DAX-Werte. Das Ergebnis ist ein Vergleich von Äpfel und Birnen zum Vorteil des Fonds und zum Nachteil des Anlegers.

Trick 5: Währungsgewinne als eigentliche Fondsperformance verkaufen Die in Euro berechnete Rendite eines nicht währungsgesicherten Auslandsfonds (das gilt für über 90 Prozent aller Auslandsfonds) setzt sich zusammen aus der eigentlichen Kursentwicklung des Fonds in seiner »Heimatwährung« und der Wechselkursentwicklung zwischen dieser Fondswährung und dem Euro (siehe auch Abschnitt 3.8). Dieser Wechselkurseffekt hat natürlich nichts mit der Leistung des Fondsmanagements zu tun, er ist schlicht ein äußerer Faktor, den der Fonds als gegeben hinnimmt. Darüber hinaus hängt die konkrete Auswirkung des Wechselkurseffektes (nehmen wir an, es sei ein Gewinn) davon ab, in welcher Währung der Anleger rechnet. Für einen Schweizer Anleger wird das in seiner Landeswährung zu einer anderen Fondsrendite führen als für einen deutschen Anleger, der in Euro rechnet, obwohl beide in den gleichen Auslandsfonds investiert haben. Dennoch haben manche Fondsgesellschaften keine Skrupel, Wechselkursgewinne als »Fondsperformance« auszuweisen.

Fallstudie: »Renditekosmetik«

In der Mai-Ausgabe 2001 von *Investor,* dem damals auflagenstärksten Anlegermagazin Deutschlands, warb die angesehene Fondsgesellschaft Pioneer für den Investmentfonds »Pioneer Fund Nordamerika« (Wertpapierkennnummer 970 360). Die ganzseitige Annonce zeigt eine Grafik, die die Wertentwicklung des Fonds derjenigen des DAX im Zehn-Jahres-Zeitraum von 1991 bis 2000 gegenüberstellt. Für den Fonds wird eine durchschnittliche Jahresrendite während dieses Zeitraumes von 21,4 Prozent, für den DAX von 16,9 Prozent angegeben. Doch leider ist dieser auf den ersten Blick beeindruckende Renditevorsprung des Pioneer-Fonds irreführend, den die tatsächliche Rendite des Fonds lag bei etwa 15,1 Prozent. Aus der großen Trickkiste der Renditekosmetik bedienten sich die Marketingexperten der Fondsgesellschaft einiger der am meisten verbreiteten Kunststückchen.

Kunststück 1: Wechselkursschwankungen sachlich falsch berücksichtigen. Um diesen Trick zu erkennen, muss man wissen, dass der Pioneer-Fonds ein in nordamerikanischen Standardwerten anlegender und in US Dollar notierender Fonds ist. Die angegebene Fondsrendite ist jedoch in Euro berechnet und beinhaltet einen erklecklichen Wechselkursgewinn, da der US-Dollar gegenüber der D-Mark bzw. dem Euro in diesem Zeitraum um fast 30 Prozent aufwertete. Rechnet man den von der Leistung des Fondsmanagements völlig unabhängigen Wechselkursgewinn aus der angegebenen Rendite des Fonds heraus, schrumpft diese von 21,4 Prozent auf 17,1 Prozent p.a., ein Wert, der nur noch einen Hauch über der DAX-Vergleichsrendite liegt. Diesen Wechselkursgewinn erwirtschafteten im Übrigen nur bestimmte Anleger, diejenigen eben, die ihre Rendite in Euro berechnen. Ein amerikanischer Fondsanleger, der naturgemäß in US-Dollar rechnet, erzielt keinen Währungsgewinn; aus Sicht eines Schweizer Anlegers, der in Franken rechnet, fiel er weitaus geringer aus; für einen Engländer kam es in diesem Zeitraum sogar zu einem Währungsverlust. Aber wie dem auch sei: Weder ist es das Ziel des Fondsmanagements, Währungsgewinne zu realisieren, noch würde das Fondsmanagement die Verantwortung dafür übernehmen, wenn die in anderen Währungen als dem Dollar gerechnete Fondsrendite aufgrund einer Dollarabwertung gelitten hätte. Auf das beträchtliche Wechselkursrisiko des Pioneer-Fonds für Anleger, die nicht entsprechend diversifiziert sind – gerade zum Zeitpunkt der Veröffentlichung der Anzeige mit einem historisch hoch bewerteten Dollar –, wies die Anzeige nicht hin. (Bis Ende 2006 wertete der Dollar gegen den Euro um mehr als 25 Prozent ab.)

Kunststück 2: Anlagekosten unter den Tisch fallen lassen. Der Pioneer-Fonds besaß damals einen Ausgabeaufschlag von 5,75 Prozent. Berücksichtigt man diese vom Anleger zu tragenden Kosten, sank die durchschnittliche Nettorendite des Fonds während der besagten zehn Jahre auf schlappe 16,5 Prozent p.a. (sogar ohne Berücksichtigung der Depotbankgebühr) gegenüber der DAX-Rendite von 16,9 Prozent.

Kunststück 3: Den falschen Vergleichsindex wählen. Es ist natürlich blanker Unsinn, einen ausschließlich in nordamerikanischen, in US-Dollar notierten Blue-Chip-Aktien anlegenden Fonds mit dem DAX zu vergleichen, bei dem für einen deutschen Anleger kein Währungsrisiko besteht. Genauso viel Sinn hätte es gemacht, den Pioneer-Fonds dem südkoreanischen Aktienindex Kospi gegenüberzustellen. Die passende Benchmark wäre der amerikanische Standardwerte-Index S&P 500 gewesen, nicht der DAX. Der S&P 500 wies über den fraglichen Zeitraum in US-Dollar gemessen eine durchschnittliche Rendite von 17,1 Prozent p.a. aus – zufällig etwa so hoch wie diejenige des DAX in Euro, aber deutlich höher als die Dollar-Nettorendite des Fonds von etwa 16,5 Prozent p.a. (nach Berücksichtigung der dem Anleger belasteten Kosten). Kein Wunder also, dass Pioneer den DAX anstelle des S&P 500 gewählt hat.

Fazit: Erstens ist die Werbeanzeige dieser großen und an sich seriösen Fondsgesellschaft unaufrichtig, und zweitens hat das Pioneer-Fondsmanagement versagt, denn der einzige Zweck eines aktiv gemanagten Fonds ist es, seinen Vergleichsindex langfristig zu schlagen.

Einen anderen kreativen Trick verwendete die größte Fondsgesellschaft der Welt, Fidelity, in ihrem deutschen Newsletter »Fidelity news« vom Juni 2001. Dort verglich Fidelity in einer Tabelle mit der Überschrift »Unsere Qualität setzt sich durch« die Ein- und Drei-Jahres-Rendite aller Fidelity-Fonds in einer bestimmten »Fondsklasse« (ohne nähere Angabe, wie diese definiert ist) mit derjenigen sechs anderer deutscher Fondsgesellschaften. Es dürfte nicht überraschen, dass Fidelity in allen diesen Vergleichen vorne lag. Warum allerdings Fidelity sich mit anderen Fondsgesellschaften statt mit einem angemessenen Index vergleicht und warum Fidelity gerade diese sechs Fondsgesellschaften ausgesucht hat, war (k)ein Rätsel. Da die Index-Performance besser war als der Durchschnitt aller Fonds der sechs Fondsgesellschaften, war es natürlich schmeichelhafter, sich mit dem Fondsdurchschnitt zu vergleichen. Statt, was methodisch sauber und objektiv gewesen wäre, sich mit allen rund 50 Gesellschaften, die hierzulande zugelassene Fonds anbieten, zu vergleichen, wählt Fidelity munter einfach sechs ausreichend schlechte Gesellschaften aus. Frei nach dem Motto: Unter den Blinden ist der Einäugige König.

Nachdem wir nun die große Palette der Präsentationstricks in Sachen Renditekosmetik kennen gelernt haben, wollen wir uns den mathematischen »Tricks« zuwenden. Hierbei handelt es sich um die teilweise manipulative Auswahl der zur gewünschten Aussage jeweils passenden mathematischen Renditeberechnungsmethode. Alle Methoden sind formal korrekt, können aber je nach Konstellation zu sehr unterschiedlichen Ergebnissen führen. Die vier gebräuchlichsten Renditeberechnungsmethoden sind die folgenden:

- arithmetische Durchschnittsrendite,
- geometrische Durchschnittsrendite,
- zeitgewichtete Durchschnittsrendite und
- kumulierte Rendite.

Um die Unterschiede zwischen diesen vier Rechenverfahren zu veranschaulichen, verwenden wir das folgende einfache Beispiel, für das wir alle vier Renditearten betrachten. Nehmen wir an, unser hypothetischer Anleger Jörg investiert zu Beginn des ersten Jahres 100 Euro in einen Investmentfonds. Als überzeugter Buy-and-Hold-Investor lässt Jörg nun das Depot drei Jahre lang ruhen. Alle Ausschüttungen werden von der

Fondsgesellschaft automatisch reinvestiert. In Tabellenform dargestellt entwickelte sich Jörgs Depot wie in Tabelle 16 gezeigt.

Tabelle 16: Portfolioentwicklung

Anfangsinvestment zu Beginn von Jahr 1	Depotwert am Ende von Jahr 1	Depotwert am Ende von Jahr 2	Depotwert am Ende von Jahr 3
100 Euro	130 Euro	80 Euro	140 Euro

Die Frage ist nun: Wie hoch war die Rendite von Jörgs Drei-Jahres-Investment? Antwort: Das kommt ganz darauf an – je nachdem, wie wir sie berechnen. Beginnen wir mit der arithmetischen Durchschnittsrendite (Tabelle 17).

Tabelle 17: Arithmetische Durchschnittsrendite

Anfangsinvestment zu Beginn von Jahr 1	Depotwert am Ende von Jahr 1	Depotwert am Ende von Jahr 2	Depotwert am Ende von Jahr 3
100 Euro	130 Euro	80 Euro	140 Euro
Einzelne Jahresrenditen	+ 30,0 %	– 38,5 %	+ 75 %

Arithmetische Durchschnittsrendite Die »Jahresrendite« entspricht dem Wertzuwachs des Depots im Jahresverlauf dividiert durch den Depotwert am Anfang des Jahres. Für das Jahr 2 ist das beispielsweise ein Wertverlust von 50 Euro dividiert durch 130 Euro (den Depotwert zu Beginn von Jahr 2), woraus sich eine negative Rendite von –38,5 Prozent ergibt. Die arithmetische Durchschnittsrendite für den Drei-Jahres-Zeitraum ist nun ganz einfach der Durchschnitt aus den drei einzelnen Jahresrenditen, also 30,0 % + (–38,5 %) + 75,0 % = 66,5 % : 3 = 22,2 % p.a. Eine stattliche Zahl. Doch das Ergebnis kann auch ganz anders aussehen.

Geometrische Durchschnittsrendite Für diese Berechnung verwendet man folgende Formel:

Anfangsinvestment $\times (1 + r)^n$ = Endwert des Investments

Dabei ist r die Rendite als Dezimalzahl (also der Wert, den wir ausrechnen wollen), n ist die Anzahl der Jahre. Für Jörgs Investment würde die Formel wie folgt aussehen:

$100 \times (1 + r)^3 = 140.$
Wenn wir diese Formel nach r auflösen, erhalten wir:
$r = (140 : 100)^{1/3} - 1 = 11{,}9\,\%$ p.a.
Hoppla! – plötzlich ist Jörgs Rendite um fast die Hälfte geschrumpft.

Die geometrische Durchschnittsrendite (*compound annual growth rate*, CAGR) ist der gleichbleibende Jahreszinssatz, der unter Berücksichtigung des Zinseszinseffektes von der Anfangsinvestition zum Endwert der Investition führt. Dabei wird unterstellt, dass während dieses Zeitraums dem Depot weder Mittel zugeflossen noch Gelder aus ihm abgeflossen sind. Die geometrische Rendite stimmt nur dann mit der arithmetischen Durchschnittsrendite überein, wenn die jährlichen Ist-Renditen nicht schwanken. Bei schwankenden Jahresrenditen – wie in diesem Beispiel und wie auch zumeist in der Realität – ist die geometrische Durchschnittsrendite stets niedriger als die arithmetische. Je stärker die Schwankungen der Jahresrendite, desto größer auch der Unterschied zwischen arithmetischer und geometrischer Rendite.

Das sollten Sie sich merken: Arithmetische oder geometrische Durchschnittsrendite – welche ist vorzuziehen?
Für den Zweck der historischen Renditeberechnung ist die geometrische Jahresrendite der arithmetischen Rendite klar vorzuziehen, denn die arithmetische Rendite lässt keine direkte Schlussfolgerung auf den absoluten Ertrag (Endwert) einer Investition während eines langen Zeitraums zu. Alle Renditeangaben in diesem Buch (wo nicht anders angegeben) sind geometrische Renditen. In den Medien und sogar vielen Investmentratgebern werden diese beiden Renditekonzepte wild vermischt und nur selten findet sich ein Hinweis darauf, um welche Renditeart es sich handelt. Man darf bezweifeln, dass die Mehrzahl der Journalisten den Unterschied überhaupt versteht ■

Zeitgewichtete Durchschnittsrendite (interner Zinsfuß) Die oben erwähnte einschränkende Voraussetzung zur Errechnung der geometrischen Durchschnittsrendite – nämlich dass während des Investitionszeitraums keine Mittel zu- oder abfließen – ist in der Realität häufig nicht gegeben. In der Praxis nehmen die meisten Anleger zwischendurch weitere Einzahlungen vor (etwa aufgrund eines Fondssparplans) oder ziehen Mittel ab (zum Beispiel, um eine private Anschaffung zu finanzieren). In diesen Fällen würde der geometrische Durchschnitt zu fehlerhaften Ergebnissen führen. Man verwendet stattdessen eine leider etwas kompliziertere Formel: den »internen Zinsfuß«. Es ist für unsere Zwecke nicht entscheidend, sie im Detail zu verstehen, und wir wollen uns im Folgenden auf ihre Kernaussage beschränken:

$$BW = NCF_1/(1+r)^1 + NCF_2/(1+r)^2 + ... + (NCF_n/1+r)^n \text{, wobei}$$

BW = Barwert des Investments (also der Gegenwartswert des Depots)
NCF = Netto-Cashflow (das ist der jährliche Nettogeldfluss aus dem Depot heraus oder in das Depot hinein)
r = der interne Zinsfuß (nach dieser Größe wird die Formel aufgelöst) [26]

Die zeitgewichtete Durchschnittsrendite würde in unserem Beispiel zum gleichen Ergebnis wie die geometrische Durchschnittsrendite führen, weil Jörgs Depot während der drei Jahre weder Mittelzuflüsse noch -abflüsse verzeichnete. Hätte Jörg aber am Ende von Jahr 1 noch einmal 100 Euro eingezahlt, dann wäre seine Rendite (interner Zinsfuß, mithilfe von MS Excel ausgerechnet) für den Gesamtzeitraum auf 5,3 Prozent gesunken. Der Fonds selbst hingegen hätte genau die gleichen Renditen wie in den vorgenannten Fällen berichtet, nämlich 11,9 Prozent oder, falls die Marketingleute besonders dreist sind, 22,2 Prozent.

Im Unterschied zu den beiden anderen bisher betrachteten Methoden berücksichtigt die zeitgewichtete Durchschnittsrendite, wie viel Geld während einer bestimmten Teilperiode investiert war. Das heißt, jede einzelne Jahresrendite wird mit dem Geldbetrag, der während des entsprechenden Jahres angelegt war, gewichtet. Man kann daher von einer Volumens- und Zeitgewichtung sprechen. Dieses Renditemaß ist aus Sicht des Anlegers am objektivsten. Bedauerlich nur, dass es von Fondsgesellschaften und Banken nie verwendet wird.

Es liegt auf der Hand, warum das so ist. Besonders bei anfangs guten Jahren innerhalb eines Berechnungszeitraums ist der arithmetische Durchschnitt viel werbewirksamer, denn er verbleibt danach noch eine Reihe von Jahren über dem entsprechenden Durchschnitt für den Index. Die Anleger pumpen nun Geld in diesen Fonds in der Annahme, dass es so weitergehen werde, dabei ist längst der Abstieg in den Renditekeller im Gange.

Kumulierte Rendite Die kumulierte Rendite ist im Gegensatz zu den vorangegangenen keine Durchschnittsrendite, sondern eine »angesammelte« Rendite (kumulieren heißt so viel wie ansammeln). Für Jörgs Investment (vergessen wir die vorhin genannte zweite Einzahlung nun wieder) sähe die kumulierte Rendite von Jahr zu Jahr wie in Tabelle 18 aus.

Tabelle 18: Kumulierte Rendite

Anfangsinvestment zu Beginn von Jahr 1	Depotwert am Ende von Jahr 1	Depotwert am Ende von Jahr 2	Depotwert am Ende von Jahr 3
100 Euro	130 Euro	80 Euro	140 Euro
Einzelne Jahresrenditen	+ 30,0 %	− 38,5 %	+ 75,0 %
Kumulierte Rendite	+ 30 %	− 20 %	+ 40 %

Die einzelnen Renditewerte kommen wie folgt zustande: Jahr 1: 30 Euro Zuwachs gegenüber dem Anfangsinvestment von 100 Euro; Jahr 2: 20 Euro Gesamtverlust gegenüber dem Anfangsinvestment von 100 Euro; Jahr 3: 40 Euro Zuwachs gegenüber dem Anfangsinvestment von 100 Euro. Die kumulierte Rendite ist – obwohl in Werbeanzeigen oft verwendet – im Grunde genommen nutzlos, da niemand ein Gefühl dafür besitzt, wie zum Beispiel der aus einer Fondswerbeanzeige entnommene Renditewert von + 396 Prozent für den Fonds X, die Aktie Y oder das Musterdepot Z im Zeitraum von 1995 bis 2000 im Vergleich zu einem Sparbuch oder einem hochspekulativen Investment tatsächlich zu bewerten ist.

Mancher Leser wird über die beachtlichen Unterschiede zwischen den einzelnen Renditen staunen (Tabelle 19). Unser Spektrum reicht von 5,3 Prozent bis 40 Prozent. Und es bleibt der wohl berechtigte Zweifel, ob die Anleger sich stets bewusst sind, mit welcher Zahl sie es im Einzelfall zu tun haben.

Tabelle 19: Vier verschiedene Renditewerte für ein und dasselbe Portfolio

Arithmetische Durchschnittsrendite	Geometrische Durchschnittsrendite	Zeitgewichtete Durchschnittsrendite (interner Zinsfuß)	Kumulierte Rendite
22,2 % p.a.	11,9 % p.a.	5,3 % p.a.	40 % in 3 Jahren

Von wegen objektive Mathematik ... – Fachleute weisen allen hier dargestellten Methoden jeweils unterschiedliche Vor- und Nachteile zu, aber es hat sich in der internationalen Fondsarena bisher keine Methode eindeutig durchgesetzt. Was also liegt für viele Finanzinstitute näher, als die in der jeweiligen Situation vorteilhafteste Methode zu verwenden? Immerhin gibt es in Deutschland die sogenannte BVI-Methode des Bundesverbandes Deutscher Investmentgesellschaften, die die deutschen Fondsgesellschaften in den Prospekten ihrer im Inland angesiedelten Fonds überwiegend benutzen.[27] Das ist aber bei den zahlreichen ausländischen Fondsgesellschaften und Offshore-Fonds die Ausnahme.

Der Finanzwirtschaftler Mark Kritzmann bringt die Situation auf den Punkt: »Die verschiedenen Renditeberechnungsmethoden erlauben Anlageberatern, eine gegebene Rendite in rechnerisch korrekter, aber oft täuschender Absicht so zu manipulieren, dass die tatsächliche Performance im jeweils vorteilhaftesten Licht erscheint.« Es gibt derzeit noch keine wirksame internationale Übereinkunft über eine Standardmethode zur Performance-Berechnung, nicht einmal zwischen Deutschland und Luxemburg, obwohl dort aus steuer- und aufsichtsrechtlichen Gründen mehrere Hundert in Deutschland zugelassene Fonds registriert sind.

Fazit: Nehmen Sie das, was die gängigen Fondsprospekte in Sachen Rendite und Performance verbreiten, nicht ungeprüft für bare Münze.

2.14 Fehler (14): Der Geldillusion aufsitzen

»Es fällt uns Menschen nicht leicht, zwischen realen Werten einerseits und nominalen Werten andererseits zu unterscheiden. Die meisten unterschätzen, wie viel weniger Kaufkraft ein Euro in zwei, drei oder zehn Jahren hat.«

Prof. Martin Weber, Universität Mannheim

In fast allen Veröffentlichungen zum Thema Investment werden nur nominale Renditen (also Renditen einschließlich Inflation) angegeben. Das erstaunt eigentlich, denn nominale Renditen sind für den Anleger letztlich unbedeutend. Wirklich entscheidend sind reale Renditen, also Renditen, von denen die Inflation bereits abgezogen ist.[28] Lediglich die reale Rendite bringt einen vollen Kaufkraftzuwachs zum Ausdruck. Die nominale Rendite kann sehr irreführend sein, denn sie enthält teilweise nutzlose »heiße Luft« (die Inflationskomponente, die keinen Kaufkraftzuwachs bedeutet). Doch Anleger fallen auf die »Geldillusion« (ein Begriff aus dem Ökonomendeutsch) regelmäßig herein, wie das Eingangszitat unterstreicht.

Angenommen, Sie lesen in einem Produktprospekt, dass ein bestimmter Fonds in den letzten 15 Jahren eine durchschnittliche Rendite von 10 Prozent p.a. erzielte. Unterstellte man einen Fortbestand dieser Rendite für die nächsten 15 Jahre, dann würde ein Einmalinvestment von 10 000 Euro auf 42 000 Euro anwachsen – mehr als das Vierfache des Anlagebetrags. Doch hat Ihre *Kaufkraft* (und nur das ist echtes Vermögen) sich ebenfalls vervierfacht? Weit gefehlt. Zieht man eine erwartete Inflation von beispielsweise 2,5 Prozent p.a. ab, gelangt man zu einer realen Rendite von 7,5 Prozent p.a., was über 15 Jahre hinweg lediglich zu einem Endwert von knapp 30 000 Euro führt (ohne Berücksichtigung von Steuern und Transaktionskosten). Das ist zwar etwas weniger beeindruckend, aber ehrlicher und realistischer. Die meisten Anleger (einschließlich des Autors) haben kein wirkliches Gefühl dafür, was eine nominale Rendite von 10 Prozent über 15 Jahre in realen Zahlen wirklich bedeutet. Deswegen sind nominale Angaben in Produkt-prospekten und den Medien irreführend.

Ein weiteres Beispiel für Geldillusion: 1979 betrug die Rendite des amerikanischen Aktienmarktes (MSCI USA) 14,4 Prozent (in US-Dollar), die US-Inflation jedoch erstaunliche 13,3 Prozent. Das ergab eine reale, »echte« Jahresrendite von nur 1,0 Prozent – ein mickriger Wert, obwohl die nominale Rendite über dem historischen MSCI-USA-Durchschnitt von 10,8 Prozent p.a. lag. Im Jahr 2004 dagegen betrug die nominale Aktienrendite »nur« 10,7 Prozent (in US-Dollar) bei einer Inflationsrate von 3,4 Prozent, was eine deutlich höhere reale (echte) Rendite von 7,1 Prozent ergab. Es wird deutlich, dass nominale Renditen in die Irre führen können und, wenn überhaupt, nur eine grobe Tendenz der realen Rendite reflektieren.

Ein anderes Beispiel, dass das Risiko einer Fehlbeurteilung bei nominalen Renditen unterstreicht: In den 37 Jahren seit 1970 betrug die durchschnittliche Nominalrendite des MSCI Deutschland in Euro lediglich 8,5 Prozent gegenüber 10,8 Prozent für den MSCI USA in US-Dollar. Daraus könnte man auf einen im langfristigen Vergleich dramatisch schlechteren deutschen Aktienmarkt schließen, denn lang-fristig sind 2,4 Prozentpunkte eine enorme Größenordnung (siehe dazu Abschnitt 2.2, der zeigt, wie bereits kleine Renditeunterschiede sich langfristig stark auf den Vermögensendwert auswirken). Doch nach Berücksichtigung der Inflation schmilzt der »US-Vorsprung« drastisch zusammen, wie Tabelle 20 zeigt. Somit ist der Unterschied bei der wirk-lich relevanten Größe wenig spektakulär und vermutlich historisch zu-fällig (»periodenspezifisch«).

Tabelle 20: Nominale Renditen sind kein präziser Indikator für den Anlageerfolg

Zeitraum: 1970–2006 (37 Jahre)	MSCI Deutsch-land in EUR	MSCI USA in USD	Differenz in Prozentpunk-ten
Reale geometr. Rendite p.a.	5,3 %	5,9 %	0,6 %
Inflation p.a.	3,1 %	4,7 %	
Nominale geometr. Rendite p.a.	8,6 %	10,8 %	2,4 %

Da die Inflation in den letzten Jahren weltweit relativ niedrig war, wird sie von vielen Anlegern unterschätzt. Tabelle 21 zeigt die Konsumgüterinflationsraten von vier relevanten Ländern seit 2003 sowie die Durchschnittsraten seit 1970.[29]

Tabelle 21: Jährliche Inflation (Konsumgüterpreise)

	Deutschland	Großbritannien	USA	Japan
2003	1,1%	2,8%	1,9%	−0,4%
2004	2,1%	3,5%	3,3%	0,2%
2005	2,1%	2,1%	3,5%	−0,8%
2006	2,8%	2,7%	3,0%	1,6%
Geometr. Durchschnitt seit 1970	3,1% p.a.	6,7% p.a.	4,7% p.a.	3,2% p.a.

Da also nominale Renditeangaben im schlechtesten Fall irreführend sind, sind in diesem Buch so gut wie alle Renditen in nominalen *und* realen Zahlen angegeben. Dem Leser sei generell empfohlen, sich bei Renditeangaben zu vergewissern, wie hoch die darin enthaltene Inflationskomponente in etwa ist und in welcher Währung die Rendite angegeben ist.

2.15 Fehler (15): Auf die Beratung durch Banken und Vermögensberater vertrauen

»Die große Mehrheit der Bankbetreuer und Vermögensberater hat eigenbezogene Motive, nämlich vornehmlich, jene Anlageprodukte zu verkaufen, die ihnen oder ihrer Institution Kommissionen bringen. Das sind jedoch selten die tatsächlich am besten geeigneten Produkte.«

Prof. Rick Ferry, Geschäftsführer von Portfolio Solutions LLP

Die meisten Leser dieses Buches werden es aus eigener, bitterer Erfahrung wissen: Die Anlageberatung, die sie von Banken, Vermögens- und manchmal Steuerberatern sowie Fonds-Shops bekommen, ist oft von niederschmetternder Qualität. Beleg: die bis zu 80-prozentigen Verluste, die eine große Zahl der deutschen Aktien- und Fondsanleger im Crash von 2000 bis 2003 erlitt, und die auch für andere Perioden immer wieder nachgewiesene Unterperformance der meisten Anlegerdepots gegenüber einer angemessenen Benchmark. Auch die Stiftung Warentest und mehrere Finanzzeitschriften bestätigen die mangelhafte Beratungsqualität der deutschen Banken mit hoher Regelmäßigkeit. Was sind die Ursachen für die verbreitete Fehlberatung deutscher Anleger seitens der »Experten«?

Hierauf gibt es zwei denkbar einfache Antworten: Zum einen spielt der unentrinnbare Interessenkonflikt, in dem sich der typische Berater befindet, eine wichtige Rolle. Beratungsleistung (die bereitzustellen nun einmal Kosten verursacht) wird in Deutschland zu buchstäblich 99 Prozent über Produkt- und Trading-Provisionen vergütet. Das logische Ergebnis: Nicht die aus Sicht der Wissenschaft besten Produkte und stabile Asset-Allokation werden verkauft, sondern die mit der höchsten Verkaufsprovision und dem höchsten Trading-Einkommen für die Bank oder den Vermögensberater.[30] So sind nun einmal die ökonomischen Anreize. Doch warum wird dem Anleger dann nicht einfach die Anlageberatung als *gesonderte* Dienstleistung separat in Rechnung gestellt, anstelle die Beratungskosten über Produktkommissionen zu decken? Die Begründung klingt unschön: weil Anleger entweder zu knauserig oder zu unwissend (oder beides) sind, um diesen mit Händen zu greifenden Sachverhalt zu erkennen und die Konsequenzen daraus zu ziehen: den notwendigen Umstieg auf ein Fixgebühren-Modell. Tatsächlich erscheint die entsprechende Rechtfertigung einiger Banker glaubhaft: Anleger in Deutschland sind schlicht nicht bereit, Vermögensberatung in Form eines Honorars separat zu bezahlen.[31] Schade, denn ohne die Bereitschaft dazu wird es kaum eine objektive und neutrale Beratung geben, die auf die Optimierung der Rendite-Risiko-Kombination des Anlegers anstelle der Maximierung der Bankprovision zielt.

Der zweite Grund für die schlechte oder gar falsche Beratung der Anleger – auch das ist eine eher unbequeme Tatsache – liegt in einer anderen unschönen Eigenschaft vieler Anleger: der Gier. Zu viele von ihnen *wollen* einfach die Mär vom »Super-Investment« glauben, wollen einfach nur schnell reich werden. Doch Gier und Ungeduld machen blind, und folgerichtig fallen diese Anleger auf die erstbeste Investment-Mogelpackung herein, die schnellen, mühelosen Reichtum verspricht, aber nicht hält. Eigentlich erstaunlich, denn würden die betreffenden Anleger guten Gewissens eine Tiefkühltruhe kaufen, die nur 10 Prozent des Marktpreises kostet? Nein, die meisten Konsumenten würden wohl zu Recht einen Haken an der Sache wittern und ohne dessen Klärung kein Geld herausrücken – obwohl sie von Tiefkühltruhen vermutlich nicht viel mehr verstehen als von Vermögensanlagen.

Die mangelnde Popularität von Indexanlagen, die in starkem Kontrast zu ihren vielen Vorteilen steht, liegt somit nicht ausschließlich daran, dass Banken mit Indexanlagen viel weniger verdienen als mit anderen Wertpapieren (und sie deswegen kaum in ihrer Werbung und Beratung berücksichtigen), wie zuweilen in der Indexing-Gemeinschaft argumentiert wird. Sie liegt eben auch daran, dass Anleger sich nur zu gerne von den scheinheiligen Versprechen schnellen Reichtums, denen sie tagtäglich in den Medien und bei Ihren Banken begegnen, verführen lassen.

Was wäre der Idealzustand? Banken in ihrer Rolle als Vermögensberater sollten *überhaupt* nichts am Verkauf von Wertpapieren verdienen, sondern lediglich an der produktunabhängigen Beratung und an der reinen Verwaltung eines Depots. Nur dann liefe ihr Interesse und das ihrer Kunden parallel. In diesem Fall würden die meisten Berater ganz selbstverständlich jene Anlageprodukte empfehlen, die objektiv am besten zu den Bedürfnissen des Anlegers passen und die höchste Nettolangfristrendite erwirtschaften. Sehr häufig wären das Indexing-Produkte. Denn je langfristig zufriedener der Kunde mit seinen Anlagen ist, desto eher wird er später zum gleichen Berater zurückkehren. Es bestünde somit eine Interessenkonkurrenz, kein Interessenkonflikt.

Analog verhielt es sich mit dem fortwährenden Kaufen und Verkaufen von Wertpapieren, zu dem Bankberater ihre Kunden animieren, weil sie an jedem einzelnen »Trade« verdienen. Dieses ständige Hin und Her im Depot verursacht beträchtliche Kosten und reduziert drastisch die langfristige Nettorendite des Anlegers. Trotzdem geschieht es permanent. Warum? Siehe oben.

Manche Anleger hält Fonds-Shops für eine gute Alternative zu den mit Interessenkonflikten behafteten Banken, auch weil sie zu Recht annehmen, bei Banken und Fondsgesellschaften würden ihnen jeweils nur »hauseigene« Produkte angeboten. Bedenkt man, dass in Deutschland etwa 4 000 Fonds zugelassen sind, selbst die größten Fondsgesellschaften jeweils aber kaum mehr als 100 verschiedene Fonds offerieren, kann der Gang zur Hausbank bedeuten, mit nur 2 Prozent des Fondsangebots vorliebnehmen zu müssen. Mehr Auswahl bieten Direktbanken (Discount-Broker) oder die genannten Fonds-Shops, die sich selbst gern als »unabhängig« verkaufen.

Bedauerlicherweise ist es mit der Unabhängigkeit dieser Fonds-Shops bei genauer Betrachtung nicht weit her. Warum nicht?

■ Obwohl die Fonds-Shops grundsätzlich alle erwähnten 4000 Fonds vertreiben könnten, dürfte das in der Praxis nie vorkommen. Fonds-Shops unterhalten konkrete Vertriebsabkommen nur mit einer Hand voll von Fondsgesellschaften. Das bedeutet, dass ein Fonds-Shop am Vertrieb der Fonds einer Gesellschaft, mit der ein Abkommen besteht, weit mehr verdient als beim Verkauf eines der übrigen Fonds. Somit besteht die Gefahr, dass allein »Hausprodukte« angeboten werden, bei Fonds-Shops ebenso wie bei Banken, wenn auch in etwas abgemildeter Form.

■ Hinzu kommt, dass Fonds-Shops in der Regel umso mehr Verkaufsprovision vereinnahmen, je höher der Ausgabeaufschlag eines verkauften Fonds ist. Es dürfte nicht abwegig sein, daraus zu schließen, dass der Fonds-Shop nicht in jedem Fall das für den Kunden »beste« Produkt verkauft (was unter Umständen ein Fonds oder ein Produkt ohne Ausgabeaufschlag wäre), sondern oft dasjenige mit dem lukrativsten Ausgabeaufschlag.

Der insgesamt beste Vertriebskanal für Investmentfonds sind die Direktbanken oder Fondssupermärkte. Hier ist die Auswahl am breitesten und die Rabattierung der Ausgabeaufschläge am großzügigsten – überraschenderweise sogar meistens großzügiger als bei der Fondsgesellschaft selbst. Leider verbreiten auch Direktbanken das Ammenmärchen von der Bedeutung historischer Performance für die Fondsauswahl. Das hängt damit zusammen, dass sie einen großen Teil der Ausgabeaufschläge (die sogenannten »Kickbacks«) von den Fondsgesellschaften vereinnahmen und am häufigen Traden ihrer Kunden mitverdienen. Empfehlung: die unnütze Tabelle »Top-Fonds des Monats« auf der Homepage einfach wegklicken.

Als beratungsbedürftiger Anleger wären Sie wohl am besten mit einem Berater nach britischem oder amerikanischem Honorarmodell bedient. Die dortigen »Financial Advisors« werden im Wesentlichen nach einem Gebührenmodell vergütet, wie es dort und in Deutschland für Anwälte, Architekten, Steuerberater oder (Privatkassen-)Ärzte üblich ist.

2.16 Fehler (16): In Einzelaktien investieren

»Ab und zu kaufe ich auch einzelne Aktien, allerdings strikt zum Spaß.«

Merton H. Miller, Wirtschaftsnobelpreisträger

Dieser Abschnitt ist einer weiteren grundlegenden Erkenntnis gewidmet: Investments in Einzelwerte, vor allem hinsichtlich Aktien und Unternehmensanleihen, eignen sich für die wenigsten Privatanleger. Im Grunde gibt es nur ein einziges Argument, das für Einzelinvestments spricht, nämlich dass sie manchen Anlegern mehr Spaß machen. Für viele Menschen sind Geldanlagen nicht nur ein notwendiges Übel im Rahmen der langfristigen Vermögensbildung und Altersvorsorge, sondern ein spannendes Hobby. Da geht es um Geld, um prominente Stars (bekannte Fondsmanager und Börsengurus), um Geheimtipps und Gerüchte, um ökonomische Trends, schnelle Gewinne und Verluste und um Risiko. Mancher braucht diesen Adrenalinstoß, den Investmentfonds und ganz besonders eine passive Anlagestrategie mit Indexanlagen nicht bieten können. Gerade passives Investieren – schon der Name sagt es – ist im Vergleich zu aktivem Anlegen in Einzelwerten dröge und taugt auch nicht für »heiße Storys« in der Firmencafeteria oder bei Cocktailpartys. Doch von diesem Unterhaltungswert-Argument abgesehen, spricht alle ökonomische Vernunft gegen Einzelanlagen durch Privatanleger und alle rationalen Argumente für Anlagen in Investmentfonds (beziehungsweise in Indexfonds, Indexaktien oder Indexzertifikate):

Rendite und Risiko Kein deutscher Anleger (genau genommen überhaupt niemand) ist auch nur annähernd in der Lage, die etwa 40 000 Einzelaktientitel in den über 50 nationalen Aktienmärkten der Welt zu überblicken. Die meisten Einzelanleger investieren deshalb lediglich in eine kleine Gruppe (zumeist sehr großer) nationaler Unternehmen aus ihrem Heimatland. In der Forschung heißt das neudeutsch »Home-Bias«. Eine solche Beschränkung auf deutsche oder europäische Aktien ist aber eine willkürliche Eingrenzung der maximal möglichen Risikosenkung und des Ertragspotenzials. Optimale, das heißt letztlich globale Diversifikation ist realistischerweise nur mit Investmentfonds (und am leichtesten mit Indexanlagen) zu realisieren. In Abschnitt 1.7 (»Wie Diversifikation wirklich funktioniert«) haben wir die langfristige Rendite des DAX einem diversifizierten »Weltportfolio« gegenübergestellt. Der Vergleich verdeutlicht, wie schädlich es ist, sich nur auf Standardwerteaktien zu beschränken, die man aus dem eigenen Land kennt – der DAX-Anleger hatte bei merklich höherem Risiko eine niedrigere Rendite. Kurzum, wer seine Rendite gegenüber einem primär deutschen oder westeuropäischen Portfolio erhöhen will und gleichzeitig das Risiko eher senken möchte, braucht ein global diversifiziertes Portfolio, das idealerweise Indexfonds und ETFs, in einzelnen Fällen auch Indexzertifikate enthält.

Kosten Fondsanlagen sind Einzeltiteln aber auch bezüglich ihrer Kosten überlegen. Zwar beklagen sich viele Anleger zu Recht über die hohen Kosten von Fondsanlagen in Deutschland. Bei Einzelanlagen scheinen die Anleger aber viel weniger empfindlich zu sein. Dabei sind – über einen längeren Zeitraum betrachtet – Fondsanlagen für die große Mehrzahl der Anleger selbst im Falle überdurchschnittlich teurer Fonds günstiger als Einzelanlagen. Wer es geschickt angeht, kann in Deutschland selbst bei relativ kleinen Depotvolumina von 10 000 Euro mit kostengünstigen Indexanlagen seine Gesamtkostenbelastungsquote auf jährlich etwa 1 Prozent des Anlagevolumens drücken (einschließlich der nicht ausgewiesenen Kosten). Mit Einzelanlagen schnellt die Gesamtkostenquote jedoch selbst im günstigsten Fall auf 2 Prozent p.a. Die Mehrzahl der Einzelwertanleger bringt es auf bis zu 3 Prozent und mehr, ohne die genaue Belastung jeweils wirklich zu kennen. Unterstellt man eine durchschnittliche Bruttorendite von 11 Prozent p.a. (nominal), gibt ein Aktienanleger mit dieser typischen Quote mehr als ein Viertel seines Jahresgewinns an die Finanzbranche ab. Welche dramatischen Auswirkungen eine derartige Kostenbelastung wegen des Zinseszinseffektes langfristig hat, haben wir in Abschnitt 2.2 illustriert.

Asset-Allokation In Abschnitt 1.8 haben wir gezeigt, dass über 90 Prozent der Rendite eines durchschnittlichen Portfolios auf seine spezifische Verteilung auf bestimmte Asset-Klassen zurückgeht und eben gerade nicht – wie viele Anleger glauben – auf die spezifischen Einzelwertpapiere innerhalb der Asset-Klassen. Für einen Privatanleger ist jedoch eine einigermaßen professionelle Asset-Allokation mit vertretbarem Aufwand und ohne Doktortitel in Statistiktheorie nur mithilfe von Fonds zu verwirklichen.

Mindestanlagesummen Bei vielen Fonds sind Einmalanlagen bereits ab Beträgen von 1 000 Euro möglich; in der Form von Fondssparplänen sogar schon ab 100 Euro und weniger pro Monat. Bei Einzelanlagen liegen diese Mindestgrenzen – je nach Bank – zum Teil beträchtlich höher. Insbesondere sind die prozentualen Kosten von Anlagen in Aktien bei Beträgen unter 1 000 Euro fast immer exorbitant hoch.

Bequemlichkeit Anlagen in Investmentfonds, ETFs und Indexzertifikate machen natürlich weitaus weniger Arbeit bei Kauf, Depotverwaltung, Verkauf und Steuererklärung. Auch das ist ein oft großer Vorteil gegenüber Einzelwertanlagen (der für die eingangs genannten Anleger, die aus Leidenschaft in Einzeltitel investieren, freilich nicht von Belang ist).

2.17 Fehler (17): Aktien des eigenen Unternehmens kaufen

»Wer in Aktien seines Arbeitgebers investiert, verhält sich unter Diversifikationsgesichtspunkten irrational.«

Prof. Martin Weber, Universität Mannheim

Ein unter Privatanlegern verbreiteter Irrtum bezieht sich auf den Erwerb von Aktien des Unternehmens, bei dem man beschäftigt ist. Auch dieser Irrtum ist vermutlich zu einem erklecklichen Teil der Desinformation von Politikern und Medien zu verdanken, die noch dadurch verschlimmert wird, dass viele Vorgesetzte ihre Mitarbeiter bedrängen, solche Mitarbeiteraktien zu erstehen.

Behauptet wird, dass die sogenannten Belegschaftsaktien das unternehmerische Denken von Arbeitnehmern förderten und die Interessen von »Kapital und Arbeit« in Übereinklang brächten. Diese Auffassung darf einen besonders prominenten Platz in der Ehrengalerie des Investmentunfugs beanspruchen. Warum?

Betrachten wir das Beispiel von Fritz, eines langjährigen Mitarbeiters von Siemens, der im Laufe seiner 20-jährigen Betriebszugehörigkeit jedes Jahr brav Mitarbeiteraktien gezeichnet hat, die zu 5 Prozent unter dem jeweiligen Marktkurs abgegeben wurden. Inzwischen sind seine Siemens-Aktien fast 50 000 Euro wert. Damit gehören ihm sage und schreibe 0,0001 Prozent des Siemens-Eigenkapitals. Hat er damit irgendeinen relevanten Einfluss auf Siemens? Natürlich nicht. Hat Siemens seinerseits irgendeinen Grund, Rücksicht auf diesen speziellen Aktionär zu nehmen? Ebenfalls Fehlanzeige. Somit ist das üblicherweise angeführte Hauptargument für Mitarbeiteraktien (Interessenkongruenz von Beschäftigten und Kapitalgebern) bei Licht betrachtet Humbug.

Der Unternehmensleitung mag diese Konstellation allerdings durchaus nutzen, denn Fritz ist, wie fast alle anderen Mitarbeiter mit Belegschaftsaktien, erfahrungsgemäß ein besonders willfähriger, bequemer Aktionär. Außerdem kann man sich auf ihn und seine Mitaktionäre auch in dem Sinne verlassen, dass der Finanzvorstand jedes Jahr lange im Voraus weiß, wie viel Aktien man an die »Kollegen« verkaufen kann. Fritz ist eine kalkulierbare Größe.

Für Fritz hat dieser Aktienbesitz aber eigentlich nur Nachteile: Wie wir im vorigen Abschnitt dargelegt haben, ist es Privatanlegern generell nicht anzuraten, in Einzelaktien zu investieren. Das gilt genauso im Hinblick auf Anteilsscheine des eigenen Unternehmens. In Bezug auf diese gelten aber noch zusätzliche schwerwiegende Nachteile. Wer Aktien (oder Anleihen) seines Brötchengebers erwirbt, diversifiziert nicht, sondern tut das genaue Gegenteil: Er trägt im höchsten Maße zu *Konzentration* bei – der Kardinalsünde des rationalen Anlegens. Das vermutlich wichtigste Kapital des Arbeitnehmers/Anlegers, nämlich sein »Humankapital« (der Barwert seiner künftigen Arbeitseinkommen), wie auch seine momentane Liquidität (Lohn, Gehalt) hängen ohnehin fast vollständig von Wohl und Wehe des Arbeitgebers ab. Geht es dem Arbeitgeber schlecht, sinkt der Erwartungswert des Humankapitals und vielleicht auch die Liquidität des Haushaltes sowie der Wert der Belegschaftsaktien. Was dabei passieren kann, mögen die Unternehmenspleiten von Enron (2002, USA) oder der NICI AG[32] (2006, Deutschland) veranschaulichen. In beiden Fällen hatten Arbeitnehmer beim Bankrott dieser Firmen neben ihrem Arbeitsplatz einen großen Teil oder sogar ihr ganzes Sparvermögen und teilweise auch ihrer Betriebsrente verloren – der Super-GAU schlechthin. Und alles nur um eines minimalen Preisvorteils von vielleicht 5 Prozent willen.

Der Glaube, dass man als Arbeitnehmer auf der Basis der besonderen Markt- und Unternehmenskenntnisse, die man sich im Falle der eigenen Firma gerne vorgaukelt, besonders gut die Attraktivität der entsprechenden Aktie beurteilen könne, ist im Übrigen ins Reich der Investmentfabeln zu verweisen. Wenn überhaupt, dürfte diese Annahme allenfalls für Mitglieder der Geschäftsleitung gelten – und selbst dort ist sie in Zweifel zu ziehen. Bei Beschäftigten des Unternehmens besteht bezüglich der Firma wohl oft eine »Kontrollillusion«, also der Irrglaube, man könne deren wirtschaftliches Wohlergehen besonders gut beurteilen können, weil man dort ja tagtäglich ein und aus gehe (Verwechslung von »Vertrautem« mit »Sicherem«). Das Gegenteil könnte der Fall sein. Wissenschaftlich lässt sich jedenfalls nicht nachweisen, dass Mitarbeiteraktien outperformen.

Die einzige Konstellation, in der man den Kauf von Mitarbeiteraktien eventuell doch erwägen sollte, ist dann gegeben, wenn man als Mitarbeiter einen besonders starken Preisabschlag gegenüber dem Marktkurs erhält. Dieser Abschlag müsste aber aus unserer Sicht mindestens 15 Prozent betragen *und* man müsste das uneingeschränkte Recht haben, die Aktien nach einer Sperrfrist von maximal drei Jahren zu verkaufen (was der Mitarbeiter-Aktionär dann auch so früh wie möglich tun muss).

Fazit: Hände weg von Mitarbeiteraktien. Egal, was die Medien und Politiker sagen, und egal, wie viel moralischer Druck der eigene Vorgesetzte oder Kollegen ausüben.

2.18 Fehler (18): Auf »Private Banking« und bekannte Markennamen vertrauen

»Was vermögende Privatkunden schon immer vermuteten, belegt jetzt ein exklusiver Test bei 20 renommierten Bankhäusern: Selbst angesehene Institute bereichern sich auf Kosten ihrer Klientel: durch heimliche Provisionen und überteuerte Produkte.«

Capital, Heft Nr. 9/2007,
in einem siebenseitigen Artikel über »Private-Banking«

Viele Kleinanleger blicken ein wenig neidvoll auf die von den Banken immer stärker gehätschelte Private-Banking-Kundengruppe, also das »edelste« Privatkundensegment. Um in dieser Luxusklasse betreut zu werden, muss man – je nach Bank – zwischen 250 000 und 5 Millionen Euro liquides Vermögen sein Eigen nennen. An dieser Hürde scheitern langfristig etwa 90 Prozent aller Wertpapieranleger.

Man darf vermuten, dass die Privatkunden davon ausgehen, auf der höchsten Qualitätsstufe betreut zu werden. Ob das der Fall ist, hängt allerdings davon ab, wie man »höchste Qualität« definiert. Folgt man der Definition der betreffenden Banken, kann man sagen, dass dieses Qualitätsversprechen vielleicht da, wo es nicht die Anlegerrendite betrifft, eingelöst wird. Die folgenden Leistungen gehören üblicherweise zu einem Private-Banking-Betreuungsmandat (die Formulierungen sind überwiegend »Originalton« Bankenwerbung):

- Persönliche und laufende Betreuung auch außerhalb der Geschäftszeiten durch einen erfahrenden »Senior Banker«; hoher »Bequemlichkeitsfaktor« für den Klienten;
- Durchführung einer umfassenden Vermögensanalyse zu Beginn der Betreuung;
- Entwicklung einer individuellen Asset-Allokation und Anlagestrategie unter Berücksichtigung von Lebenszyklus und persönlicher Risikoneigung mit dem Ziel einer dauerhaft überdurchschnittlichen Performance;
- Laufendes und differenziertes Reporting über die Performance des Wertpapierportfolios;
- Einladung zu »VIP-Events« (Tennis- und Golfturniere, Vorträge von Prominenten usw.).

Schon auf den ersten Blick wird deutlich, dass hier viel Aufwand betrieben wird. Diesen Aufwand muss jemand bezahlen – der Kunde. Die durchschnittliche Marge, die ein Private-Banking-Mandat bei einem Wertpapiervermögen von beispielsweise 500 000 Euro für die Bank erwirtschaftet, liegt in der Größenordnung von 2 Prozent p.a. des jahresdurchschnittlich betreuten Vermögens (exklusive Wertpapierhandelskosten und möglicher Verwaltungsvergütungen für Fondsgesellschaften). In guten Börsenjahren sind es mehr, denn dann partizipiert die Bank zu 10 bis 20 Prozent an der Depotrendite, sofern diese einen bestimmten Marktindex übersteigt (im umgekehrten Fall gleicht die Bank eine Unterrendite allerdings nicht aus). Diese »leistungsorientierte« Vergütung der Bank kostet den Kunden im langfristigen Durchschnitt ungefähr ein weiteres Prozent p.a. Hinzu kommt noch etwa ein Viertel Prozent für sonstige Kosten, zum Beispiel die Depotbankgebühr von Investmentfonds – macht zusammen 3,25 Prozent Gesamtkosten p.a. Also muss die Privatbank den Marktdurchschnitt dauerhaft mindestens um diese 3,25 Prozentpunkte übertreffen, um ihr postuliertes Ziel zu erreichen, sprich die Benchmark (den Vergleichsmarktindex) nach Kosten zu schlagen. Dabei darf sie im Grunde genommen kein wesentlich höheres Risiko (Volatilität) als die Benchmark eingehen. Ist all das möglich?

Antwort: extrem selten, und welcher Bank es in welchen Zeiträumen gelingt, ist nicht zuverlässig vorherzusagen. Die Anzahl der Anleger – ob Profi oder Amateur –, die bei Berücksichtigung des Risikos einen korrekt gewählten Marktindex *kontinuierlich* oder wenigstens über einen Zeitraum von über zehn Jahren um mehr als 3 Prozentpunkte übertreffen, ist winzig. Sie dürfte bei deutlich unter 2 Prozent liegen.

Wie sieht im Vergleich zum Private-Banking die Kostensituation für einen einfachen Buy-and-Hold-orientierten Indexfondsanleger aus? (Das ist die sehr einfache Anlagestrategie, die wir empfehlen und in Kapitel 5 erläutern.) Dieser Anleger bringt es über einen Zeitraum von zehn Jahren relativ mühelos auf eine Kostenbelastung von nur 0,6 Prozent p.a. Hinzu kommt noch der sogenannte → *Tracking-Error* der Indexfonds von etwa 0,25 Prozent jährlich. Alles in allem bedeutet das eine Gesamtkostenbelastung von 0,85 Prozent p.a. im langfristigen Durchschnitt. Um diesen jährlichen Prozentsatz wird der Do-it-yourself-Indexanleger somit langfristig unter dem Markt liegen.

Vergleichen wir nun die beiden Investoren über eine Periode von

20 Jahren (Tabelle 22). Wie entwickelt sich in dieser Zeit ein Investmentbetrag von 50 000 Euro für den Private-Banking-Klienten und für den Do-it-yourself-Indexer? Wir unterstellen sehr optimistisch, dass die Privatbank es schafft, kontinuierlich und brutto 1 Prozent über dem Markt zu liegen (damit würde sie rund 90 Prozent aller übrigen Fonds und Anleger schlagen). Die Marktrendite betrage über diesen 20-Jahres-Zeitraum im Durchschnitt 11 Prozent jährlich.

Tabelle 22: Private Banking versus Do-it-yourself-Indexing

Private-Banking-Klient		Do-it-yourself-Indexer	
Anlagebetrag:	50 000 Euro	Anlagebetrag:	50 000 Euro
Bruttorendite:	12,0 % p.a.	Bruttorendite:	11,0 % p.a.
./. Gesamte Kosten:	3,25 % p.a.	./. Gesamte Kosten:	0,75 % p.a.
= Nettorendite:	8,75 % p.a.	= Nettorendite:	10,25 % p.a.
Ertrag nach 20 Jahren:	268 000 Euro	Ertrag nach 20 Jahren:	352 000 Euro

Der Vergleich zeigt, dass kein Kleinanleger, der es richtig macht, sich vor den »nackten« Ergebnissen der Exklusivklientel verstecken muss. Der Rückstand des Privatkunden wäre noch viel größer, wenn wir ihm (a) keinen Bruttorenditevorsprung von 1 Prozent zugestanden hätten – eine unrealistisch großzügige Annahme – und (b) unter Berücksichtigung von Steuern, denn aktives Management verursacht tendenziell eine höhere Steuerbelastung, da Kursgewinne früher realisiert werden. Zwar schickt dem Do-it-yourself-Indexer niemand dreimonatliche Portfolioreports im Vierfarbdruck nachhause und er erhält auch keine halbjährlichen Gratiseinladungen zur »Nokia Night of the Proms«, aber was letztlich zählt ist – wie der Volksmund so schön bildhaft sagt – »das, was hinten rauskommt«. In dieser Hinsicht schneidet der Kleinanleger, wenn er es richtig macht, besser als der Edelprivatkunde ab. Letztlich sind die Kosten des Private-Banking so hoch (sprich die Marge für die Bank so beträchtlich), dass auf die Dauer für den Kunden nur eine marktunterdurchschnittliche Nettorendite zu erwarten ist.

Ein ähnliches Missverständnis wie dasjenige über den vermeintlichen Wert der Private-Banking-Betreuung kursiert über die Markennamen von Fondsgesellschaften und ihrer Fonds. Wie wir alle wissen, gibt es große Fondsgesellschaften, die viel Geld in die Bekanntmachung ihres Markennamens investieren, und kleine, unbekannte, die das nicht tun. Spielt es eine Rolle, ob Sie die Produkte der einen oder der anderen Kategorie erwerben? Nein, wir im restlichen Teil dieses Abschnittes sehen werden.

Wie jedes Wirtschaftsunternehmen müssen auch Fondsgesellschaften und andere Asset-Manager (Vermögensverwalter) über den Einsatz von Werbung als Absatzförderungsinstrument nachdenken. Dabei befinden sie sich jedoch in einer schwierigen Situation, man könnte beinahe sagen: in einem Dilemma.

In den vorangegangenen Abschnitten haben wir gesehen, dass Investmentfonds und Vermögensverwaltungen, ob standardisiert oder individualisiert (»Private-Banking«), an ihrem primären Existenzzweck regelmäßig scheitern: nach Kosten und Risiko für den Anleger eine Überrendite gegenüber einem angemessenen Vergleichsindex zu erwirtschaften. Darüber ist sich auch die Asset-Management-Branche bewusst. Renditezahlen werden daher in der Werbung immer seltener in den Vordergrund gestellt. Selbst in den wenigen Fällen, in denen Asset-Manager während eines nennenswert langen Zeitraums über dem Vergleichsindex lagen, müssen sie mit der Vermarktung dieser Leistung vorsichtig sein. Die Erfahrung hat einfach zu oft gezeigt, dass die für teures Geld beworbenen Fonds oft wenige Monate später auf Talfahrt gehen. Es gab schon Fälle, in denen die Finanzpresse dann solche Anzeigen wieder ausgrub und die Gelegenheit nutzte, um Hohn und Spott über die Fondsgesellschaft auszugießen. Die Alternative, statt vergangene Rendite den Fondsmanager in der Werbung herauszustellen, ist deswegen gefährlich, weil dessen Marktwert dann steigt und er den erhöhten Wert schon morgen bei der Konkurrenz einlösen könnte.

Was liegt in einer solchen Situation näher, als die »Marke« oder das »Markenimage« der Fondsgesellschaft statt der objektiven Produktleistungen in den Vordergrund der Werbung zu stellen? Wie Betriebswirte schon im Grundstudium lernen, hat Marken- und Imagewerbung das Ziel, »Vertrauen« in das Produkt herzustellen. Dieses Vertrauen soll bewirken, dass der Käufer auf detaillierte Produktvergleiche verzichtet und Kosten als Kaufkriterium in den Hintergrund treten.

Wie wir aber inzwischen wissen, sind Investmentfonds das Gegenteil von Markenprodukten, nämlich Stapelgüter (neudeutsch »Commodities«). Bezogen auf ihre *zukünftig* zu erwartenden Renditen (vor Kosten) und innerhalb ihrer Asset-Klasse sind praktisch alle Fonds beliebig austauschbar (ausgenommen diejenigen mit besonders hohen Kosten), gleichgültig, ob der Fonds Fidelity Magellan oder Zacharias-Zwergerl-Fonds heißt. Von Gesetzes wegen sind ohnehin alle in Deutschland zugelassenen Fondsgesellschaften, ob klein oder groß, gleich sicher.

Fazit: Innerhalb einer gegebenen Asset-Klasse sollten daher – wie bei allen Stapelgütern – Kosten das wichtigste Kaufkriterium sein.

2.19 Fehler (19): In aktiv gemanagte Rentenfonds investieren

»Der Sinn von aktiven Rentenfonds ist mir schleierhaft.«
Peter Lynch, einer der erfolgreichsten Aktienfondsmanager der Welt

Wir haben uns bislang fast ausschließlich mit Aktien- und Aktienfondsanlagen beschäftigt. Etwa 29 Prozent des Fondsvermögens der Deutschen sind jedoch in Rentenfonds investiert, 1997 waren es sogar noch knapp 50 Prozent. So gut wie jeder Bankberater, alle Anlegerzeitschriften und fast alle Finanzratgeberbücher empfehlen Rentenfonds als sichere Beimischung für ein Aktiendepot oder, für risikoscheue Anleger, sogar als alleinige Anlageform. Diesen Standpunkt halten wir für grundfalsch, und zwar aus den folgenden Gründen:

■ Erstens haben viele statistische Untersuchungen gezeigt, dass Rentenfonds gegenüber gleichwertigen Einzelanlagen in festverzinsliche Wertpapiere mit hoher Regelmäßigkeit eine um durchschnittlich rund 1,5 Prozentpunkte niedrigere Rendite aufweisen. Bei einer langfristigen Durchschnittsrendite deutscher Staatsanleihen mittlerer und langer Laufzeit von real etwa 4 bis 5 Prozent p.a. bedeutet das einen Verzicht auf rund 30 Prozent der Bruttorendite, dem keinerlei Nutzen entgegensteht. Aufgrund des Ausgabeaufschlages von typischerweise 3 Prozent liegt dieser Wert für Anlageperioden von unter fünf Jahren sogar noch höher. Auf die geringfügig höheren Renditen von Rentenfonds, deren Anlageschwerpunkt ausschließlich auf festverzinslichen Wertpapieren mit sehr langen Laufzeiten liegt, können wir ebenfalls verzichten, denn diese Renditen sind langfristig immer noch niedriger als Aktienrenditen. Außerdem erhöht sich das Risiko (Schwankungsintensität) dieser Fonds rapide in dem Maße, wie die Durchschnittslaufzeit der darin enthaltenen Anleihen zunimmt. Generell ist der Markt für festverzinsliche Wertpapiere noch effizienter als der Aktienmarkt. Die Quote der aktiv gemanagten Outperfomer-Fonds gegenüber dem Index ist noch niedriger als bei Aktien. Beispielsweise schlug der Indexfonds iBoxx Liquid Sovereigns Capped 1,5–10,5 (mittlere bis langfristige westeuropäische Staatsanleihen) in den fünf Jahren bis 2006 volle 95 Prozent aller 225 in Deutschland zugelassenen vergleichbaren Rentenfonds (Quelle: BVI). Dieser Anteil würde bei Vergleichen über längere Zeiträume vermutlich noch weiter steigen. Larry Swedroe (2005) berichtet in seinem Buch zu Anleihen noch über viele andere Studien zur Unterperformance aktiver Rentenfonds.

- Die »Theorie«, dass Rentenfonds das Bonitätsrisiko der Anleihenemittenten aufgrund der Streuung auf viele Einzeltitel senken, ist letztlich ohne Bedeutung, denn mit einzeln gehaltenen westeuropäischen Staatsanleihen wird ein ebenso niedriges Risiko erzielt. Anders formuliert: Ein Risiko, das schon gegen null läuft, kann man nicht weiter senken.[33] Auch das Kursrisiko dieser Fonds ist gegenüber kurzlaufenden, einzelnen Bundeswertpapieren nicht nennenswert geringer (vor allem dann nicht, wenn Letztere bis zur Fälligkeit gehalten werden).[34]
- Die Korrelation von Rentenfonds mit mittel- und langfristiger Laufzeitenstruktur zu Aktienrenditen ist weitaus höher als die Korrelation zwischen Geldmarktanlagen und Aktien. Geldmarktanlagen oder sehr kurzlaufende Staatsanleihen liefern also einen besseren Diversifikationseffekt für ein Aktiendepot als Rentenfonds oder langfristige einzeln gehaltene Rentenpapiere. Mit anderen Worten, Rentenpapiere sind innerhalb eines Portfolios

nicht für die Rendite zuständig, sondern für die Risikosenkung. Daher müssen wir stets das niedrigstmögliche Risiko anstreben, das Rentenpapiere bieten können, und das haben nun einmal Geldmarktanlagen und kurzlaufende Staatsanleihen. Dafür sind wir auch bereit, etwas an Rendite (gegenüber längerlaufenden Rententiteln) zu verschenken.

■ Viertens korrelieren Rentenfonds und die darin enthaltenen langlaufenden Staats- und Unternehmensanleihen relativ schwach mit der Inflationsrate, was nicht wünschenswert ist (zur Inflation ist stets eine hohe Korrelation vorteilhaft). Hingegen ist die Korrelation mit der Inflation bei kurzlaufenden Staatsanleihen oder Geldmarktanlagen deutlich stärker ausgeprägt.

Warum weisen Rentenfonds eine schwächere Performance als einzelne Anleihen auf? Antwort: Aktives Portfoliomanagement funktioniert bei Rentenfonds noch schlechter als bei Aktienfonds. In langfristigen Vergleichen (> 2 Jahre) gelingt es nach Berücksichtigung aller Kosten nur einer verschwindend geringen Zahl von Rentenfonds, ihren Vergleichsindex zu schlagen. Das liegt insbesondere daran, dass der Markt für festverzinsliche Wertpapiere noch effizienter ist als der Aktienmarkt, unterbewertete Titel zu finden also noch seltener gelingt. Da aber auch Rentenfonds relativ hohe Kosten aufweisen, ist ihre langfristige Nettorendite schlechter als die entsprechende Rendite einzeln gehaltener Bundeswertpapiere. Bei deutschen Rentenfonds beläuft sich der Ausgabeaufschlag durchschnittlich auf 3 Prozent, die Verwaltungsgebühren betragen durchschnittlich 0,5–0,7 Prozent p.a. Dazu kommen noch nicht gesondert ausgewiesene, aber mit der Rendite verrechnete Fondsbetriebskosten.

Als risikofreie (genauer: risikoarme) Anlage, insbesondere zur Beimischung in ein Aktiendepot mit dem Ziel, den Gesamtrisikograd zu steuern, taugen Geldmarktanlagen besser als Rentenfonds, da sie ein geringeres Kursänderungsrisiko aufweisen und weitaus schwächer mit dem Aktienmarkt korrelieren.[35] Geldmarktanlagen sind kurzfristige Geldanlagen in Euro (nicht in Fremdwährung), bei denen die Ausfall- und Kursänderungsgefahr gering oder annähernd null ist. In diese Kategorie fallen beispielsweise Festgelder, Guthaben auf verzinslichen Tagesgeldkonten, Geldmarktfonds oder Rentenfonds/Renten-ETFs, wenn diese vorwiegend in staatliche Rententitel mit kurzer Restlaufzeit anlegen.

Nicht nur Rentenfonds sind ein Produkt mit wenig echtem Mehrwert. Dasselbe gilt auch für Hedge-Fonds, die zugegebenermaßen »sexier« sind als Rentenfonds und daher seit Anfang 2003 der letzte Schrei am Anlagemarkt. Dennoch oder gerade deshalb sollten rationale Privatanleger besser die Finger von ihnen lassen. Warum, erklärt der folgende Abschnitt.

2.20 Fehler (20): In Hedge-Fonds investieren

»Die tatsächlichen Risiken von Hedge-Fonds werden im Regelfall gravierend unterschätzt.«

Prof. Harry Kat, City University London

Im Markt für Vermögensanlagen spielen Modewellen eine große Rolle, und Hedge-Fonds sind derzeit der letzte Schrei. Die von Buchautoren und der Presse als »Königsklasse« des Investing titulierten Hedge-Fonds versuchen Anleger zu ködern, die vom Auf und Ab der Börse verunsichert sind. Ihnen versprechen sie Renditen, die diejenigen von Aktien übertreffen, aber kaum schwanken und praktisch nie in negatives Terrain abgleiten – neudeutsch »absolute return investments«. Und offensichtlich glaubt ihnen auch der deutsche Gesetzgeber, denn er beschloss Anfang 2003 das »Investitionsmodernisierungsgesetz«. Damit konnten deutsche Kleinanleger erstmals in Dach-Hedge-Fonds oder in Hedge-Fonds-Zertifikate investieren. Dach-Hedge-Fonds (»funds of funds«) investieren in mehrere einzelne Hedge-Fonds; Hedge-Fonds-Zertifikate sind Bankschuldverschreibungen, deren Rendite gemäß Zusage der emittierenden Bank derjenigen eines bestimmten Hedge-Fonds oder Hedge-Fonds-Index entspricht.

Was aber sind überhaupt Hedge-Fonds, von denen es weltweit etwa 7000 mit einem globalen Anlagevolumen von rund 1500 Milliarden US-Dollar gibt (das entspricht gut 2 Prozent der weltweiten Marktkapitalisierung von Aktien und Anleihen)? Es handelt sich um geschlossene Investmentfonds mit den folgenden Merkmalen:

- Sie richten sich überwiegend an vermögende Privatanleger, die häufig Mindestanlagebeträge von 250000 Euro oder mehr aufbringen müssen (eine Beschränkung, die jedoch über die Konstruktion der sogenannten Dach-Hedge-Fonds und über Hedge-Fonds-Zertifikate umgehbar ist);
- sie unterliegen keiner nationalen europäischen oder amerikanischen Aufsichtsbehörde, da sie in unregulierten Jurisdiktionen (»offshore«) angesiedelt sind;
- sie können mangels Regulierung in alle Asset-Typen, nicht nur in Aktien und Anleihen, investieren und insbesondere – anders als Publikumsfonds – auch »Leerverkäufe« tätigen, Derivatgeschäfte aller Art abschließen und Wertpapierkäufe in hohem Maße über Kredite finanzieren (»leveraging«);
- sie verfolgen überwiegend eine Strategie der Konzentration, statt wie normale Publikumsfonds eine gewisse Diversifikation anzustreben;
- ihre Gebühren liegen weit über dem Niveau eines normalen Fonds; insbesondere erhält das Fondsmanagement eine Erfolgsbeteiligung von zumeist 10 bis 20 Prozent der Fondsrendite.

Sind Hedge-Fonds nun tatsächlich ein für Privatanleger attraktives Anlagemedium, wie es die Finanzbranche, die Medien und offenbar der Gesetzgeber suggerieren? Aus wissenschaftlicher Sicht, Sie ahnen es bereits, lautet die Antwort eindeutig »nein«: Weder bieten Hedge-Fonds langfristig und nach Kosten bessere Renditen als Aktien, noch sind diese Renditen grundsätzlich immer positiv, noch tragen Hedge-Fonds besonders wirksam zur Diversifikation (Risikosenkung) in einem Aktienportfolio bei.[36] Hier einige Einzelerkenntnisse:

- Die amerikanischen Finanzökonomen Ackermann, McEnally und Ravenscraft untersuchten die Performance von 906 Hedge-Fonds im Zeitraum von 1988 bis 1995. Ergebnis: Die Renditen der Hedge-Fonds lagen zum einen in diesen acht Jahren unter derjenigen des S&P 500-Index und wurden zum anderen durch Verzerrungen in den untersuchten Hedge-Fonds-Datenbanken um rund 3 Prozentpunkte überzeichnet.
- Das gleiche Ergebnis lieferte eine Studie der Forscher Brown, Götzmann und Ibbotson zu den Renditen der 189 größten in den USA angebotenen Hedge-Fonds. Die Renditen dieser Fonds lagen nach

Kosten während des Siebenjahreszeitraums von 1989 bis 1995 im Durchschnitt ebenfalls unter dem S&P 500-Index. Dabei wiesen die Hedge-Fonds ein höheres Risiko als der Aktienindex aus.

■ Einer Studie der Universität von Amsterdam (Autoren van der Sluis, Posthuma) zufolge sind die in den gängigen Hedge-Fonds-Datenbanken und -Indizes ausgewiesenen Renditen aufgrund systematischer Lücken in den gesammelten Performance-Daten dramatisch überhöht. Für den siebenjährigen Zeitraum von 1996 bis 2002 weist zum Beispiel CSFB/Tremont-Index (in USD) eine durchschnittliche Hedge-Fonds-Rendite von 10,7 Prozent p.a. aus. Nach Beseitigung der Verzerrungen (siehe Infobox) fiel dieser Wert auf sage und schreibe nur noch 0,1 Prozent p.a. Der durchschnittliche amerikanische Aktienfonds rentierte im Untersuchungszeitraum mit 4,9 Prozent p.a., der S&P 500-Aktienindex mit 6,2 Prozent p.a. und der durchschnittliche US-Rentenfonds mit 6,1 Prozent p.a. (alle Angaben in US-Dollar).

Praktisch alle Datenbanken, auf denen die bekannten Hedge-Fonds-Indizes aufbauen, weisen gravierende Verzerrungen auf. Diese haben verschiedene Ursachen und kursieren in der Literatur unter mehreren Bezeichnungen, zum Beispiel Self-Selection-Bias, Instant-History-Bias (siehe Infobox), Backfill-Bias, Survivorship-Bias (siehe Infobox in Abschnitt 1.1; bias = englisch für »Ungleichgewicht«). An dieser Stelle soll die Ursache dieser Datenmängel nicht im Einzelnen untersucht werden. Allen Mängeln liegt letztlich eine gemeinsame Ursache zugrunde: Die rund 7 000 Hedge-Fonds melden ihre Renditedaten rein freiwillig an die Datenbankersteller, denn Hedge-Fonds unterliegen keiner Finanzaufsichtsbehörde. Aufgrund dieser Freiwilligkeit fehlen die Daten von Hedge-Fonds mit schlechten Renditen überproportional häufig, während die Daten gut rentierender Hedge-Fonds recht vollständig repräsentiert sind. Das führt im Ergebnis dazu, dass sowohl Rendite als auch Risiko in Hedge-Fonds-Datenbanken kollektiv zu positiv ausgewiesen werden.

Infobox: Instant-History-Bias

Sinngemäß etwa »Ungleichgewicht in Richtung jüngere Vergangenheit«; gemeint ist das statistische Phänomen, dass unterdurchschnittlich rentierende Hedge-Fonds ihre Renditen häufig nicht an den Index-Ersteller (hier S&P) melden. Somit überzeichnet der Hedge-Fonds-Index die Gruppenrendite, etwa so, als gingen in einer Schulklasse die beiden schlechtesten Schüler nicht in die Berechnung des Klassendurchschnitts ein ■

Auch in der jüngeren Vergangenheit bekleckerten sich Hedge-Fonds als Gruppe nicht eben mit Ruhm. Es gab mehrere spektakuläre Hedge-Fonds-Pleiten oder -Schließungen aufgrund großer Verluste, darunter sehr prominente Namen: Quantum Fund (George Soros), Tiger Fund (Julian Robertson), LTCM Fund (Myron Scholes, Robert Merton), Amaranth, Phönix (Deutschland) sowie Bayou Management.

Die in Tabelle 23 ausgewiesenen Zahlen für den CSFB/Tremont Hedge Fund Index zeigen die eher bescheidenen Renditen in den letzten Jahren und sind noch immer zu hoch angesetzt. Von der ausgewiesenen Hedge Fonds-Rendite fallen geschätzte 2 bis 3 Prozentpunkte den oben erläuterten Datenverzerrungen zum Opfer sowie rund ein Zehntel den Performance-bezogenen Gebühren. (Die happigen Ausgabeaufschläge und Rückgabegebühren lassen wir hier großzügig außen vor.) Bei objektiver Messung lagen Hedge-Fonds in den letzten 13 Jahren hinsichtlich ihrer Rendite klar unter ganz banalen Aktienkategorien wie Nebenwerteaktien und kaum über fast risikolosen deutschen Staatsanleihen.

Wie sieht es nun mit dem zweiten Verkaufsargument der Branche aus, der vermeintlich niedrigen Volatilität (Standardabweichung) von Hedge-Fonds sowie ihrer niedrigen Korrelation mit dem Aktienmarkt? Diese niedrige Korrelation zu Standardwerteaktien, so wird behauptet, liefere einen nützlichen Diversifikationsbeitrag in einem typischen Aktien-Anleihen-Portfolio. Allerdings entpuppt sich auch dieser Anspruch als zweifelhaft. So zeigen zum Beispiel die Studien von Asness, Krail, Liew sowie Kat, dass die Standardabweichung von Hedge-Fonds aus einer Reihe von Ursachen zumeist zu niedrig berechnet wird. Praktisch alle Hedge-Fonds investieren einen üblicherweise großen Teil ihrer Mittel in illiquide, nicht

Tabelle 23: Hedge-Fonds-Renditen im Vergleich zu einigen wichtigen Asset-Klassen, 1994–2006

	CSFB/Tremont Hedge Fund Index (Euro)	Aktien: Globale Nebenwerte (Euro)	Aktien: Globale Standardwerte, Value-Aktien (Euro)	Immobilien Westeuropa (Euro)
Reale geometr. Rendite p.a.	9,1%	10,8%	8,5%	10,0%
Inflation p.a.	1,6%	1,6%	1,6%	1,6%
Nominelle geometr. Rendite p.a.	10,8%	12,6%	10,2%	11,8%
Std.-abw. der Jahresrenditen	10%	17%	15%	9%
Niedrigste jährl. Einzelrendite	-4%	-20%	-24%	-16%
Anteil der Jahre mit neg. Rendite	15%	8%	15%	8%
Nominelle Rendite 2000–2006 (7 Jahre)	7,7%	14,2%	4,3%	9,4%

Quelle: CSFB Tremont, MSCI, IPD-Index

börsennotierte Assets. Da für diese Anlagen öffentlich notierte, objektive Kurse fehlen, schätzt die Fondsgesellschaft diese Preise am Stichtag der Meldung des Fondsvermögens an die Anleger oder einen Index-Anbieter. In der Regel verwendet sie dafür einfach den ursprünglichen Kaufpreis oder den Kurs des letzten Trades, der aber Wochen oder Monate zurückliegen kann. Was den meisten Lesern an diesem Punkt wohl intuitiv klar ist, wurde auch wissenschaftlich nachgewiesen: Die Preisschätzungen der Fondsgesellschaft führen zu künstlich geglätteten Asset-Preisen (Zyniker nennen das »marketing supportive accounting«). Die optische, aber natürlich nicht tatsächliche Renditenglättung führt zu einer um 10 bis 40 Prozent zu niedrig ausgewiesenen Standardabweichung. Diese Risikounterschätzung ihrerseits resultiert in einer Unterschätzung der Korrelationen mit dem Aktienmarkt. Falsch berechnete Zahlen ändern jedoch nichts an der Wirklichkeit: Von Anfang 1994 bis Ende 2006 betrug die Korrelation der (unbereinigten) CSFB/Tremont-Monatsrenditen mit dem MSCI-Welt-Aktienindex 0,49, was viel zu hoch ist für ein Produkt, von dem behauptet wird, es korreliere niedrig mit den Aktienmarkt und liefere »absolute returns«.

Wie aus Kats und anderen Studien hervorgeht, gibt es aber noch eine zweite Ursache für die Befürchtung, dass Anleger die Risiken von Hedge-Fonds unterschätzen. Die Renditen von Aktien und Anleihen sind statistisch annähernd (wenn auch nicht vollständig) »normalverteilt«, das heißt, sie lassen sich einigermaßen genau durch die berühmte Gauß-sche Glockenkurve abbilden. Das wiederum hat den Vorteil, dass man diese Daten relativ leicht statistisch beschreiben und auswerten kann. (Fast alles, was über Wertpapierrenditen gesagt wird, basiert auf der Grundannahme normalverteilter Renditen.) Bei Hedge-Fonds tritt nun allerdings ein ernstes Problem auf: Ihre Renditen lassen sich auch beim besten Willen nicht mit der Glockenkurve in Einklang bringen, weil Extremwerte, insbesondere extreme Verluste, weitaus häufiger vorkommen, als das bei einer Normalverteilung der Fall sein dürfte. Über dieses Faktum besteht in der Wissenschaft inzwischen Konsens. Sowohl die Berechnung der Standardabweichung (Risiko) wie auch der aus ihr abgeleiteten Korrelation setzen jedoch eine Normalverteilung der Renditen voraus. Ist diese Voraussetzung nicht erfüllt, sind die üblichen Risikomessmethoden Standardabweichung, Sharpe-Ratio und Alpha für Hedge-Fonds mathematisch an sich gar nicht zulässig. Das Gleiche gilt für die aus der Standardabweichung abgeleitete Korrelation zwischen Hedge-Fonds und anderen Anlagen. Damit ist die Berechnung sogenannter »effizienter Portfolios« aus Hedge-Fonds und anderen Anlagen, wie sie in immer mehr Presseartikeln geschieht, methodisch eigentlich nicht akzeptabel.[37]

→ **Infobox: Alpha**

Eine Kennzahl für »excess return«, das heißt für die wissenschaftlich (im Unterschied zur »umgangssprachlich«) definierte Überrendite eines Fonds. Alpha wird ermittelt, indem man von der Fondsrendite eine geeignete Vergleichsrendite (Benchmark-Rendite) abzieht. Das Alpha kann positiv oder negativ sein. Bei einem negativen Alpha hat der Fondsmanager Investmentvermögen zerstört (obwohl die Fondsrendite unter Umständen positiv ist), denn ein Anleger hätte ja durch Investieren in einen entsprechenden Indexfonds eine höhere Rendite erzielt. Bei einem positiven Alpha hat er Investmentvermögen geschaffen, also einen Mehrwert geliefert ■

Um das Hedge-Fonds-Risiko angemessen zu beschreiben, müsste man zumindest die statistischen Kennzahlen Schiefe und Dichte (Kurtosis) ermitteln und angeben, was aber die meisten Privatanleger überfordern würde. Kat zeigt sogar, dass Hedge-Fonds das Risiko extremer Verluste in einem gemischten Portfolio aus Aktien und Hedge-Fonds sogar noch erhöhen. Wären die Hedge-Fonds-Renditen tatsächlich normalverteilt, dürfte das angesichts ihrer rechnerisch niedrigen Korrelation nicht sein. Der Widerspruch erklärt sich aber ganz simpel: Die Korrelation ist im Falle von Hedge-Fonds nicht nur zu niedrig berechnet, sondern letztlich unbrauchbar.

Doch damit nicht genug: Eine dritte Ursache könnte ebenfalls zur Überschätzung des Diversifikationsbeitrages von Hedge-Fonds auf der Basis ihrer vermeintlich niedrigen Korrelation mit Standardwerteaktien führen. In den Verkaufsprospekten der Hedge-Fonds-Gesellschaften und in vielen wissenschaftlichen Untersuchungen der Korrelation von Hedge-Fonds wird lediglich die Korrelation von Hedge-Fonds mit einem Standardaktienindex berechnet, zumeist einem Blue-Chip-Aktienindex. Das ist unrealistisch. Niemand, der informiert genug ist, Hedge-Fonds als Investment überhaupt in Betracht zu ziehen, wird so naiv sein, vorher ausschließlich in Standardwerte eines einzelnen nationalen Aktienmarktes investiert zu haben. Tatsächlich werden diese Anleger in aller Regel auch schon vor dem Hedge-Fonds-Investment ein mehr oder weniger breit diversifiziertes Portfolio besitzen. Mit einem solchen diversifizierten Portfolio ist die Korrelation von Hedge-Fonds jedoch vermutlich höher (oder umgekehrt ihr Diversifikationsbeitrag niedriger) als mit einem Portfolio, das nur aus einer einzigen Asset-Klasse besteht.

Dach Hedge Fonds (oder Dach-Hedge-Fonds-Zertifikate) als Investmentvehikel des kleinen Mannes sind besonders negativ zu werten, da Dach-Hedge-Fonds die ohnehin hohen Gebühren von Hedge-Fonds noch weiter nach oben treiben (es müssen zwei Managementebenen bezahlt werden). Insbesondere führt das zu stratosphärischen Verwaltungsgebühren, die bis zu 5 Prozent p.a. und mehr betragen. Das erkennen aber die meisten Anleger vor dem Kauf gar nicht, weil nur etwa die Hälfte dieser Verwaltungsgebühren (nämlich diejenigen der Dach-Hedge-Fonds-Gesellschaft) offen ausgewiesen wird. Die andere Hälfte, die auf der Einzelfonds-Ebene besteht, ist bereits mit der Dach-Hedge-Fonds-Rendite verrechnet.

Dach-Hedge-Fonds sind auch deshalb abzulehnen, weil es der Grundidee von Hedge-Fonds widerspricht, in mehr als einen oder zwei Fonds gleichzeitig zu investieren. Die daraus resultierende Diversifikation hat nämlich den unerwünschten Nebeneffekt, die Chance auf eine besonders hohe Überrendite (»upside potential«) buchstäblich zu vernichten. Das Ergebnis sind zwar konstantere Renditen, jedoch ohne Chance, »das große Los« zu ziehen. Und gerade das ist es, was viele Hedge-Fonds-Anleger suchen.

Sind Dach-Hedge-Fonds also ein cleveres Produkte für Kleinanleger? Nein, denn sie fügen allen anderen hier beschriebenen Nachteilen von Hedge-Fonds (mittelmäßige Renditen, unterschätzte Volatilität und Korrelation) noch zwei weitere hinzu: besonders hohe Kosten und Begrenzung des Upside-Potenzials. Tatsächlich liegt die Rendite von Dach-Hedge-Fonds nach Kats Untersuchungen durchschnittlich um etwa 4 Prozentpunkte unter dem Durchschnitt normaler Hedge-Fonds. Diese 4 Prozentpunkte entsprechen den zusätzlichen Kosten der Dach-Hedge-Fonds-Gesellschaft. Die in Deutschland verfügbaren Hedge-Fonds-Zertifikate (fast ausschließlich Dach-Hedge-Fonds-Zertifikate) haben ebenfalls bisher fast unisono enttäuscht.

In einem Punkt unterscheiden sich Hedge-Fonds jedoch überhaupt nicht von normalen, aktiv gemanagten Investmentfonds: Historische Renditen haben praktisch keinen Prognosewert für zukünftige Renditen. Es trifft zu, dass einige wenige Hedge-Fonds über mehrere Jahre ausgezeichnete und erstaunlich kontinuierliche Bruttorenditen abwerfen. Sind das mehr, als man nach den Regeln der Wahrscheinlichkeitsrechnung erwarten darf? Nein. Bestehen die jährlichen Überrenditen über einen Zeitraum von sechs oder sieben Jahren fort? Nein. Sind die zukünftig besten Hedge-Fonds im Voraus zuverlässig identifizierbar? Nein.

Angesichts der gegenwärtigen Hedge-Fonds-Modewelle vergessen viele Anleger, dass mehrere Asset-Klassen[38] existieren, die ähnlich hohe langfristige Nettorenditen aufweisen und/oder ebenso niedrig mit europäischen Blue-Chip-Aktien korrelieren wie Hedge-Fonds, zum Beispiel Staatsanleihen mittlerer oder langer Laufzeit, inflationsindexierte Anleihen, internationale Immobilien, Rohstoffe, Nebenwerteaktien, Schwellenländeraktien[39] oder Schwellenländerbonds. Wer unbedingt »absolute returns« erzielen will, bekommt diese kontinuierlicher und billiger mit Geldmarktfonds oder kurzlaufenden Staatsanleihen.

Zu allem Übel verschweigen Hedge-Fonds alle nennenswerten Details sowohl ihrer Anlagestrategie als auch ihrer konkreten Investments, sodass der Anleger letztlich die Katze im Sack kauft. Schlussendlich heißt das: Hedge-Fonds sind intransparent, für den normalen Anleger nicht zu verstehen und besonders stark dem unerfreulichen Risiko des »Style-Drift« ausgesetzt (siehe Infobox).

Infobox: Style-Drift

Englische Bezeichnung für »(Investment-)Stilverschiebung«. Der Begriff bezeichnet die Abweichung im tatsächlichen Anlageverhalten vieler aktiv gemanagter Fonds von ihrer publizierten Anlagestrategie. Dadurch kann sich eine unerwünschte Änderung des Rendite-Risiko-Profils eines Fonds ergeben, die der Fondsanleger bei seiner ursprünglichen Investmententscheidung nicht vorhersehen konnte und vermutlich nun nicht rechtzeitig bemerkt. Aus einem Investment in nordamerikanische Blue-Chip-Aktien wird plötzlich ein Nebenwertefonds mit 40 Prozent Cashquote und einem völlig anderen Ertrags-Risiko-Profil. Style-Drift erschwert Portfoliomanagement auf der Basis eines Asset-Klassen-Konzeptes enorm. Aufgrund ihrer mangelnden Transparenz und fehlenden regulatorischen Aufsicht tritt Style-Drift bei Hedge-Fonds besonders häufig auf ■

Fazit: Die angeblichen Traumrenditen von Hedge-Fonds sind genau das: ein bloßer Traum. Die renommiertesten Untersuchungen belegen, dass Hedge-Fonds langfristig Durchschnittsrenditen nach Kosten unterhalb derer normaler Aktien liefern. Der Mythos von den tollen Renditen basiert darauf, (a) dass die Medien fast ausschließlich von den in der Vergangenheit besten Hedge-Fonds berichten, während die viel zahlreicheren schwachen Fonds unerwähnt bleiben; (b) dass bewusst selektiv kurze Betrachtungszeiträume wie zum Beispiel ein Jahr dargestellt werden, die aber naturgemäß kaum aussagefähig sind; (c) dass die in dieser Fondskategorie besonders starken Datenverzerrungen fast immer unberücksichtigt bleiben; (d) dass die von der Finanzbranche postulierten Volatilitäten von Hedge-Fonds ebenfalls aufgrund von Datenmängeln zu niedrig sind; (e) und dass die von Hedge-Fonds-Gesellschaften für ihre Fonds veröffentlichten Renditen in der Regel keine Korrekturen für einige stark ins Gewicht fallende Kosten enthalten (zum Beispiel die Performance-abhängige Gebühr, weit überdurchschnittliche Ausgabeaufschläge und Rückgabegebühren).

3.

Grundprinzipien einer überlegenen Anlagestrategie: Indexing

3.1 Passiv investieren mit Indexinvestments: Indexfonds, Exchange Traded Funds (ETFs) und Indexzertifikate

«Nur jeder zehnte Aktienfonds schlägt den Markt. Deswegen bin ich konsequenter Anhänger von Indexfonds.«

Charles Schwab, Gründer und Hauptaktionär des größten Discount-Brokers der Welt, Charles Schwab & Co

Nachdem wir uns nun ausführlich mit den wichtigsten Investmentlügen, -mythen und -irrwegen auseinandergesetzt haben, wollen wir nun sehen, wie man es besser machen kann. Die wissenschaftlich fundierte Anlagestrategie, die wir hier vorstellen, ist im Grunde einfach. Sie lautet:

Das sollten Sie sich merken:
Passiv investieren, auf der Basis einer betont langfristig ausgerichteten, radikalen Buy-and-Hold-Philosophie und mithilfe eines systematisch und breit diversifizierten Portfolios, das nach Möglichkeit ausschließlich aus kostengünstigen Indexanlagen (Indexfonds, ETFs und Indexzertifikaten) besteht. Das Ziel, den Markt schlagen zu wollen, wird bei dieser Strategie nicht verfolgt. Dennoch ist es sehr wahrscheinlich, dass man mit dieser Strategie langfristig über 90 Prozent aller Privatanleger hinter sich lässt ∎

»Passiv« steht in diesem Zusammenhang für den bewussten Verzicht auf aktive Anlagestrategien wie Stock-Picking oder Market-Timing in dem praktisch aussichtslosen, aber riskanten (kostenträchtigen) Unterfangen, den Markt zu schlagen.

Eine langfristig ausgerichtete, radikale Buy-and-Hold-Philosophie bedeutet den völligen Verzicht auf kurzfristige spekulative Investments und laufendes Trading mit dem Ziel, an vermeintlichen Trends zu partizipieren, um eine Überrendite zu erzielen. Dabei werden Investments – abgesehen von Notfällen – ausschließlich deshalb verkauft, weil man in die Entsparphase eintritt (meist bei Ausscheiden aus dem Berufsleben), weil man langfristig geplante, größere Konsuminvestitionen tätigt, weil die persönliche Risikotoleranz abgenommen hat, weil ein nicht vorhersehbarer Notfall eingetreten ist oder weil ein »Rebalancing« des Portfolios vorgenommen werden soll (dazu mehr in Abschnitt 4.6). Bei einem Anlagehorizont von weniger als zwei bis drei Jahren sind Aktieninvestments nicht sinnvoll.

»Systematisch und breit diversifiziert« beinhaltet, dass der gesamte globale Aktienmarkt einschließlich Schwellenländern berücksichtigt wird: Die Gewichtung der in Hauptregionen aufgeteilten Länder sollte nach Marktkapitalisierung (der einfachste Weg) oder entsprechend ihrem ungefähren Anteil am Weltbruttoinlandsprodukt (die nur unwesentlich komplexere Methode) vorgenommen werden; mehr dazu in Abschnitt 4.5. Weitere Asset-Klassen wie Rohstoffe (genauer: Rohstoff-Futures) und Immobilien-Indexanlagen können bei Anlegern, die eine geringfügig aufwändigere Asset-Klassen-Allokation betreiben wollen, noch hinzukommen. Ferner können die Aktien-Asset-Klassen noch jeweils zur Hälfte in die Unterklassen Growth- und Value-Aktien sowie Large-Caps und Small-Caps aufgeteilt werden. Wer sein Portfolio ganz einfach strukturieren will, kann all dies mit nur drei verschiedenen Anlagevehikeln erreichen. Diese Einfachvariante und eine etwas komplexere Portfoliostruktur mit Produkthinweisen stellen wir in Abschnitt 4.4 vor.

So weit wie möglich sollte man zur Umsetzung eines solchen Portfolios kostengünstige Indexanlagen, also Indexfonds, ETFs und Indexzertifikate, verwenden. Indexanlagen weisen weitaus geringere einmalige und laufende Kosten als konventionelle Investmentinstrumente (aktive Investmentfonds oder Einzelanlagen) auf. Wenn für einzelne Asset-Klassen noch keine Indexanlagen verfügbar sind, können auch aktiv gemanagte Fonds mit möglichst geringen einmaligen und laufenden Kosten verwendet werden. Tabelle 24 zeigt die wesentlichen Unterschiede zwischen aktivem und passivem Investmentansatz in einer Übersicht.

Tabelle 24: Aktives und passives Investieren im Vergleich

	Aktives Investieren	Passives Investieren (Indexing)
Ziel	den Markt schlagen	die Marktrendite bei möglichst geringen Kostenabzügen erreichen
Ansatz/Strategie	spekulativ: Fondsmanager oder Anleger praktiziert Stock-Picking oder Market-Timing (geht Wetten gegen den Markt ein)	investierend: Fondsmanager/ Anleger kauft den ganzen Markt auf Basis globaler Diversifikation und Buy-and-Hold (erzielt Marktrendite)
Transaktionskosten und Steuern	hoch	niedrig
Arbeitsaufwand und nervliche Belastung für Anleger	hoch	niedrig
Bekanntheitsgrad	hoch	niedrig
Verbreitungsgrad unter deutschen Privatanlegern	über 90 %	weniger als 10 %
Anhänger / Unterstützer	Banken, Fondsgesellschaften, fast alle Vermögensberater, Finanzmedien	Wissenschaft, darunter mehrere Nobelpreisträger, Warren Buffett, einige wenige spezialisierte Fondsgesellschaften
Objektive Nettorendite des durchschnittlichen Anlegers	2 bis 5 Prozentpunkte unter der Marktrendite	Marktrendite abzüglich etwa 0,5 Prozent

Im Folgenden stellen wir die drei Typen von Indexanlagen kurz vor. Anschließend vergleichen wir anhand verschiedener Kriterien die Eigenschaften dieser drei Anlageformen und untersuchen ihre jeweiligen Kosten.

Indexfonds Indexfonds sind Investmentfonds, die »passiv« einen Wertpapierindex (Börsenindex) nachbilden, also keine aktive Anlagestrategie verfolgen und keinen Fondsmanager im eigentlichen Sinne besitzen. Der Fonds enthält in der Regel alle Wertpapiere, die auch den Index bilden, in derselben Gewichtung. Daher folgt die Nettorendite des Indexfonds (die Rendite nach Kosten) fast exakt der Indexentwicklung. Der Wert eines Fondsanteils bestimmt sich genau aus den im Fonds enthaltenen Wertpapieren, das heißt, ein Fondsanteil kann nicht über oder unter diesem sogenannten *Net Asset Value* notieren (bei sogenannten geschlossenen Investmentfonds ist das nicht zwangsläufig der Fall). Gegenüber aktiv gemanagten Fonds zeichnen sich Indexfonds durch deutlich geringere Kosten aus. Je breiter der zugrunde liegende Index ist, desto weniger Schwankungen weist der Indexfonds in der Regel auf. Indexfonds sind wie alle Investmentfonds »Sondervermögen« (Treuhandvermögen), das heißt, sie müssen aus gesetzlichen Gründen getrennt vom Vermögen der Fondsgesellschaft selbst gehalten werden. Ein Konkurs der Fondsgesellschaft (wie auch der depotführenden Bank) darf prinzipiell keine negativen Auswirkungen auf den Eigentümer der Fondsanteile haben. Indexfondsanteile werden ebenso wie Anteile aktiver Investmentfonds vom Anleger unmittelbar von der Fondsgesellschaft (üblicherweise über eine zwischengeschaltete Vertriebseinheit, zumeist eine Bank) gekauft und an sie zurückverkauft, sie werden also nicht an einer Börse gehandelt.[40] Der Preis eines Indexfonds (oder Investmentfonds) wird normalerweise nur einmal täglich am späten Nachmittag festgestellt und üblicherweise erst am folgenden Tag publiziert.

ETFs Exchange Traded Funds (börsengehandelte Fonds), früher in Deutschland gelegentlich auch Indexaktien genannt, im Englischen oft auch *Index Shares.* ETFs sind gemessen an den für Privatanleger relevanten Gesichtspunkten nichts anderes als normale Indexfonds (das heißt Investmentfonds), die allerdings im Gegensatz zu diesen von vornherein für den Handel an der Börse konzipiert sind. Dementsprechend sind die meisten Konstruktionsmerkmale von Indexfonds und ETFs identisch. Der Kurs eines ETF wird allerdings mehr oder weniger minütlich festgestellt, mithin weiß der Anleger im Falle eines Kaufes sofort, zu welchem Preis/Kurs er eingekauft hat. Auch die Online-Depotbewertung bei Anlegern, die Internet-Banking betreiben, ist folglich aktueller und genauer (was streng genommen für passive Buy-and-Hold-Anleger von sekundärer Bedeutung sein dürfte). Weil ETFs über die Börse gehandelt werden, haben sie anders als normale Investmentfonds keinen Ausgabeaufschlag, sondern eine Geld-Brief-Spanne (siehe Tabelle 26). Es gibt einige weitere Unterschiede zwischen ETFs und konventionellen Indexfonds, die aber für passiv ausgerichtete Privatanleger nicht von Belang sind und daher hier übergangen werden können.

Indexzertifikate Indexzertifikate sind juristisch gesehen Bankschuldverschreibungen, deren Ertrag aber anders als bei konventionellen Bankanleihen nicht in Zinszahlungen besteht, sondern an die Entwicklung eines Index (zumeist eines Aktienindex) gebunden ist. Ihr Renditeprofil ist daher mehr oder weniger mit dem eines Indexfonds oder ETF identisch. Die wesentlichen Unterschiede zwischen Indexzertifikaten und Indexfonds/ETFs sind wie folgt:

Aufgrund ihrer juristischen Struktur als Bankschuldverschreibungen unterliegen Indexzertifikate einem Bonitätsrisiko (dem Konkursrisiko der Emissionsbank). Dieses Risiko wird von sehr vielen Zertifikateanlegern leider unterschätzt;[41] es trifft insbesondere Anleger, die das Produkt für die langfristige Vermögensbildung/Altersvorsorge halten. Es empfiehlt sich daher, nicht mehr als 5 Prozent seines Gesamtvermögens in Zertifikate einer einzelnen Bank zu investieren und nicht mehr als 15 Prozent seines Vermögens in Zertifikate insgesamt. Von einem passiven Portfolio, das überwiegend aus Zertifikaten besteht, ist aus Risikogründen dringend abzuraten.

Viele Indexzertifikate haben eine begrenzte Laufzeit, sodass am Ende der Laufzeit »Wechselkosten« entstehen.

Die Mehrzahl der Indexzertifikate bezieht sich auf sogenannte → Kursindizes im Gegensatz zu → Performance-Indizes. Von diesen Zertifikaten ist ebenfalls abzuraten, da ihre effektive Gesamtkostenbelastung unter Berücksichtigung der nicht an den Anleger weitergereichten Dividenden sehr ungünstig ist. Durch Nichtausschüttung der Dividenden entgeht dem Anleger eine Rendite zwischen 0,5 Prozent und 3,5 Prozent p.a. (also weitaus mehr als die typische Verwaltungsgebühr bei Indexfonds und ETFs). Zu bevorzugen sind daher →»Plain-Vanilla«-Zertifikate, also Indexzertifikate, die vollständig an der Entwicklung eines Aktienindex partizipieren.

Darüber hinaus werden auch sogenannte strukturierte Zertifikate (auch »Exoten« genannt) angeboten. Was ist von diesen zu halten? Kurz gesagt: gar nichts. Doch zunächst ein kurzer Blick auf ihre Eigenschaften: In ihrer einfachsten Form handelt es sich um Zertifikate mit einem »Cap« (Renditebegrenzung, aber reduzierter Preis), einem »Floor« (Garantie- oder Discountzertifikat, aber erhöhter Preis) oder einem »Collar«/Kragen (Kombination aus Cap- und Floor-Zertifikat). Es gibt wahrscheinlich Hunderte unterschiedlicher Zertifikatetypen – zu viele, um noch die Übersicht behalten zu können. Sie firmieren unter diversen illustren Namen: Rolling-Lock-In-Zertifikate, Hebelzertifikate, Strategiezertifikate, →Basket-Zertifikate, Bonus-Zertifikate, Chamäleon-Zertifikate usw. Allen diesen Zertifikaten ist gemein: Sie versprechen mehr Rendite, als sie bieten, ihre offen ausgewiesenen oder versteckten Kosten sind höher als bei einfachen Indexzertifikaten, ihre tatsächliche Risiko-Rendite-Kombination ist zum Teil kaum zu beurteilen und sie passen nicht in ein Indexing-Portfolio, wie wir es in diesem Buch befürworten. Daneben gelten natürlich auch für sie die Nachteile, die Zertifikate generell gegenüber Indexfonds und ETFs haben (siehe obige Darstellung sowie Tabellen 25 und 26).

Wie sollte man nun zwischen den drei Anlageformen auswählen? Wir empfehlen, die Anlageentscheidung anhand folgender Kriterien zu treffen:

- Zunächst nach der optimalen Asset-Klasse Ausschau halten, also dem jeweils passenden Index;
- diejenige (nach Möglichkeit passive) Anlageform wählen, die die gewünschte Asset-Klasse am genauesten abdeckt;
- unter denjenigen Produkten, die nach Schritt (2) grundsätzlich infrage kommen, dasjenige mit den niedrigsten Gesamtkosten wählen (wichtig hierbei: laufende Kosten schlagen langfristig viel stärker zu Buche als einmalige Kosten);

- im Falle von Zertifikaten unsere obige Empfehlung hinsichtlich der maximalen Anlagequote beachten;
- bei alledem berücksichtigen, dass im Zweifel »Einfachheit« stets besser ist als Komplexität, dass Sie das gewählte Produkt wirklich verstehen sollten, dass Kostentransparenz überaus wichtig ist und dass letztlich das Gesamtportfoliorisiko zählt, nicht das Einzelproduktrisiko.

Tabelle 25 vergleicht die drei Anlageprodukte aus Sicht eines passiv orientierten Anlegers, sie ignoriert daher aktive Investmentformen jeder Art. Tabelle 26 wiederum gibt einen Überblick über die Kosten alternativer Indexanlagen. Sämtliche Kostenangaben sind als Durchschnittswerte zu betrachten. Es liegt auf der Hand, dass je nach konkretem Anlageprodukt und Vertriebskanal große Abweichungen möglich sind. Alle Angaben beziehen sich auf den deutschen Markt.

Tabelle 25: Vergleich der wichtigsten in Deutschland zugelassenen Indexanlagen

Vergleichskriterien	Konventionelle Indexfonds	Passive Exchange Traded Funds (ETFs)	Indexzertifikate	Erläuterungen
Produktvielfalt	ca. 150 auf dem deutschen Markt zugelassene Produkte	ca. 200	ca. 1500 Plain-Vanilla-Indexzertifikate (strukturierte Zertfikate nicht berücksichtigt)	Ein Großteil der zugelassenen Produkte in allen drei Kategorien bezieht sich auf denselben Index, sodass die »echto« Produktvielfalt wesentlich geringer ist, als es diese Zahlen suggerieren. Unter den fast 200 000 Zertifikaten, die es auf dem deutschen Markt inzwischen gibt, ist nur eine Minderheit reine Indexzertifikate ohne besondere Strukturelemente.

Vergleichskriterien	Konventionelle Indexfonds	Passive Exchange Traded Funds (ETFs)	Indexzertifikate	Erläuterungen
Emittentenrisiko (Zahlungsaus-fallsrisiko des Emittenten)	keines	keines	Volles Kreditrisiko (Emittenten-risiko) der emittierenden Bank. Gerät diese in eine Schieflage, droht im schlimmsten Falle der Totalverlust des Indexzertifi-kates.	Ein Emittentenri-siko besteht bei Indexfonds und ETFs nicht, da das Fondsver-mögen reines Treuhandvermö-gen ist.
Laufzeit	unbegrenzt	unbegrenzt	in der Regel auf wenige Jahre begrenzt, aber zunehmend werden auch unbegrenzte Zertifikate angeboten	Zertifikate mit Laufzeitbegren-zung weisen den Hauptnachteil auf, dass bei Verlängerungs-wunsch erneute Erwerbskosten entstehen.
Rechtsform	Sondervermögen unter dem KAAG, daher von der Konkursmasse der Fondsgesell-schaft getrennt.	Sondervermögen unter dem KAAG, daher von der Konkursmasse der Fondsgesell-schaft getrennt.	rechtlich eine Bankschuldver-schreibung, fällt somit in die Kon-kursmasse der Emissionsbank; nicht Teil eines Einlagensiche-rungsfonds der Banken	
Börsenhandel, Notierung, Depotbewertung	Kein Börsen-handel; Fonds-anteile werden direkt von der Fondsgesell-schaft erworben und an diese zurückverkauft. Kursfeststellung nur einmal täglich um ca. 16 Uhr. Kaufpreis ist daher der Kurs des Vortages. Depotwert wird nur einmal am Tag aktualisiert.	Fortlaufender Börsenhandel, daher fortlaufende Kursnotierung während der Börsenhandels-zeit. Depotwert wird laufend aktualisiert.	Fortlaufender Börsenhandel, daher fortlaufende Kursnotierung während der Börsenhandels-zeit. Depotwert wird laufend aktualisiert.	Die Abwicklung eines Trades (Kauf, Verkauf) geschieht bei einem börsengehan-delten Produkt gegenüber einem Invest-mentfonds deutlich schnel-ler (im besten Fall sofort bei Börsenhandel im Vergleich zu ein bis drei Werktagen bei konventionellen Investment-fonds). Für Langfristanleger spielt dieser Unterschied jedoch keine Rolle.

Vergleichskriterien	Konventionelle Indexfonds	Passive Exchange Traded Funds (ETFs)	Indexzertifikate	Erläuterungen
Sparpläne verfügbar?	oft	oft	gelegentlich	
Ist das Produkt in Deutschland auch für die Asset-Klassen Anleihen, Immobilien und Rohstoffe verfügbar?	Für Anleihen sind einige wenige Index-fonds auf dem deutschen Markt zugelassen, für Rohstoffe u.w. ein einziger Rohstoff-Index-Aktienfonds.	Für Anleihen gibt es inzwi-schen eine Reihe von ETFs. Ferner gibt es ETFs auf Immobilien- und Rohstoffindizes.	ja	

Tabelle 26: Die wesentlichen Kostenelemente von Indexanlagen

	Konventionelle Indexfonds	Passive Exchange Traded Funds (ETFs)	Indexzertifikate	Erläuterungen	Wie werden Kosten dem Anleger belastet?
Einmalige Kosten (in % des Anlagevolumens)					
Ausgabe-aufschlag (Erwerbs-kosten)	1–5% (Reduktion um 50–75% und mehr möglich bei Erwerb des Fonds über eine Direktbank, Fondsbörse oder einen Fondssu-permarkt). Indexfonds sind hier zumeist um rund die Hälfte günstiger als aktive Fonds (Angebote, bei denen das nicht der Fall ist, nach Möglichkeit meiden).	nein (bei Kauf an der Börse); ETFs sollten auf keinen Fall direkt bei der Fondsge-sellschaft erworben werden, da diese i.d.R. einen Ausga-beaufschlag erhebt.	nein		wird beim Kauf vom Anlagebetrag abgezogen
Courtagen, Provisionen (sowohl bei Kauf als auch bei Verkauf zu zahlen)	nein	ca. 0,25–1%	ca. 0,25–1%	Die meisten Banken und Direktbanken verlangen einen Mindest-betrag von ca. 15 Euro.	wird beim Kauf vom Anlagebetrag abgezogen

	Konventionelle Indexfonds	Passive Exchange Traded Funds (ETFs)	Indexzertifikate	Erläuterungen	Wie werden Kosten dem Anleger belastet?
Geld-Brief-Spanne (hälftig je beim Kauf und beim Verkauf zu zahlen)	nein	0,05–0,75 %	0,1–1 %[42]	Die Geld-Brief-Spanne kann sich im Zeitablauf für ein gegebenes Wertpapier ändern.	Die Differenz zwischen Geldkurs (Kauf) bzw. Briefkurs (Verkauf) zum Marktkurs wird beim Kauf bzw. Verkauf vom Transaktionsbetrag abgezogen.
Laufende Kosten (in % des Anlagevolumens)					
Verwaltungsgebühr	0,5–2 %. Bei aktiven Aktienfonds liegen diese Kosten fast immer deutlich über denen von Indexfonds.	0,25–0,7 %	i.d.R. keine (aber mit vielen Ausnahmen)	Diese Angaben gelten nur für Indexaktienanlagen. Bei Indexfonds und ETFs auf Anleihen ist die Verwaltungsgebühr deutlich niedriger.	wird mit dem Fondsvermögen verrechnet
Depotkosten (des Institutes, das das Anlegerkonto führt)	0–0,15 % p.a. des jahresdurchschnittlichen Anlagevolumens; bei konventionellen Filialbanken gelegentlich mehr	0–0,15 % p.a. des jahresdurchschnittlichen Anlagevolumens; bei konventionellen Filialbanken gelegentlich mehr	0–0,15 % p.a. des jahresdurchschnittlichen Anlagevolumens; bei konventionellen Filialbanken gelegentlich mehr	Diese Kosten sind prinzipiell unabhängig vom gewählten Produkt; überwiegend gilt ein Mindestpreis von 15 Euro p.a.	werden dem Anleger- oder Depotkonto belastet
Depotbankkosten (nicht zu verwechseln mit Depotkosten)	0,15–0,5 % des jahresdurchschnittlichen Anlagevolumens	0,15–0,5 % des jahresdurchschnittlichen Anlagevolumens	nein	Das Vermögen von Investmentfonds muss die Fondsgesellschaft aus gesetzlichen Gründen bei einer dritten Bank führen und diese dafür bezahlen.	werden mit dem Fondsvermögen verrechnet

	Konventionelle Indexfonds	Passive Exchange Traded Funds (ETFs)	Indexzertifikate	Erläuterungen	Wie werden Kosten dem Anleger belastet?
Wertpapier-handelskosten (innerhalb des Fonds)	s. Spalte »Erläuterungen«	s. Spalte »Erläuterungen«	Formal gesehen fallen keine internen Wertpapier-handelskosten bei Indexzertifikaten an, da die Emissionsbank die Wertpapiere, die der Index repräsentiert, physisch vorhalten kann (aber nicht muss).	Diese Kosten werden nicht ausgewiesen und sind auch nicht in dem teilweise veröffentlichten Total Expense Ratio (Gesamt-kostenquote) enthalten. Bei aktiven Aktienfonds betragen diese Kosten rund 0,7 % p.a. oder mehr, bei Indexfonds zumeist nur ein Zehntel hiervon.	werden direkt mit dem Fondsvermö-gen verrechnet und sind daher bereits in der Performance des Anlage-produktes enthalten.
Dividenden	Fließen an den Anleger und werden entweder ausgeschüttet oder dem Fondsver-mögen gut-geschrieben (thesauriert). Dabei spielt es keine Rolle, ob sich der Fonds auf einen Kursindex oder Performance-Index bezieht: Die Dividenden müssen aus gesetzlichen Gründen in jedem Fall an den Anleger fließen.	Analog zu kon-ventionellen Indexfonds.	Bei den meisten Zertifikaten behält die emittierende Bank die Dividenden ein. Soweit das nicht der Fall ist (bei den eher seltenen Performance-Indexzertifi-katen), werden die Zertifikate gegenüber dem Marktkurs mit einem Aus-gabeaufschlag gehandelt.	Dies sind zweifelsohne keine Kosten, sondern Erträge. Ihre Einbehaltung durch die Emis-sionsbank bei den meisten Zertifikaten wirkt sich jedoch wie eine laufende Verwaltungs-gebühr aus. Die Dividenden können zwischen etwa 0,5 % und 3,5 % des Anlagebetra-ges betragen, je nach Index (siehe → Dividenden-rendite). In-sofern können einbehaltene Dividenden den Zertifi-katvorteil der fehlenden Verwaltungs-gebühr mehr als aufheben.	–

	Konventionelle Indexfonds	Passive Exchange Traded Funds (ETFs)	Indexzertifikate	Erläuterungen	Wie werden Kosten dem Anleger belastet?
Steuerliche Behandlung	s. Abschnitt 4.8	s. Abschnitt 4.8	s. Abschnitt 4.8	–	–

Wie die Praxis zeigt, sind Zertifikate und ETFs keinesfalls grundsätzlich kostengünstiger als Indexfonds, wie in der Presse fälschlicherweise oft zu lesen ist. Insbesondere strukturierte Zertifikate (im Unterschied zu einfachen Indexzertifikaten) erweisen sich dabei als kostenmäßige Mogelpackung. Karl Matthäus Schmidt, ehemaliger Vorstands-Chef der Consors Direktbank, beziffert die offenen und versteckten jährlichen Kosten strukturierter Zertifikate (zum Beispiel Bonus-, Garantie- und Discountzertifikate) auf bis zu 4 Prozent p.a. (*FAZ*, 27.3.2007).

3.2 Auch risikoscheue Anleger sollten in Schwellenländer investieren

»Die Efficient-Market-Theorie und die statistische Portfoliooptimierung legen nahe, dass Anleger eine nennenswerte Allokation in Schwellenländeraktien vornehmen sollten.«

Dr. Yessim Tokat, Fondsgesellschaft Vanguard

Die Einschätzung, dass Schwellenländerinvestments in Form von Investmentfondsanlagen für risikoscheue und konservative Anleger nicht geeignet seien, ist in der Investmentbranche geradezu ein Dogma. Diese scheinbar vernünftige und sicherheitsorientierte Empfehlung unterlegen die ach so erfahrenen Praktiker gerne mit »harten Zahlen«, wie etwa mit Beispielen hoher Renditeschwankungen und Volatilitäten für einzelne Emerging-Markets-Aktien, -Anleihen oder -Investmentfonds. Ein vorsichtiger Anleger muss zwangsläufig zu dem Schluss kommen, dass Schwellenländeranlagen nur etwas für »Zocker« seien.

So sehr diese Auffassung auf den ersten Blick auch einleuchten mag, so grundfalsch ist sie. Umgekehrt wird ein Schuh daraus: Wer sein Portfoliorisiko (also das Gesamtrisiko seines Depots – und nur auf dieses kommt es an)[43] bei einer gegebenen Renditeerwartung weitestmöglich reduzieren will, wer also *konservativ* investieren möchte, sollte auch in breit gestreute Emerging-Market-Anlagen investieren. Warum? Die Korrelation zwischen Schwellenländeraktien und Industrieländeraktien ist niedriger als diejenige zwischen den wichtigsten Industrieländerregionen. Diesen höheren Diversifikationsvorteil von Schwellenländeraktien gilt es auszunutzen (Korrelation der Jahresrenditen in Euro über die letzten 19 Jahre: MSCI Europa mit MSCI USA = 0,9, Korrelation zwischen MSCI Europa und MSCI Emerging Markets = 0,5).[44] Während des Aktien-Crashs von 2000 bis Ende 2002 verloren Schwellenländeraktien (in Euro) rund 30 Prozent an Wert, während der DAX um fast 60 Prozent absackte.

Schwellenländer liefern bei sehr langfristiger Betrachtung die höchsten Renditen aller wesentlichen Aktien-Asset-Klassen (siehe Tabelle 27). Die Überrendite der Schwellenländer ist zwar nicht periodenspezifisch, sie kann sich aber auch über Zeiträume von fünf Jahren und mehr in eine zeitweilige Unterrendite verkehren.

Tabelle 27: Reale und nominale Renditen ausgewählter Asset-Klassen (auf Euro-Basis), 1988–2006*

	Schwellen-länder-aktien	Neben-werte, global	Standard-werte, Value, global	MSCI World**	Deutsche Staats-anleihen
Reale Rendite p.a.	11,9%	9,8%	7,6%	6,2%	4,1%
Nominale Rendite p.a.	14,2%	12,1%	9,9%	8,4%	6,3%
Risiko (Standardabw.)	36%	19%	18%	19%	5%

Daten: MSCI Barra, Bundesbank

* Schwellenländerdaten vor 1988 nicht verfügbar.
** Der MSCI-Welt-Index ist ein »Growth-lastiger« Standardwerte-Index (nur Industrieländer).

Beachten Sie, dass Schwellenländer nicht *trotz* ihres größeren Schwankungs- und Verlustrisikos höhere durchschnittliche Renditen als die entwickelten Märkte aufweisen, sondern *weil* sie riskanter sind. Dieses höhere Risiko spiegelt sich im Allgemeinen in einem um die Hälfte niedrigeren Kurs-Gewinn-Verhältnis der Emerging-Market-Indizes wider.

Aufgrund des relativ hohen Risikos von Schwellenländeraktien sollte der Anleger stets in *alle* Schwellenländer investieren (der MSCI Emerging Markets umfasst derzeit 33 Länder), nicht nur in einige wenige und auf keinen Fall nur in einzelne Schwellenländeraktien. So zeigt beispielsweise ein Vergleich der Langfristrenditen chinesischer und brasilianischer Aktien, wie falsch derjenige liegen kann, der sich einzelne »modische« Schwellenländer herauspickt: Während der MSCI China im Zeitraum von 1993 bis 2006 eine reale geometrische Rendite von −4,7 Prozent lieferte, warfen brasilianische Aktien gemessen am MSCI Brasilien 18,4 Prozent Rendite ab. Besonders krass fällt der Renditeunterschied aus, wenn man nur die Periode von 1993 bis 1999 betrachtet: −12 Prozent im Fall Chinas stehen hier 24,7 Prozent im Fall Brasiliens gegenüber. Brasilien zeigte im betrachteten Zeitraum gegenüber China also exzellente Aktionärsrenditen, obwohl das Land ein weitaus geringeres Wirtschaftswachstum aufweist, eine höhere Inflation, höhere Arbeitslosigkeit, mehr Staatsverschuldung, mehr (aufgedeckte) politische Skandale, ausgeprägtere Minderheitenprobleme, mehr Kriminalität usw. Eine Analysten-Kaufempfehlung für brasilianische Aktien war bis Ende 2005 kaum anzutreffen, dagegen wurde China als Hätschelkind der Analystengemeinde schon seit Ende der neunziger Jahre laufend angepriesen.

Fazit: Auch risikoscheue Anleger sollten 10 bis 20 Prozent des *risiko behafteten* Teiles ihres Portfolios in die Aktienmärkte der Schwellenländer investieren (der Schwellenländeranteil am *Gesamtportfolio* sinkt naturgemäß deutlich unter diesen Satz, wenn die risikolose Anlage beigemischt wird). Dies geschieht am einfachsten durch den Erwerb von Anteilen eines weltweit anlegenden, breit diversifizierten Emerging-Market-Indexfonds oder ETFs mit möglichst niedrigen Gebühren.

3.3 Nebenwerte- und »Value«-Aktien schlagen herkömmliche Blue-Chips

»Warum sollte jemand die Aktien eines durchschnittlichen oder schlechten Unternehmens kaufen, wenn er ebenso diejenigen einer hervorragenden Firma kaufen könnte? Die Antwort ist einfach: Die Aktienpreise spiegeln diese relativen Unterschiede wider.«

Ron Ross, Finanzökonom, Bestsellerautor, Anlageberater

Betrachten wir das Beispiel USA: Dort gibt es ungefähr 6 500 börsennotierte Aktiengesellschaften mit einer Gesamtmarktkapitalisierung von rund 13 000 Milliarden US-Dollar. In die 4 000 kleinsten dieser 6 500 Unternehmen, die sogenannten »Micro-Caps« – also zahlenmäßig fast 62 Prozent aller gelisteten Unternehmen – investiert praktisch kein Kleinanleger und es gibt nur eine Hand voll amerikanische Publikumsfonds unter Tausenden, die dieses Segment abdecken. Kein einziger dieser Fonds ist in Deutschland zugelassen, obwohl Micro-Caps alle anderen Größenklassen zum Beispiel im Zeitraum von 2003 bis 2006 deutlich outperformt haben.

Tabelle 28: Aufteilung des amerikanischen Aktienmarktes nach Unternehmensgröße

Reihenfolge der Unternehmen nach Marktkapitalisierung	Gängige Bezeichnung / Klassifizierung[45]	Anteil an der Gesamtmarktkapitalisierung (in US-Dollar)	Nominale Rendite 2001–2006 p.a. (US-Dollar)	Bemerkungen
1–500 (S&P 500-Index)	Large-Caps (Standardwerte, Blue-Chips)	ca. 80 %	5,9 % p.a.	Standardwertefonds investieren in diese Größenklasse
501–2 500	Mid-Caps und Small-Caps (Nebenwerte) mit einer Marktkapitalisierung von 400 Mio. bis ca. 5 Mrd. US-Dollar	ca. 16 %	12,8 % p.a.	Nebenwertefonds (Small-Cap-Funds) investieren in diese Größenklasse
2 501–6 500	Micro-Caps (Kleinstunternehmen) mit einer Marktkapitalisierung von 1 Mio. bis 400 Mio. US-Dollar	ca. 4 %	15,3 % p.a.	Kaum Publikumsfonds vorhanden, die in diese Größenklasse investieren

Quelle: www.indexuniverse.com, »Much Ado About Microcaps« (Renditedaten von DFA)

Ähnliches dürfte auch für die meisten anderen Aktienmärkte der Welt gelten. Die Mehrzahl der Anleger nimmt daher wenig oder keine Notiz von Nebenwerten und Micro-Caps, obwohl diese Asset-Klassen langfristig bessere Renditen liefern als Standardwerte und obwohl sie zahlenmäßig das Gros der Wirtschaft ausmachen. Das Problem: Kein Mensch kennt diese Unternehmen und sie taugen selten für spektakuläre Schlagzeilen in den Medien.

Auch ein Vergleich zwischen Nebenwerten und Standardwerten auf globaler Basis (Schwellenländer versus Industrieländer) belegt die hohe Attraktivität von Nebenwerteaktien, wie Tabelle 27 im vorigen Abschnitt illustriert. Nebenwerteaktien (im Wesentlichen repräsentiert durch die mittlere Kategorie in Tabelle 28) haben in den letzten 19 Jahren eine um 3,6 Prozentpunkte höhere Jahresrendite erwirtschaftet als Standardwerte (MSCI World). Ihr Risiko ist höher als das von Blue-Chips, doch dieses höhere Risiko wird langfristig durch bessere Renditen belohnt.

Ähnlich verhält es sich mit »Growth-« und »Value«-Aktien, wie wir bereits in Abschnitt 2.7 festgestellt haben: Value-Aktien, oft als »Krisenaktien« oder Substanzwerte bezeichnet, genießen bei den Anlegern wenig Sympathie, zeigen aber gegenüber Growth-Aktien solider Unternehmen langfristig einen klaren Renditevorsprung. Dieser sogenannte »Value-Effekt« wurde für die meisten Regionen, Branchen und Aktiengrößenklassen nachgewiesen. Ein Renditevergleich auf Jahresbasis belegt allerdings, dass der Value-Effekt sehr »launisch« ist, das heißt, er zeigt sich nicht in jeder Teilperiode. So rentierten Growth-Aktien in den neunziger Jahren über viele Jahre hinweg besser als Value-Aktien. In der damals von den modegetriebenen Medien proklamierten »New Economy« galt der Value-Effekt als endgültig passé.

Auch hier gilt das bereits bekannte Prinzip: Der Value-Effekt basiert auf dem höheren Risiko von Value-Aktien, er ist also nicht gratis.

Fazit: Für langfristig orientierte Anleger mit einem über mehrere Asset-Klassen hinweg diversifizierten Portfolio lohnt es sich, auch in Nebenwerte und Value-Aktien zu investieren, sofern entsprechende kostengünstige passive Indexanlagen existieren. (Die erhöhten Kosten aktiver Anlageprodukte fressen einen großen Teil der Renditeeffekte wieder auf.) Solche Low-Cost-Produkte sind inzwischen auf dem deutschen Markt verfügbar. Interessierte Anleger sollten dabei im Auge behalten, dass mit den langfristig höheren Renditen auch höhere Risiken einhergehen und dass sich diese Risiken auch in mehrjährigen Zeitfenstern materialisieren können, Large-Caps und Growth-Aktien also über mehrere Jahre hinweg bessere Renditen als Small-Caps und Value-Werte liefern können.

3.4 Rohstoff-Investments lohnen sich – aber die meisten Anleger machen es falsch

»Rohstoffinvestments gelten als Depot-Versicherung gegen Inflation, Krieg und Terrorgefahren, zumal sie eine niedrige Korrelation zu den Aktienmärkten aufweisen.«

Handelsblatt, 2.12.2004

Ab etwa 1999 zogen die meisten Rohstoffpreise spürbar an. Knapp vier Jahre später bemerkten die Banken, Fondsgesellschaften und Finanzmedien diese Entwicklung, und schon war eine neue Modewelle geboren. Die Zertifikateabteilungen von Banken und Fondsgesellschaften begannen ab Anfang 2003 zunächst zögerlich, dann immer schneller und zuletzt frenetisch rohstoffbezogene Anlageprodukte aufzulegen, sodass in Deutschland nunmehr über 500 Rohstoffzertifikate existieren. Finanzautoren schrieben dicke Bücher über Rohstoffe,[46] und die Finanzmedien starteten eine nie gesehene Nachrichtenlawine zu Rohstoffthemen. Die Rohstoffmanie dauert bis heute an, obgleich sie inzwischen etwas abgekühlt ist, denn in 2006 mussten ölbezogene Rohstoff-Investmentprodukte zumindest in Euro gerechnet einen deutlichen Renditeknick hinnehmen, der sie in negatives Terrain führte.

In diesem Abschnitt wollen wir zunächst den Mythos von den beständig steigenden Rohstoffpreisen mithilfe von Fakten widerlegen. Anschließend zeigen wir, warum Rohstoffe trotz langfristig mangelhaften Preissteigerungspotenzials innerhalb eines korrekt diversifizierten, kostengünstigen Buy-and-Hold-Portfolios ein durchaus sinnvolles Investment sein können und worauf man bei der Auswahl des geeigneten Investmentprodukts achten muss.

»Rohstoffe werden knapp und daher immer teurer.« Stimmt diese Aussage? Definitiv nicht. Der weltgrößte Bergbaukonzern BHP Billiton hat 2005 eine Grafik zur Entwicklung der Rohstoffpreise von 1801 bis 2004 veröffentlicht (die wir aus Copyright-Gründen leider nicht abdrucken können). Sie zeigt eindeutig, dass der langfristige Rohstoffpreistrend (in US-Dollar) bereits ab etwa 1870 (als sich die industrielle Revolution ihrem Ende zuneigte) nach unten zeigt. Rohstoffe werden mithin immer billiger (die Weltbevölkerung wuchs auch im 19. Jahrhundert bereits stark). Lediglich der Zweite Weltkrieg führte zu einem kurzfristigen, aber eben nur vorübergehenden Preisanstieg. Anfang 2007 lagen die Rohstoffpreise mit Ausnahme der Ölpreise real (inflationsbereinigt) sehr deutlich sowohl unter ihrem 200-Jahre- wie auch unter ihrem 50-Jahre-Durchschnitt. Im Großen und Ganzen gilt auch, dass die bekannten Rohstoffvorkommen keineswegs schrumpfen, wie es mitunter in populistischen Medienberichten heißt, sondern langfristig durch neue Funde zunehmen.

Tabelle 29 belegt dies anhand der Entwicklung des Reuters-CRB-Rohstoffindex seit 1970.[47] Die reale, durchschnittliche Preisveränderung (in Euro) im Verlauf der angegebenen 37 Jahre, die überdies zwei Ölpreisexplosionen einschließen, lag kurioserweise bei genau 0,0 Prozent (!), das heißt, inflationsbereinigt sind Rohstoffpreise in Euro von 1970 bis Ende 2006 um keinen Deut gestiegen (in US-Dollar sanken die realen Preise sogar um 0,8 Prozent p.a.). Gegenüber dem 200-Jahres-Durchschnitt stellt das noch eine relativ gute Performance dar, denn der (reale) Langfristtrend ist bekanntermaßen negativ. An diesen Fakten wird alles Marktgeschrei der Finanzmedien und der Zertifikateindustrie nichts ändern. Schade, dass selbst das an sich seriöse und kompetente *Handelsblatt* in das Gerede von der angeblichen »Rohstoffpreisexplosion« einstimmt: Wie auch andere Blätter hat es 2006 den Ölpreis, der in der Spitze etwa 77 Dollar pro Fass erreichte, mehrfach als »historischen Rekordpreis« bezeichnet. Diese Behauptung ist falsch. In heutigem Geld gerechnet lag der jahresdurchschnittliche Ölpreis 1980 bei knapp 90 Dollar.

Ändert die Betrachtung von Einzelrohstoffen anstelle eines Index etwas am Gesamtbild? Hier einige Zahlen zur Entwicklung der beiden langfristig rentabelsten Rohstoffe Öl und Gold, beide im Reuters-CRB-Index enthalten: Öl wies eine reale Preisrendite in Dollar von 2,7 Prozent p.a. über die letzten 60 Jahre und 3,6 Prozent über die letzten 37 Jahre auf, für Gold lag der entsprechende Wert bei 3,3 Prozent in den letzten

Tabelle 29: Der Reuters-CRB-Rohstoffpreisindex, 1970–2006

	CRB-Commodity-Index (in Euro)
Reale geometr. Rendite p.a.	
1970–1979	1,8%
1980–1989	-3,0%
1990–1999	-1,7%
2000–2006	4,2%
Gesamtzeitraum (1970–2006)	0,0%
Nominale geometr. Rendite p.a.	3,0%
Std.-abw. der Jahresrenditen	17,1%
Niedrigste jährl. Einzelrendite	-25%
Anteil der Jahre mit neg. Rendite	43%

Quelle: www.crbtrader.com

37 Jahren und 3,1 Prozent in den letzten zehn Jahren (jeweils in US-Dollar).

Trotz dieser eher bescheidenen Preis-Performance (über die wir als Konsumenten von Rohstoffen ja froh sein können) passen Rohstoffe unter bestimmten Umständen durchaus in ein indexbasiertes Anlagen-Portfolio. Anlagen in Rohstoffe haben nämlich den großen Vorteil, neben Geldmarktanleihen und kurzlaufenden Staatsanleihen diejenige Asset-Klasse mit der niedrigsten Korrelation zu Aktien zu sein. Diese liegt nahe null oder ist sogar leicht negativ (siehe Anhang). Ferner scheint sie in Börsenabschwungsphasen oder politischen Krisenzeiten sogar noch weiter zu sinken (im Unterschied zu allen anderen Asset-Klassen, ausgenommen Geldmarktanlagen und kurzlaufende Staatsanleihen). Eine niedrige Korrelation zu Aktien ist eine wertvolle Eigenschaft, die dazu beiträgt, das Risiko in einem gemischten Portfolio zu senken. Neben dieser niedrigen Korrelation liefern Rohstoffe eine höhere Rendite als Geldmarktanleihen und kurzlaufende Staatsanleihen, sofern man in das *richtige* Rohstoffanlagevehikel investiert: Rohstoff-Terminkontrakte, neudeutsch als Rohstoff-Futures bezeichnet. Man kann inzwischen sehr bequem über ETFs in diesen spezifischen Rohstoffaspekt investieren.

Rohstoff-Terminkontrakte sind nicht identisch mit Direktanlagen in Rohstoffen, wie sie vielen (schlechten) Rohstoffzertifikaten zugrunde liegen. Diese Unterscheidung ist wichtig. Man sollte dabei einen Rohstoff-Futures-Index wählt, der zwar alle Rohstoffklassen abdeckt, aber dennoch seinen Schwerpunkt auf Öl legt, denn Öl (und Erdgas) spielen innerhalb des Rohstoffspektrums wirtschaftlich eine Sonderrolle und weisen tatsächlich auch die langfristig beste Preisperformance aller Rohstoffe auf (zusammen mit Gold). Ein solches Produkt ist der Rohstoff-ETF auf den GSCI TR (Goldman Sachs Commodity Index / Total-Return-Variante) von Axa Investment Managers (in Abschnitt 4.3 nennen wir die Produktdaten). Im Anhang sind die Jahresrenditen des GSCI TR-Index aufgeführt, die deutlich über denen des oben genannten Reuters-CRB-Rohstoffpreisindex liegen (auf den es ebenfalls Anlageprodukte gibt). Der Renditeunterschied zwischen den beiden Indizes hat seine Ursache darin, dass der GSCI TR Öl und Erdgas sehr viel stärker gewichtet, und darin, dass ihm ein Futures-Total-Return-Index[48] zugrunde liegt, kein reiner Preisindex wie der Reuters-CRB.

Interessierte Anleger sollten nicht mehr als 10 Prozent des risikobehafteten Teiles ihres Portfolios in Rohstoffe investieren – und auch nicht darüber erstaunt sein, wenn Rohstoffe über längere Zeiträume hinweg negative Renditen liefern, während der Aktienmarkt boomt (wie zum Beispiel 2006). Eine derartige Entwicklung ist Ausdruck der erwünschten niedrigen Korrelation zwischen den beiden Asset-Klassen.

3.5 Immobilien-Investments: oft, aber nicht immer, sinnvoll

»Immobilien sind eine der wenigen Asset-Klassen, die eine niedrige Korrelation mit Aktien und Anleihen haben.«

Prof. Rick Ferry, Geschäftsführer von Portfolio Solutions LLP

Über Immobilien gibt es besonders viele allgemein akzeptierte Auffassungen, die zu den Fakten oft in kuriosem Widerspruch stehen. Das mag daran liegen, dass Immobilien die scheinbar am leichtesten zu verstehende Asset-Klasse sind. Im Unterschied zu Wertpapieren und Fonds hat ja buchstäblich jeder damit zu tun – der Mieter einer kleinen Einzimmerwohnung in Kleinkleckersdorf genauso wie der Multimillionär, der von seiner Villa am Genfer See aus seine weltweiten Unternehmensbeteiligungen steuert. In diesem Abschnitt wollen wir untersuchen, welche Rolle Immobilien als besondere Asset-Klasse in einem diversifizierten Portfolio spielen können.

Doch zuvor lohnt sich ein kurzer Blick auf die langfristigen Renditen deutscher, britischer, europäischer und amerikanischer Immobilien (Tabelle 30). Im Vergleich der Renditen untereinander, aber auch mit anderen Asset-Klassen (siehe Anhang), fallen die folgenden Punkte auf:[49]

Tabelle 30: Internationale Immobilienrenditen (ohne »Leverage«) im Vergleich

	Immobilien Deutschland, 1989–2006 (in Euro)	Immobilien Großbritannien, 1981–2006 (in Euro)	Immobilien Westeuropa, 1988–2006 (in Euro)	Immobilien USA, 1978–2006 (in Euro)
Reale geometr. Rendite p.a.	3,0%	7,1%	4,3%	7,3%
Nominale geometr. Rendite p.a.	5,3%	9,5%	6,4%	9,9%
Std.-abw. der Jahresrenditen	n.v.	13%	18%	16%
Sharpe-Ratio	0,1	0,5	0,2	0,4
Niedrigste jährl. Einzelrendite	–6%	–15%	–16%	–12%
Anteil der Jahre mit neg. Rendite	22%	23%	21%	28%
Reale geometr. Rendite p.a.				
1980–1989	n.v.	7,5%	n.v.	10,4%
1990–1999	–1,0%	6,7%	2,4%	5,2%
2000–2006	1,3%	7,8%	7,4%	6,1%

Daten: www.ipdindex.co.uk, www.ellwanger-geiger.de, www.ncreif.com

■ Deutsche Immobilien haben international gesehen bisher kümmerliche Langfristrenditen gezeigt, lediglich japanische Immobilien waren noch schlechter (was unterstreicht, wie wertvoll internationale Diversifikation ist).

■ Internationale Immobilienrenditen liegen auf lange Sicht gesehen zwischen der Rendite von Staatsanleihen mit langer Laufzeit und derjenigen von Standardwerteaktien.

■ Die Renditen britischer und amerikanischer Immobilien waren in den vergangenen 19 beziehungsweise 26 Jahren und auch in den letzten zehn Jahren phänomenal hoch. Relative Unterrenditen in der nahen und mittelfristigen Zukunft sind deshalb nicht auszuschließen (»Bubble-Alarm«).

Bei Immobilien muss man zwischen reinen Asset-Klassen-Renditen (wie hier dargestellt) und »geleveragten« (teilweise kreditfinanzierten) Renditen unterscheiden. (Letztere sind langfristig höher als Renditen ohne Leverage, aber auch risikoreicher, das heißt volatiler.) Was ist damit gemeint?

Die überwältigende Mehrzahl aller konventionellen Immobilienanlagen – gemeint sind Käufe einer einzelnen Immobilie zum Zwecke der Eigennutzung oder Vermietung – wird mit einer Mischung aus Eigen- und Fremdkapital (Hypothekenkredit) finanziert. Dieses Vorgehen bezeichnet man in der Fachsprache als »Leveraging«. Es ist eines der ältesten Mittel überhaupt, um die Rendite von Eigenkapital (im Unterschied zur Rendite des gesamten eingesetzten Kapitals) zu erhöhen. Ein Beispiel: Jörg kauft eine kleine Zweizimmerwohnung für 100 000 Euro. Er finanziert sie mit 20 000 Euro Eigenkapital und 80 000 Euro Fremdkapital. Wie sieht seine Eigenkapitalrendite aus, wenn – hypothetisch – der Wert der Wohnung nach einem Jahr auf (a) 110 000 Euro (also um 10 Prozent) gestiegen oder (b) auf 90 000 Euro (also um 10 Prozent) gefallen ist? Wir ignorieren der Einfachheit halber mögliche Mieteinnahmen und Transaktionskosten. Im ersten Fall beträgt seine Eigenkapitalrendite + 50 Prozent p.a., im zweiten Fall – 50 Prozent (dies entspricht also dem Verlust des halben Eigenkapitals innerhalb von einem Jahr). Dessen ungeachtet ist die Rendite auf das Gesamtkapital im ersten Fall + 10 Prozent und im zweiten Fall – 10 Prozent (letztere Rendite, die von der Finanzierungsform unabhängig ist, kann man »Asset-Klassen-Rendite« nennen). Das Beispiel veranschaulicht, dass eine teilweise Kreditfinanzierung (Leveraging) sowohl die Chance als auch das Risiko für das eingesetzte Eigenkapital dramatisch beeinflusst. Da Immobilieninvestitionen in der Praxis fast immer geleveragt sind, ist es aufschlussreich, geleveragte Immobilienrenditen (die Rendite auf das eingesetzte Eigenkapital) mit nicht geleveragten Aktienrenditen zu vergleichen.

Tabelle 31 trifft hierzu die folgenden Annahmen: Verhältnis Eigenkapital zu Fremdkapital = 30:70; Zinskosten des Fremdkapitals = Umlaufrendite zehnjähriger deutscher Staatsanleihen + 1,5 Prozentpunkte Bankmarge.[50]

Tabelle 31: Internationale Immobilienrenditen im Vergleich

	Europäische Immobilien-renditen ohne Leverage* (in Euro)	Eigenkapitalrendite eines teilweise kreditfinanzierten Investments in europ. Immobilien (in Euro)	Aktien: MSCI Europe (in Euro)
Reale geometr. Rendite p.a.			
1978–1989	9,4%	17,6%	13,2%
1990–1999	3,2%	–5,2%	11,7%
2000–2006	7,4%	15,3%	1,7%
Gesamtzeitraum (1978–2006)	6,8%	8,6%	9,8%
Inflation p.a.	2,5%	2,5%	2,5%
Nominelle geometr. Rendite p.a.	9,4%	11,3%	12,5%
Std.-abw. der Jahresrenditen	6,4%	22,2%	21,9%
Sharpe-Ratio	1,0	0,4	0,4
Niedrigste jährl. Einzelrendite	–6%	–42%	–22%
Anteil der Jahre mit neg. Rendite	7%	17%	17%

Daten: www.ipdindex.co.uk, eigene Berechnungen.

* 1978–1995: amerikanischer NCREIF-Immobilienindex, da vor 1996 keine europäischen Immobilienrenditen verfügbar waren; ab 1996: IPD Property (in Euro) für Westeuropa.

Vorläufige Schlussfolgerung: Berücksichtigt man die Kreditfinanzierung, die ja bei so gut wie allen Immobilieninvestments tatsächlich genutzt wird, ist das für Anleger letztlich entscheidende Eigenkapitalrisiko von Immobilienanlagen genauso hoch oder sogar höher als dasjenige von Aktienanlagen, die üblichweise voll mit Eigenkapital finanziert werden. Zugleich sind die langfristigen Eigenkapitalrenditen wie auch die Asset-Klassenrenditen (ohne Leverage) von Immobilien niedriger als die von Aktien.[51]

Allerdings sollte man auch nicht die Besonderheiten der eigengenutzten Immobilie vergessen: Letztlich ist sie allenfalls sekundär ein »Investment« und vorrangig ein langlebiges Konsumgut: Der Eigennutzer (beispielsweise eine Familie mit Kindern) genießt dadurch objektive und subjektive Konsumvorteile, die eine Mietimmobilie der Familie nicht bieten würde, unabhängig vom jeweiligen Gebäude. Insofern sind reine Rendite-Risiko-Abwägungen, die den Sondernutzen des Wohnens in den eigenen vier Wänden nicht berücksichtigen, methodisch fragwürdig. Das sollte man bei der Lektüre dieses Kapitels im Hinterkopf behalten.

Sollten Immobilien also Bestandteil eines diversifizierten Portfolios sein? Zur Beantwortung dieser Frage lohnt ein Blick auf die Korrelation von Immobilienrenditen mit den internationalen Aktienmärkten: Diese ist vergleichsweise niedrig und legt damit – zumal auch die Renditen dieser Asset-Klasse interessant sind – die Aufnahme in ein über Asset-Klassen diversifiziertes Portfolio nahe. Wie aber sollen Privatanleger, die bereits Immobilieneigentum haben, dieses in einem solchen Portfolio berücksichtigen? Dazu folgende Bemerkungen:

Letztlich ist es für den typischen Privatanleger am besten, überhaupt nicht mit Aktieninvestments zu beginnen, solange er noch seinen Hypothekenkredit abbezahlen muss. Die Tilgung des Kredites ist für ihn das beste »Investment«. Eine Ausnahme hiervon gilt vermutlich nur für sehr wohlhabende Anleger oder Anleger mit einem hohen, wenig risikoreichen »Humankapital« (sprich hohem und sicherem laufenden Einkommen, das nicht vom Aktienmarkt abhängt). Wer Aktieninvestments parallel zu einer Immobilienfinanzierung unterhält, betreibt damit unnötig hohes Leveraging. Ein ruhiger Schlaf ist unseres Erachtens jedoch wichtiger als Renditemaximierung, zumal viele Anleger ihre Risikotragefähigkeit (Risikotoleranz) in guten Zeiten überschätzen.

Generell ist das Eigentum an einer Wohnimmobilie vermutlich kein guter Ersatz für ein internationales, gestreutes Immobilieninvestment. Das hat zu tun (a) mit dem Konsumgutcharakter, den wir oben beschrieben haben, (b) mit dem Standortrisiko von Einzelimmobilien, das ihr Rendite-Risiko-Profil einzigartig macht, und (c) mit den besonders niedrigen deutschen Immobilienrenditen.

Für eine Investition in nicht eigengenutzte Einzelimmobilien gibt es eine bessere Alternative: passive, kostengünstige Immobilien-Indexanlagen über die wichtigsten Immobilienmärkte der Welt hinweg gestreut.

Diese liefern vermutlich auch langfristig bessere Renditen als deutsche Immobilien, haben weniger Risiko (zum Beispiel kein Standortrisiko) und erfordern keinen Verwaltungs- oder Betreuungsaufwand. Welche Indexing-Produkte sich für eine sinnvolle Immobilienanlage anbieten und in welchem Verhältnis zum restlichen Portfolio, stellen wir in Abschnitt 4.4 dar.

3.6 Das eigene »Humankapital« spielt bei der Anlageentscheidung eine wichtige Rolle

»Für einen jungen Arbeitnehmer ist Humankapital in den meisten Fällen das wertvollste Vermögensgut; es sollte bei der Portfoliostrukturierung berücksichtigt werden.«

Investopedia, Internet-Investmentlexikon (www.investopedia.com)

Eine Kernaussage der Modernen Portfoliotheorie besteht darin, dass ein Anleger (oder Haushalt) bei seinen Investmententscheidungen (insbesondere der Asset-Allokation) stets seine gesamte Vermögenssituation berücksichtigen sollte. Nur dann ist eine rationale Risiko- und Ertragsplanung möglich. Leider konzentrieren sich die meisten Anleger, zum Teil durch ihre Bankbetreuer und die Medien in diesem Irrtum bestärkt, stets auf Einzelinvestments.

In Abschnitt 1.8 »Asset-Allokation: Was die Rendite Ihres Portfolios tatsächlich bestimmt« hatten wir die Asset-Klasse »Humankapital« bereits erwähnt. Dieser Begriff aus dem Ökonomendeutsch bezeichnet den geschätzten Gegenwartswert (Barwert) Ihrer noch nicht erhaltenen Arbeitseinkommen (exklusive Renteneinkommen), also des Gehaltes, das Sie bis zum Ruhestand voraussichtlich beziehen werden. Alles Gehalt, das sie in der Vergangenheit bereits erhielten und nicht verkonsumierten oder verschenkten, haben Sie definitionsgemäß in Finanzkapital (Wertpapiervermögen, Rentenansprüche, Unternehmensbeteiligungen usw.) oder Immobilienkapital verwandelt, mit anderen Worten: gespart. Bei einem 30-Jährigen mag das Humankapital 95 Prozent seines Gesamtvermögens ausmachen, bei einem 65-Jährigen liegt dieser Wert vielleicht zwischen 0 Prozent und 5 Prozent. Bei sehr wohlhabenden Personen sehen die Relationen im jungen Alter natürlich anders aus. Das Humankapital ist also immer der Barwert eines künftigen Geldflusses, das Finanz- und Immobilienkapital der Marktwert der zum Berechnungszeitpunkt bestehenden Assets.

Ein Zahlenbeispiel: Günter (30 Jahre) will bis zu seinem 65. Geburtstag arbeiten. Sein heutiges Arbeitseinkommen beträgt 2200 Euro monatlich nach Steuern und Sozialabgaben (26400 Euro p.a.). Er rechnet damit, dass dieses Einkommen real (nach Inflation und unter Berücksichtigung steuerlicher Effekte) um durchschnittlich 3,5 Prozent p.a. steigen wird. Der Barwert dieses Einkommensstroms beträgt etwa 528000 Euro in heutiger Kaufkraft;[52] dagegen nehmen sich die etwa 20000 Euro, die er bis zu diesem Zeitpunkt auf einem Sparkonto und in einer Kapitallebensversicherung (gemessen am Rückkaufswert) angesammelt hat, bescheiden aus. (Seine möglichen Ansprüche an die gesetzliche Rentenversicherung zu diesem Zeitpunkt haben wir hier nicht berücksichtigt.)

Erfreulicherweise haben Untersuchungen ergeben, dass das Humankapital bei den meisten Personen und Berufsgruppen nur sehr schwach, vielleicht sogar leicht negativ mit Aktienmarktrenditen korreliert. (Bei einer Null-Korrelation gibt es keinerlei Zusammenhang, optimal wäre eine stark negative Korrelation.) Im konkreten Einzelfall können die Dinge natürlich schon einmal ganz anders liegen: Das Jahresgehalt einschließlich Bonus von Erika, die in leitender Funktion im Asset-Management einer großen Bank arbeitet, korreliert stark mit den Aktienmarktrenditen; dagegen besteht kein Zusammenhang zwischen der »Besoldung« von Reinhold, der beamteter Richter ist, und dem Auf und Ab des Aktienmarktes. Reinhold kann sich deshalb (unter sonst gleichen Umständen) eine höhere Aktienquote leisten als Erika, die mit Blick auf die Korrelation ihres Humankapitals mit dem Aktienmarkt besser mit einer sehr niedrigen Aktienquote bedient wäre.

Fazit: Bei der Festlegung der für Sie passenden Asset-Allokation (siehe Abschnitt 4.1) sollten Sie unbedingt Ihr Humankapital und, soweit sich dies grob abschätzen lässt, dessen Korrelation mit dem Aktienmarkt berücksichtigen.

3.7 Diversifikation über Länder hinweg ist besser als über Branchen

»Ein global diversifiziertes Portfolio weist tendenziell weniger Schwankungen auf und profitiert von starken Marktaufschwüngen, wo immer diese stattfinden.«

Jeff Troutner, Finanzwirtschaftler und Geschäftsführer von TAM Asset Management

Diversifikation ist die cleverste Technik, um Investmentrisiken zu senken. Warum das so ist, haben wir in Abschnitt 1.7 gezeigt. Diversifikation senkt das Risiko umso stärker, je geringer die Korrelation zwischen den einzelnen Komponenten eines Portfolios ist. Erfreulicherweise erkennen immer mehr Anleger – jedenfalls im Prinzip – den Nutzen einer breiten, systematischen Diversifikation über nationale Asset-Klassen hinweg (wenngleich die meisten deutschen Anlegerdepots noch immer unterdiversifiziert sind).

In diesem Zusammenhang werden Anleger von der Presse immer wieder durch eine aus dem Kontext gerissene Halbwahrheit verunsichert. Unter der Schlagzeile »Der Nutzen internationaler Diversifikation sinkt« heißt es da, im Zuge der Globalisierung gingen die Vorteile einer länderbasierten Diversifikation immer stärker verloren, weil die Korrelationen zwischen den Renditen der nationalen Aktienmärkte in den zurückliegenden Jahren zugenommen hätten. Daher seien Anleger nun besser beraten, über Branchen statt über Länder oder Regionen hinweg zu diversifizieren. Die Korrelationen zwischen den rund ein Dutzend Hauptbranchen seien nicht im gleichen Maße wie diejenigen zwischen den Ländern gestiegen.

Selbst so renommierte Blätter wie der britische *Economist* verbreiten diesen Unfug (24.3.2001), nicht ohne ihn mit Zahlenmaterial zu unterlegen. So sei die Korrelation zwischen dem amerikanischen Aktienmarkt und den westeuropäischen Märkten von 0,4 zur Mitte der neunziger Jahre auf 0,8 im Jahr 2000 angestiegen (eine Korrelation von 1,0 bedeutet vollständige Parallelbewegung), die Korrelation zwischen den EU-Ländern sei seit der Bildung der Europäischen Währungsunion sogar noch höher.

Tatsache ist: Ein Privatanleger, der auf diese Meldungen hin von geografischer Diversifikation auf Branchendiversifikation umsteigt, wird sich einen Bärendienst erweisen. Er wird mit einiger Wahrscheinlichkeit keine Risikoreduktion erzielen, sich dafür aber beträchtliche Umstiegskosten und viel Arbeitsaufwand einhandeln. Seine Nettorendite dürfte wegen dieser zusätzlichen Kosten sinken. Warum ist das so? Um diese Frage zu beantworten, genügt ein kurzer Blick auf die Fakten.

Die Korrelationen zwischen den Blue-Chip-Segmenten der größten nationalen sowie regionalen Aktienmärkte weltweit sind zwar in der Tat in den letzten Jahren gestiegen, aber:

- Sie sind noch immer niedriger als die Korrelationen zwischen den wesentlichen Branchen;[53]
- sie sind immer noch niedrig genug, um eine nennenswerte Risikoreduktion durch Diversifikation zu ermöglichen (eine stärkere Reduktion als durch Diversifikation über Branchen hinweg);
- Korrelationen haben schon immer geschwankt, das heißt, sie sind in manchen Jahren höher, in anderen niedriger. Es gibt keinen Grund anzunehmen, dass die derzeit hohen Korrelationen nicht wieder sinken. Auch in den späten achtziger Jahren waren die Korrelationen zwischen den industrialisierten Ländern sehr hoch und sanken dann später wieder. Die vorgeblich so stark gestiegene weltwirtschaftliche Integration ist sicher kein zwingendes Argument, da diese Integration (gemessen am Anteil des grenzüberschreitenden Welthandels am globalen Bruttoinlandsprodukt) bereits vor 100 Jahren höher war als heute[54] – dennoch lag die Korrelation der Aktienmarktrenditen damals niedriger. Letztlich gilt: Korrelationen nehmen schlicht in Phasen hoher Volatilität und in Marktabschwungsphasen zu, um anschließend wieder zu sinken. Dies verdeutlicht die in Tabelle 32 dargestellte Korrelation zwischen den Renditen der Blue-Chip-Märkte der USA und Deutschlands. Ein klarer Trend ist während des untersuchten 36-Jahres-Zeitraumes jedenfalls nicht zu erkennen.[55]

Tabelle 32: Korrelation zwischen den Aktienmärkten der USA und Deutschlands (MSCI USA, MSCI Deutschland) im Zeitablauf (Monatsrenditen)

1970–1971	1972–1976	1977–1981	1982–1986	1987–1991	1992–1996	1997–2001	2002–2006
0,39	0,42	0,21	0,22	0,44	0,29	0,66	0,88

Daten: MSCI Barra, eigene Berechnungen

- Internationale Korrelationen zwischen den Marktsegmenten der Nebenwerte (Small-Caps) sind niedriger als diejenigen zwischen den Marktsegmenten der Blue-Chips. Von den Medien erfahren wir aber stets nur die Blue-Chip-Korrelationen (ohne dass diese wichtige Einschränkung deutlich gemacht würde). Anleger können von den erwähnten niedrigen Small-Cap-Korrelationen profitieren, indem sie in Nebenwerte investieren. Wer sich mit internationalen Korrelationen beschäftigt und dabei ausschließlich das Marktsegment der Standardwerte (Large-Caps) betrachtet, arbeitet oberflächlich und kann nicht zu allgemein gültigen Erkenntnissen gelangen.

- In allgemeinen Marktaufschwungsphasen wie etwa von 2003 bis 2006 ist eine vorübergehend hohe Korrelation sogar wünschenswert, denn sie bedeutet ja nichts anderes, als dass die miteinander verglichenen Asset-Klassen beide gestiegen sind.

- Zwar hat die Korrelation zwischen den Industrieländermärkten zugenommen, diejenige zwischen den Industrieländern und den Schwellenländern (Emerging-Markets) ist jedoch in den vergangenen fünf Jahren gegenüber dem vorhergehenden Jahrfünft gefallen. Auch diese wichtige und leicht umsetzbare Information wird von den Medien regelmäßig unterschlagen.

- Für einen Anleger, der optimal diversifiziert, sprich sämtliche wesentlichen Weltregionen[56] oder alle rund ein Dutzend Hauptbranchen ins Portfolio aufnimmt, führen beide Ansätze – geografische und branchenbezogene Diversifikation – zum gleichen Ergebnis: Beide Asset-Klassen-Segmentierungen repräsentieren schließlich denselben Kuchen – nur unterschiedlich aufgeschnitten.

- Eine systematische, umfassende und internationale Diversifikation ist für Privatanleger in der Praxis nur mit Indexfonds, ETFs oder Indexzertifikaten möglich. Für fast alle wichtigen Länder und Regionen sind zwar kostengünstige Indexfonds, ETFs und Zertifikate verfügbar, jedoch längst nicht für alle Branchen. Jemand, der die etwa zwölf Hauptbranchen sauber und ohne Überlappungen mit internationalen Investmentfonds abdecken wollte, hätte weniger Auswahl und müsste vermutlich Fonds mit höheren Kosten wählen.

Fazit: Diversifikation sollte so umfassend wie möglich sein, also den gesamten Weltaktienmarkt abdecken. In der Praxis geht das am einfachsten mit Länder- oder Regionen-Indexfonds und ETFs; mit den weit weniger zahlreichen Branchenfonds ist dieses Ziel zwar auch erreichbar, aber zu derzeit noch höheren Kosten und mit vermutlich höherem Zeitaufwand. Die Nettorendite des Anliegers beim Branchenansatz wird wegen dieser höheren Kosten in langfristiger Betrachtung niedriger liegen.

3.8 Währungsabsicherung bei Fonds ist überflüssig

»Es ist leicht, Perioden zu finden, in denen Währungsabsicherung das Risiko eines internationalen Aktienportfolios erhöhte.«

William Bernstein, Neurologe, Finanzwirtschaftler, Bestsellerautor

Die Wertschwankungen eines internationalen Wertpapierinvestments, das nicht in Euro notiert – etwa eines Japanfonds –, resultieren aus zwei Komponenten: einerseits aus den Wertschwankungen der in dem Fonds enthaltenen Aktien und andererseits aus der Entwicklung des Wechselkurses zwischen der Fondswährung und dem für deutsche Anleger relevanten Euro. Das bedeutet, dass die Fondsrendite, gemessen in Euro, durch die Auf- oder Abwertung der Fondswährung gegenüber dem Euro erhöht oder aber vermindert werden kann. Im ungünstigsten Fall kommt es mithin dazu, dass sinkende Aktienkurse mit einer Abwertung der entsprechenden Fondswährung gegenüber dem Euro einhergehen und so die Fonds-Performance doppelt leidet. Das war zum Beispiel im Jahr 1990 für Anleger in US-Aktienfonds der Fall, als die Rendite des MSCI USA für deutsche Anleger von –2 Prozent (in US-Dollar) kräftig weiter auf –16 Prozent (in Euro) gedrückt wurde. Der umgekehrte Effekt trat im Jahr 2000 ein: Der MSCI USA wies in diesem Jahr in US-Dollar gerechnet einen Verlust von –13 Prozent auf, was der in diesem Jahr aufwertende Greenback für einen in Euro rechnenden Anleger jedoch in eine positive Rendite von immerhin 1 Prozent umwandelte.

Nur wenige Auslandsaktienfonds und ETFs (aber relativ viele Indexzertifikate) sind wechselkursgesichert (neudeutsch »gehedged«), was bedeutet, dass das Fondsmanagement mithilfe bestimmter Währungssicherungsinstrumente die aus Wechselkursschwankungen resultierenden Wertschwankungen des Fonds (gemessen in Euro) zu eliminieren versucht. (Bei einem im Euro-Raum investierenden »Auslandsfonds« besteht selbstverständlich kein Währungsrisiko.) In den Verkaufsprospekten der wenigen wechselkursgesicherten Fonds wird dies oft als zusätzlicher Vorteil des Fonds dargestellt.

Stimmt diese Behauptung? Wie so manches, was in Produktprospekten und Zeitungsartikeln verbreitet wird, ist es bestenfalls die halbe Wahrheit. Richtig ist: Wechselkurse schwanken – sehr langfristig betrachtet – um einen Mittelwert, die sogenannte Kaufkraftparität. Sie werden also langfristig von den relativen Inflationsunterschieden zwischen zwei Währungen bestimmt. Eine Währung mit hoher Inflation und daher tendenziell hohen nominalen Renditen (in lokaler Währung) wird tendenziell gegen eine Währung mit niedriger Inflation abwerten, sodass die hohen nominalen Lokalwährungsrenditen in der Fremdwährung mit der niedrigeren Inflation wieder »normale« Größenordnungen erreichen. Reale (kaufkraftgewichtete) Wechselkurse verändern sich langfristig kaum. Ohne auf die weiteren Hintergründe dieser einfachen und bewährten Theorie einzugehen, wollen wir schlicht festhalten: Auf lange Sicht (mehr als fünf Jahre) liegt der saldierte Effekt aus allen Wechselkursveränderungen in einem gut diversifizierten Portfolio, das mehrere Fremdwährungen enthält, aller Wahrscheinlichkeit nach in der Nähe von null und ist – noch wichtiger – nicht prognostizierbar.

Tabelle 33: Renditen des MSCI Japan in Euro und in Yen, 1970–2006

Reale geometr. Rendite p.a.	MSCI Japan (in Euro)	MSCI Japan (in Yen)
1970–1979	5,3%	3,4%
1980–1989	24,7%	19,5%
1990–1999	−4,6%	−5,0%
2000–2006	−2,8%	1,9%
Gesamtzeitraum (1970–2006)	5,7%	4,8%

Das Zahlenbeispiel für den MSCI Japan in Tabelle 33 zeigt: Der Währungskurseffekt verschiebt sich im Zeitablauf. Er kann ein paar Jahre zu Ihren Gunsten wirken und anschließend einige Jahre zu Ihren Ungunsten. Und je nachdem, auf welcher Seite des Währungstisches man sitzt, sind die Effekte gegenläufig, was wiederum bestätigt, dass es hier keine »Tendenz« gibt. Im Falle des MSCI USA in Euro und in US-Dollar wäre die reale Rendite über den Gesamtzeitraum (37 Jahre) für den Euro-Anleger etwas niedriger gewesen als für den Dollar-Anleger, also umgekehrt wie im Falle des Yen.

Im Ökonomendeutsch ist die »erwartete Rendite« von Wechselkursen null. Deswegen wirkt sich Wechselkurssicherung als solche langfristig negativ auf die Rendite aus, denn Wechselkurssicherung kostet in den allermeisten Fällen Geld. Ferner sind die Devisenmärkte die effizientesten Segmente des Kapitalmarktes überhaupt (noch weitaus effizienter als der Aktienmarkt), sodass kein Mensch weiß, wohin sich Währungskurse kurz- und mittelfristig bewegen. Deswegen ist Wechselkursspekulation notorisch riskant und hat schon manches Unternehmen, darunter auch viele Banken, in die Insolvenz getrieben. Alles in allem hat ein generelles Währungs-Hedging (Kurssicherung) zwar eine Reduktion der Wechselkursvolatilität des einzelnen Investmentvehikels (zum Beispiel Fonds) zur Folge, aber ob sich dadurch die Volatilität des Gesamtportfolios (und auf diese kommt es an) reduzieren lässt, ist offen. Was hingegen nicht offen ist, sind die renditeschädlichen Kosten. Diese belaufen sich auf einen halben bis einen ganzen Prozentpunkt. Inzwischen wissen wir, dass solche scheinbar kleinen Nettorenditeunterschiede aufgrund des Zinseszinseffekts langfristig dramatische Auswirkungen auf den Vermögensendwert haben.

Die Reduktion der Volatilität hat aber für einen Langfristanleger und insbesondere einen, der über alle wichtigen Währungsräume der Welt (Euro, USD, Yen, GBP und die vielen Schwellenländerwährungen) diversifiziert ist, keinen wirklichen (vorhersagbaren) Nutzen. In einem breit diversifizierten Portfolio wird die Einbindung von Wechselkursrisiken oft sogar eine Senkung des Gesamtrisikos des Portfolios bewirken, da die Korrelation von Wechselkursschwankungen mit dem Euro-Aktienmarkt kleiner als eins ist. Ein nicht wechselkursgesicherter Emerging-Market-Fonds trägt üblicherweise stärker zur Senkung des Gesamtportfoliorisikos eines deutschen Anlegers bei als der gleiche Fonds mit Wechselkurssicherung.

Es ist unbestritten, dass Wechselkursschwankungen, wie das Japan-

Beispiel zeigt, kurzfristig großen Einfluss auf die Rendite haben können. Leider ist die Richtung dieses Einflusses von niemandem zuverlässig prognostizierbar. Gerede à la »Es ist sicher, dass der Dollar weiter abwerten wird« ist nicht ernst zu nehmen: Hätte der Autor eines solchen Gerüchts tatsächlich ausreichend Gewissheit, ließe sich damit in kürzester Zeit ein traumhaftes Vermögen machen. Wie gesagt, Währungsspekulation geht genauso oft gut wie schief. Es gab also Zeitabschnitte, in denen Währungssicherung für einen europäischen Anleger vorteilhaft gewesen wäre, und Zeitabschnitte, in denen sie geschadet hätte.

Kurioserweise zeigen Forschungen, dass Aktienmarktrenditen sogenannter »Schwach- oder Weichwährungsrenditen« in Euro oder US-Dollar gerechnet auf sehr lange Sicht Aktien jener Märkte mit »harten« Währungen outperformen (ABN Amro, *Global Investment Returns Yearbook* 2007).

Wechselkurseffekte sind neben Inflation übrigens ein weiterer Grund, warum der Vergleich nominaler Renditen über Währungsräume und unterschiedliche Zeitperioden hinweg oft irreführend sein kann. Die Unterschiede zwischen realen Renditen in unterschiedlichen Währungen sind selbst auf kürzere Sicht häufig kleiner als diejenigen zwischen nominalen Renditen, die stärker von »optischen« Wechselkurseffekten beeinflusst werden.

Wer hingegen nur einen einzigen, eng anlegenden Auslandsfonds (sprich ein wenig diversifiziertes Portfolio) sein Eigen nennt und/oder einen eher kurzen Anlagehorizont besitzt (weniger als vier bis fünf Jahre), dem ist eine Wechselkurssicherung vermutlich anzuraten.

Da Wechselkurssicherung auf lange Sicht keinen positiven Effekt auf die Rendite eines Fonds hat, werden auf dem Markt nur wenige wechselkursgesicherte Fonds angeboten. Hinzu kommt, dass Fondsgesellschaften eine schlechte Performance von Auslandsfonds, die unter einer Euro-Aufwertung gelitten haben, gegenüber den Anlegern leicht den Wechselkursschwankungen zuschreiben können, diese Art von Misserfolg sich also relativ leicht verkaufen lässt.

Fazit: Obwohl viele Vermögensberater das Gegenteil behaupten, ist das Währungsrisiko von internationalen Aktienfonds für die große Mehrzahl der Anleger kein wirklich ernsthaftes Problem. Bei einem Anlagehorizont von fünf Jahren aufwärts und einem gut diversifizierten Portfolio wirkt sich das Währungsrisiko der meisten internationalen

Aktienfonds nur geringfügig (positiv oder negativ) auf die Gesamtrendite des Portfolios aus.

Übrigens muss man zwischen echtem und vermeintlichem Wechselkursrisiko unterscheiden. So besitzt beispielsweise ein in Dollar aufgelegter Fonds, der aber ausschließlich in Euro-Land-Aktien investiert, für einen deutschen Anleger (der sein Vermögen in Euro kalkuliert) kein Währungsrisiko. Warum das so ist, lässt sich am Fall eines DAX-Indexfonds zeigen, der in US-Dollar notiert (»Berichtswährung«). Solche Fonds werden von einigen ausländischen Fondsgesellschaften angeboten. Wie würde sich eine Aufwertung des Dollars gegenüber dem Euro auf die Wertentwicklung dieser Fonds auswirken? Das Fondsvermögen (der Wert der im Fonds enthaltenen DAX-Aktien) würde in Dollar gemessen nach der Dollar-Aufwertung sinken (und somit die in Dollar ausgewiesene Performance des Fonds schlechter ausfallen als ohne Wechselkursveränderung). Da aber unser hypothetischer Anleger in Euro rechnet, würde sich dieser Wertverlust für ihn exakt durch die Aufwertung des Dollars ausgleichen. Für die Frage des Wechselkurseffektes kommt es also darauf an, in welche Währungsräume der Fonds investiert, nicht aber, in welcher Währung der Fonds notiert.

4.

So bilden Sie Ihr persönliches Indexing-Portfolio

4.1 Ihre Asset-Allokation bestimmen

»Risikotoleranz ist ein Maß dafür, welche Preisschwankungen und welchen Wertverlust Ihrer Anlagen Sie ertragen können, bevor Sie Ihr Verhalten ändern.«

Prof. Rick Ferry, Geschäftsführer von Portfolio Solutions LLP

Die meisten Investmentbücher und -berater legen sehr viel Aufmerksamkeit auf Renditen, aber wenig auf Risiko. Auch Anleger konzentrieren sich zu sehr auf Rendite, ohne den Risikoaspekt ausreichend zu verstehen. Das ist insofern schade, als dass der Hauptgrund für das Scheitern vieler Investmentpläne in dem Unvermögen der Anleger zu suchen ist, das Risiko ihres Portfolios in einer längeren Börsenabschwungsphase nervlich auszuhalten. Sie haben ihre Risikotoleranz überschätzt, weil sie die Natur von Wertpapierrisiken nie richtig verstehen gelernt haben. In dieser Situation, typischerweise ein Jahr nach Beginn der Börsen-Baisse oder etwas später, werden dann im Wert weit gesunkene Fondsanteile und Wertpapiere verkauft und damit Verluste endgültig realisiert. Gleichermaßen erfolgt dann der Wiedereinstieg des »traumatisierten« Anlegers in die Börse viel zu spät, nachdem bereits der größte Teil des neuen Bullenmarktes gelaufen ist. (In Abschnitt 2.4 haben wir anhand von Zahlen gezeigt, wie extrem renditeschädlich ein solches »Rein und Raus« sein kann.)

Genaueres zu den Risikomessmethoden finden Sie im Abschnitt »Risiko richtig verstehen« (siehe Anhang), das Ihnen dabei helfen soll, das Wesen von Investmentrisiko besser einzuschätzen.

Die Risikograd eines Anlegerportfolios wird nicht über die Zusammensetzung des Aktienteils des Portfolios (den wir im Folgenden

Weltportfolio nennen) gesteuert, wie traditionell und falsch von Banken empfohlen, sondern über eine mehr oder weniger umfangreiche Beimischung einer »risikofreien Anlage«, die die persönliche Risikoneigung des Anlegers widerspiegelt. →Risikofreie Anlagen sind beispielsweise Geldmarktfonds (in Euro) oder Staatsanleihen der Bundesrepublik Deutschland mit einer Laufzeit von unter drei Jahren. Das Portfolio eines sehr risiko*freudigen* Anlegers würde dann beispielsweise die beiden Hauptkomponenten Weltportfolio und risikolose Anlage in einer Gewichtung von 80 Prozent zu 20 Prozent enthalten, während ein stark risiko*scheuer* (in der Fachsprache: risikoaverser) Anleger sich für eine Portfolioaufteilung mit 20 Prozent Weltportfolio und 80 Prozent risikoloser Anlage entscheiden könnte. Das Weltportfolio ist aber für beide Anleger im Prinzip gleich. Auch der Anlagehorizont und die Liquiditätspräferenz eines Anlegers (beides hängt eng zusammen) werden ganz einfach über die Beimischung der risikolosen Anlage zum Weltportfolio berücksichtigt. Im Folgenden gehen wir hierauf etwas genauer ein.

Tabelle 34: So ermitteln Sie Ihre optimale Depotmischung

	Hohe Risiko-/Renditeerwartung ← → Niedrige Risiko-/Renditeerwartung									
	Portf. 1	Portf. 2	Portf. 3	Portf. 4	Portf. 5	Portf. 6	Portf. 7	Portf. 8	Portf. 9	Portf. 10
Anteil risikofreie Anlage	0%	10%	20%	30%	40%	50%	60%	70%	80%	90%
Anteil Weltportfolio	100%	90%	80%	70%	60%	50%	40%	30%	20%	10%
Maximaler jährlicher Verlust (geschätzt)	25%	22%	20%	17%	14%	9%	8%	6%	4%	2%
Max. kumulativer Verlust über 2 J. (geschätzt)	45%	40%	36%	31%	25%	16%	14%	11%	7%	3%
Langfristig reale erwartete Rendite p.a.	9,3%	8,7%	8,1%	7,5%	6,8%	6,1%	5,4%	4,6%	3,9%	3,1%
Notwendiger Mindestanlagehorizont in Jahren	11	10	9	8	7	6	4	3	2	2

Anmerkung: Die genannten erwarteten Renditen sind inflationsbereinigt, berücksichtigen aber nicht Transaktionskosten und Steuern.

Tabelle 34 vermittelt einen groben Anhaltspunkt, wie unter Berücksichtigung des maximalen geschätzten jährlichen Verlustes und des Anlagehorizonts das Mischungsverhältnis aus Weltportfolio und risikofreier Anlage aussehen könnte. Dabei ist zu berücksichtigen, dass sowohl die Schätzungen des maximalen Verlusts als auch der erwarteten Rendite genau das sind – Schätzungen. Unter besonders ungünstigen, aber vermutlich sehr selten auftretenden Umständen kann der maximale Verlust auch höher ausfallen. Mit anderen Worten, die Zahlen suggerieren eine Genauigkeit, die in Wirklichkeit nicht besteht. Außerdem enthalten sie keine Abzüge für Transaktionskosten und Steuern (die aber für passive Anleger stets deutlich niedriger sind als für aktive Anleger).

Niemand kennt die Zukunft, auch der Autor nicht. Ein paar historische Beispiele mögen einen Eindruck vermitteln, wie es im schlimmsten Fall kommen kann:

■ Der Aktien-Crash von 1929 bis 1932 (für den weit weniger diversifizierten S&P 500-Index) hat die in der Tabelle für das 100-Prozent-Weltportfolio genannten maximalen Verluste noch überschritten. Der Crash zog sich über 34 Monate hin und führte zu einem Rückgang des S&P 500 um real etwa 60 Prozent (in US-Dollar). Bis sich die Börse so weit erholt hatte, dass das Vor-Crash-Niveau wieder erreicht war, dauerte es sieben lange Jahre. Mangels Daten wissen wir nicht, wie die oben dargestellten, besser diversifizierten Portfolios damals performt hätten.

■ In dem nach dem 1929er Absturz wohl zweitschlimmsten Crash verlor der MSCI World zwischen August 2000 und März 2003 (31 Monate) rund 54 Prozent (in Euro). Ende Januar 2007 (nach 45 Monaten) hatte der Index die Verluste noch nicht wieder ganz wettgemacht, der Anleger lag noch bei einem Verlust von etwa 15 Prozent (in US-Dollar gerechnet allerdings schon mit 20 Prozent im »Plus«). Betrachen Sie hierzu bitte auch die beiden Grafiken zu den Börsen-Crashs von 1997 und 2000–2002 im Anhang.

■ Ein Anleger mit einem besser diversifizierten, aber noch immer sehr »aggressiven« (risikofreudigen) Gesamtportfolio aus 80 Prozent MSCI World und 20 Prozent MSCI Emerging Markets (in Euro), der zum kombinierten Index-Höchststand im August 2000 investierte, hatte im November 2006 seine Verluste wieder wettgemacht (mit einem zwischenzeitlichen Maximalverlust von 52 Prozent nach einer Absturzphase von 31 Monaten, Erholungsphase 43 Monate).

■ Das oben dargestellte Weltportfolio (mit 0 Prozent risikofreier Komponente) hätte in den Crash-Jahren 2000 bis 2002 in der Spitze lediglich 11 Prozent verloren (im Jahr 2002). Von Anfang 2000 bis Ende 2002 hätte es kumulativ 4 Prozent gewonnen. Deutsche Anleger, deren Gesamtportfolio Anfang 2000 aus DAX- und Nemax-Aktien bestand, dürften auf Verluste von 80 Prozent oder mehr gekommen sein, die bis April 2007 (Redaktionsschluss dieses Buches) noch nicht wieder aufgeholt waren.

Die vorgenannten Beispiele zeigen wohl, dass man mit hohen Aktienquoten im Gesamtportfolio auch gute Nerven braucht. Diese werden aber auf lange Sicht mit überlegenen Aktienrenditen belohnt.

Bei der Interpretation und persönlichen Umsetzung der obigen Tabelle bitten wir zu beachten, dass keinesfalls jeder Anleger, der beispielsweise einen sicheren Anlagehorizont von elf Jahren oder mehr hat, automatisch Portfolio 1 wählen sollte. Nicht allein der Anlagehorizont zählt bei der Wahl eines Portfolios, sondern vor allem auch die emotionale und finanzielle Stressresistenz im Angesicht möglicher Verluste. Die meisten Anleger überschätzen ihre emotionale Leidensfähigkeit, sofern sie seit längerer Zeit keine Verluste mehr erlitten haben. Und wer Familienmitglieder hat, die von ihm finanziell abhängig sind, sollte sich ebenfalls bei einem gegebenen Anlagehorizont weiter nach rechts orientieren.

Hier ein Überblick über die Kriterien, die Sie bei der Wahl Ihres Depotmischungsverhältnisses beachten sollten:

Emotionale Stressresistenz: Wie tief kann Ihr Portfolio im Wert fallen, ohne dass sie sich wirklich Sorgen machen, sich unwohl, geängstigt, nervös, gestresst fühlen?

Höhe der frei verfügbaren Finanzmittel pro Monat: Wie hoch und wie sicher ist das monatliche Nettoeinkommen, dass Sie und die wirtschaftlich von Ihnen abhängigen Personen monatlich beziehen, im Verhältnis zu ihren monatlichen Kosten? Bei diesen ist wiederum zu unterscheiden zwischen fixen, unvermeidbaren Kosten (Lebensmittel, Darlehensverpflichtungen, Mieten) und variablen, kurzfristig vermeidbaren Kosten (Kleidung, Urlaub, Hobby usw.). Bleiben durchschnittlich 20 Prozent oder mehr Ihres Nettoeinkommens übrig? (Berücksichtigen Sie bei dieser Kalkulation auch große Ausgaben, die nur in langen Abständen anfallen, zum Beispiel für ein neues Auto, Reparaturen an Ihrer Immobilie, eine neue Waschmaschine, Urlaub, Möbel usw.). Wenn dieser sogenannte freie Cashflow niedriger ist als 20 Prozent, kann es sein, dass Sie sich auf der Skala der Musterportfolios weiter nach rechts bewegen sollten als zunächst angenommen.

Höhe der Notreserve: Wie lange können Sie und die wirtschaftlich von Ihnen abhängigen Personen mit Ihrem liquiden Geldvermögen inklusive der kurzfristigen festverzinslichen Anlagen aus Ihrem ausgewählten Musterportfolio auch unter ungünstigsten Bedingungen, das heißt wenn der/die Geldverdiener(in) des Haushaltes arbeitslos oder durch einen Unglücksfall erwerbslos würde, »überleben«? Berücksichtigen Sie hierbei vorhandene Versicherungen (Berufsunfähigkeitsversicherung, Risikolebensversicherungen).

Korrelation des/der relevanten Berufseinkommen (Humankapital) mit den Aktienmarktrenditen: Je höher diese Korrelation, die zugegebenermaßen in der Praxis für Einzelpersonen nicht messbar oder zuverlässig prognostizierbar ist, desto geringer sollte der Aktienanteil im Gesamtportfolio sein. Für einen Banker, der im Wertpapiersektor arbeitet, ist die Korrelation wahrscheinlich sehr hoch (sein Jahresgehalt dürfte zusammen mit dem Aktienmarkt schwanken), für einen beamteten Lehrer wohl sehr niedrig. Sein Jahresgehalt hat keine Beziehung zum Aktienmarkt und ist sehr stetig. (Siehe hierzu auch Abschnitt 3.6.)

Weiteres Vermögen: Welches zusätzliche Vermögen – neben Ihrem Wertpapierportfolio – besitzen Sie? Dazu könnten zum Beispiel Immobilien (nur den Wert nach Abzug der aktuellen Schulden berücksichtigen), Unternehmensbeteiligungen, Rentenansprüche, Kapitallebensversicherungen (Rückkaufswert), Autos oder auch eine sicher zu erwartende Erbschaft gehören. Besonders wichtig ist die Berücksichtigung Ihres Humankapitals. Je geringer die Korrelation dieses Zusatzvermögens, das Ökonomen als »Hintergrundvermögen« bezeichnen, mit ihrem Wertpapierportfolio und je höher das Hintergrundvermögen in absoluten Zahlen ist, desto mehr können Sie in Tabelle 34 auf dem Allokationsspektrum nach links rücken.

Mindestanlagehorizont: der Zeitraum, während dessen man das Portfolio – sowohl was das Kapital betrifft als auch hinsichtlich der laufenden Erträge (Zinsen, Dividenden) – mit sehr großer Wahrscheinlichkeit, das heißt außer im absoluten Notfall, nicht anrühren muss. Zwei bis drei volle Monatsgehälter sollte man – unabhängig vom Anlagehorizont – ohnehin stets als Barreserve halten, die nach Möglichkeit auf einem verzinslichen Guthabenkonto geparkt wird. Ganz wichtig in diesem Zusammenhang ist die Frist bis zum Ruhestand: In wie vielen Jahren wollen Sie (bzw. der/die Geldverdiener/in in Ihrem Haushalt) sich zur Ruhe setzen? Wenn es so weit ist, werden Sie möglicherweise einen nennenswerten Teil Ihres Lebensunterhaltes aus den laufenden Erträgen und/oder dem Portfoliokapital selbst bestreiten müssen.

Das »Risikodilemma« zwischen Reich und Arm

Dieses Phänomen trägt zwar nichts zur konkreten Festlegung eines optimalen Mischungsverhältnisses zwischen risikofreier und risikobehaftetem Portfolioteil bei, lohnt aber eine Betrachtung: Reiche Haushalte können sich mehr Wertpapierrisiko leisten, haben es aber nicht wirklich nötig, Risiko einzugehen. Arme Haushalte dagegen können sich eigentlich kaum oder nur wenig Risiko leisten, hätten es aber umso mehr nötig, dies zu tun. Warum? Der Lebensstandard reicher Haushalte wird von einer gegebenen prozentualen Schwankung ihres Nettovermögens wenig oder (bei sehr vermögenden Haushalten) sogar überhaupt nicht beeinflusst. Ein extremes Beispiel: Auch wenn Bill Gates' Wertpapiervermögen um 95 Prozent im Wert sinken würde, hätte das wohl keine negative Auswirkung auf seine Lebensführung, weil er dann immer noch 3 Milliarden Dollar besäße (und ohnedies nicht bekannt ist für seinen aufwändigen Lebensstil). Das verhielte sich natürlich anders für jemanden in Bill Gates' Alter, der »nur« 50 000 Euro Wertpapiervermögen besitzt und einen Rentenanspruch von 1 000 Euro im Monat. Auf den Lebensstandard dieses Zeitgenossen würde sich eine 95-prozentige Wertsenkung seines Wertpapierdepots sicherlich stark auswirken. Um aber sein Gesamtvermögen über dieses bescheidene Niveau hinauszuheben, bräuchte dieser Anleger eigentlich eine sehr hohe Aktienquote. Ein letztlich unlösbares Dilemma. Die Antwort kann dennoch nur lauten: Sicherheit vor Ertragschance.

4.2 Wertpapierindizes: An welchen sollte man sich orientieren?

»Das Schadenspotenzial für Anleger nimmt in dem Maße zu, in dem Indizes immer spezialisierter werden – in der Tat genau das, was in der Welt der ETFs [und Indexzertifikate] tatsächlich passiert ist.«

Don Phillips, Geschäftsführer von Morningstar,
der größten Fondsanalysegesellschaft der Welt

Wertpapierindizes gibt es wie Sand am Meer. Fast jeder Anleger kennt zumindest den DAX, den Dow Jones (der eigentlich Dow Jones Industrial Average heißt) und den S&P 500, viele auch den japanischen Nikkei und den französischen CAC 40. Jeder nationale Aktienmarkt hat einen Aktienindex, der das jeweilige Kursniveau des Marktes als gewichteten Durchschnitt aller Aktien abbildet – ganz gleich, ob von Minute zu Minute oder in jahrelangen Intervallen aktualisiert. Ein Index liefert allen Marktbeobachtern einen schnellen, zusammenfassenden Eindruck von der Richtung des Gesamtmarktes, dient als Benchmark, das heißt als Vergleichsmaßstab für aktive Anlagestrategien (deren Ziel ja lautet, den Markt zu schlagen), und ist Grundlage (»Underlying«) für Indexinvestments, deren Zweck darin besteht, möglichst akkurat die Marktrendite zu liefern.

Neben Aktienmarktindizes gibt es auch Indizes für Anleihen-, Rohstoff- und Immobilienmärkte und letztlich für fast jede vorstellbare Asset-Klasse. In diesem Abschnitt wollen wir uns aber lediglich mit den Grundprinzipien von Aktienmarktindizes befassen.

Die bekannteste Methode zur Konstruktion eines Index gewichtet die einzelnen Aktienpreise nach dem Anteil der Marktkapitalisierung der betreffenden Aktien an der Gesamtkapitalisierung des Marktes. Je nach Anteil der Marktkapitalisierung eines Index an derjenigen des relevanten Gesamtmarktes spricht man von einem »engen« oder einem »breiten« Index.

In regelmäßigen Abständen (zum Beispiel alle sechs Monate) werden Aktienindizes an die Veränderungen im zugrunde liegenden Markt oder Marktsegment angepasst.

Man unterscheidet zwischen Kursindizes (auch Preisindizes genannt) und Performance-Indizes (Total-Return-Indizes). Bei Letzteren wird rechnerisch angenommen, dass die Ausschüttungen sofort wieder in die Aktien des Index reinvestiert werden. Kursindizes berücksichtigen keine Dividendenausschüttungen und taugen daher nur bedingt als Maßstab für die Aktionärsrendite.

Die allgemein bekanntesten, wenn auch nicht unbedingt »besten« Indizes im obigen Sinne sind die sogenannten Leitindizes wie zum Beispiel der DAX, der britische FTSE 100, der österreichische ATX oder der Dow Jones Industrial Average. Vielfach gehören die Rechte an diesen Indizes den Börsengesellschaften selbst. Wir bezeichnen solche bekannten Leitindizes im Folgenden als »populäre« Indizes. Die Indexstände der meisten populären und anderer Indizes sind im *Handelsblatt* und anderen Tageszeitungen nachzulesen.

Neben den populären Indizes gibt es auch weniger bekannte Indizes oder »Indexfamilien«, die von spezialisierten Indexanbietern stammen, darunter insbesondere MSCI (Morgan Stanley Capital International), Dow Jones Wilshire, Standard & Poor's, Stoxx (ein Joint-Venture zwischen der Deutschen Börse AG und der Dow Jones & Company) sowie Russell Investment Group. Diese Indexfamilien haben einige Vorteile, wie wir gleich sehen werden.

In Bezug auf die zugrunde liegenden Asset-Klassen lassen sich Aktienindizes in vielerlei Hinsicht kategorisieren. Die wichtigsten Unterscheidungen sind:[57]

■ Standardwerte (Großunternehmen, Blue-Chips) versus mittelgroße Unternehmen (Mid-Caps) und Nebenwerte (Small-Caps)
■ Regionen- oder nationale Indizes versus Branchenindizes
■ Value- versus Growth-Indizes

Die Mehrzahl der Indexing-Produkte, die wir in diesem Buch nennen, bezieht sich auf MSCI-Regionen- oder Länderindizes. Diese decken jeweils rund 85 Prozent der »Free-Float-gewichteten« Marktkapitalisierung in einer Branche, einer Region oder einem Land ab. Free Float heißt, dass nur Aktien, die auch tatsächlich am Markt gehandelt werden können, in die Kalkulation der jeweiligen Marktkapitalisierung einfließen. Hingegen werden Aktienpakete, die sich zum Beispiel in der Hand des Staates oder einer Familie befinden und grundsätzlich nicht zum Verkauf stehen, richtigerweise nicht berücksichtigt, denn in diese Aktien oder Aktienpakete können Anleger de facto nicht investieren.

Zwar beziehen sich die meisten Indexing-Produkte auf die populären Indizes, doch heißt das keineswegs, dass diese Indizes und die dazugehörigen Indexing-Produkte auch am besten für eine passive Anlagestrategie geeignet sind. Tatsächlich sind die MSCI-Indizes den populären Indizes als Basis für eine Indexanlage vorzuziehen,[58] denn:

■ Die MSCI-Indizes sind nach einer durchgängigen, dem Stand der Wissenschaft entsprechenden Methode konstruiert, die populären Indizes jedoch nicht immer.

■ Die MSCI-Indizes sind breiter, repräsentativer und damit besser diversifiziert als die populären, die oft nur rund 50 Prozent der nationalen Marktkapitalisierung abdecken.

■ Die Performance der MSCI-Indizes ist langfristig, das heißt über zehn Jahre und mehr hinweg, in den meisten Fällen besser als diejenige der populären Indizes, da sie mehr Nebenwerte berücksichtigen als die Leitindizes (langfristig rentieren kleinere Unternehmen besser als große).

■ Je breiter ein Index ist, desto seltener ändert sich seine Zusammensetzung. Dies wiederum führt zu niedrigeren Kosten von Indexanlagen, die auf diesen Indizes basieren.

■ Nicht alle populären Indizes sind Free-Float-gewichtet.

Besonders ungünstig als Referenzwert sind Designer-Indizes wie der Dow Jones Global Titans, der nur 50 der rund 40 000 börsennotierten Aktiengesellschaften weltweit reflektiert, oder Indizes, die in Wirklichkeit eine »verkappte« aktive Anlagestrategie darstellen, wie beispielsweise der DWS Go Emerging Markets Infrastructure Index.

4.3 Indexing-Produkte

»Die Gewinner von gestern zu kaufen und die Verlierer von gestern zu verkaufen wird den Anlageerfolg von morgen fast unvermeidlich schädigen.«

David Swensen, Chief Investment Officer der Yale University und
einer der erfolgreichsten Portfoliomanager der Welt

Allgemeine Hinweise zur Produktsuche und -auswahl

Weil die Finanzbranche Indexanlagen nur »defensiv« vermarktet, das heißt auf energische Nachfrage hin jenen offeriert, die sich weigern, teure und aktiv gemanagte Produkte zu kaufen, müssen Anleger bisweilen ein wenig Mühe investieren, um die besten Indexanlagen zu finden und zu erwerben. Indexanlagen sind Produkte, an denen Banken, Börsen, Vermögensberater und Fondsgesellschaften schlecht verdienen. Die Margen konventioneller, aktiver Anlageprodukte sind bis zu zehnmal so hoch, und die Finanzmedien berichten kaum über Indexanlagen, weil diese nicht für eine heiße Story taugen. Die Erfahrung zeigt, dass Anleger, die mit dem konkreten Aufbau eines Indexportfolio beginnen, bei ihren Bankbetreuern zumeist auf Widerstand stoßen. Gerne versucht man den Anleger zu überzeugen, dass aktiv gemanagte Anlagen »doch viel besser seien«, dass der Fondsmanager in der Vergangenheit den Index geschlagen habe und dass er durch eine geschickte Anlagestrategie verhindere, dass der betreffende Fonds von Börsenabschwüngen erfasst würde. Sie wissen inzwischen, dass man solchen Argumenten gründlich misstrauen sollte: Hinter ihnen steht entweder Unwissen oder aber der Wunsch, ein Produkt mit höherer Marge zu verkaufen.

Erfreulicherweise zwingt die weltweit wachsende Popularität von Indexanlagen und der intensive Wettbewerb in der Finanzbranche immer mehr Fondsgesellschaften und Banken, auch Indexing-Produkte mit geringerer Marge anzubieten. In diesem Abschnitt nennen wir eine Vielzahl von Indexfonds, ETFs und Indexzertifikaten, die unseren Gütekriterien »passiv, indexorientiert, langfristig, low-cost, buy-and-hold« entsprechen, ferner Produktinformationsquellen sowie Kriterien zur Unterscheidung von empfehlenswerten und nicht empfehlenswerten Produkten.

Die beiden weltweit vielleicht besten Anbieter von Indexfonds und ETFs für Privatanleger, Vanguard (USA) und DFA Dimensional Fund Advisors (USA), haben leider für Deutschland noch keine Produktzulassungen beantragt.[59]

In die von der Bundesanstalt für Finanzdienstleistungsaufsicht (BaFin) nicht zugelassenen Anlageprodukte kann man zwar in vielen Fällen legal investieren, sie sind jedoch mit gravierenden steuerlichen Nachteilen verbunden, was diese Investments für steuerehrliche Anleger uninteressant macht. Wir raten von solchen »grauen« oder »schwarzen« Anlageprodukten ab.

Sofern für eine bestimmte Asset-Klasse (noch) keine kostengünstigen Indexing-Produkte verfügbar sind, kommen naturgemäß auch bestimmte aktiv gemanagte Produkte infrage. Idealerweise sollten diese einen vergleichsweise passiven Ansatz verfolgen, also zum Beispiel niedrige Kosten und eine geringe Trading-Aktivität aufweisen, zudem sollten sie nach Möglichkeit einen »Value-Ansatz« verfolgen. Falls zu einem späteren Zeitpunkt ein »passgenaues« Indexprodukt auf den Markt kommt, wird man das aktive Produkt ersetzen. Da der Markt ständig in Bewegung ist, versteht es sich von selbst, dass die hier vorgestellten Produktlisten nicht dauerhaft aktuell bleiben können. Die meisten der in jedem Jahr neu eingeführten Produkte taugen allerdings wenig.

Wer bereit ist, statt global oder kontinentbezogen anlegender Produkte mehrere regional oder national anlegende Produkte zu erwerben, genießt eine größere Auswahl an Indexanlagen. Die Kehrseite der Medaille ist aber dann ein komplexeres Portfolio. In jedem Fall lohnt es sich, den Indexanlagenmarkt kritisch zu beobachten, immer in dem Bewusstsein, dass nicht alle sogenannten Indexprodukte diesen Namen auch tatsächlich verdienen.

Einige weitere Vorbemerkungen zu den unten aufgeführten Produkten:

- Die exakten Bezeichnungen dieser Produkte sind nicht in jeder Liste oder Datenbank identisch; rechnen Sie daher mit Abweichungen und unverständlichen Abkürzungen.
- Bitte beachten Sie, dass Produktnennungen lediglich Hinweischarakter tragen, sie sind keine konkrete Anlageberatung.
- Es ist praktisch sicher, dass andere Einzelprodukte oder Portfolios als die hier genannten in der Zukunft besser rentieren, obwohl es reine Glückssache ist, diese Produkte heute korrekt zu identifizieren. Auch wird eine einzelne Aktien-Benchmark, wie zum Beispiel der DAX oder der S&P 500, das Weltportfolio in ungefähr 40 Prozent aller Jahre outperformen.
- Keine der Produktauflistungen in diesem Buch erhebt Anspruch auf Vollständigkeit. Das wäre ein letztlich aussichtsloses Unterfangen angesichts der enormen Zahl der vorhandenen Indexing-Produkte,

des sich im Zeitablauf ändernden Produktangebotes und der unterschiedlichen Anlegerpräferenzen. Zwangsläufig wird es viele Produkte geben, die für manche Anleger relevant und nützlich sind, hier aber aus Platz- oder anderen Gründen nicht genannt werden.

■ Die Berücksichtigung eines Indexing-Produktes in diesem Buch bedeutet nicht automatisch, dass der Autor das Produkt empfiehlt, und ersetzt nicht die Eigenrecherche des Anlegers. Gedruckte Produktlisten veralten. Neue Produkte kommen auf den Markt, alte verschwinden oder ihre Namen und Produktmerkmale ändern sich. Bevor Sie in ein Produkt investieren, sollten Sie die dazu veröffentlichten Informationsmaterialien des Emittenten oder der Fondsgesellschaft genau prüfen, das »Schlaglicht« oder »Factsheet« auf einer allgemeinen Finanz-Website genügt hierzu nicht und ist auch nicht immer verlässlich. Prüfen Sie die Produktmerkmale auf der Website des Emittenten/der Fondsgesellschaft oder in den entsprechenden papierbasierten Produktunterlagen.

■ Wo zwei Produkte für eine bestimmte Asset-Klasse angegeben sind, sollte man im Allgemeinen dasjenige mit den günstigeren Kosten wählen (gemessen an der Gesamtkostenquote, dem Total Expense Ratio; wenn dieses nicht verfügbar ist, ersatzweise die Verwaltungs- oder Managementgebühr verwenden). Für Zeiträume von drei bis fünf Jahren aufwärts sind die Erwerbskosten vermutlich weniger bedeutend als die laufenden Kosten. Auf die dem Anleger bei den meisten Indexzertifikaten vorenthaltenen Dividenden (versteckte Kosten) haben wir ja schon mehrfach hingewiesen. Wer Indexing-Produkte über eine Direktbank/Online-Broker oder einen Fondssupermarkt erwirbt, kann bei den Ausgabeaufschlägen und sonstigen Erwerbskosten zum Teil kräftig sparen.

■ Thesaurierende Produkte sind im Allgemeinen besser als ausschüttende (die steuerliche Behandlung ist identisch), denn es fallen keine Kosten für die Reinvestition der Ausschüttungen an. Außerdem sind sie auch bequemer. Drittens ersparen sie Anlegern die Versuchung, die ausgeschüttete Liquidität sofort zu verkonsumieren. Anders verhält es sich natürlich für Anleger, die zur Finanzierung ihres Lebensunterhalts auf laufende Ausschüttungen (zum Beispiel Zinsen) angewiesen sind.

■ Ein breiter Benchmark-Index ist einem engeren Index in den meisten Fällen vorziehen. Der DAX und der Euro Stoxx 50 sind zu enge (schlecht diversifizierte) Indizes und nur dann akzeptabel, wenn sie durch andere Indexanlagen ergänzt werden.

■ Die meisten bekannten Indizes wie DAX, Nikkei und S&P 500 sind Growth- und Large-Cap-lastig und damit auch die Produkte, die sich auf diese Indizes beziehen.

■ Man sollte sich nicht nur auf Produkte beschränken, die sich auf Standardwerteaktien (Large-Caps) beziehen, sondern auch die anderen in diesem Buch genannten Asset-Klassen abdecken.

■ Indexfonds mit großem Fondsvolumen sind normalerweise kleineren Fonds vorzuziehen.

■ Es spielt keine Rolle, ob der Fonds einen Performance-Index oder einen Kursindex (Preisindex) abbildet. Die Dividenden kommen in jedem Fall dem Anleger zugute (das gilt allerdings nicht für Zertifikate; siehe Abschnitt 3.1).

■ Die Berichtswährung des Fonds ist letztlich von geringer Bedeutung. Für den Ertrag des Anlegers ist es unerheblich, in welcher Währung der Fonds, das Zertifikat oder der ETF notiert, denn das Depot eines inländischen Anlegers notiert ohnehin in Euro. Es kommt vielmehr darauf an, in welchem Währungsraum die zugrunde liegenden Gewinne und Cash-Flows erzielt werden. Anders sieht es aus, wenn das Anlagevehikel Währungsabsicherung (Hedging) betreibt, eine Strategie, die wir bekanntlich ablehnen (siehe Abschnitt 3.8). Die im Folgenden genannten Produkte sind ausnahmslos nicht währungsgesichert.

■ Nicht jeder Fonds kann über jede einzelne Bank oder Direktbank bezogen werden. Für Anleger, die die geringe Mehrarbeit nicht scheuen, mag es Sinn machen, Depots bei zwei Institutionen zu unterhalten.

■ Die Rabattierung des Ausgabeaufschlages (um bis zu 100 Prozent) variiert von Bank zu Bank; Online-Banken und Fondssupermärkte bieten die höchsten Rabatte. Bei Erwerb des Anlageprodukts über eine Börse fällt kein Ausgabeaufschlag, sondern jeweils bei Kauf und Verkauf eine meist geringere Geld-Brief-Spanne an.

■ ETFs sollten unbedingt über die Börse geordert werden, nicht – wie ein normaler Investmentfonds – bei der Kapitalanlagegesellschaft. Nur bei Börsenorders entfällt der Ausgabeaufschlag, dafür entstehen die allerdings niedrigeren Erwerbskosten, die im Aktienhandel üblich sind.

- Da es sich bei Indexzertifikaten juristisch um Bankschuldverschreibungen handelt, sollte man in Zertifikate einer einzelnen Bank maximal 5 Prozent seines Gesamtportfolios investieren, weil eine höhere Mittelkonzentration ja den Diversifikationseffekt, den man durch Indexanlagen anstrebt, wieder aufhebt. Zertifikate sollten insgesamt nicht mehr als 15 Prozent eines Gesamtportfolios ausmachen. Ferner beziehen sich so gut wie alle Indexzertifikate auf Kursindizes, sodass die Emissionsbank die Dividenden nicht an die Anleger weitergibt – für diesen ein schlichtweg zu teures Geschäft, denn Dividenden können 2 bis 3 Prozent p.a. und mehr des Anlagevolumens ausmachen. Die zum Teil niedrigeren oder fehlenden Verwaltungsgebühren solcher Zertifikate gleichen diesen Nachteil nicht annähernd aus. Aus diesem Grund sollte man Indexzertifikate nur dann verwenden, wenn es zu der gewünschten Anlageklasse keinen Indexfonds oder kein ETF gibt oder wenn das Zertifikat einen großen Kostenvorteil gegenüber den konkurrierenden Fonds und ETFs besitzt, was allerdings selten der Fall ist.

- Bei Rohstoffen sollte man grundsätzlich nur Rohstoff-Futures-Anlagen berücksichtigen, also keine einfachen Direktanlagen in Rohstoffe am Kassa- oder Spot-Markt und auch keine Rohstoffaktienfonds. Erstere haben eine zu niedrige Langfristrendite, und Letztere korrelieren weitaus zu hoch mit dem generellen Aktienmarkt, im Gegensatz zu Rohstoff-Futures.

- Einige Websites, die bei der Recherche nach Produkten und Produkteigenschaften nützlich sind, finden Sie im Anhang.

Indexfonds

In Deutschland sind über einhundert »klassische« Indexfonds zugelassen. Die große Mehrzahl davon bezieht sich auf die immergleichen populären Indizes wie beispielsweise den DAX, den Euro Stoxx 50 oder den Dow Jones Industrial Average, die überwiegend sehr enge (schlecht diversifizierte) und damit letztlich weniger interessante Indizes darstellen. Das gilt – in schwächerem Maße – allerdings auch für ETFs und Indexzertifikate. Ebenso sind sehr viele Branchenindexfonds im Angebot, die für uns kaum relevant sind.

Tabelle 35: Konventionelle Indexfonds (Balzac-Fondsfamilie)

Fondsname	ISIN	Asset-Klasse	Sub-Asset-Klasse	Sub-Asset-Klasse
Balzac World Index	FR0000018277	Aktien	Large-Caps	Growth
Balzac Canada Index	FR0000018095	Aktien	Large-Caps	Growth
Balzac USA Index	FR0000018285	Aktien	Large-Caps	Growth
Balzac Austria Index	FR0000018137	Aktien	Large-Caps	Growth
Balzac Euro Index	FR0000018087	Aktien	Large-Caps	Growth
Balzac France Index	FR0000018079	Aktien	Large-Caps	Growth
Balzac Germany Index	FR0000018020	Aktien	Large-Caps	Growth
Balzac Italy Index	FR0000017972	Aktien	Large-Caps	Growth
Balzac Netherlands Index	FR0000017915	Aktien	Large-Caps	Growth
Balzac Spain Index	FR0000018376	Aktien	Large-Caps	Growth
Balzac Denmark Index	FR0000018046	Aktien	Large-Caps	Growth
Balzac Norway Index	FR0000018434	Aktien	Large-Caps	Growth
Balzac Sweden Index	FR0000018335	Aktien	Large-Caps	Growth
Balzac Switzerland Index	FR0000018293	Aktien	Large-Caps	Growth
Balzac United Kingdom Index	FR0000018327	Aktien	Large-Caps	Growth
Balzac Europe Index	FR0000023194	Aktien	Large-Caps	Growth
Balzac Australia Index	FR0000018111	Aktien	Large-Caps	Growth
Balzac Hong Kong Index	FR0000017998	Aktien	Large-Caps	Growth
Balzac Japan Index	FR0000017931	Aktien	Large-Caps	Growth
Balzac Singapore Index	FR0000018426	Aktien	Large-Caps	Growth
Balzac Emerging Europe Index	FR0000018244	Aktien	Large-Caps	Growth
Balzac Emerging Latin America Index	FR0000018251	Aktien	Large-Caps	Growth
Balzac Middle East and Africa Index	FR0000018236	Aktien	Large-Caps	Growth
Balzac Euro Corporate Bond Index	FR0000018483	Aktien	Large-Caps	Growth
Balzac Obligations Euro (C)	FR0000027153	Staatsanleihen	–	–
Balzac Obligations Euro (D)	FR0000027161	Staatsanleihen	–	–
Balzac Real Estate Index	FR0000018590	Immobilien-aktienindex	–	–

Die amerikanische Fondsgesellschaft State Street offeriert unter den in Deutschland zugelassenen Produkten das aus unserer Sicht derzeit interessanteste Spektrum an klassischen Indexfonds, da diese Fonds einigermaßen niedrige laufende Kosten aufweisen, über einige Vertriebskanäle zu reduzierten Ausgabeaufschlägen erhältlich sind und sich überwiegend auf die recht breiten regionalen oder nationalen MSCI-Indizes beziehen. Tabelle 35 listet die Fondsfamilie auf (natürlich gibt es auch andere attraktive, in Deutschland zugelassene Indexfonds). Im Internet ist sie unter der Adresse www.ssga.fr zu finden (zur englischen Version wechseln und nach »Balzac Funds« suchen).

Genannt seien hier auch drei Fondsgesellschaften, die zwar keine Indexfonds anbieten, die wir derzeit aber unter den Anbietern aktiv gemanagter Fonds für noch vergleichsweise akzeptabel halten. Die Produkte dieser Fondsgesellschaften könnten dann interessant sein, wenn für eine bestimmte Asset-Klasse kein geeignetes passives Produkt verfügbar ist:

- Axa Rosenberg (www.axa-im.de), Tochtergesellschaft der französischen Versicherungsgesellschaft Axa
- Franklin Templeton (www.templeton.de), US-amerikanische Fondsgesellschaft
- Robeco (www.robeco.de), Fondsgesellschaft der niederländischen Rabobank

Exchange Traded Funds (ETFs)

In Deutschland sind etwa 200 ETFs zugelassen und es werden vierteljährlich mehr. Eine Auswahl präsentiert Tabelle 36. Auch hier gilt das zu Beginn dieses Abschnitts Gesagte: Die meisten ETFs beziehen sich auf »populäre« Indizes, die eher eng, Large-Cap- und Growth-lastig sind. Bitte beachten Sie auch die weiteren Hinweise im ersten Teil dieses Abschnitts.

Die sechs derzeit größten Anbieter von ETFs in Deutschland sind:

- www.lyxoretf.de; Lyxor (Société Générale)
- www.ishares.net; Barclays Global Investors
- www.indexchange.de; dem Namen nach selbstständig, gehört aber zu Barclays Global Investors

- www.axa-im.de; AXA / BNP Paribas
- www.easyetf.com; ebenfalls BNP Paribas (nicht alle ETFs auf dieser Website sind in Deutschland zugelassen)
- www.dbxtrackers.com; Deutsche Bank

Tabelle 36: Ausgewählte Exchange Trade Funds (ETFs), Stand: März 2007

Anlageregion	Asset-Klasse	Investiert in	Aus-richtung	ETF-Name	ISIN	ETF-Emittent
Deutschland	Aktien	Large-Caps		DAX EX	DE0005933931	Indexchange
Deutschland	Aktien	Large-Caps		Lyxor ETF DAX	LU0252633754	Lyxor
Deutschland	Aktien	Mid-Caps		MDAX EX	DE0005933923	Indexchange
Europa	Aktien	Large-Caps	Value	Dow Jones STOXX Select Dividend 30 EX	DE0002635299	Indexchange
Europa	Aktien	Large-Caps		Lyxor ETF MSCI EUROPE	FR0010261198	Lyxor
Europa	Aktien	Large-Caps		UNICO i-tracker → MSCI Europe	LU0140540492	UNICO Asset Management
Europa	Aktien	Mid-Caps		Dow Jones STOXX Mid 200 EX	DE0005933998	Indexchange
Europa	Aktien	Small-Caps		Dow Jones STOXX Small 200 EX	DE000A0D8QZ7	Indexchange
Eurozone	Aktien	Large-Caps	Growth	iShares Dow Jones EuroSTOXX Growth	DE000A0HG3L1	BarclaysBarclays
Eurozone	Aktien	Large-Caps	Value	iShares Dow Jones EuroSTOXX Value	DE000A0HG2N9	Barclays
Eurozone	Aktien	Large-Caps	Growth	Lyxor MSCI EMU Growth	FR0010168765	Lyxor
Eurozone	Aktien	Small-Caps		Lyxor MSCI EMU Small Cap	FR0010168773	Lyxor
Eurozone	Aktien	Large-Caps	Value	Lyxor MSCI EMU Value	FR0010168781	Lyxor
Eurozone	Aktien	Mid-Caps		iShares Dow Jones Euro STOXX MidCap	DE000A0DPMX7	Barclays
Eurozone	Aktien	Small-Caps		iShares Dow Jones Euro STOXX SmallCap	DE000A0DPMZ2	Barclays
Großbritannien	Aktien	Large-Caps		FTSE 100 EX	DE0006289408	Indexchange
Großbritannien	Aktien	Large-Caps	Value	iShares FTSE UK Dividend Plus	DE000A0HG2R0	Barclays
Japan	Aktien	Large-Caps		db x-tracker MSCI Japan TRN Index ETF	LU0274209740	Deutsche Bank
Japan	Aktien	Large-Caps / Mid-Caps	Value	Lyxor ETF FTSE RAFI Japan	FR 0010400769	Lyxor
Ozeanien exkl. Japan	Aktien	Large-Caps		Lyxor ETF AC AS.-PA.EX JP	FR0010312124	Lyxor

Anlageregion	Asset-Klasse	Investiert in	Ausrichtung	ETF-Name	ISIN	ETF-Emittent
Ozeanien: Austral. / Hongkong / Japan usw.	Aktien	Large-Caps	Value	Dow Jones Asia Select Dividend 30 EX	DE000A0H0744	Indexchange
Ozeanien: Austral. / Hongkong / Japan usw.	Aktien	Large-Caps	Value	iShares DJ ASIA/PAC.Select Dividend DZ	DE000A0J2086	Barclays
Schwellenländer	Aktien	Large-Caps		iShares MSCI Emerging Markets	DE000A0HGZT7	Barclays
Schwellenländer / Brasilien	Aktien	Large-Caps		iShares MSCI Brazil	DE000A0HG2M1	Barclays
Schwellenländer / China	Aktien	Large-Caps		Lyxor China Enterprise	FR0010204081	Lyxor
Schwellenländer / China	Aktien	Large-Caps		iShares FTSE/Xinhua Schwellenländer 25	DE000A0DPMY5	Barclays
Schwellenländer / Hongkong	Aktien	Large-Caps		Lyxor ETF Hong Kong (HSI)	FR0010361675	Lyxor
Schwellenländer / Indien	Aktien	Large-Caps		Lyxor ETF MSCI India	FR0010361683	Lyxor
Schwellenländer / Russland	Aktien	Large-Caps		Lyxor ETF Russia	FR0010326140	Lyxor
Schwellenländer / Ostasien	Aktien	Large-Caps		iShares MSCI Far East ex-Japan	DE000A0HGZS9	Barclays
Schwellenländer / Osteuropa	Aktien	Large-Caps		iShares MSCI Eastern Europe	DE000A0HGZV3	Barclays
USA	Aktien	Large-Caps	Value	Dow Jones US Select Dividend EX	DE000A0D8Q49	Indexchange
USA	Aktien	Large-Caps		iShares MSCI NORTH AM. DZ	DE000A0J2060	Barclays
USA	Aktien	Large-Caps		Lyxor ETF MSCI USA	FR0010296061	Lyxor
Welt	Aktien	Large-Caps		db x-tracker MSCI World TRN Index ETF	LU0274208692	Deutsche Bank
Welt	Aktien	Large-Caps		iShares MSCI World	DE000A0HGZR1	Barclays
Welt	Aktien	Large-Caps		Lyxor ETF MSCI WORLD	FR0010315770	Lyxor
Welt	Aktien	Large-Caps	Value	dbxtrackers DJStoxx Global Select Dividend 100 ETF	DBX 1 DG	Deutsche Bank
Welt	Aktien (Infrastructure)	Large-Caps / Mid-Caps		iShares FTSE/Macquarie Global Infrastructure	DE000A0LGQM3	Barclays
Europa	Immobilienaktien			Dow Jones 600 REAL ESTATE EX	DE000A0H0751	Indexchange
Europa	Immobilienaktien			EasyETF FTSE EPRA Europe	LU0246033426	Axa

Anlageregion	Asset-Klasse	Investiert in	Aus-richtung	ETF-Name	ISIN	ETF-Emittent
Eurozone	Immobilienaktien			iShares FTSE/EPRA European Property	DE000A0HG2Q2	Barclays
Ozeanien: Japan, Austral., HK	Immobilienaktien			Dow Jones ASIA/PAC.600 REAL ESTATE EX	DE000A0H0777	Indexchange
Asien	Immobilienaktien			iShares FTSE NAREIT Asia Prop.Yield Fund	DE000A0LGQJ9	Barclays
USA	Immobilienaktien			iShares FTSE/NA-REIT US Prop.Yield Fund	DE000A0LGQK7	Barclays
USA	Immobilienaktien			Dow Jones AMERICAS 600 REAL ESTATE EX	DE000A0H0769	Indexchange
Welt	Immobilienaktien			iShares FTSE/NA-REIT Global Prop. Yield Fund	DE000A0LGQL5	Barclays
Welt	Rohstoffe	n. zutr.	n. zutr.	EasyETF GS Commodity Index	LU0203243414	Axa
Welt	Rohstoffe	n. zutr.	n. zutr.	EasyETF GS NonEnergy	LU0230484932	Axa
Welt	Rohstoffe	n. zutr.	n. zutr.	EasyETF GS UltraLight Energy	LU0246046329	Axa
Welt	Rohstoffe	n. zutr.	n. zutr.	EasyETF GSAL INH. A EUR	LU0252701189	Axa
Welt	Rohstoffe	n. zutr.	n. zutr.	Lyxor ETF Commodities CRB	FR0010270033	Lyxor
Welt	Rohstoffe	n. zutr.	n. zutr.	Lyxor ETF Commodities CRB Non Energy	FR0010346205	Lyxor
Welt	Rohstoffe	n. zutr.	n. zutr.	M.ACC.-JIM ROG. INTL COMM.	LU0249326488	ABN Amro
Deutschland	Staatsanleihen	n. zutr.	n. zutr.	eb.rexx Government Germany 1,5–2,5 EX	DE0006289473	Indexchange
Deutschland	Staatsanleihen	n. zutr.	n. zutr.	eb.rexx Government Germany 10,5+ EX	DE000A0D8Q31	Indexchange
Deutschland	Staatsanleihen	n. zutr.	n. zutr.	eb.rexx Government Germany 2,5–5,5 EX	DE0006289481	Indexchange
Deutschland	Staatsanleihen	n. zutr.	n. zutr.	eb.rexx Government Germany 5,5–10,5 EX	DE0006289499	Indexchange
Deutschland	Staatsanleihen	n. zutr.	n. zutr.	eb.rexx Government Germany EX	DE0006289465	Indexchange
Europa	Staatsanleihen	n. zutr.	n. zutr.	iBoxx EUR Liquid Sovereigns Cap. 1.5–2.5 EX	DE000A0H0793	Indexchange

Anlageregion	Asset-Klasse	Investiert in	Aus-richtung	ETF-Name	ISIN	ETF-Emittent
Europa	Staats-anleihen	n. zutr.	n. zutr.	iBoxx EUR Liquid Sovereigns Cap. 10.5+ EX	DE000A0H08C4	Indexchange
Europa	Staats-anleihen	n. zutr.	n. zutr.	iBoxx EUR Liquid Sovereigns Cap. 2.5–5.5 EX	DE000A0H08A8	Indexchange
Europa	Staats-anleihen	n. zutr.	n. zutr.	iBoxx EUR Liquid Sovereigns Cap. 5.5–10.5 EX	DE000A0H08B6	Indexchange
Europa	Staats-anleihen	n. zutr.	n. zutr.	iShares EURO GOV. BD 1–3DZ	DE000A0J21A7	Barclays
Europa	Staats-anleihen	n. zutr.	n. zutr.	iShares EURO GOV. BD 15–30DZ	DE000A0LGQC4	Barclays
Eurozone	Staats-anleihen	n. zutr.	n. zutr.	Lyxor ETF EUR.10–15Y INH.	FR0010037242	Lyxor
Eurozone	Staats-anleihen	n. zutr.	n. zutr.	Lyxor ETF EUROMTS 1–3Y	FR0010222224	Lyxor
Eurozone	Staats-anleihen	n. zutr.	n. zutr.	Lyxor ETF EUROMTS 3–5Y	FR0010037234	Lyxor
Eurozone	Staats-anleihen	n. zutr.	n. zutr.	Lyxor ETF EUROMTS GLOBAL	FR0010028860	Lyxor
USA	Staats-anleihen	n. zutr.	n. zutr.	iShares DL TREAS.1–3 DZ	DE000A0J2078	Barclays
USA	Staats-anleihen (inflati-onsinde-xiert)	n. zutr.	n. zutr.	iShares DL TIPS DZ	DE000A0LGQF7	Barclays
Eurozone	Staats-anleihen (inflati-onsinde-xiert)	n. zutr.	n. zutr.	iShares EUR Inflation Linked Bond	DE000A0HG2S8	Barclays
Eurozone	Staats-anleihen (inflati-onsinde-xiert)	n. zutr.	n. zutr.	MUL.U.FR.-LYXOR EURO MTS Infl. linked	FR0010174292	Lyxor
Europa	Unter-nehmens-anleihen	n. zutr.	n. zutr.	iBoxx EUR Liquid Corporates	DE0002511243	Barclays
USA	Unter-nehmens-anleihen	n. zutr.	n. zutr.	iShares USD Corporate Bond	DE000A0DPYY0	Barclays

Eine Anmerkung für österreichische Leser: Die meisten dieser ETFs sind auch in Österreich zugelassen und »steuertransparent« (das heißt, es werden KEST-Daten gemeldet). Im Zweifelsfall sollten Sie sich an die Emissionsgesellschaft wenden, um eine verbindliche Bestätigung zu erhalten.

Indexzertifikate

Die Zahl der Emittenten von Indexzertifikaten ist zu groß und zu veränderlich, als dass es lohnen würde, sie in einem Buch zu nennen – es gibt an die 30 Emittenten und Zigtausende von Zertifikaten (übrigens in keinem Land der Welt auch nur annähend so viele wie in Deutschland, und das sollte misstrauisch machen). Eine Auflistung der inzwischen allein mehr als tausend »Plain-Vanilla«-Indexzertifikate wäre schon nicht mehr zu bewerkstelligen. Wie wir in Abschnitt 3.1 gesehen haben, sind nur diese einfachen, »unstrukturierten« traditionellen Indexzertifikate (oft auch »Delta-1-Zertifikate« genannt) für uns interessant: Sie bilden lediglich einen Aktienindex exakt ab und beinhalten keine »Garantie« oder sonstigen speziellen Produktmerkmale. Daneben gibt es noch viele Tausend »strukturierte« Zertifikate, von denen wir aber abraten, da sie mit Indexing, passivem Investieren und Kostenminimierung nichts zu tun haben. Die Schutzgemeinschaft der Kapitalanleger (www.sdk.org) hat in ihrem *Schwarzbuch Börse 2006* vor diesen Zertifikaten mit zumeist hohen versteckten Kosten und kaum durchschaubaren Risiko- und Renditekombinationen eindringlich gewarnt. Das gilt übrigens auch für Zertifikate, die das Wort »Garantie« im Namen tragen.

Websites, die bei der Recherche nach Indexzertifikaten hilfreich sind, finden Sie im Anhang. Das *Handelsblatt* und die meisten Anlegermagazine drucken regelmäßig umfassende Zertifikatelisten ab. Falls Sie erwägen, in ein bestimmtes Produkt zu investieren, sollten Sie zuvor entsprechende Produktunterlagen von der Emissionsbank anfordern oder auf deren Website herunterladen. Bitte beachten Sie im Übrigen auch hier die Erläuterungen im ersten Teil dieses Abschnitts.

Da wir den Nachteil des »Emittentenrisikos« von Indexzertifikaten, auf den wir bereits hingewiesen haben, sowie ihre insgesamt oft höheren Kosten sehr ernst nehmen, sind Zertifikate für uns von vornherein stets nur eine Ausweichlösung, wenn es für eine attraktive Asset-Klasse keinen passenden Indexfonds oder keinen ETF gibt. Auch eine Laufzeitbegrenzung, die auf die Mehrzahl der Zertifikate zutrifft, bedeutet einen kostenmäßigen und steuerlichen Nachteil gegenüber Indexfonds und ETFs.

Angesichts dieser Vorbehalte erschienen uns bei Redaktionsschluss nur eine Hand voll Indexzertifikate ausreichend interessant, um hier gesondert auf sie hinzuweisen (Tabelle 37).

Tabelle 37: Ausgewählte Indexzertifikate

Indexzertifikatsname	Performance-Index	Emittent	Verwaltungsgebühr	Laufzeit
GPR Global Top 50 Ex USA Total Return (ISIN / WKN: UB1CT2)	ja*	UBS Bank	0,8% p.a.	unbegrenzt
CROCI US (Perf) Index-Zertifikat (DE000DB091X6)	ja**	Deutsche Bank	1,0% p.a.	unbegrenzt
CROCI Japan (Perf) Index-Zertifikat (DE000DB091Y4)	ja**	Deutsche Bank	1,0% p.a.	unbegrenzt
CROCI Asia Pacific (Perf) Index-Zertifikat (DE000DB0WDA1	ja**	Deutsche Bank	1,0% p.a.	unbegrenzt

* Bezieht sich auf einen Index der 50 global größten Immobilienaktien (allerdings exkl. USA, wegen derzeitiger Überbewertung des US-Immobilienindex)

** CROCI steht für »Cash Return on Capital Invested«; eine Finanzkennzahl, mit der es der Deutschen Bank zufolge möglich ist, Value-Aktien zu identifizieren (die Zahl ist dem KGV ähnlich). Der Auswahlmechanismus ist angabegemäß rein quantitativ, wird also nicht von einem Manager aktiv gesteuert.[60]

4.4 Ein konkreter Vorschlag für ein »Indexing-Weltportfolio«

»Die Schlussfolgerung aus der Auswertung internationaler Rendite- und Risikovergleiche könnte nicht einfacher sein: Diversifiziere dein Portfolio weltweit. So stabilisierst du nicht nur das Gerüst deiner Finanzanlagen, sondern erwirtschaftest höchstwahrscheinlich auch zusätzliche Erträge bei geringerem Risiko.«

Jiam Wiandt, Chefredakteur, www.indexuniverse.com

Abbildung 4 und Tabelle 38 zeigen beispielhaft, wie das sogenannte Weltportfolio, das den risikobehafteten Teil eines Gesamtportfolios repräsentiert, mit konkreten Indexing-Produkten gebildet werden kann.

Abbildung 4: Mögliche Asset-Allokation für ein Gesamtportfolio aus einer risikofreien Anlage und einem »Weltportfolio«

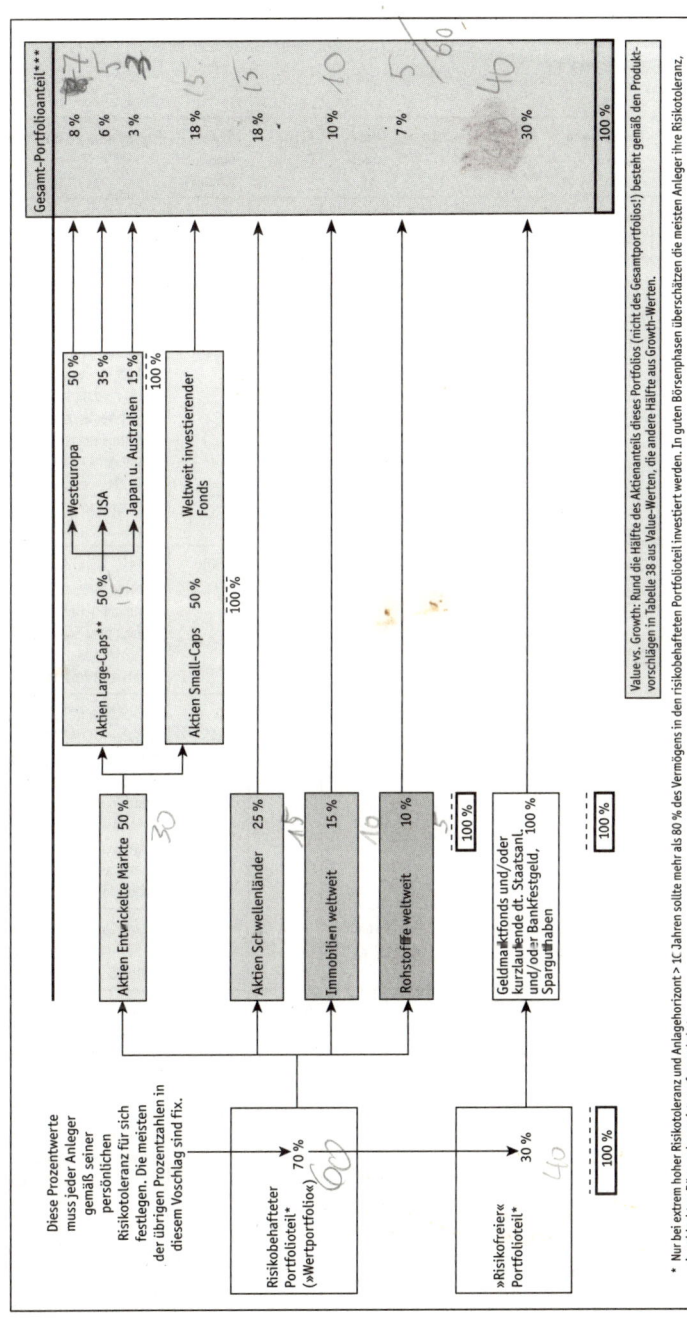

Diese Prozentwerte muss jeder Anleger gemäß seiner persönlichen Risikotoleranz für sich festlegen. Die meisten der übrigen Prozentzahlen in diesem Vorschlag sind fix.

Risikobehafteter Portfolioteil* (»Wertportfolio«) 70 %

»Risikofreier« Portfolioteil* 30 %

100 %

Aktien Entwickelte Märkte 50 %

Aktien Schwellenländer 25 %

Immobilien weltweit 15 %

Rohstoffe weltweit 10 %

100 %

Geldmarktfonds und/oder kurzlaufende dt. Staatsanl. und/oder Bankfestgeld, Spargutthaben 100 %

100 %

Aktien Large-Caps** 50 %

Aktien Small-Caps 50 %

100 %

Westeuropa 50 %
USA 35 %
Japan u. Australien 15 %
100 %

Weltweit investierender Fonds

Gesamt-Portfolioanteil***

8 %
6 %
3 %

18 %

18 %

10 %

7 %

30 %

100 %

Value vs. Growth: Rund die Hälfte des Aktienanteils dieses Portfolios (nicht des Gesamtportfolios!) besteht gemäß den Produktvorschlägen in Tabelle 38 aus Value-Werten, die andere Hälfte aus Growth-Werten.

* Nur bei extrem hoher Risikotoleranz und Anlagehorizont > 1C Jahren sollte man mehr als 80 % des Vermögens in den risikobehafteten Portfolioteil investiert werden. In guten Börsenphasen überschätzen die meisten Anleger ihre Risikotoleranz, in schlechten Börsenphasen ist es of umgekehrt.

** Statt einer Aufsplittung auf drei einzelne Regionen könnte man der Einfachheit halber diesen Teil des Portfolios auf ein oder zwei Anlageprodukte (Regionen) reduzieren. Siehe dazu die Fußnote zu Tabelle 38.

*** Die in dieser Spalte genannten Prozentsätze sind nur korrektiv für ein 70:30-Portfolio (risikobehafteter/risikofreier Teil). Für jede andere Kombination aus risikobehaftet und risikofrei ergeben sich in dieser Spalte andere Prozentsätze. Die Werte in dieser Spalte sind nicht streng kaufmännisch gerundet.

Tabelle 38: Mögliche Produktauswahl für das »Weltportfolio« (Stand: Mai 2007)

Asset–Klasse	Produktname	WKN oder ISIN	Produkt-typ	Aktiv/ Passiv	»Style« (Aus-richtung)	Bezugsindex / Bemerkungen
Standardwerte Industrieländer global	dbx trackers DJ Stoxx Global Select Dividend 100 ETF	DBX 1DG	ETF	Passiv	Value	Der Index repräsentiert die 100 dividendenstärksten Aktien aus den 1 800 Titeln, die den Dow Jones Stoxx 600 America, den DJ Stoxx 600 Europe und den DJ Stoxx 600 Asia/Pacific ausmachen – im Gewichtungsverhältnis 40:30:30 (dividendenstarke Titel sind der Tendenz nach Value-Aktien.) Dieses Produkt sollten Sie am besten mit den beiden nachfolgenden im Verhältnis von jeweils einem Drittel kombinieren - das ergibt dann etwa die in Abb. 4 dargestellte Aufteilung für Large-Caps/Industrieländer global.
Standardwerte Industrieländer global	Lyxor ETF MSCI World	FR0010315770	ETF	Passiv	Growth	Der MSCI World deckt 85 Prozent der globalen Aktienmarktkapitalisierung in den Industrieländern ab. Die USA sind mit etwa 50 Prozent relativ hoch gewichtet, ebenso Großbritannien mit etwa 12 Prozent.
Standardwerte Industrieländer global	Lyxor MSCI EMU Value ETF	FR0010168781	ETF	Passiv	Value	Der MSCI Eurozone Value Index deckt die Value-Aktien innerhalb des MSCI Eurozone (EMU)-Index ab. Die Beimischung dieser Asset-Klasse reduziert die hohe Gewichtung der USA und Großbritanniens in den oben genannten zwei Produkten in der Asset-Klasse Large-Caps/Industrie-lander global.
Nebenwerte Industrieländer global*	Axa Rosenberg Global Small Cap Alpha Fund B	691333	Fonds	Aktiv	Value	Aktiver Fonds mit Value-Ausrichtung, ca. 50 Prozent USA, Rest global gestreut. Verwaltungsgebühr: 1,5%.
Nebenwerte Industrieländer global*	Franklin Templeton Global Smaller Company Fund	LU0029874061	Fonds	Aktiv	Value	Aktiver Fonds mit Value-Ausrichtung, ca. 15 Prozent USA, Rest global gestreut. Verwaltungsgebühr: 1,5%.
Nebenwerte Industrieländer global*	Indexchange DJ Stoxx SM Small 200 Ex ETF	A0D8QZ	ETF	Passiv	Growth	Verwaltungsgebühr: niedrige 0,19%. Diesen ETF sollte berücksichtigen, wer Westeuropa innerhalb seiner Small-Caps-Allokation stärker gewichten will als bei den beiden oben genannten aktiven Fonds. In diesem Fall die Small-Caps-Global-Allokation in drei gleiche Teile auf die 3 genannten Fonds aufteilen.

Asset-Klasse	Produktname	WKN oder ISIN	Produkt-typ	Aktiv/ Passiv	»Style« (Aus-richtung)	Bezugsindex / Bemerkungen
Standardwerte Schwellen-länder global	iShares MSCI Emerging Market Index ETF	DE000A0HGZT7 oder A0HGZT	ETF	Passiv	Growth	MSCI Emerging Markets Free Index.
Immobilien Industrieländer global	– iShares FTSE EPRA/ NAREIT Global Property Yield (ETF)	DE000A0LGQL5	ETF	Passiv	n.zutr.	iShares Global Property: Ein ETF, der den FTSE EPRA NAREIT Index nachbildet, einen globalen Index zu Immobiliensektoraktien. Die u.E. zu hohe Gewichtung der USA mit über 50 Prozent und auch die etwas zu hohe Gewichtung Großbritanniens in dem iShares-Produkt kann man durch hälftige Beimischung des Balzac-Immobilienindexfonds reduzieren. Dieser Indexfonds bildet den Citigroup Broad Market Property Eurozone Index nach.
	– Balzac Real Estate Indexfonds	FR0000018590 (oder WKN 588796)	Index-fonds			
Rohstoff-Futures global	Easy ETF GSCI	A0EAZC oder LU0203243414	ETF	Passiv	n. zutr.	Goldman Sachs Commodity Index (GSCI), Total-Return-Variante, ein energielastiger Rohstoffindex (positiv: die im Vergleich zu anderen Commodity-Indizes hohe Gewichtung von Öl und Erdgas).
»Risikofreier« Portfolioteil: Geldmarkt-anlagen Eurozone	– EB.Rexx Government ETF	628946	ETF	Passiv	n. zutr.	ETF aus deutschen Staatsanleihen kurzer und mittlerer Laufzeit.
	– Metzler Geldmarkt Fonds	DE0009761684	Fonds	Aktiv		Geldmarktfonds ohne Ausgabeaufschlag, mit relativ niedrigen laufenden Gebühren und kleinen Ersteinstiegs- und laufenden Mindestanlagebeträgen. Für den risikofreien Portfolioteil kommen auch Festgelder, Sparguthaben oder guthabenverzinste Girokonten in Frage.

* Small-Caps/Nebenwerte: Derzeit gibt es unseres Wissens noch keinen in Deutschland zugelassenen weltweit investierenden Nebenwerte-Indexfonds. Ersatzweise investiert man daher in aktive Fonds mit niedrigem Aktienumschlag und (relativ) akzeptablem Total Expense Ratio. Empfohlene Allokation im einfachsten Fall: 50 Prozent jeweils auf den Axa Rosenberg-Fonds und den Franklin Templeton-Fonds, um das »Managerrisiko« dieser aktiven Fonds zu reduzieren. Allerdings waren der Axa Rosenberg und Franklin Templeton Fonds im Mai 2007 bei Redaktionsschluss dieses Buches (möglicherweise dauerhaft) für Neuanleger geschlossen. Sofern diese Fonds bis Erscheinen des Buches weiterhin keine Neuanleger mehr aufnehmen, empfehlen wir folgenden Ersatz: (1) zu 40 Prozent den DJ Stoxx SM Small 200 Ex«, WKN A0D8QZ (eher growth-lastig), (2) zu 40 Prozent den Janus-USA-Nebenwertefonds Janus US Venture B EUR (t), ISIN IE0009534276 (growth-lastig), (3) zu 20 Prozent den Axa Rosenberg Japan Small Cap Alpha Fund, WKN 692194 (eher value-lastig). Die aktiven Fonds im Portfolio sollten durch einen globalen beziehungsweise regionalen Nebenwerte-Indexfonds oder einen ETF (idealerweise value-lastig) ersetzt werden, sobald ein solches Produkt am Markt verfügbar ist (nach Ende 2008 jedoch die steuerlichen Konsequenzen eines Verkaufes beachten). Sofern man an den Mindestanlagebeträgen scheitert, kann man sich vorerst auf den Indexchange DJ Stoxx SM Small 200 Ex, WKN A0D8QZ beschränken.

Die Zusammensetzung des Portfolios orientiert sich an den folgenden Grundprinzipien:

- Alle wesentlichen Asset-Klassen mit nennenswerten Renditen sollen vertreten sein, um den Diversifikationseffekt zu maximieren. Die auf die einzelnen Regionen entfallenden Anteile der aktienbezogenen Allokation richten sich nach der ungefähren Größe der dort vertretenen Volkswirtschaften relativ zum weltweiten Bruttoinlandsprodukt.

- Insbesondere sollen auch Asset-Klassen, die eine geringe Korrelation zu Aktien aufweisen, berücksichtigt werden, auch wenn ihre Rendite etwas niedriger ist als diejenige von Aktien (zum Beispiel Rohstoffe).

- Die besonders hohen erwarteten Renditen von Nebenwerten, Value-Aktien und Schwellenländeraktien sollen genutzt werden. (Diese höheren Renditen gehen auf ein erhöhtes Risiko zurück.) Das Mischungsverhältnis zwischen »Value« und »Growth« sollte bei ungefähr 50:50 liegen.

- Das Portfolio sollte aus möglichst wenig Einzelkomponenten bestehen (Prinzip der Einfachheit).

- Das Portfolio sollte weitgehend mit derzeit in Deutschland zugelassenen, passiven und kostengünstigen Produkten realisierbar sein. Komplexe (»strukturierte«) Produkte sollen nicht enthalten sein.

- Das Portfolio ist ein reines Buy-and-Hold-Investment (mit jährlichem Rebalancing).

Die dargestellte Portfoliostruktur versucht somit einerseits, den Grad der Komplexität (die Anzahl der notwendigen Anlageprodukte) in vertretbarem Maße niedrig zu halten, ohne die Prinzipien der Modernen Portfoliotheorie allzu deutlich zu verletzen, und andererseits, die aus unserer Sicht derzeit besten in Deutschland zugelassenen Indexanlageprodukte für die gewählte Allokation zu verwenden. Beide Grundsätze gleichzeitig zu realisieren erfordert eine gewisse Abwägung, die man im Einzelnen durchaus auch anders treffen könnte.

Bevor Sie nun beginnen, Ihr eigenes Portfolio auf verschiedene Asset-Klassen aufzuteilen, sollten Sie Folgendes beachten: Die »perfekte« Asset-Allokation ist eine Chimäre, es gibt sie nur in der Vergangenheit. Wichtiger als eine vermeintlich optimale Asset-Allokation zu finden ist es, an seiner einmal gefundenen, vernünftigen Asset-Allokation unbeirrt festzuhalten. Eine laufende Veränderung Ihrer

Asset-Allokation ist ein Fahrschein in Richtung Unterrendite. Denken Sie auch daran, dass jede Asset-Allokation einen beliebigen einzelnen Aktienindex (zum Beispiel den DAX oder den S&P 500) in ungefähr vier von zehn Jahren unterperformen wird. Ist das nicht so, machen Sie vermutlich etwas falsch, das heißt, Sie haben bewusst oder unbewusst nur in einen bestimmten Index (Markt) investiert und sind daher unterdiversifiziert.

Unser Beispielportfolio ist somit keineswegs als »vollkommene« Lösung zu interpretieren. Es ist nicht nur möglich, sondern sogar wahrscheinlich, dass andere Asset-Klassen-Gewichtungen und andere konkrete Produkte in der Zukunft höhere Renditen erwirtschaften werden. Auch können nach Redaktionsschluss dieses Buches neue Anlageprodukte auf den Markt kommen, die insbesondere von der Kostenseite her den hier aufgeführten überlegen sind.

Die hier aufgezeigte Struktur des Weltportfolios erfordert eine gewisse Mindestgröße des Gesamtportfolios, da die meisten Fonds einen Mindestanlagebetrag von 2 000 Euro verlangen. Falls Ihr persönliches Anlagevolumen zu klein ist, müssen Sie das Portfolio vereinfachen.

Mancher Leser wird sich darüber wundern, dass dieses Portfolio auch aktive Investmentfonds enthält, obwohl der Autor ein Verfechter von Indexanlagen ist. Für die relevanten Asset-Klassen gab es in Deutschland bei Redaktionsschluss dieses Buches noch keine »passgenauen«, zugelassenen interessanten Indexing-Produkte. Aufgrund des raschen Wachstums dieses Marktsegmentes wird dieses Manko jedoch bald behoben sein.

Für ein kleines Portfolio, bei dem die entsprechenden produktbezogenen Mindestbeträge der Fondsgesellschaften nicht erreicht werden, empfehlen wir die Kategorie »Aktien Entwickelte Märkte / Large-Caps« durch einen einzelnen Indexfonds oder ETF auf den MSCI-World-Index zu ersetzen. Eine weitere Vereinfachung könnte durch Verzicht auf den Rohstoffanteil erfolgen. Die radikalste Vereinfachung des Weltportfolios wäre eine Reduktion des Weltportfolios auf ein MSCI-World-Index-Produkt und ein MSCI-Emerging-Markets-Produkt. Bedenken Sie dabei aber, dass sowohl erwartete Rendite als auch erwartetes Risiko von dieser Vereinfachung negativ beeinflusst werden.

Um eine »Strafbesteuerung« zu vermeiden, sollten Anleger sicherstellen, dass sie lediglich zugelassene Produkte erwerben.

Durch die im Zeitablauf unterschiedlichen Renditen der einzelnen Asset-Klassen (bzw. Anlageprodukte) werden sich die ursprünglichen Gewichtungen relativ bald und zwangsläufig verschieben. Dieses Ungleichgewicht sollte man alle zwölf bis 24 Monate korrigieren; man bezeichnet diesen Vorgang als »Rebalancing«. Näheres hierzu in Abschnitt 4.6. Mit Ausnahme dieser periodischen Neujustierung und der Zuführung »frischen Geldes« sollte das Depot nach Möglichkeit nicht angerührt werden.

Wie bereits bekannt, stellt das »Weltportfolio« lediglich den risikobehafteten Teil des Gesamtportfolios dar. Die Risikosteuerung eines Gesamtportfolios geschieht über die Beimischung eines in Euro notierenden Geldmarktfonds (der keinen Ausgabeaufschlag und eine niedrige Verwaltungsgebühr haben sollte), eines verzinslichen Guthabenkontos bei einer Bank (der Anlagebetrag sollte innerhalb der Einlagensicherungsfondsgrenze der entsprechenden Bank liegen), deutscher Staatsanleihen (unter fünf Jahren Laufzeit) oder eines bequemen passiven Anleihen-ETF, nicht aber über die Änderung der Zusammensetzung des Weltportfolios selbst – ungeachtet aller Empfehlungen von Anlageberatern und Banken.

Historische Renditen des Weltportfolios

Tabelle 39 zeigt die historischen Renditen des oben dargestellten Portfolios während der vergangenen 19 Jahre (vor Kosten und exklusive Steuern).[61]

Wie der Tabelle zu entnehmen ist, lag die langfristige historische Rendite des Weltportfolios (vor Kosten und Steuern) über die vergangenen 19 Jahre hinweg bei nominal 12,0 Prozent p.a. und real 9,3 Prozent p.a. Das übertrifft recht deutlich die Rendite des DAX oder Eurostoxx 50, obwohl das Risiko dieses Portfolios sogar niedriger war (zum Vergleich: DAX: reale Rendite 7,9 Prozent p.a., Standardabweichung 26 Prozent).

Eine längere historische Datenreihe lässt sich nicht darstellen, weil für die Asset-Klassen Schwellenländer und Immobilien-Westeuropa keine weiter zurückreichenden Daten vorliegen. Es versteht sich von selbst, dass man aus der Entwicklung dieser 19 Jahre nicht zwangsläufig auf diejenige der nächsten 19 Jahre schließen kann. Generell sind

Tabelle 39: Historische Renditen des Weltportfolios
(unter Beimischung einer risikofreien Geldmarktanlage in
unterschiedlicher Höhe)

	Portf. 1	Portf. 2	Portf. 3	Portf. 4	Portf. 5
Deutsche Geldmarktanlage (risikofrei)	0 %	20 %	40 %	60 %	80 %
Weltportfolioanteil	100 %	80 %	60 %	40 %	20 %
Jahresrenditen					
1988	24,6 %	20,7 %	16,9 %	13,0 %	9,2 %
1989	40,6 %	34,1 %	27,6 %	21,1 %	14,6 %
1990	−20,7 %	−14,8 %	−8,8 %	−2,8 %	3,1 %
1991	27,7 %	24,0 %	20,4 %	16,8 %	13,1 %
1992	−4,6 %	−1,8 %	0,9 %	3,6 %	6,3 %
1993	39,0 %	32,4 %	25,8 %	19,2 %	12,6 %
1994	0,9 %	1,8 %	2,7 %	3,6 %	4,5 %
1995	−1,9 %	−0,8 %	0,4 %	1,6 %	2,7 %
1996	18,2 %	15,2 %	12,2 %	9,2 %	6,2 %
1997	16,8 %	14,2 %	11,6 %	8,9 %	6,3 %
1998	−0,6 %	0,2 %	1,0 %	1,8 %	2,6 %
1999	39,0 %	31,9 %	24,8 %	17,7 %	10,5 %
2000	21,7 %	18,3 %	15,0 %	11,6 %	8,3 %
2001	−3,3 %	−2,0 %	−0,6 %	0,7 %	2,0 %
2002	−11,6 %	−8,7 %	−5,8 %	−2,9 %	0,0 %
2003	18,1 %	14,9 %	11,7 %	8,5 %	5,3 %
2004	10,0 %	8,4 %	6,8 %	5,3 %	3,7 %
2005	20,7 %	17,0 %	13,3 %	9,6 %	5,9 %
2006	19,2 %	15,9 %	12,6 %	9,4 %	6,1 %
Reale geometr. Rendite p.a.					
1988–1996	9,0 %	8,3 %	7,4 %	6,4 %	5,2 %
1997–2006	10,3 %	8,7 %	7,0 %	5,2 %	3,3 %
Gesamtzeitraum (1988–2006)	9,3 %	8,1 %	6,8 %	5,4 %	3,9 %
Inflation p.a.	2,5 %	2,5 %	2,5 %	2,5 %	2,5 %
Nominelle geometr. Rendite p.a. (Gesamtzeitraum)	12,0 %	10,8 %	9,4 %	8,0 %	6,4 %
Std.-abw. der Jahresrenditen	18 %	14 %	11 %	7 %	4 %
Sharpe-Ratio	0,5	0,6	0,6	0,7	0,8
Niedrigste jährl. Einzelrendite	−21 %	−15 %	−9 %	−3 %	0 %
Anteil der Jahre mit neg. Rendite	32 %	26 %	16 %	11 %	0 %

19 Jahre ein zu kurzer Zeitraum, um daraus verallgemeinerungsfähige Schlussfolgerungen abzuleiten.

4.5 Warum eine Gewichtung nach BIP einer nach Marktkapitalisierung vorzuziehen ist

»Ich wurde einmal gefragt, welche Indexanlage ich kaufen würde, wenn ich nur ein einziges Produkt wählen dürfte. Meine Antwort war: Ein global diversifizierter Aktienindexfonds mit fixer Gewichtung nach Weltregionen.«

Prof. Rick Ferry, Geschäftsführer von Portfolio Solutions LLR

Bei der Aufteilung (Strukturierung) des Weltportfolios nach Einzelregionen stellt sich die Frage, ob man dem Prinzip der Marktkapitalisierung (nachfolgend kurz »MK«) folgen oder die Asset-Klassen nach Anteilen am Weltbruttoinlandsprodukt (also anhand realwirtschaftlicher Faktoren) gewichten sollte. In den letzten Jahren sind in der Literatur (unseres Erachtens berechtigte) Zweifel geäußert wurde, ob eine MK-Gewichtung für Aktienindizes, wie sie traditionell üblich ist und auch praktisch allen gängigen Börsenindizes zugrunde liegt, tatsächlich die beste Wahl sei. Das Problem lässt sich anhand einiger Zahlen veranschaulichen:

Der Anteil der Marktkapitalisierung des US-Aktienmarktes am globalen Aktienmarkt beträgt etwa 50 Prozent. Hingegen beschränkt sich der Anteil der US-Volkswirtschaft an der Weltvolkswirtschaft gemessen am BIP (in US-Dollar) auf rund 30 Prozent und nach →Kaufkraftparitäten sogar auf nur rund 20 Prozent. Umgekehrt beträgt der Anteil der Schwellenländer an der Weltaktienmarktkapitalisierung weniger als 10 Prozent, ihr Anteil am globalen BIP jedoch 25 Prozent (in US-Dollar gemessen) und nach Kaufkraftparitäten fast 50 Prozent. Auch wiesen die rund 30 Schwellenländer als Gruppe in der Vergangenheit, für die zuverlässige Daten vorliegen, die höchsten Aktienmarktrenditen weltweit auf.

Generell dürfte es inzwischen keinen zwingenden Zusammenhang zwischen der Marktkapitalisierung eines nationalen Aktienmarktes und seinem Renditepotenzial mehr geben. Die Größe der Marktkapitalisierung ist vermutlich viel stärker durch regulatorische und kulturelle Faktoren bestimmt.

Der Autor hat einen Vergleich der Renditen und Risiken eines »Weltportfolios« (a) nach Marktkapitalisierung und (b) nach BIP-Anteilen mit Kaufkraftparitäten-Gewichtung angestellt (ohne Berücksichtigung von Value- und Nebenwerten). Diese Berechnung zeigte für die beiden (überlappenden) Zeiträume 1988 bis 2006 (19 Jahre) und 1997 bis 2006 (zehn Jahre) eine recht klare Outperformance des BIP-Ansatzes (wohl vorwiegend, weil er Schwellenländer höher und Japan niedriger gewichtet). Über den langen Zeitraum betrug die BIP-Methoden-Outperformance 3,8 Prozentpunkte, über den kurzen Zeitraum 1,4 Prozentpunkte. Das Risiko (Standardabweichung) der MK-Methode war geringfügig niedriger.

Ein weiterer Vorteil der BIP-Gewichtung könnte darin bestehen, dass sie weniger prozyklisch und damit »Bubble«-gefährdet ist: Definitionsgemäß werden in einen MK-Index diejenigen Aktien, die überdurchschnittlich steigen, aufgenommen, während diejenigen herausgenommen werden, die überdurchschnittlich gefallen sind (oder stagnieren). Anders ausgedrückt, »kauft« der Index die Gewinner der jüngeren Vergangenheit und »verkauft« die Verlierer. Unter der Annahme, dass es Regression zum Mittelwert, einen Value- und einen Size-Effekt gibt, ist das renditeschädlich. Konkretes Beispiel: In den späten achtziger Jahren hatte Japan einen Anteil an der globalen MK von knapp 50 Prozent; heute dagegen – nachdem die japanische Spekulationsblase über 13 schmerzhafte Jahre hinweg (1990 bis 2002) platzte – sind es nur noch etwa 25 Prozent. Der BIP-Ansatz hätte den japanischen Aktienmarkt von Anfang an niedriger gewichtet und deswegen weniger unter den global unterdurchschnittlichen Renditen gelitten.

Schließlich ist der BIP-Ansatz stabiler, denn die relativen Größenverhältnisse zwischen Volkswirtschaften (insbesondere bei Messung in Kaufkraftparitäten) verändern sich langsamer als die relativen Verhältnisse der nationalen oder regionalen Marktkapitalisierungen.

Das in diesem Buch vorgestellte Weltportfolio stellt letztlich eine Mischung aus MK-Ansatz und BIP-Ansatz dar, da die einzelnen Anlageprodukte selbst (Indexfonds, ETFs, Zertifikate) in sich MK-gewichtet, die Portfoliogrobstruktur aber BIP-gewichtet ist.[62]

4.6 »Rebalancing«: oft vergessen, aber dennoch wichtig

»Abgesehen davon, dass Rebalancing den sehr wichtigen Vorteil ›Vermeidung von Style-Drift‹ bietet, kann es ebenfalls zur Verbesserung der Portfoliorendite beitragen.«

Larry Swedroe, Forschungsdirektor von
Buckingham Asset Management, Bestsellerautor

Unter Rebalancing versteht man die periodische Wiederherstellung der ursprünglichen Portfoliostruktur, nach dem sich diese unweigerlich durch unterschiedliche Renditen der einzelnen Portfoliokomponenten verschoben hat. Tabelle 40 präsentiert ein Ein-Perioden-Beispiel für ein simples Portfolio mit drei Einzelbestandteilen und einem Anlagebetrag von jeweils 33 Euro.

Tabelle 40: Warum ist Rebalancing notwendig?

Portfoliokomponente	A	B	C	Gesamt
Geldbeträge Anfang des Jahres 1	33,33 Euro	33,33 Euro	33,33 Euro	100,00 Euro
Gewichtung im Portfolio	33 %	33 %	33 %	
Rendite im Jahr 1	10,0 %	−10,0 %	20,0 %	6,67 %
Geldbeträge Ende des Jahres 1	36,67 Euro	30,00 Euro	40,00 Euro	€106,67
Gewichtung im Portfolio Ende Jahr 1	34 %	28 %	38 %	

Das Beispiel zeigt, dass die Assets B und C nach Ablauf von Jahr 1 gegenüber der ursprünglichen Portfoliostruktur beträchtlich unter- bzw. übergewichtet sind. Das ist negativ zu bewerten, da es das Risikoprofil des Portfolios verschiebt (Style-Drift) – umso stärker, je länger man keine Korrektur (Rebalancing) vornimmt. Da insbesondere risikoreiche Asset-Klassen langfristig höhere Renditen aufweisen, könnte es ohne Rebalancing geschehen, dass die riskanten Asset-Klassen im Zeitablauf ein steigendes Gewicht im Portfolio einnehmen. Die Krux: Der Anleger bemerkt das zwar, ist aber oft genug geneigt, es zu tolerieren, weil er intuitiv denkt, es könne doch nicht richtig sein, die gut gelaufenen Anlagen nun teilweise zu verkaufen und die schlecht gelaufenen aufzustocken. Diese psychologische Hürde gilt es aber zu überwinden – und hier scheidet sich die Spreu der irrationalen Anleger vom Weizen der rationalen. Der wichtigste Grund, der für Rebalancing spricht, ist sein erwiesenermaßen renditefördernder Effekt. Eine Reihe von Studien hat belegt (und hier ist sich die Wissenschaft ausnahmsweise mal einig), dass Rebalancing langfristig die Rendite eines gut diversifizierten Portfolios um bis zu einem Prozentpunkt p.a. erhöht. In einer Berechnung des Autors, dem ein gleichgewichtetes Portfolio aus sechs Asset-Klassen über den Zeitraum 1988 bis 2006 zugrunde gelegt wurde, verbesserte jährliches Rebalancing die Portfoliorendite um 0,6 Prozentpunkte; das Risiko (Standardabweichung) sank von 16 Prozent auf 14 Prozent.

Wie erklärt sich der positive Effekt von Rebalancing? Bezüglich der Renditeverbesserung resultiert er daraus, dass er Regression zum Mittelwert im positiven Sinne sowie den Value-Effekt ausbeutet. Was die Auswirkung auf das Risiko angeht, verhindert Rebalancing, dass riskante Anlagen, die tendenziell besser rentieren, ein im Zeitablauf wachsendes Gewicht im Portfolio bekommen und so das Risiko des Portfolios ungewollt zunimmt.

Fazit: Man sollte Rebalancing sehr diszipliniert spätestens alle 24 Monate vornehmen (am besten immer im Januar), aber auch nicht öfter als alle zwölf Monate, um die Kosten nicht in die Höhe zu treiben. Im Idealfall verwendet man neue Finanzmittel für das Rebalancing: Dann entstehen überhaupt keine zusätzlichen Kosten, weil ja nichts verkauft werden muss. Ebenso kann man in der Portfolioverbrauchsphase (Entsparphase) Rebalancing »kostenlos« durchführen, indem man Anlagen, deren Gewicht gestiegen ist, zuerst verkauft.

4.7 Fondssparpläne

»Man hört extrem selten von jemandem, der mit Market-Timing über mehrere Jahre hinweg Erfolg hatte. Genauer gesagt, habe ich noch nie von einem solchen Genie gehört.«

Jack Brennan, Vorstandsvorsitzender von Vanguard,
der fünftgrößten Fondsgesellschaft der Welt

Es liegt auf der Hand, dass die meisten Anleger eher kleine laufende Beträge investieren können, als zu einigen wenigen Zeitpunkten größere Summen anzulegen. Der Vermögensaufbau ist in der Realität also ein Vorgang, der sich bei den meisten Anlegern über kleine monatliche Tranchen vollzieht. Leider gibt es für viele Indexanlagen (noch) keine Wertpapier- beziehungsweise Fondssparpläne, wobei sich dies allmählich zu ändern scheint (zum Beispiel bieten Indexchange und die Deutsche Bank seit einiger Zeit die meisten ihrer ETFs auch in sparplanfähiger Form an). Die Websites im Anhang, die Websites Ihrer Bank, der jeweiligen Produktanbieter oder Ihr Bankbetreuer müssten Auskunft über die Sparplanfähigkeit eines bestimmten Produktes geben können.

Wie sollte ein Anleger verfahren, wenn es für ein bestimmtes gewünschtes Indexprodukt keinen Sparplan gibt?

Ein möglicher Lösungsansatz für dieses Dilemma wäre, einen sparplanfähigen Geldmarktfonds auszuwählen, der keinen Ausgabeaufschlag und ein niedriges Total Expense Ratio beziehungsweise eine niedrige laufende Verwaltungsgebühr hat. Für diesen Fonds legt man nun einen Fondssparplan an, zum Beispiel über 200 Euro pro Monat oder welche Summe man auch immer aufbringen kann. Sobald der jeweilige Mindestanlagebetrag erreicht ist, verkauft man die Anteile und erwirbt im Gegenzug das jeweils gewünschte Indexprodukt. Da es bei Geldmarktfonds nur selten und auch dann nur geringe Kursgewinne gibt, sollte sich durch diese Verfahrensweise selbst bei Verkäufen innerhalb der zwölfmonatigen Spekulationsfrist kein wesentlicher steuerlicher Nachteil ergeben (und nach 2008 spielt diese steuerliche Erwägung ohnehin keine Rolle mehr).

4.8 Steuern

»Im internationalen Vergleich zählen die deutschen steuerehrlichen Anleger ab 2009 [wenn die Steuerreform wirksam wird] zu den großen Verlierern. Die Bundesregierung scheint das Risiko der Kapitalflucht einmal mehr zu ignorieren. Sie könnte damit am Ende selbst, wie schon bei früheren Versuchen, höhere Steuersätze durchzusetzen, der größte Verlierer der Steuerreform sein.«

Handelsblatt, 24.3.2007

Die Besteuerung von Wertpapieranlagen (einschließlich Investmentfonds-anteilen) hat naturgemäß großen Einfluss auf den Nachsteuerertrag, und dieser ist es, der letztlich für den Anleger zählt. In diesem Abschnitt fassen wir daher einige der wichtigeren steuerlichen Regeln zusammen, die für im Privatvermögen gehaltene Wertpapieranlagen in Deutschland derzeit gelten. Allerdings versucht dieses Buch nicht, in die Rolle eines Steuerratgebers zu schlüpfen; davon gibt es genügend von besser qualifizierten Autoren und in jedem gewünschten Komplexitätsgrad. Außerdem kann ein kurzes Buchkapitel niemals die persönliche Beratung durch einen Steuerberater ersetzen. Sie sollten die folgenden Ausführungen deswegen bezüglich Ihrer eigenen steuerlichen Situation von einem Steuerberater überprüfen lassen. Schließlich besteht immer die Gefahr, dass sich steuerliche Regelungen ändern und die nachfolgenden Angaben daher bereits veraltet sind, wenn Sie dieses Buch in der Hand halten.

Eine Vorbemerkung: Steuerlich sind Indexfonds und ETFs »normalen« offenen Investmentfonds gleichzusetzen. Das bedeutet, dass die Einkünfte aus diesen Vermögensanlagen wie auch die Einkünfte aus Indexzertifikaten steuerlich als »Einkünfte aus Kapitalvermögen« zu betrachten sind. Tabelle 41 vermittelt einen knappen Überblick über die bis Ende 2008 geltenden Besteuerungsregeln für die wichtigsten Anlageformen.

Einige allgemeine Anmerkungen:

- Einkünfte aus Kapitalvermögen sind bis zur Höhe von 801 Euro (Sparerfreibetrag zzgl. Werbungskostenpauschale) pro Steuerpflichtigem steuerfrei.
- In Bezug auf Kursgewinne gilt der Erbfall steuerrechtlich erfreulicherweise nicht als Neuerwerb.
- Da Indexzertifikate auf einen Anleihenindex, zum Beispiel den RexP-Index (Rentenindex), Zinsen de facto in Kursgewinne umwandeln, hat es verschiedentlich geheißen, diese Zinsen seien – bei Realisierung des Kursgewinnes – nach der Spekulationsfrist steuerfrei. Ob das so ist, muss Ihr Steuerberater klären.
- Bei bestimmten strukturierten Indexzertifikaten (wie zum Beispiel Garantiefonds) gilt die steuerliche Faustregel, dass bei Vorliegen einer (auch relativ zum Kaufpreis reduzierten) Kapitalgarantie die Kursgewinne auch nach Ablauf der Spekulationsfrist zu versteuern sind.

Tabelle 41: Steuerliche Regelungen bis zum 31.12.2008

Aktieninvestmentfonds, offene Immobilienfonds, Einzelaktien, aktienbezogene Indexzertifikate	Anleihen, Rentenfonds, rentenbezogene Indexzertifikate	Einzelimmobilien (nicht eigengenutzt)
(a) Laufende Erträge (Dividenden, gleichgültig ob thesauriert oder ausgeschüttet): Die Hälfte des Ertrages (»Halbeinkünfteverfahren«) ist zum persönlichen EkSt-Satz zu versteuern. (b) Realisierte Kursgewinne vor Ablauf von 12 Monaten Haltedauer sind zum persönlichen EkSt-Satz zu versteuern (Freigrenze 512 Euro pro Steuerpflichtigem),[63] danach sind sie steuerfrei (»Spekulationsfrist«). (c) Unrealisierte Kursgewinne sind steuerfrei.	(a) Laufende Erträge (Zinsen, gleichgültig ob thesauriert oder ausgeschüttet): 100 % des Ertrages sind zum persönlichen EkSt-Satz zu versteuern. (b) Realisierte Kursgewinne vor Ablauf von 12 Monaten Haltedauer sind zum persönlichen EkSt-Satz zu versteuern (Freigrenze 512 Euro pro Steuerpflichtigem), danach sind sie steuerfrei (»Spekulationsfrist«). (c) Unrealisierte Kursgewinne sind steuerfrei.	(a) Laufende Erträge: Bruttomietertrag abzgl. Werbungskosten (z.B. Zinsen und nicht umlagefähige Nebenkosten, Abschreibung) sind zum persönlichen EkSt-Satz zu versteuern (u.U. abweichende Regelung für Mieterträge im Ausland). (b) Realisierte Kapitalerträge (Wertsteigerungen) vor Ablauf von 10 Jahren sind zum persönlichen EkSt-Satz zu versteuern (Freigrenze 512 Euro pro Steuerpflichtigem) mit einer u.U. abweichenden Regelung für ausländische Immobilien, danach sind sie steuerfrei. (c) Unrealisierte Kapitalerträge sind steuerfrei.

■ Von laufenden Erträgen wird die depotführende Bank Kapitalertragsteuer in Höhe von 20 Prozent auf Dividenden und Zinsabschlagsteuer in Höhe von 30 Prozent auf Zinsen und inländische Mieten einbehalten und direkt an den Fiskus abführen (später im Rahmen der Einkommensteuererklärung verrechenbar). Diese Steuervorauszahlung kann bis zu einer bestimmten Höhe vermieden werden, wenn ein Freistellungsauftrag oder eine Nichtveranlagungsbescheinigung vorgelegt wird.

■ Verluste aus dem Verkauf von Wertpapieren und Fondsanteilen (realisierte Kursverluste) können nicht mit positiven Zins- und Dividendeneinkünften verrechnet werden, sondern nur mit realisierten Kursgewinnen (allgemeiner: mit privaten Veräußerungsgewinnen).

■ Am Ende des Jahres erstellen die depotführenden Stellen Erträgnisaufstellungen, Steuerbescheinigungen und Jahresbescheinigungen, die Sie für Ihre Steuererklärung nutzen können. Untersuchungen haben ergeben, dass diese computergenerierten Aufstellungen erstaunlich oft fehlerhaft sind. Ein Plausibilitäts-Check ist angebracht.

Zusammenfassend kann man sagen, dass diese bis Ende 2008 geltenden Regelungen Aktienanlagen relativ zu zinstragenden Anlagen steuerlich dann deutlich begünstigen, wenn die Aktienanlagen länger als zwölf Monate gehalten werden.

Ab dem Steuerjahr 2009 werden sich die Besteuerungsgrundlagen für Einkünfte aus Kapitalvermögen spürbar ändern (siehe Tabelle 42). Der entsprechende Gesetzesentwurf wurde im März 2007 vom Bundeskabinett beschlossen und soll im Juli 2007 verabschiedet werden, um Anfang 2009 in Kraft zu treten. Es wird eine sogenannte Abgeltungssteuer eingeführt, die grundsätzlich für alle Kapitalerträge (Dividenden, Zinsen, realisierte Kursgewinne) gilt, die den Sparerfreibetrag übersteigen. Der entsprechende Abgeltungssteuersatz wird 25 Prozent betragen, bei Einrechnung von Kirchensteuer und Solidaritätszuschlag werden es etwa 28 bis 29 Prozent. Gleichzeitig entfällt die bisherige Besteuerung von Einkünften aus Kapitalvermögen nach dem individuellen Einkommensteuersatz (eine Ausnahme gilt für Personen, deren Grenzsteuersatz unter 25 Prozent liegt).

Auch hier wiederum einige allgemeine Anmerkungen:

■ Die hier gemachten Angaben gelten nur für in Deutschland von der Bundesanstalt für Finanzdienstleistungsaufsicht (BaFin) zugelassene Investmentfonds. Nicht zugelassene Fonds sind zwar als Anlagen nicht notwendigerweise illegal, unterliegen aber normalerweise einer hohen Strafbesteuerung.

■ Kapitaleinkünfte (zum Beispiel Zinsen, Dividenden, realisierte Kursgewinne) tauchen nicht mehr in der Steuererklärung auf. Die angenehme Folge, vor allem für Steuerpflichtige mit hohen Kapitaleinkünften: Ihr persönlicher Steuersatz sinkt, sie zahlen vermutlich weniger Steuern auf ihr übriges Einkommen.

Tabelle 42: Steuerliche Regelungen ab dem 1.1.2009

Aktieninvestmentfonds, offene Immobilienfonds, Einzelaktien, aktienbezogene Indexzertifikate	Anleihen, Rentenfonds, rentenbezogene Indexzertifikate	Einzelimmobilien (nicht eigengenutzt)
(a) Laufende Erträge (Dividenden, gleichgültig ob thesauriert oder ausgeschüttet) sind zum Abgeltungssteuersatz von 25 % zu versteuern. (b) Realisierte Kursgewinne sind unabhängig von der Haltedauer ebenfalls zum Abgeltungssteuersatz von 25 % zu versteuern. (c) Unrealisierte Kursgewinne sind steuerfrei. (d) Realisierte Kursgewinne von Wertpapieranlagen, die vor dem 1.1.2009 erworben wurden, bleiben steuerfrei, sofern länger als 12 Monate im Besitz (der Erbfall gilt nicht als Neuerwerb).	(a) Laufende Erträge (Zinsen, gleichgültig ob thesauriert oder ausgeschüttet) sind zum Abgeltungssteuersatz von 25 % zu versteuern. (b) Realisierte Kursgewinne sind unabhängig von der Haltedauer ebenfalls zum Abgeltungssteuersatz von 25 % zu versteuern. (c) Unrealisierte Kursgewinne sind steuerfrei. (d) Realisierte Kursgewinne von Wertpapieranlagen, die vor dem 1.1.2009 erworben wurden (Zertifikate nur vor dem 14.3.2007), bleiben steuerfrei, sofern länger als 12 Monate im Besitz (der Erbfall gilt nicht als Neuerwerb).	Keine Änderung der bisherigen Regelung; Kursgewinne bei Einzelimmobilien werden somit künftig relativ zu Wertpapieren steuerlich begünstigt.

- Die Abgeltungssteuer wird im Normalfall direkt von der Bank überwiesen.

- Zum Zeitpunkt des Redaktionsschlusses dieses Buches (April 2007) war unklar, ob in dem zu beschließenden Gesetz (wie ursprünglich vorgesehen) Verluste aus dem Verkauf von Wertpapieren und Fondsanteilen (realisierte Kursverluste) mit positiven Zins- und Dividendeneinkünften innerhalb eines Steuerjahres verrechnet werden dürfen. Falls ja, würden auf das Gesamtergebnis 25 Prozent Abgeltungssteuer fällig. Anleger, die noch auf Spekulationsverlusten nach altem Recht sitzen, könnten diese dann bis Ende 2013 im Rahmen des neuen

Rechts verrechnen lassen. Das würde eine Verbesserung gegenüber der alten Regelung darstellen. Ab 2014 wären dann Spekulationsverluste nur noch mit realisierten Kursgewinnen verrechenbar (wieder gleiche Regelung wie vor 2009).

■ Die steuerliche Behandlung von Riester- und Rürup-Renten, »Reit«-Fonds und Commodity-Futures-Fonds (siehe Abschnitt 3.4) kann von den hier gemachten Angaben abweichen.

■ Vermögensanlagen mit garantierten Erträgen wie Garantiefonds oder Garantie-/Bonuszertifikate werden wie Anleihen- und Anleihenfonds behandelt, auch wenn die zugrunde liegende Asset-Klasse keine Anleihen sind.

■ Bestimmte Anlagen werden steuerlich wie Finanzinnovationen behandelt, das heißt, sie unterliegen einer ungünstigeren Besteuerung. Dazu gehören bestimmte Zertifikate (insbesondere solche mit komplexen Strukturelementen), die meisten Derivate (Optionen, Optionsscheine) und leider bisher auch inflationsgesicherte Anleihen oder Fonds.

Fazit: Bisher (vor dem 1.1.2009) waren Aktien und Aktienfonds einschließlich entsprechender ETFs steuerlich gegenüber Anleihen, Anleihenfonds und Immobilien (einschließlich offener Immobilienfonds) steuerlich bevorzugt, da bei Aktien ein relativ und normalerweise auch absolut größerer Anteil der Gesamtrendite auf Kursgewinne entfällt. Letztere waren bisher nach Ablauf eines Jahres steuerfrei. Diese günstigere Behandlung entfällt ab dem 1.1.2009 (für Wertpapiere, die vor diesem Datum erworben wurden, gilt noch die alte, vorteilhafte Regelung). Allenfalls ein kleines Teilelement der bisherigen günstigeren Behandlung verbleibt: Da realisierte Kursgewinne erst im Jahr der Realisierung zu versteuern sind, ergibt sich ein Vorteil aus dem Steuerstundungseffekt, weil die zunächst unrealisierten Kursgewinne bis zur Realisierung weiter für den Anleger arbeiten können. Relativ zur Vergangenheit werden Zinseinkünfte, jedenfalls für Steuerzahler mit einem Grenzsteuersatz von über 25 Prozent, ab 2009 günstiger besteuert.

Der Gesamteffekt der Steueränderungen dürfte für die meisten Anleger nicht ganz so negativ ausfallen, wie es auf den ersten Blick aussieht, da vor allem Zinsen besser behandelt werden (sofern der persönliche Grenzsteuersatz über 25 Prozent liegt, was überwiegend der Fall sein dürfte), realisierte Kursgewinne hingegen schlechter. Außerdem könnte sich der Gesichtspunkt, dass Kapitaleinkünfte nicht mehr in der Steuererklärung anzugeben sind, günstig auswirken. Insgesamt kann man aber sagen, dass die bisherige steuerliche Begünstigung von Aktien gegenüber Anleihen (und den entsprechenden Fonds) entfällt. Zu überlegen wäre folglich, ob man seine Aktienquote aus steuerlichen Gründen noch unmittelbar vor dem 1.1.2009 vorübergehend bis an die Grenze des persönlich Vertretbaren »hochfahren« sollte, denn die realisierten Kursgewinne dieser Aktien bleiben auch nach 2009 steuerfrei (Mindesthaltedauer zwölf Monate). Neue Anlagegelder müssen danach erst einmal ausschließlich in risikofreie Anlagen fließen, um baldmöglichst wieder den eigentlich gewünschten Zielrisikograd zu erreichen. Jedem, der diesen Weg gehen möchte, muss jedoch bewusst sein, dass sein Gesamtportfoliorisiko damit eventuell für mehrere Jahre deutlich zunimmt.

4.9 Filialbank, Online-Bank oder Fondssupermarkt?

»Das Geschäftsmodell der meisten Finanzdienstleister ist ziemlich einfach. Sie wollen 2 Prozent im Jahr mit *Ihrem* Geld verdienen. Nach Möglichkeit mehr. Das ist ganz einfach zu viel.«

Laurence J. Kotlikoff, Finanzprofessor an der Boston University

Diese Frage ist relativ einfach zu beantworten: Online-Banken bieten im Allgemeinen die beste Kombination aus Preisvorteil, Angebotsbreite und Servicequalität. Letztere ist allerdings fast überall erstaunlich schlecht – auch bei den Filialbanken. Den meisten Lesern werden die Testberichte der Stiftung Warentest zur Beratungsqualität der deutschen Banken ein Begriff sein. Diese Testergebnisse fallen regelmäßig und flächendeckend negativ aus; spannend scheint allein die Frage, welche Bank von Jahr zu Jahr die rote Laterne abbekommt. Qualifizierte Beratung zu einem passiven, kostengünstigen Buy-and-Hold-Portfolio bekommt man wohl bei keiner Bank, aber die Online-Banken versuchen wenigstens nicht, interessierte Anleger mit fragwürdigen Argumenten davon abzubringen.

Online-Banken und Fondssupermärkte bieten neben günstigeren

Preisen auch die größere Zahl an Fonds mit Rabatten auf den Ausgabe-aufschlag an. Fondssupermärkte haben den Nachteil, dass sie außer Fondsanteilen normalerweise keine anderen Anlageformen verwalten. In der Praxis bedeutet das für die meisten Anleger, Depots bei mehreren Institutionen unterhalten zu müssen, was vielfach nicht gewünscht wird. In Bezug auf Fonds sind Fondssupermärkte allerdings zumeist die günstigste Bezugsquelle.

Die vier in Deutschland bekanntesten Online-Banken sind die Direktanlagebank (Tochtergesellschaft der Unicredit/Hypovereinsbank), die Comdirect (Commerzbank), Cortal Consors (BNP Paribas) und die ING-Diba (ING Bank). Nutzlose Produktprospekte verschicken alle in Massen. Die Deutsche Bank hat ihre Direktbank-Tochter »Bank 24« inzwischen in das Mutterhaus reintegriert, was sich auf das Preisniveau nicht eben vorteilhaft ausgewirkt hat.

5.

Lassen Sie sich nicht von der richtigen Strategie abbringen

5.1 Indexing bedeutet nicht, sich mit dem Durchschnitt zufriedenzugeben

»Es ist das Paradox von Kapitalanlagen in Indexfonds: Auf den Durchschnitt zu zielen ist die beste Möglichkeit, über dem Durchschnitt zu enden.«

Tyler Mathisen, Finanzjournalist

Das Ziel einer aktiven Anlagestrategie muss darin bestehen, einen angemessenen Marktindex nach Kosten, Steuern und letztlich auch nach Risiko zu übertreffen. Indexanlagen liefern per definitionem aber lediglich die Marktrendite, den Marktdurchschnitt. Ein Indexanleger gibt sich folglich von vornherein mit einer »mittelmäßigen« Rendite zufrieden. Kann das sinnvoll sein? Die Antwort lautet »Ja«, und zwar aus zwei Gründen:

- Wenn man die Nettorendite eines Indexfonds (also die Rendite, die dem Anleger nach Abzug aller einmaligen und laufenden Kosten tatsächlich zufließt) der durchschnittlichen Nettorendite aller vergleichbaren aktiven Anleger beziehungsweise aller aktiven Fonds gegenüberstellt, dann liegt sie über diesem Durchschnitt. Hierin besteht das scheinbare Paradox, von dem im Eingangszitat die Rede ist. Indexanleger erzielen zwar »nur« die durchschnittliche Marktrendite, liegen damit aber immer noch deutlich über dem Durchschnitt aller Anleger. Und je länger die betrachtete Periode ist, desto größer wird der in Geldeinheiten gemessene Vorsprung der Indexanleger vor den aktiven Anlegern.
- Wie wir inzwischen wissen, ist die Zusammensetzung der stets vorhandenen kleinen Gruppe der Markt-Outperformer (auf Nettorendi-

tebasis) im Zeitablauf nicht stabil. Das heißt, es kann niemand, ob Profi oder Privatanleger, darauf hoffen, dauerhaft zu dieser glücklichen Gruppe zu gehören. Je intensiver ein Anleger versucht, den Markt zu schlagen, desto höher sind seine Anlagekosten und desto bedeutender auch die Risiken, die er eingehen muss. Daher wird er statistisch unter dem Durchschnitt enden.

Mit Indexanlagen auf den Durchschnitt des Marktes zu zielen ist daher in der Tat die beste Strategie, über dem Durchschnitt aller Anleger zu landen.

5.2 Indexanlagen liegen auch in der Baisse vorn

»Indexfonds fallen mit dem Gesamtmarkt – genauso wie aktiv gemangte Fonds ... nur weniger.«

John Bogle, Gründer und ehemaliger Vorstandsvorsitzender von Vanguard, der fünftgrößten Fondsgesellschaft der Welt

Ein unermüdlich von der Fondsindustrie und den meisten Finanzjournalisten kolportierter Mythos über Indexanlagen lautet, dass Indexfonds zwar während eines Marktaufschwungs die Mehrzahl der aktiven Fonds schlügen, es hingegen während eines Marktabschwungs umgekehrt sei. In einer Baisse müsse ein Indexfonds hilflos dem Markt nach unten folgen, während aktive Fondsmanager in risikolose Cash-Anlagen umschichten könnten.

Diese Argumentation klingt plausibel, sie trifft in der Realität dennoch nicht zu. Wie Dutzende seriöser Untersuchungen inzwischen bestätigt haben, liegt das einzige Körnchen Wahrheit an dieser »plausiblen« Aussage darin, dass der relative Nettorenditevorteil von Indexfonds in Marktabschwungsphasen weniger groß ist als in Aufschwungsphasen. Wir wollen an dieser Stelle nur zwei empirische Studien zitieren: Das US-Finanzforschungsinstitut Lipper Analytical Services untersuchte die Performance für amerikanische Standardwertefonds in sechs Bärenmärkten (definiert als Kursrückgang des S&P 500-Index um mindestens 10 Prozent) zwischen September 1979 und Oktober 1990. Ergebnis: Aktive Blue-Chip-Fonds fuhren einen durchschnittlichen Verlust von

17 Prozent ein, während S&P 500-Indexfonds sich mit einem durchschnittlichen Verlust von 15,4 Prozent beschieden (Evans, 1999).

Eine ähnliche Untersuchung führte die Fondsgesellschaft Vanguard für europäische Blue-Chip-Fonds während der vier Bärenmärkte zwischen 1987 und 2005 durch. Dazu maß sie die kumulativen Renditen während der Abschwungsphasen und während der auf den jeweiligen Tiefpunkt folgenden zwölf Monate, des Beginns der Erholungsphase (insgesamt 83 Monate). Ergebnis: Indexfonds outperformten aktive Fonds in diesem Zeitraum um kumulativ mehr als 23 Prozent.

Larry Swedroe (2005) berichtet in seiner Bilanz aller wesentlichen Börsenabschwünge in den USA seit 1973, dass in so gut wie jedem Abschwung aktive Fonds mehr als die entsprechenden Benchmark-Indizes verloren. 2002 war das schlechteste Börsenjahr seit 1932: In diesem Jahr lagen 61 Prozent aller US-Standardwertefonds unter dem S&P 500, 70 Prozent aller Mid-Cap-Fonds unter dem S&P US Mid Cap Index und 74 Prozent aller Small-Cap-Fonds unter dem S&P US Small Cap Index.

Warum aber liegen aktive Fonds selbst in Marktabschwungsphasen im Durchschnitt hinten? Die Antworten sind bekannt: (a) weil Fondsmanager Marktabschwünge grundsätzlich nicht zuverlässig vorhersehen, (b) weil sie den Beginn des darauf folgenden Aufschwungs regelmäßig verschlafen und daher die vorher zu spät verkauften Titel teurer als nötig wieder einkaufen müssen, (c) weil ihr laufendes Trading hohe Transaktionskosten verursacht, (d) weil die Barreserve eines aktiven Fonds von rund 5 bis 15 Prozent zu gering ist, um in Marktabschwungsphasen einen dramatischen Performance-Unterschied zu bewirken, und zudem die Fonds-Performance in der Aufschwungsphase senkt.

5.3 Indexfonds sind auch bei Nebenwerten und Schwellenländeraktien überlegen

»Hier ist eine Aussage, die in der Finanzbranche wie Blasphemie wirkt: Der einfachste Weg, das konsistent profitabelste Portfolio von Emerging-Markets-Aktien auszuwählen, besteht darin, einen Emerging-Market-Indexfonds zu erwerben.«

Prof. Burton Malkiel, Princeton University, Bestsellerautor

Ein ähnliches Argument wie dasjenige von der vermeintlichen Unterlegenheit von Indexfonds in Marktabschwungsphasen behauptet deren Unterlegenheit in Schwellenländer- und Nebenwertemärkten. In diesen beiden Marktsegmenten, so die Begründung, gebe es noch viele Marktanomalien, die nur aktive Manager erfolgreich ausbeuten könnten. Unter- oder überbewertete Aktien existierten in diesen Märkten deshalb zahlreich, weil hier weniger Marktteilnehmer agierten, die Börsen nicht einwandfrei reguliert würden und eine niedrige Markttransparenz bestehe.

Diese Aussagen lassen sich weder eindeutig belegen noch widerlegen; überprüfen kann man dagegen die Ergebnisse der aktiven Anleger in diesen vorgeblich weniger effizienten Märkten. Dabei verpufft der angebliche Vorteil aktiver Fonds in Small-Cap- oder Schwellenländermärkten wie die sprichwörtliche heiße Luft. Schauen wir uns zunächst die Emerging-Markets an:

Das *Wall Street Journal* berichtet in seiner Ausgabe vom 8.1.1999 über die 1998er-Performance der elf größten amerikanischen Emerging-Market-Fonds (die in alle großen Schwellenländermärkte Osteuropas, Asiens und Lateinamerikas investieren). Die durchschnittliche Performance der elf Fonds während dieses Jahres, in dem sich übrigens in beinahe allen Schwellenländern fürchterliche Währungs- und Finanzkrisen ereigneten, war ein nicht überraschender Bruttoverlust von fast 27 Prozent. Die Spannbreite lag dabei zwischen −38 Prozent und −9 Prozent. Unter den elf Fonds befanden sich zwei Indexfonds (DFA Emerging Markets und Vanguard Emerging Markets). Die beiden Fonds lagen mit »nur« −9 Prozent und −18,1 Prozent an erster und dritter Stelle des Rankings.

Eine Untersuchung von Micropal, eines Tochterunternehmens von Standard & Poor's, zur Boomphase der Emerging-Markets von Juni 1993 bis Juni 1996 ergab, dass die 317 damals existierenden amerikanischen Emerging-Market-Fonds (für alle Emerging-Market-Regionen) mit einer vollständigen Drei-Jahres-Historie eine durchschnittliche Rendite von 21,1 Prozent erzielten – gegenüber einer durchschnittlichen Indexrendite von 43,3 Prozent.

Die Universität von Pretoria untersuchte zum 30.6.2001 die Performance der in Südafrika ansässigen und an der dortigen Aktienbörse anlegenden Investmentfonds für zwei, drei, fünf, sieben und zehn Jahre.

Ergebnis: Durchschnittlich 86,3 Prozent der Fonds lagen sogar vor Kosten unter dem Johannesburg-All-Share-Index (*Personal Finance South Africa*, 2/2001).

Warum ist das so? Schwellenländermärkte sind nicht annähernd so ineffizient, wie immer gerne behauptet wird. So ist zum Beispiel die Anzahl der Aktienanalysten pro börsennotierter Aktiengesellschaft in der Türkei höher als in den USA. Das hängt zwar nicht zuletzt damit zusammen, dass es so wenige türkische Börsenwerte gibt, ändert aber nichts an der Auswirkung auf die Markteffizienz. Bisweilen sind westliche Behauptungen über die angebliche Rückständigkeit und Korruption in Schwellenländern eben nur Ausdruck von heimlichem Dünkel.

Ein vermutlich noch wichtigerer Grund für die fehlenden Vorteile aktiven Managements in Schwellenländerbörsen liegt in den sehr hohen Transaktionskosten dieser Märkte. So verursachen aktive Emerging-Market-Fonds mit hoher Trading-Aktivität laufende Kosten von bis zu 10 Prozent p.a, die durch überlegene Performance erst wieder verdient werden müssen. Der Kostenvorteil von Indexfonds, die ja nur wenig traden, arbeitet also in den angeblich ineffizienten Märkten noch viel stärker für diese Fonds als in den hoch entwickelten Ländern.

Nicht viel anders verhält es sich mit dem Nebenwertemarkt (Small-Caps). Nach Untersuchungen von Morningstar, die größte Fondsanalysegesellschaft der Welt, haben amerikanische Small-Cap-Fonds in den zehn Jahren von 1991 bis 2000 im Durchschnitt den Vergleichsindex sowohl in dem gesamten Zeitraum als auch in jedem einzelnen Jahr unterperformt. Einer anderen, ebenfalls sehr umfassenden Untersuchung der amerikanischen Website www.indexfunds.com zufolge lagen über verschiedene Perioden von drei, fünf, zehn und fünfzehn Jahren durchschnittlich 64 Prozent aller amerikanischen Nebenwertefonds nach Kosten hinter einem entsprechenden Indexfonds.[64]

Tatsache ist, dass auch in den angeblichen Emerging-Markets und Small-Cap-Märkten die Gruppe der aktiven Profianleger insgesamt nicht mit Indexfonds mithalten kann. Die Ursachen sind im Wesentlichen identisch mit denjenigen, die wir bereits kennen: Diese Märkte sind keineswegs so ineffizient, wie uns die Finanzbranche weismachen will, die verfügbaren Informationen sind auch hier weitgehend bereits in den Preisen enthalten, bevor der durchschnittliche Fondsmanager und Privatanleger darauf reagieren kann. Die Barmittelreserven der aktiven

Fonds sind über einen Börsenzyklus hinweg einfach zu hoch und drücken die Performance. Ferner sind die Transaktionskosten in diesen Marktsegmenten außerordentlich hoch, was bei aktiven Fonds ebenfalls stärker auf die Renditebremse drückt als bei Indexfonds.

5.4 Was passiert, wenn alle passiv investieren?

»Indexfonds müssen die meisten anderen Aktienanleger outperformen. Schließlich können alle Investoren als Gruppe nicht besser abschneiden als der Markt, denn gemeinsam sind sie der Markt. Und tatsächlich sind die meisten Anleger und Investmentfonds dazu verdammt, unter dem Markt zu liegen, weil sie mit Kosten, wie etwa Courtagen, Geld-Brief-Spannen oder Verwaltungsgebühren, belastet werden.«

Jonathan Clements, Wall Street Journal

Auch hier haben wir es mit einem Argument gegen passives Investieren zu tun, das auf den ersten Blick interessant klingt, aber letztlich nicht fundiert ist. Wenn alle in Indexanlagen investieren, heißt es da, wenn also keiner mehr versucht, durch Unternehmens- und Marktanalyse unter- oder überbewertete Aktien aufzuspüren, dann funktioniert die Börse, ja die ganze Marktwirtschaft und nicht zuletzt der passive Investmentansatz nicht mehr.

Unterstellt man, das wirklich alle weit über 250 Millionen Börsenanleger weltweit passiv investierten, würde das tatsächlich zutreffen. Genauso realistisch wäre es jedoch anzunehmen, dass alle westeuropäischen Gartenbesitzer nächstes Jahr am gleichen Tag neue Rasenmäher kaufen. Dann würde der Rasenmähermarkt wohl auch zusammenbrechen.

Tatsache ist, dass derzeit geschätzte 20 bis 25 Prozent aller Finanzanlagen weltweit »indexiert« sind – in den USA mehr, anderswo weniger. Um diese Quote zu erreichen, brauchte es rund 35 Jahre (der erste Indexfonds kam Anfang der siebziger Jahre in den USA auf den Markt). Stiege nun dieser Prozentsatz auf über 80 Prozent an – wofür es keinerlei Anhaltspunkte gibt –, dann würden die Märkte wieder peu à peu ineffizient werden; das höhere Risiko und die höheren Kosten aktiven Investierens würden sich wieder zunehmend lohnen. Wir haben es hier also mit einem »kybernetischen«, sich selbst regulierenden Regelkreis zu tun. Zu viel Indexing wird es nie geben. Dafür sorgt der gute alte Kapitalismus. In der Zwischenzeit sollten passive Indexanleger der Mehrheitsfraktion der aktiven Anleger dankbar sein, denn diese gewährleistet durch Inkaufnahme hoher Kosten, dass passives Anlegen die überlegene Strategie ist.

5.5 Indexing – wie man es nicht machen sollte

»Die vier gefährlichsten Worte auf dem Gebiet des Geldanlegens sind: ›Diesmal ist es anders.‹«

Sir John Templeton, Gründer der gleichnamigen Fondsgesellschaft und legendärer Investor

Wer Indexanlagen erwirbt, betreibt damit noch nicht automatisch korrektes »Indexing« im Sinne dieses Buches. Tabelle 43 stellt die »unechten« (weil mit aktiven Anlageelementen vermischten) Formen von Indexing dem echten Indexing gegenüber. (Es versteht sich, dass die hier dargestellte Unterscheidung zwischen »richtigem« und »falschem« Index-Investing nicht unbedingt von jedem Autor oder Anlageberater geteilt wird, und auch unechtes Indexing ist zumeist ein Schritt in die richtige Richtung.)

Ein Beispiel für »falsches« Indexing ist der sogenannte Core-Satellite-Ansatz (Kern-Satellit-Ansatz). Dieser Name ist eine hochtrabende Bezeichnung für die banale Idee, die Hauptaktienmärkte mit Indexanlagen und die angeblich ineffizienten Märkte oder Marktsegmente (Nebenwerte, Schwellenländer, Hedge-Fonds usw.) mit aktiv gemanagten Strategien abzudecken. Auf die Überlegenheit von Indexing auch in diesen sogenannten ineffizienten Märkten sind wir oben schon eingegangen. »Core Satellite« mag intelligent klingen, taugt aber nichts: Entweder funktioniert Indexing, dann sollte man es auf sein gesamtes Portfolio anwenden, oder es funktioniert nicht, dann lasse man besser insgesamt die Finger davon. Die Tatsache, dass selbst manche Anbieter von Indexanlagen den Core-Satellite-Ansatz

Tabelle 43: Falsches und richtiges Indexing

»Falsches« Indexing	»Korrektes« Indexing
Anlagestrategien, die zwar Indexanlagen verwenden, aber letztlich in unterschiedlichem Maße aktivem Investieren gleichkommen: ■ Kurzfristige Über- und Untergewichtung bestimmter Indexanlagen (Märkte), mit dem Ziel, einen bestimmten Vergleichsindex zu schlagen, das heißt eine Überrendite zu erzielen (das ist Market-Timing mit Indexing-Produkten) ■ Investieren in nur eine oder wenige Indexanlagen, ohne auf systematische, weltweite Diversifikation zu achten – ein DAX und ein S&P 500 allein repräsentieren noch keine nennenswerte Diversifikation ■ Mischen von Indexanlagen mit aktiv gemanagten Anlagen (Ausnahme: für eine gewünschte Asset-Klasse ist keine passende Indexanlage verfügbar)	Eine Anlagestrategie, die in der Regel folgende Elemente enthält: ■ Strenge, langfristige Buy-and-Hold-Perspektive ■ Kostenminimierung, insbesondere durch Vermeidung intensiven Tradings ■ Risikooptimierung durch breite, systematische Diversifikation, das heißt, der Anleger investiert bewusst nicht nur in einen Indexfonds, sondern diversifiziert über drei oder mehr breite Asset-Klassen ■ Kein Anstreben einer Überrendite gegenüber den Vergleichsindizes ■ Keine Bereitschaft, »Investmentmoden« zu folgen, die nur auf Daten von weniger als zehn Jahren basieren

propagieren, hat eher mit verzweifeltem Marketing zu tun als mit überzeugenden Argumenten.

Pseudo-Indexing entsteht auch dadurch, dass eine steigende Zahl von Wertpapierindizes keine echten passiven Renditemaßstäbe sind, sondern selbst eine aktive Strategie repräsentieren. Daran ändert auch das Wort »Index« im Namen nichts. Zu diesen Indizes gehören zum Beispiel der sogenannte »Global-Titans-Index«, viele willkürlich definierten »Branchenindizes« oder alle ökologisch motivierten »Sustainability-Indizes«. Nicht anders verhält es sich mit den »Aktien-Baskets« bei vielen Indexzertifikaten. Diese Baskets werden aufgrund bestimmter Performance-Kennzahlen oder anderer Kriterien zusammengestellt, die irgendjemand mit der künftigen Rendite in Verbindung bringt – oft genug ein Fall von »Data-Mining«.

5.6 Ist die »Asset-Meltdown-These« glaubwürdig?

»Am wenigsten werden Aktien unter der demografischen Entwicklung leiden.«

Prof. Axel Börsch-Supan, Universität Mannheim

Die sogenannte Asset-Meltdown-These (engl. für »Abschmelzung von Vermögenswerten«) besagt, dass durch die Überalterung der westlichen Gesellschaften, darunter auch Deutschland, in Zukunft ein neuartiger Verkaufsdruck auf die Kurse von Aktien entstehe. Dieser Druck führe dazu, dass die Renditen von Aktien und anderen Wertpapieren langfristig unter ihr historisches Mittel fielen. Die Ursache sei, dass der Anteil nicht erwerbstätiger Menschen (insbesondere Rentner) an der Gesamtbevölkerung durch zunehmende Lebenserwartung und Geburtenrückgang deutlich über das heutige Niveau steigen werde. So kämen auf eine Person im nicht erwerbsfähigen Alter in Westeuropa heute rund 3,1 Personen im erwerbsfähigen Alter, im Jahr 2050 dagegen nur noch 1,7.[65] Diese Quote wird als Abhängigkeitsquote (»dependency ratio«) bezeichnet. Von diesem Rückgang besonders stark betroffen seien Japan, Italien, Deutschland und viele andere Industriestaaten, die USA, Frankreich und Großbritannien hingegen etwas weniger, da dort die Geburtenraten höher lägen. Diese Entwicklung werde in den nächsten Jahren an Schärfe zunehmen, wenn die sogenannte Baby-Boomer-Generation (die geburtenstarken Jahrgänge von etwa 1950 bis 1965) nach und nach in die Ruhestandsphase eintrete. Da der wachsenden Rentnergruppe (ein Bevölkerungsteil, der »entspart«, also als Gruppe vorgeblich mehr Wertpapier und Immobilienvermögen verkauft als kauft) immer weniger Erwerbstätige (Sparer und Wertpapierkäufer) gegenüberstünden, werde der damit einhergehende Verkaufsdruck von Aktien und Immobilien zu fallenden Asset-Preisen führen, was sich wiederum negativ auf die Vermögensbildung der jüngeren Generation auswirke, da damit die Renditen von Aktien sänken.

Was ist von der Asset-Meltdown-These zu halten? Bei näherer Betrachtung wohl weniger, als angesichts des beträchtlichen Medienechos auf dieses Thema zu erwarten wäre. An wissenschaftlichen Untersuchungen zur These des Asset-Meltdown mangelt es nicht. Alles in allem scheinen diejenigen Experten in der Diskussion die Oberhand zu behalten, die eher geringe Auswirkungen auf die Aktienmärkte erwarten. Warum man diesen Auswirkungen wohl gelassen entgegensehen darf, wird im Folgenden näher beleuchtet.

Grundirrtum des geschlossenen Systems Die »naive« Theorie des Asset-Meltdown (Erhöhung der Abhängigkeitsquote, dadurch zu wenig Käufer für die von Alten massenhaft verkauften Aktien und Immobilien, dadurch Crash von Aktienkursen und Immobilienpreisen) krankt an einem methodischen Irrtum. Dieser besteht darin, Deutschland (oder Westeuropa) als geschlossenes System zu begreifen. Bei genauerer Betrachtung sind nämlich die nationalen (oder regionalen) Abhängigkeitsquoten im wirtschaftlichen Sinne gar nicht relevant. Die Überalterung Deutschlands oder Westeuropas mag zwar stattfinden, aber sie ist in diesem Zusammenhang bedeutungslos, denn den »deutschen« oder »westeuropäischen« Aktien- bzw. Immobilienmarkt gibt es wirtschaftlich oder demografisch gesehen gar nicht mehr. Deutschland ist Teil eines Weltwirtschaftssystems, in dem die Ströme von Gütern, Dienstleistungen, Arbeit und Kapital von Jahr zu Jahr – wenn auch in sehr kleinen Schritten – freier fließen. Daher ja das vielfach missverstandene Wort von der »Globalisierung«. Besonders weit fortgeschritten ist die wirtschaftliche Öffnung innerhalb der Europäischen Union zwischen den Ländern, in denen die vier sogenannten wirtschaftlichen Grundfreiheiten (von denen Deutschland als »Exportweltmeister« in der Vergangenheit enorm profitiert hat) bereits weitgehend garantiert sind. Beispielsweise dürfen irische Nachwuchskräfte und diejenigen aus den meisten anderen EU-Staaten ohne weitere Genehmigung in Deutschland arbeiten (und umgekehrt), genauso wie deutsche Rentner ohne weiteres nach Griechenland oder Spanien auswandern können.

Doch man kann noch umfassender argumentieren: Weltweit (anders als in den Ländern Westeuropas und in Japan) gibt es gar keine Überalterung, sondern quasi das Gegenteil – eine »Überjüngung«. In Wirklichkeit werden anstelle der fehlenden jungen deutschen Anleger nun schlicht Ausländer die zum Verkauf stehenden Vermögenswerte erwerben – egal, ob diese Ausländer in Portugal, Nordamerika, China, Indien oder Australien leben. Im Übrigen findet genau dies bereits heute statt: Amerikanische Wertpapiere werden seit Jahren in großem Umfang von chinesischen und japanischen Anlegern gekauft, deutsche Immobilien von amerikanischen Großinvestoren. Wenn aber sowohl unser Wertpapier- und Immobilienmarkt als auch die Märkte praktisch aller anderen großen Länder »offen« oder zunehmend offen sind, dann geht eine Analyse zum Thema Asset-Meltdown, die sich auf ein einzelnes westeuropäisches Land bezieht, von falschen Voraussetzungen aus – gerade so, als würde man die wirtschaftliche Leistungsfähigkeit eines Großunternehmens allein aus den Verhältnissen in einer einzelnen Abteilung ableiten. Das setzt allerdings voraus, dass ausländische Käufer, insbesondere solche aus Schwellenländern wie Indien und China, in Zukunft ungehindert Aktien in Deutschland beziehungsweise dem Westen erwerben können und nicht durch kurzsichtigen Protektionismus daran gehindert werden. Es setzt ferner voraus, dass sich die Schwellenländer weiterhin langfristig positiv entwickeln, wie in den letzten Jahrzehnten. Die erste Bedingung haben wir selbst in der Hand und die zweite dürfte sich auch erfüllen.

Neben dem Grundirrtum des »geschlossenen Systems« geistern in der Asset-Meltdown-Debatte aber auch noch andere, speziellere Fehler herum.

Mangel an renditeträchtigen Investments für die junge Generation? Selbst wenn die künftigen Renditen von Aktien in den Industrieländern künftig tatsächlich sänken: Was hielte einen deutschen Anleger in 20 Jahren davon ab, diesen Rückgang vollständig durch vermehrte internationale Investments auszugleichen? Tatsächlich sind die langfristigen Aktienrenditen der internationalen Aktien- und Immobilienmärkte schon in den letzten Jahrzehnten fast immer höher gewesen als hierzulande. Weltweite Diversifikation ist überdies genau das, was die moderne Finanzwirtschaft seit jeher jedem Anleger empfiehlt, weil dadurch bei gleichem oder sogar geringerem Risiko höhere Langfristrenditen erzielt werden können. Daraus ergibt sich die erste Schlussfolgerung: Den nachwachsenden, jungen deutschen Anlegern wird es auch in Zukunft trotz Überalterung der deutschen Bevölkerung nicht an lukrativen Anlagemöglichkeiten fehlen.

Kursrückgänge vor allem bei Aktien? Vorgeblich sollen Aktien von einem Meltdown-Szenario am meisten betroffen sein, Unternehmensanleihen und Geldmarktanlagen dagegen am wenigsten. Auch diese scheinplausible These ist bei näherem Hinsehen zu relativieren. Unternehmen werden das Mischungsverhältnis ihrer Kapitalbeschaffung durch Fremdkapital (Anleihen) und Eigenkapital (Aktien) den in Zukunft sich vielleicht ändernden Marktverhältnissen anpassen und auf diese Weise fallenden Renditen bei Aktien und steigenden Renditen bei Anleihen entgegenwirken. Eigenkapitalbeschaffung über Aktien ist für ein Unternehmen umso teurer, je *niedriger* sein Aktienkurs ist. Fällt der Aktienkurs eines Unternehmens, wird seine Kapitalbeschaffung über Anleihen tendenziell attraktiver. Je mehr Anleihen das Unternehmen allerdings emittiert (je weiter es seine Verschuldungsquote also nach oben treibt), desto höher werden die Renditen (die Risikoprämie), die die Anleger für diese neu emittierten Anleihen verlangen. Folge: Der Anteil der Anleihen am globalen Aktien-Anleihen-Umlauf mag zwar bis zu einem neuen Gleichgewicht steigen, an den relativen Renditen, das heißt am Renditeunterschied, wird sich aber vermutlich wenig ändern.[66]

Mangel an jungen Arbeitskräften? Sollte hierzulande wirklich jemals ein großer Mangel an jungen Arbeitskräften entstehen (angesichts der heutigen Jugendarbeitslosigkeit kann man das eigentlich nur hoffen), wird dieser in einer offenen Volkswirtschaft ganz selbstverständlich über den kombinierten Effekt aus Lohnerhöhungen (die einer überhöhten Nachfrage nach Arbeit entgegenwirken), verstärkter Rationalisierung (also Investition in Kapitalgüter, das heißt Ersetzung von Arbeit durch Kapital, was den Rückgang der Kapitalrenditen dämpft) und verstärkter Immigration ausgeglichen. Weltweit gibt es keinen Mangel an Nachwuchskräften.

Überschätzung des »Entsparens« der älteren Generation Jüngere Forschungsergebnisse aus den USA deuten an, dass das Entsparen bei Rentnern weitaus geringer ausfällt als früher angenommen. Über die Ursachen besteht noch keine Gewissheit, womöglich aber leben alte Menschen in Erwartung steigender Lebenshaltungs- und Gesundheitskosten und einer höheren Lebenserwartung bewusst sparsamer.

Weltwirtschaftliche Änderungen übersehen Es gibt gute Gründe, zu hoffen, dass die Weltwirtschaft in den nächsten Jahrzehnten schneller wachsen wird als im Durchschnitt der letzten 50 Jahre. Warum? (a) Es dürfte weniger globale Wertvernichtung durch Kriege geben als im 20. Jahrhundert; (b) der weltwirtschaftliche »Bremsklotz« Kommunismus ist beseitigt. Aufgrund der marktwirtschaftlichen Reformen in China, Indien, dem ehemaligen Ostblock und – in schwächerem Maße – in Lateinamerika und Afrika kann man annehmen, dass die langfristigen Wachstumsperspektiven der Weltwirtschaft sich tendenziell verbessern; (c) staatliche Rentensysteme auf der Basis des Umlageverfahrens (das in den meisten Industrieländern bis dato noch gilt) werden zunehmend durch kapitalgedeckte Verfahren ergänzt werden. Dadurch wird der bremsende Einfluss des Staates auf die Wirtschaft zurückgehen. Die Wachstumsraten der Weltwirtschaft in den letzten Jahren scheinen die These von der Beschleunigung des globalen Wachstums zu bestätigen.

Blinder Glaube an Bevölkerungsprognosen Vorhersagen zum langfristigen Bevölkerungswachstum sind häufig falsch. So haben zum Beispiel die Vereinten Nationen und die Weltbank in den letzten 20 Jahren ihre globalen Bevölkerungswachstumsprognosen mehrfach nach unten korrigiert. Kaum noch jemand spricht heute von der »menschheitsbedrohenden Gefahr« der weltweiten Bevölkerungsexplosion, wie noch in den siebziger und frühen achtziger Jahren. Die gleichen Prognosefehler können für einzelne Länder auch in umgekehrter Richtung eintreten. Der Zeitpunkt, von dem ab die gesamte Weltbevölkerung schrumpft, ist zwar noch weit entfernt, wird aber in den nächsten 100 Jahren wahrscheinlich erreicht werden.

Alles in allem wird deutlich, dass die These des Asset-Meltdown letztlich auf der falschen Grundannahme beruht, dass es sich bei den westlichen Ländern um »geschlossene Systeme« handelt. Darüber hinaus begehen ihre Befürworter noch eine Reihe spezieller Irrtümer, die im Übersehen möglicher Anpassungsreaktionen von Märkten und Gesellschaften bestehen, in der naiven Extrapolation des Ist-Zustandes über die nächsten 50 Jahre oder im unkritischen Glauben an Langfristprognosen.

5.7 Was tun im Crash?

»Eine spekulative Blase erkennt man immer erst, wenn sie geplatzt ist.«

Milton Friedman, Wirtschaftsnobelpreisträger,
neben Keynes einflussreichster Ökonom des 20. Jahrhunderts

Dass es langfristig keine rentablere Anlageform gibt als Aktien, ist inzwischen eine Binsenweisheit, die nicht laufend neu bewiesen werden muss und wohl auch in Zukunft gelten wird. Wer an den Renditen von Aktien teilhaben möchte, muss allerdings einiges Risiko zu tragen bereit sein, das heißt das Auf und Ab der Wertpapiermärkte aushalten können. Dieses Buch hat versucht zu zeigen, dass durch eine wissenschaftlich fundierte, aber letztlich einfach umzusetzende Form der Diversifikation dieses Risiko gemäß der jeweiligen Anlegerpräferenz reduziert werden kann. Den erreichten Zugewinn an Sicherheit und Seelenfrieden muss der Anleger aber nun einmal mit Verzicht auf Rendite bezahlen.

In diesem Buch haben wir viel über Risiko nachgedacht, vielleicht mehr als in jedem anderen deutschen Aktienbuch für Privatanleger. In Bezug auf das ganz besondere Risiko eines Crashs können wir einige wesentliche Sachverhalte und Schlussfolgerungen zusammenfassen:

■ Ein Aktien-Crash (hier definiert als Indexrückgang um mehr als 25 Prozent innerhalb eines Jahres) tritt circa alle zehn bis 15 Jahre auf. Solche Kurseinbrüche sind Teil des »Systems«, sie sind in mancherlei Hinsicht eine Art Selbstreinigungsmechanismus des Marktes, der aufgrund von Fehlern der Zentralbanken, der Regierungen, Banken und übrigen Marktteilnehmer überhitzt (überbewertet) war.

■ In Phasen der Aktieneuphorie, wie beispielsweise zwischen Mitte 1995 und Herbst 2000, beginnen viele Anleger die kurz- und mittelfristigen Risiken von Aktienanlagen zu unterschätzen und ihre Risikotoleranz zu überschätzen. Selbst der gesamte Markt kann einer Illusion aufsitzen, die im Nachhinein (aber erst dann) für alle fast unglaublich offensichtlich wirkt: Die durchschnittliche Rendite des DAX im Fünf-Jahres-Zeitraum von 1995 bis 1999 von 32,6 Prozent p.a. war unter keinen Umständen dauerhaft wiederholbar, weil das weder die Unternehmensgewinne noch das Wachstum der Wirtschaft erlaubt hätten. Das eherne Gesetz der Regression zum

Mittelwert diktiert, dass bezogen auf eine beliebige Asset-Klasse für jedes besonders gute Jahr ein besonders schlechtes existieren muss. Doch damals rechtfertigten alle möglichen »Gurus« diese historisch außergewöhnlichen Renditen mit den angeblich neuen Gesetzen der New Economy. Kaum einer, der die Mär von den neuen Bewertungsgesetzen nicht glaubte oder wenigstens in Erwägung zog.

■ Ein Crash kann sich über Jahre fortsetzen. Die Erholungsphase (der Zeitraum, bis der Vor-Crash-Stand wieder erreicht ist) dauert in manchen Fällen ebenfalls mehrere Jahre an.

■ Ein Aktien-Crash fügt denjenigen am meisten Schaden zu, die nach einigen Monaten oder Jahren mitten im Crash verängstigt verkaufen, um damit Verluste endgültig zu realisieren. Diese Anleger verpassen typischerweise den Tiefpunkt und Turnaround des Crashes und steigen dann später zu einem teuren Niveau wieder ein. Die beste Chance, die langfristig überlegenen Renditen des Aktienmarktes ungeschmälert zu realisieren, haben jene, die Aktienabschwünge stoisch aushalten, die also das Risiko in Kauf nehmen und tragen, für das der Aktienmarkt ja seine »Belohnung«, nämlich die hohe Langfristrendite von Aktien bezahlt. Die beste Überlebensstrategie im Crash ist, sich die Anlagemaxime von Warren Buffett zu eigen zu machen: Buy and Hold (kaufen und halten) – komme, was wolle. Je länger ein Anleger nach einem Crash unverändert investiert bleibt, desto höher ist seine Chance, den Verlust wieder aufzuholen und sich der langfristigen Durchschnittsrendite anzunähern. Vorzeitige Verkäufe und vor allem Panikverkäufe machen aus Papierverlusten echte Verluste.

Wenn wir uns vergegenwärtigen, welch ungeheure Aneinanderreihung von schweren Krisen der Aktienmarkt in den letzten 60 Jahren überstanden hat, dann sollte uns das ein wenig Optimismus für seine Zukunft geben und uns psychologisch für das Überstehen des nächsten Crashs rüsten. Zu diesen Krisen und Desastern zählen unter anderem: der Kalte Krieg (1950 bis 1989), der Koreakrieg, die Kubakrise (Gefahr eines Atomkrieges), der Vietnamkrieg, zwei Afghanistankriege, zwei Golfkriege, die Jugoslawienkriege, die Dekolonisierung Asiens und Afrikas, die Ermordung Kennedys, zwei Ölkrisen (1973 und 1979), das Entstehen der Umweltbewegung in den siebziger Jahren und die Verkündigung erster ökologischer Weltuntergangsszenarien, die Abschaffung des Goldstandards (Bretton-Woods-System für Wechselkurse), zweistellige Inflationsraten in den siebziger Jahren, zweistellige Zinsniveaus, vier Börsen-Crashes, der Tschernobyl-Atomunfall, der Zusammenbruch der Sowjetunion und des Kommunismus, die Aids-Epidemie, Rinderwahnsinn, die Vogelgrippe, die Wiedervereinigung Deutschlands, die Abschaffung der D-Mark, mehrjährige schwere Finanzkrisen in den Schwellenländern Ende der neunziger Jahre, Rekordhaushaltsdefizite in den meisten Industrieländern, beispiellose Steuererhöhungen, die zu Rekord-Staatsquoten führten, die Entstehung des islamischen Terrorismus, der 11. September 2001, der Irakkrieg, unzählige Umwelt- und Naturkatastrophen, die Ängste vor dem Klimawandel, der Überalterung der westlichen Gesellschaften und so weiter und so fort.

Würde eines Tages eine *wirkliche* Katastrophe eintreten (und nicht nur ein historisch gesehen relativ harmloses Ereignis wie der Crash von 1987 oder von 2000 bis 2002), wären Aktien – so wie es scheint – immer noch eine der relativ besten Anlagen, da sie Sachwerte, nämlich Beteiligungen an Unternehmen repräsentieren. Als »wirkliche« Katastrophe bezeichnen wir einen Weltkrieg, einen Krieg in Deutschland oder eine Hyperinflation wie in den Jahren ab 1929. Historisch betrachtet haben Aktienanleger in solchen Katastrophenphasen (zusammen mit Immobilieneigentümern) im Durchschnitt noch den geringsten Schaden davongetragen. Dagegen haben die Besitzer von Bargeld, Spareinlagen und festverzinslichen Wertpapieren tatsächlich ihr gesamtes Anlagevermögen oder doch einen größeren Teil als Aktienbesitzer verloren. Genau betrachtet bietet somit nicht einmal eine Aktienvermeidungsstrategie vollständigen Schutz vor einem Crash. Vielleicht ist die Sehnsucht nach vollkommener Sicherheit, die vor allem in Deutschland stark zu sein scheint, ohnehin eine Illusion.

Das sollten Sie sich merken:
Unsere Empfehlung für den Crash lautet also ganz einfach: NICHTS TUN!!
Auf keinen Fall verkaufen und – allein wegen des Crashs – auch nicht in andere Anlagen wechseln. Machen Sie sich darauf gefasst, dass eine schwere Baisse mindestens zwei Jahre anhält, was aber noch weit ent-

fernt von den historischen Rekordwerten ist. Denken Sie an Odysseus, der sich an den Mast fesseln ließ, um nicht den verlockenden, aber tödlichen Sirenengesängen zum Opfer zu fallen. Diese Sirenen werden auch Sie beim nächsten Crash hören: Es sind die Medien, die »Experten«, die sprichwörtlichen guten Freunde (die »etwas von Geld verstehen«) und Ihr höchsteigenes Nervenkostüm.

Über die Zukunft weiß niemand etwas Genaues – aber zwei Dinge stehen fest: Erstens, der nächste Crash kommt bestimmt. Zweitens: Die meisten Anleger werden in diesem Crash Panikverkäufe vornehmen, die sie teuer zu stehen kommen. Vermeiden Sie es, zu dieser bedauernswerten Gruppe zu gehören ∎

6.

Zwanzig Gebote für rationale Anleger

»Investoren, die nüchtern die Realitäten des modernen Asset-Managements
analysieren, werden verstehen, dass in den heutigen Märkten jene, die – um
den Markt zu schlagen – substanzielle Risiken eingehen und hohe Trading-
Kosten verursachen, am Ende vom Markt geschlagen werden.«

Charles Ellis, Finanzwirtschaftler, Portfoliomanager, Bestsellerautor

Wir sind nun am Ende eines langen Ausfluges in die Welt der irrationalen und der rationalen Geldanlage angekommen. Dieser Ausflug
hat vermutlich eine Erkenntnis unterstrichen, die Sie, lieber Leser, schon
zuvor hatten: dass die Investmentbranche ein dichter Wald ist, in dem
viele, sehr viele Wölfe nach dem Fell der schutzlosen Anleger trachten.
Wir haben ferner gesehen, wie man sich als Anleger vor den Raubtieren
schützt, indem man einer Investmentstrategie folgt, die vor Angriffen
aller Art gefeit ist. Zum Schluss wollen wir die Hauptaussagen dieses
Buches noch einmal in knapper Form zusammenfassen. Sofern dieses
Buch Sie überzeugt hat und Sie ihm in Ihren persönlichen Anlageentscheidungen folgen wollen, empfehlen wir Ihnen, diese Gebote einmal
im Jahr nachzulesen. Dann bleiben Sie »auf Kurs«.

(1) Realistische Erwartungen hegen und seine Gier zügeln. Der größte
Feind Ihres Anlageerfolges begegnet Ihnen jeden Morgen im Badezimmer-
spiegel. Es ist die Person, die sich in ihren Anlageentscheidungen allzu oft
von Emotionen treiben lässt: Emotionen wie Angst, ja manchmal Panik,
Gier, Neid, Geiz, Gutgläubigkeit und – am häufigsten – Selbstüberschätzung. Zu allen Zeiten wird die Mehrheit der Anleger, seien es private oder
institutionelle, von solchen renditezerstörenden Emotionen, von Kurzfrist-
denken, selektivem Erinnerungsvermögen und überhöhtem Selbstbewusst-
sein angetrieben werden. Hüten Sie sich vor solcher Irrationalität.

(2) Nicht auf Investmentpornografie hereinfallen. Der zweitgrößte
Feind Ihres Anlageerfolges sind die Medien und die Finanzbranche,
die Sie mit zweifelhaften, sensationsheischenden Informationen zu

fortwährendem Kaufen und Verkaufen von zumeist überteuerten Produkten animieren wollen, um Vertriebsprovisionen und Kommissionen zu maximieren oder um ihre Auflagen und damit das Werbeaufkommen zu steigern.

(3) Zuerst Schulden abbauen. Machen Sie sich schuldenfrei. Bevor ein Privatanleger an Aktieninvestments denken kann, sollte er zuerst alle seine Kredite vollständig tilgen, einschließlich Hypothekendarlehen und Kreditkartenschulden. Das ist sein bestes Investment und befördert den allgemeinen Seelenfrieden ungemein. Nach der Volltilgung sollten Schulden, selbst die Ausnutzung eines kleinen Dispokredites oder Kreditkartenschulden, tabu sein. Erst dann sollte man anfangen zu investieren. Ausnahmen gelten für sehr vermögende Anleger und für Fälle, in denen die vorfristige Tilgung von Immobilienkrediten aus Kostengründen nicht vertretbar ist.

(4) Die Bedeutung von Investmentnebenkosten richtig einschätzen. Selbst kleine prozentuale Kostenunterschiede von Anlageprodukten oder -strategien wirken sich langfristig viel stärker auf den Endwert eines Investments aus, als fast alle Anleger vermuten. Die Transaktionskosten, die viele Anleger durch ständiges Trading verursachen, mögen zunächst niedrig erscheinen, haben aber den gleichen negativen Effekt. Die Ursache dafür ist der Zinseszinseffekt.

(5) Die untrennbare Verbindung von Risiko und Rendite anerkennen. Höhere Renditen gibt es nur zusammen mit höherem Risiko. Wer den fadenscheinigen Versprechen der Finanzbranche (»Hohe Renditen mit wenig Risiko«, »16 Prozent Jahresrendite mit Kapitalgarantie«) glaubt, schneidet sich ins eigene Fleisch. »Risiko ist riskant« gilt nun einmal, und dieses Risiko muss sich zwangsläufig von Zeit zu Zeit (und oft viel länger, als einem lieb ist) schmerzhaft manifestieren. Nur wer es auszuhalten bereit ist, kann durch höhere Langfristrenditen belohnt werden.

(6) Vergangenheitsbezogene Ertragszahlen ignorieren. Auf aktive Anlageprodukte bezogen haben historische Renditen keinerlei Prognosekraft für zukünftige Renditen, ganz gleich wie viele Fonds-Rankings und Presseartikel das Gegenteil behaupten. Trotzdem verhalten sich fast alle aktiven Anleger prozyklisch (Performance-Chasing, Herdentrieb) und stellen ihre Investitionsentscheidungen fast ausschließlich auf dieses eine Kriterium ab. Daher ist die geld- oder zeitgewichtete Rendite der großen Mehrzahl der Fonds (also die Rendite, die Anleger tatsächlich realisieren) weitaus niedriger als die nicht geldgewichtete Rendite, die in den Medien und Fondsprospekten veröffentlicht wird. Bei allen Asset-Klassen, die in den letzten ein bis zehn Jahren besonders gut liefen, ist besondere Skepsis angebracht: Vielleicht sind sie jetzt überbewertet und es könnten fünf bis zehn Jahre der Unterperformance folgen. Umgekehrt könnten Asset-Klassen mit unterdurchschnittlichen Renditen in den vergangenen Jahren nun vielleicht besonders attraktiv sein. Generell gilt: Je höher die Renditen in den vorhergehenden Jahren waren, desto niedriger sind sie tendenziell in den kommenden Jahren. Analog hierzu lassen niedrige Renditen oder Verluste in der Vergangenheit die erwartete künftige Rendite steigen. Langfristig (über Zeiträume von fünf Jahren und mehr) ist am Kapitalmarkt eine gewisse Regression zum Mittelwert zu beobachten. Doch selbst diese Einsicht sollte einen auf keinen Fall zu aussichtslosem Market-Timing verleiten, denn kurzfristig folgen Wertpapier- und Devisenkurse einem nicht prognostizierbaren »Random Walk«.

(7) Prognosen misstrauen. Kursprognosen und Anlagetipps von »Experten« sind so unzuverlässig, dass man sie als wertlos oder gar gefährlich ansehen muss. Ihnen zu folgen, senkt langfristig die Rendite Ihres Portfolios aufgrund der damit verbundenen hohen Transaktionskosten unter den Marktdurchschnitt. Das Gros der Informationen, die in den Finanzmedien verbreitet werden, ist von höchst fragwürdigem Wert. Hilfreiche Informationen gehen in einem Meer von irrelevantem oder gar falschem Marktlärm unter. Die meisten Anleger überschätzen ihre Fähigkeit, »richtige« von »falschen« Informationen zu unterscheiden. Auf Basis öffentlich zugänglicher Informationenen ist es unmöglich, den Markt zu schlagen, diese Informationen sind schon »eingepreist« und haben keinerlei Einfluss mehr auf den zukünftigen Wertpapierkurs.

(8) Ein gesundes Misstrauen gegen Finanzangebote aller Art hegen. Für die schlechtesten Investmentprodukte wird tendenziell am meisten Werbung gemacht. Warum? Weil Banken, Emissionshäuser, Fondsgesellschaften prozyklisch, modegetrieben handeln (denn schließlich ruft dies bei Anlegern die meiste Resonanz hervor) und generell Produkte mit hohen Nebenkosten bevorzugen, die ihnen besonders hohe Einkünfte bescheren. Für Indexing-Produkte wird wenig Werbung gemacht, weil sie nicht »sexy« sind und nur wenig Provisionen für die Finanzbranche abwerfen. Generell ist die Anlageberatung von Banken, Fonds-Shops und Vermögensberatern mit enormen Interessenkonflikten behaftet, weil diese Berater primär diejenigen Produkte empfehlen und verkaufen wollen, an denen sie am meisten verdienen, oder eine möglichst hohe Trading-Aktivität ihrer Klienten anstreben, um die Handelsgebühren in die Höhe zu treiben. Nur eine von Produkten und Handelsvolumen unabhängige Beratung, wie zum Beispiel bei einem Rechtsanwalt, Architekten oder Arzt, kann objektiv sein.

(9) Die Macht der Diversifikation für sich nutzen. Die meisten Anleger leiden an »Home-Bias«, das heißt, sie investieren zu viel in die Wertpapiere ihres Heimatlandes und zu wenig international, vielleicht weil sie Vertautheit mit tatsächlichem Wissen und Sicherheit verwechseln. Dieser Fehler geht zulasten ihrer langfristigen Rendite. Wenn überhaupt, sollte man das eigene Land (und erst recht das eigene Unternehmen) im Portfolio eher etwas untergewichten, doch dazu fehlt den meisten Anlegern der Mut. Weltweite Diversifikation über alle wichtigen Asset-Klassen hinweg ist das einzige »Gratismittagessen«, das es beim Investieren gibt, also letztlich der einzige Vorteil, der nicht mit einem Nachteil bezahlt werden muss. Asset-Allokation bestimmt überdies statistisch über 90 Prozent der Rendite eines Portfolios, nicht Stock-Picking oder Market-Timing. Eine sinnvolle Asset-Allokation ist gekennzeichnet durch die Berücksichtigung mehrerer breiter Asset-Klassen in einem Portfolio.

(10) Das Portfolio als Ganzes betrachten. Rendite und Risiko können nur innerhalb des jeweiligen Gesamtportfolios (das auch Nicht-Wertpapieranlagen wie »Humankapital«, Rentenansprüche und Wohnimmobilien mit einschließt) sinnvoll beurteilt werden. Das Risiko (und damit auch der Verlust oder Gewinn) einer einzelnen Aktie, Fondsanlage oder Asset-Klasse ist für sich genommen unbedeutend und sollte keinesfalls zur alleinigen Grundlage für Investitionsentscheidungen gemacht werden. Die Gesamtportfoliorendite zählt und diese wird sich letztlich immer aus vorübergehenden Gewinnern und Verlierern zusammensetzen. Genau hierin liegt ja der Sinn von Diversifikation.

(11) Den Grundcharakter der Börse im Hinterkopf behalten. Mathematische Notwendigkeit bestimmt, dass die Hälfte aller Anleger den Markt (definiert als eine bestimmte Asset-Klasse oder Fondskategorie) vor Kosten unterperformen muss. Nach Kosten sind es sogar mehr als die Hälfte. Jede empirische Studie und jeder Fondsvergleich, der etwas anderes zeigt, ist folglich methodisch falsch und vergleicht Äpfel mit Birnen (was für die Mehrzahl der Vergleiche von Fonds und anderen Anlageformen in den Medien auch tatsächlich zutrifft). Bei jedem aktiven Aktien-Trade sitzt auf der einen Seite ein Verkäufer, der die Aktie für überbewertet hält, und auf der anderen Seite einer, der das Gegenteil vermutet. Für jeden Käufer, der der Aktie eine Outperformance zutraut und sie deshalb für kaufenswert hält, muss es einen Verkäufer geben, der die gegenteilige Meinung vertritt. Ist das nicht der Fall, kommt kein Trade zustande. Sowohl Käufer als auch Verkäufer glauben, sie seien schlauer als ihr Gegenüber. Aktive Anleger glauben generell, dass sie häufiger als in 50 Prozent der Fälle schlauer sind als die andere Seite (der Markt). Dabei dürfte es sich in den allermeisten Fällen um Selbstüberschätzung handeln.

(12) Die eigene Risikotoleranz richtig einschätzen. Nach längeren Phasen, in denen der Markt besonders gut rentiert hat, beginnen Privatanleger ihre Risikotoleranz zu überschätzen. In der Folge investieren sie zu wenig in risikofreie Anlagen und vernachlässigen Diversifikation im Allgemeinen. Das wiederum führt zu Panikreaktionen, sobald der Markt (und im Gefolge ihr Portfolio) auf Talfahrt geht. Doch auch der umgekehrte Fall gilt: Nach mehreren schlechten Aktienjahren unterschätzen Anleger ihre echte Risikotoleranz. So verpassen sie einen großen Teil der langfristig hohen Renditen des Aktienmarktes.

(13) Akzeptieren, dass gute Unternehmen überwiegend schlechte Aktien sind und dass kleine Unternehmen bessere Aktienrenditen liefern als Großunternehmen. Betriebswirtschaftlich gute Unternehmen (Growth-Unternehmen) sind langfristig schlechtere Aktien als betriebswirtschaftlich schlechtere Unternehmen (Value-Unternehmen). In Value-Unternehmen zu investieren gehört Mut, weil die Medien über diese Unternehmen überwiegend nur Schlechtes zu berichten haben und weil sie auch tatsächlich riskanter sind. Dafür wird der Anleger langfristig mit höheren Renditen belohnt.

(14) Investitionen in Hedge-Fonds meiden. Hedge-Fonds liefern bei korrekter Berücksichtigung von Risiko und Kosten im Durchschnitt schlechtere Renditen als Aktien. Ihre Renditen sind niedriger und ihre Volatilität (Risiko) ist vermutlich höher, als es in den fehlerträchtigen Datenbanken und Indizes zum Ausdruck kommt.

(15) Die Efficient-Market-Theorie beachten. Damit ein Markt »effizient« ist, ist es nicht erforderlich, dass alle Anleger permanent rational handeln. Eine relativ kleine Gruppe rationaler Anleger genügt bereits. Die Zusammensetzung dieser Gruppe kann und wird sich im Zeitablauf fast ständig ändern. Auch in einem effizienten Markt gibt es »Mispricings« und »Marktanomalien«. Sobald diese allerdings entdeckt werden, verschwinden sie, sofern sich ihre Ausbeutung nach Berücksichtigung von Transaktionskosten und Risiko lohnt.

(16) Anerkennen, dass die Volksweisheit »Probieren kostet nichts« an der Börse nicht gilt. Der Versuch, den Markt schlagen zu wollen, ist nicht kostenlos. Er geht zwangsläufig mit höheren Risiken und höheren Kosten einher, als sie ein Buy-and-Hold-Anleger auf sich nehmen muss.

(17) Nicht in trübe Gewässer springen. Investieren Sie niemals in ein Produkt, das Sie nicht wenigstens seinen Grundzügen nach verstehen. Es gibt eine klare und fast immer gültige Faustregel: Je komplexer ein Produkt ist, desto wahrscheinlicher ist es, dass Privatanleger die Finger davon lassen sollten, weil sie das wirkliche Risiko-Rendite-Profil nicht verstehen und weil es mit hohen ausgewiesenen und versteckten Kosten belastet ist. Das Vorsichtsprinzip gilt allerdings auch für Indexanlagen, denn nicht überall, wo Indexing draufsteht, ist auch Indexing drin. Mancher sogenannte Indexfonds ist in Wirklichkeit eine verkappte aktive Anlagestrategie. Das Gleiche gilt letztlich aufgrund mangelnder

Diversifikation für eine Anlage in einen einzelnen Fonds, beispielsweise auf den Euro Stoxx 50 Index: Diese bringt im Vergleich zu den enormen Vorteilen einer korrekt umgesetzten Indexing-Strategie nur wenig.

(18) Nichts tun, wenn die Kurse abstürzen. Ein Aktien-Crash kommt je nach Definition im Durchschnitt etwa alle 10 bis 15 Jahre vor und dauert meistens länger als ein Jahr. Historisch gesehen gilt, dass diejenigen Anleger, die im Crash nicht verkauften, langfristig deutlich besser dastanden als diejenigen Anleger, die im Crash die Nerven verloren und Aktien (fast immer sehr spät) abstießen, in der vergeblichen Hoffnung, den Wendepunkt zu erkennen und dann wieder einzusteigen.

(19) Konsequentes Kaufen und Halten praktizieren. »Nichts tun« mag in fast jedem wichtigen Bereich des Lebens die falsche Strategie sein, im Bereich des Investierens ist es jedoch die überlegene Herangehensweise. Aus wissenschaftlicher Sicht gibt es keinen Zweifel, dass passive Buy-and-Hold-Strategien bei Diversifikation über viele Asset-Klassen Trading-orientierte Strategien auf lange Sicht mit hoher Wahrscheinlichkeit schlagen.

(20) Den Erkenntnissen der Wissenschaft folgen. Indexing ist aktivem Anlegen nicht deshalb vorzuziehen, weil in zehn oder 20 oder 250 Studien entdeckt wurde, dass aktive Anlagestrategien durchschnittlich unter der Marktrendite performen. Es ist vielmehr deshalb überlegen, weil es theoretisch und sachlogisch fundierter ist. Daraus folgt, dass auch seine empirischen Ergebnisse zumeist vorne liegen. Das gilt allen gegenläufigen Angaben vieler Banken und Finanzmedien zum Trotz sogar für die angeblich ineffizienten Märkte der Nebenwerte und Schwellenländer.

Wenn Sie diese »Gebote« in Form einer passiven, Low-Cost-Indexing-Strategie umsetzen, haben Sie ausgezeichnete Chancen auf einen Erfolg an der Börse. Sie werden eine langfristige Nettorendite erzielen, mit der Sie besser dastehen als neun von zehn Anlegern und einen bisher nicht gekannten Seelenfrieden erreichen. Kaum einer hat es prägnanter formuliert als Peter L. Bernstein: »Die ›eingebauten‹ Vorteile eines Indexportfolios hängen weder vom Geschick des Investors ab noch von seinem Glück noch von einer bestimmten Zeitperiode; sie arbeiten vielmehr permanent für den Investor.« Wenn Sie wollen, dann auch für Sie.

Kein Anlegeradvokat genießt weltweit (und zu Recht) mehr Respekt als John Bogle, der in prägnanter Form in einem Satz untergebracht hat, was dieses Buch aus ganz verschiedenen Blickwinkeln zu zeigen versuchte: »Das Geheimnis des Investierens besteht darin, dass es kein Geheimnis gibt.«

Anhang

Risiko richtig verstehen

»Risiko und Rendite sind die beiden Hauptdimensionen von Vermögensanlagen, und sie sind von gleich großer Bedeutung. Die Finanzbranche richtet jedoch 99 Prozent ihrer Aufmerksamkeit auf Rendite, weil sich das gut verkauft. Die Branche vermittelt kaum, was Risiko bedeutet und wie man es managt.«

Dr. Ron Ross, Finanzberater, Buchautor

Die Finanzbranche redet nicht gerne über Risiko, und wenn überhaupt, dann nur während oder unmittelbar nach einem Börsen-Crash, wenn es zu bereits zu spät ist. Die Diskussion ist in der Regel ereignisgetrieben, oberflächlich und ignoriert selbst die einfachsten Erkenntnisse der Wissenschaft. In diesem Abschnitt wollen wir deshalb einen ruhigeren und hoffentlich qualifizierteren Blick auf das Phänomen »Risiko« werfen.

Es ist zunächst banal festzustellen, dass Rendite und Risiko sich gegenseitig bedingen. Je mehr Rendite ein Investment verspricht, desto riskanter ist es, das heißt, desto wahrscheinlicher ist es, dass dieses Versprechen gebrochen wird. Das ist das eherne Gesetz des Investierens, und immer dann, wenn Ihnen jemand ungewöhnlich hohe Renditen bei niedrigem Risiko versichert, sollten bei Ihnen die Alarmglocken läuten. Im Folgenden wollen wir uns etwas genauer überlegen, was Risiko ist und wie es gemessen wird.

Bei verschiedenen Befragungen haben Anleger die folgenden Beschreibungen von Risiko – so wie sie es sehen – genannt:

- »die Wahrscheinlichkeit einer negativen Monatsrendite oder einer negativen Rendite über einen längeren Zeitraum, zum Beispiel ein Jahr«,
- »der durchschnittliche (erwartete) Verlust über einen bestimmten Zeitraum (ohne Berücksichtigung des durchschnittlichen Gewinns)«,

- »die Wahrscheinlichkeit eines Jahresverlustes von mehr als 10 Prozent«,
- »die Wahrscheinlichkeit einer Verlustphase von über zwölf Monaten Dauer«,
- »die Wahrscheinlichkeit, dass eine Benchmark jährlich unterperformt wird«,
- »die Wahrscheinlichkeit, eine Rendite zu erzielen, die unter der Inflation liegt«,
- »die Wahrscheinlichkeit, dass das ursprünglich eingesetzte Kapital am Ende eines geplanten Anlagezeitraums nicht erhalten bleibt«,
- »die Wahrscheinlichkeit des Totalverlustes«,
- »die Wahrscheinlichkeit, dass die langfristige Rendite zu niedrig ist, um im Ruhestand den gewohnten Lebensstandard aufrechtzuerhalten«,
- »die Wahrscheinlichkeit von Dividendenkürzungen«,
- »die Wahrscheinlichkeit, der Einzige oder einer der wenigen zu sein, die in einem bestimmten Zeitraum Geld verlieren«,
- »die Wertschwankungen eines Investments während einer Periode«,
- »die maximale kumulative Wertschwankungen eines Investments am Ende einer Periode«,
- »der größtmögliche Verlust am Ende einer Periode«,
- »die Verlustschwelle, die mit 5-prozentiger Wahrscheinlichkeit überschritten wird (»Value at Risk«)«,
- eine Kombination mehrerer dieser oder anderer Kriterien.

Aus diesen Antworten (und diese Liste ist vermutlich nicht umfassend) lässt sich erkennen, dass Risiko ein subjektives Phänomen ist, das von Anlegern sehr unterschiedlich wahrgenommen wird. Dagegen gibt es wenig Uneinigkeit darüber, was Rendite ist oder wie man sie grundsätzlich misst (von mathematischen »Raffinessen«, die nicht jedem Anleger bekannt sind, einmal abgesehen). Hinzu kommt, dass sogar ein und derselbe Anleger Risiko im Zeitablauf unterschiedlich einschätzt und es, je nachdem, wie es ihm mündlich, schriftlich, grafisch oder mathematisch präsentiert wird, nicht immer gleich wahrnimmt. Selbst der kulturelle Hintergrund (zum Beispiel die Nationalität) scheint die Risikowahrnehmung stark zu beeinflussen.

Das in der Finanzbranche und Wirtschaftswissenschaft am meisten verbreitete Verständnis von Risiko und Risikomessung ist das Konzept der *Volatilität* (das Wort leitet sich ab vom lateinischen »volare« = fliegen) und bezieht sich zumeist auf die Wertschwankungen eines Investments im Zeitablauf. Diese Wertschwankungen werden üblicherweise mit der statistischen Maßzahl der »Standardabweichung« gemessen (siehe Infobox). Die Bezeichnungen »Risiko«, »Volatilität« und »Standardabweichung« werden deshalb oft untereinander austauschbar verwendet. Wie viele andere Risikokonzepte stellt auch die Volatilität auf die Abweichung eines tatsächlichen Ergebnisses von seinem *erwarteten* Wert (bei Kapitalanlagen zumeist der historischen Durchschnittsrendite) ab. Für die Einstufung eines bestimmten Ereignisses als »Risiko« kommt es also nicht darauf an, dass es ein »negatives«, sprich unerfreuliches Ereignis ist, sondern dass es nicht »erwartet« wurde.

Diese Einsicht ist sehr wichtig und wird, obwohl eigentlich trivial, von Anlegern regelmäßig missverstanden. Daher lohnt es sich, einige Gedanken auf diesen Sachverhalt zu verschwenden. Ein (zugegebenermaßen unrealistisches, aber illustratives) Beispiel: Wüsste man mit Gewissheit, dass eine Aktie mit einem Kaufpreis von 100 Euro innerhalb der nächsten fünf Jahren auf 50 Euro fallen würde, dann wäre dies ein »risikoloses« Investment, denn die ausgewiesene (negative) Rendite wäre garantiert und unterläge keiner Schwankung.

Generell kann man also sagen: (a) Ein schlechter (aber bekannter) Ist-Zustand ist *kein* Risiko, und (b) schlechte (aber bekannte) zukünftige Ereignisse ebenfalls nicht. Das mag zunächst paradox erscheinen, doch bei genauerer Überlegung ist es logisch. Negative Umstände, die bekannt und gewiss sind, werden ganz einfach beim »pricing«, das der Markt von einem Investment fordert (also bei der Berechnung der erwarteten Rendite) berücksichtigt (»eingepreist«). Ein Investment in ein Unternehmen, das in der Vergangenheit große Verluste auswies, nun sehr schlechte (bekannte) finanzielle Verhältnisse hat und ferner in einer Branche operiert, die insgesamt schrumpft, ist allein deswegen nicht *riskant*, denn diese unerfreulichen Verhältnisse liegen ja alle offen. Vielmehr besteht das Risiko eines Investments in dieses Unternehmen lediglich darin, dass sich diese Verhältnisse *unerwartet* weiter verschlechtern. Selbst Investmentprofis verkennen diesen Sachverhalt in der Praxis oft. Ein besseres Wort für Risiko wäre daher eigentlich

»Verschlechterungsrisiko«. (Dieses besteht bei einem Unternehmen mit guten Finanzkennzahlen grundsätzlich ebenso – in gewisser Weise ist es sogar höher, denn es ist normalerweise wahrscheinlicher, dass sich ein »Top-Unternehmen« verschlechtert, als dass ein bereits schlechtes Unternehmen noch weiter abrutscht. Bekannte schlechte Verhältnisse sind im Aktienkurs eines Unternehmens längst eingepreist, das heißt, der Kurs wird im Verhältnis zum Cashflow, den dieses Unternehmen erwirtschaft, sehr niedrig sein, das Unternehmen also ein niedriges KGV haben. Ähnlich verhält es sich mit dem sogenannten politischen Risiko eines Landes: Selbst ein laufender Bürgerkrieg ist aus Investorensicht zu diesem Zeitpunkt kein Risiko, da bekannt – lediglich die nicht vorhersehbaren weiteren Verschlechterungen, die er mit sich bringen *könnte*. Dieser Gesichtspunkt ist übrigens mit dafür verantwortlich, dass sogenannte »hässliche« Value-Aktien (siehe Abschnitt 3.3) keine schlechtere, sondern langfristig sogar eine höhere Rendite bringen als »glamouröse« Growth-Aktien. Man kann sich diesen grundsätzlichen Sachverhalt gar nicht oft genug vergegenwärtigen.) Um auf das anfängliche Beispiel im vorhergehenden Absatz zurückzukommen: Die genannte Aktie würde sich also auf dem Markt nur verkaufen, sofern ihr Preis auf deutlich unter 50 Euro fallen würde. Fazit: Schlechte Umstände, die bekannt sind, sind kein Risiko, denn der Markt preist sie ein.

Zurück zur Volatilität (Standardabweichung): Sie bezeichnet also die Schwankung von Renditen um ihren langfristigen Durchschnitt herum. Ein Wertpapier, dessen Rendite im Zeitablauf nicht oder kaum von der erwarteten Rendite abweicht, birgt wenig Risiko und im umgekehrten Fall – wenn die Abweichungen stark sind – viel Risiko. Es leuchtet unmittelbar ein, dass Volatilität ein unangenehmes Phänomen ist, denn sie beinhaltet die Möglichkeit, zu einem bestimmten Zeitpunkt für den davorliegenden Anlagezeitraum nur eine niedrigere als die erwartete Rendite realisieren zu können.

Das klingt kompliziert, und doch lohnt es sich, ein paar Minuten auf dieses Konzept zu verwenden. Verbal kann man die Standardabweichung wie folgt beschreiben: Sie drückt die durchschnittliche Abweichung der (zum Beispiel monatlichen) Wertpapierrendite von ihrer durchschnittlichen (monatlichen) Rendite im Laufe eines Zeitraums (zum Beispiel ein Jahr) aus.

Infobox: Standardabweichung (Volatilität)

Die Standardabweichung ist eine statistische Maßzahl für die Streuung einer Gruppe von Einzelwerten. Sie ist nützlich, wenn man das Risiko der Streuung von Wertpapierrenditen im Zeitablauf verstehen will. Allein die durchschnittliche Wertpapierrendite, zum Beispiel über die letzten 20 Jahre, zu kennen, sagt ja über das Risiko, in einem bestimmten Jahr oder in mehreren Jahren unter dem Durchschnitt zu liegen, gar nichts aus. Aber genau darauf kommt es an!

Die Standardabweichung lässt sich durch die sogenannte Normal- oder Gaußverteilung recht gut beschreiben, die grafisch durch die berühmte Gaußsche Glockenkurve abgebildet wird. Sehr viele natur-, wirtschafts-, sozial- und ingenieurswissenschaftliche Daten sind normalverteilt, so zum Beispiel die Anzahl von Sonnenstunden pro Jahr an einem bestimmten Messort über die letzten 100 Jahre oder die Körpergrößen von 1000 zufällig ausgewählten Bundesbürgern oder die Prozentquote defekter Glühlampen in einer Lampenproduktionsanlage über einen Monat.

- Etwa 68 Prozent einer »normal« verteilten Gruppe von Werten liegen maximal eine Standardabweichung vom Durchschnitt (Mittelwert) entfernt, das heißt, 34 Prozent der Werte liegen eine Standard-abweichung unter dem Durchschnitt, und 34 Prozent liegen eine Standardabweichung über dem Durchschnitt. Anders formuliert: 68 Prozent aller Werte liegen im Bereich des Mittelwerts zuzüglich oder abzüglich einer Standardabweichung.
- Etwa 95 Prozent aller Werte liegen maximal zwei Standardabwei-chungen vom Durchschnitt entfernt (das heißt, 47,5 Prozent der Werte liegen maximal zwei Standardabweichungen unter dem Durch-schnitt und 47,5 Prozent maximal zwei Standardabweichungen über dem Durchschnitt).
- Etwa 99 Prozent aller Werte liegen maximal drei Standardabwei-chungen vom Durchschnitt entfernt (das heißt, 49,5 Prozent liegen maximal drei Standardabweichungen unter dem Durchschnitt und 49,5 Prozent maximal drei Standardabweichungen über dem Durch-schnitt).

Ein Beispiel: Der MSCI-World-Index verzeichnete von 1970 bis 2006 (37 Jahre) eine durchschnittliche arithmetische Rendite von 11,6 Prozent p.a. (in Euro, nominal). Die Standardabweichung dieser Werte betrug 22 Prozent. Das heißt, dass 68 Prozent aller Jahresrenditen im Bereich zwischen 33,6 Prozent (11,6 % + 22 % = 33,6 %) und – 10,4 Prozent (11,6 % – 22 % = –10,4 %) gelegen haben. 95 Prozent aller Werte lagen im Bereich zwischen 55,6 Prozent (11,6 % + 44 % = 55,6 %) und – 32,4 Prozent (11,6 % – 44 % = –32,4 %) – immer vorausgesetzt, dass die Daten »normalverteilt« sind. Die monatlichen Renditen eines bestimmten Wertpapierindex, zum Beispiel des DAX oder des MSCI World über die letzten 30 Jahre sind annähernd (aber nur annähernd – und diese Einschränkung ist wichtig) normalverteilt. Nur annähernd deshalb, weil es in diesen Renditedaten mehr »extreme Werte« (extrem niedrige und extrem hohe Renditen) gibt, als man bei einer »sauberen« Normalverteilung eigentlich erwarten dürfte. Diese Abweichung ist aus Sicht der meisten, aber beileibe nicht aller Ökonomen in den meisten Fällen ausreichend gering, als dass man sie gerade noch tolerieren kann.[67] Das wiederum hat den Vorteil, dass man diese Daten relativ leicht statistisch beschreiben und auswerten kann. (Fast alles, was über Wertpapierrenditen gesagt wird, basiert auf der Grundannahme normalverteilter Renditen.) ■

Man kann die Standardabweichung unterschiedlicher Renditen (Tagesrenditen, Monatsrenditen, Jahresrenditen usw.) über unterschiedliche Zeiträume hinweg messen, zum Beispiel die Standardabweichung der Jahresrenditen über einen Zehn-Jahres-Zeitraum hinweg. Die Standardabweichung sinkt, je länger die Teilintervalle sind. So wäre zum Beispiel die Standardabweichung der Jahresrenditen der Siemens-Aktie über einen 25-Jahres-Zeitraum niedriger als die Standardabweichung der Tagesrenditen über 25 Tage. Oder in anderer Betrachtung: Auf Tage bezogen steigt der Aktienmarkt von 100 Tagen an rund 54 Tagen und sinkt an 46 Tagen. Auf Monate bezogen steigt der Aktienmarkt von 100 Monaten in rund 60 Monaten und sinkt in 40 Monaten. Auf Jahre bezogen steigt der Aktienmarkt in knapp 70 von 100 Jahren und fällt in 30 von 100 Jahren. Auf dieser Beobachtung gründet die oft gehörte

Aussage, dass Aktien umso »risikoloser« werden, je länger man sie hält. Einen einheitlichen zeitlichen Bezugsrahmen für die Berechnung der Standardabweichung gibt es aber nicht; daher sollte man diesem Parameter vor allem in Fondsprospekten, wo die Standardabweichung angegeben wird, genaue Beachtung schenken.

Anders formuliert: Weist ein Investmentfonds (oder ein Index) eine hohe Volatilität, also Standardabweichung auf (höher als diejenige des Gesamtmarktes/Indizes), ist er auch großen Wertschwankungen unterworfen. In einem Bullenmarkt steigt dieser Fonds tendenziell stärker an als der Gesamtmarkt, und in einem Bärenmarkt wird er deutlicher einbrechen. Umgekehrt bedeutet eine niedrige Volatilität, dass nur geringe Wertschwankungen im Zeitablauf zu erwarten sind. Festverzinsliche Wertpapiere, Rentenfonds und Geldmarktfonds sind normalerweise weniger volatil als Aktienfonds. Das heißt nicht, dass eine Bundesanleihe in einem einzelnen Monat nicht auch eine stärkere Wertschwankung haben kann als die Siemens-Aktie – aber das dürfte sehr selten vorkommen. Tendenziell kann man sagen, dass je breiter ein Investmentfonds diversifiziert ist (je mehr verschiedene Einzeltitel er enthält), desto niedriger auch seine Standardabweichung ausfällt. Eine einzelne Aktie ist stets volatiler als ein Korb von Aktien, der diese einzelne Aktie enthält; ein breiter Investmentfonds (und Indexfonds sind die breitesten innerhalb ihrer Asset-Klasse) ist weniger volatil als eine Hand voll Aktien in einem typischen Anlegerportfolio, und mehrere Investmentfonds zusammen sind weniger volatil als ein einzelner Investmentfonds alleine.

Genauso wie Renditen ändern sich auch Standardabweichungen im Zeitablauf: Würde man die Monatsrenditen des MSCI-World-Index von 1972 bis 2006 in sieben Fünf-Jahres-Zeiträume unterteilen und dann die Standardabweichung der Monatsrenditen für die einzelnen Intervalle berechnen, würde kein einheitlicher Wert resultieren. Immerhin: Standardabweichungen schwanken weniger als die Renditen selbst. Andererseits gilt leider auch, dass sie in Börsenabschwungphasen meist vorübergehend zunehmen, was natürlich nicht erfreulich ist.

Es liegt auf der Hand, dass für Anlageentscheidungen vor allem die künftige Volatilität einer Kapitalanlage interessant ist. Da zuverlässige Prognosen der künftigen Volatilitäten und Renditen erwiesenermaßen unmöglich sind, behilft man sich, indem man die Volatilität anhand vergangener Wertschwankungen misst und diesen Wert (in der Regel) unverändert für die Zukunft annimmt. Hier besteht ein Dilemma, das jedoch kein Mensch und keine Maschine je wird lösen können. Alle unsere Informationen – übrigens auch unser sogenanntes »Bauchgefühl« – gründen auf Daten der Vergangenheit. Wenn wir diese Daten für in die Zukunft gerichtete Risikoschätzungen verwenden, unterstellen wir unausgesprochen, dass in der Zukunft in dieser Hinsicht ähnliche oder gleiche Gesetzmäßigkeiten gelten. Diese eigentlich gewagte Annahme ist oft genug gerechtfertigt, oder sie ist als das kleinste mögliche Übel zu betrachten, denn bessere Alternativen sind schwer zu finden.

Volatilität kann auch erfreuliche Folgen haben, nämlich überdurchschnittliche Renditen in einzelnen Perioden (also Wertschwankungen nach oben). Oft wird genau dieser Umstand kritisiert: dass das sogenannte Risikomaß Volatilität auch *positive* Wertschwankungen beinhalte. Da positive Schwankungen kaum als unerwünscht gelten könnten, sei die Verwendung der Standardabweichung nicht zur Risikomessung geeignet; sie übertreibe und verzerre das wahre Risiko. So sei zum Beispiel eine Anlage, die sehr stetig an Wert verliere (und daher eine niedrige Volatilität aufweise) intuitiv risikoreicher als eine Anlage, deren Rendite stark zwischen 0 Prozent und +25 Prozent schwanke (hohe Volatilität = hohes Risiko). Dieser Einwand erscheint aber bei genauer Betrachtung nicht stichhaltig. Gegenargument Nr. 1: Die Volatilität misst die positiven Wertschwankungen *aller* Anlagen. Eine Verzerrung, die jedoch alle Messobjekte gleichermaßen trifft, ist weniger gravierend, denn es geht ja in erster Linie darum, *relative* Risiken zu messen. Gegenargument Nr. 2: Anlagen der oben beschriebenen Art sind schlicht unrealistisch und wenig praxisrelevant. Gegenargument Nr. 3: Noch hat niemand ein vielseitigeres und – aus wissenschaftlicher Sicht – mit weniger Mängeln behaftetes Risikomaß präsentiert als die Volatilität. Gegenargument Nr. 4: Volatilität ist unter vielen bestehenden Methoden zur Risikomessung die einzige, die fast allgemein anerkannt ist und somit noch am ehesten eine Vergleichbarkeit der von unterschiedlichen Personen und Institutionen gemessenen Risiken gewährleistet.

Die Attraktivität eines Investments hängt in erster Linie – und das ist eine triviale Feststellung – von seiner spezifischen Kombination aus Rendite und Risiko ab (neudeutsch: Risk-Return-Trade-off). Vergleicht man Rendite und Risiko zweier Investments, kann sich jedoch ein uneindeutiges Bild ergeben, wie das Beispiel in Tabelle A verdeutlicht.

Tabelle A: Vergleich zweier Fonds mit der gleichen dreijährigen Durchschnittsrendite, aber unterschiedlichen jährlichen Schwankungen

	Jahr 0	Jahr 1	Jahr 2	Jahr 3	Geometr. Rendite	Volatilität (Standard- abweichung)
Wert des Fonds A zu Jahresbeginn (in Euro)	1000	1200	700	1250		
Jahresrendite	+20%	-42%	+79%	-	7,7% p.a.	49,4%
Wert des Fonds B zu Jahresbeginn (in Euro)	1000	1077	1160	1250		
Jahresrendite	+7,7%	+7,7%	+7,7%	-	7,7% p.a.	0%

Auch ohne komplizierte Beweisführung wird ersichtlich, dass Fonds B – trotz gleicher Gesamtrendite – nach drei Jahren aufgrund der viel konstanteren (in diesem Beispiel völlig konstanten) Ertragsentwicklung das attraktivere Investment war. Da seine Rendite in den einzelnen Jahren überhaupt nicht schwankte, hatte er eine Volatilität (Standardabweichung) von null. In der Praxis sind die jeweiligen Verhältnisse bei der gleichzeitigen Beurteilung von Risiko und Rendite unterschiedlicher Investments jedoch selten so eindeutig. Daher hat man unterschiedliche Kennzahlen entwickelt, die jeweils die beiden Qualitätskriterien einer Anlage zusammenfassen. Die bekannteste dieser Kennzahlen ist das *Sharpe-Ratio*, benannt nach seinem Entwickler, dem Nobelpreisträger William Sharpe. Das Sharpe-Ratio hat den Zweck, Risiko und Rendite in einer Zahl zusammenzuführen, um so Anlagen vergleichbar zu machen, von denen die eine eine bessere Rendite und die andere ein besseres (geringeres) Risiko aufweist. Das Sharpe-Ratio ist somit eine risikogewichtete oder »risikoadjustierte« Ertragskennzahl. Mathematisch ist es folgendermaßen definiert:

Sharpe-Ratio = (Rendite – risikofreier Zinssatz) : Standardabweichung

Oder, etwas ausführlicher ausgedrückt: Sharpe-Ratio = Wertpapierrendite (oder Fondsrendite) abzüglich des risikofreien Zinssatzes : Standardabweichung des Wertpapiers (des Fonds).[68] Der Vorteil einer solchen risikoadjustierten Kennzahl wird an einem Beispiel deutlich:

Investmentfonds A hatte in den zurückliegenden drei Jahren eine Jahresrendite von 12,1 Prozent und eine Standardabweichung von 7,0 Prozentpunkten. Investmentfonds B wies eine Jahresrendite von 8,9 Prozent und eine Standardabweichung von 3,5 Prozentpunkten auf. Welcher Fonds ist vorzuziehen?

Hier hilft die Ermittlung des Sharpe-Ratios der beiden Fonds. Um es zu errechnen, benötigen wir nur noch eine Zusatzinformation, den risikofreien Zinssatz. Der risikofreie Zinssatz ist ein Zinssatz, der keinerlei Ausfallrisiko (Bonitätsrisiko) beinhaltet. In der realen Welt gibt es nur Näherungsgrößen für diesen Zinssatz. Die in Deutschland übliche Näherungsgröße ist der über mehrere Jahre hinweg errechnete Durchschnittszinssatz für kurzfristige Verbindlichkeiten der Bundesrepublik Deutschland (zum Beispiel einjährige Finanzierungsschätze der Bundesrepublik). Nehmen wir diesen Durchschnittszinssatz hier der Einfachheit halber mit 3,0 Prozent p.a. an. Die beiden Sharpe-Ratios für die oben genannten Fonds errechnen sich wie folgt:

Sharpe-Ratio Fonds A = (12,1 % − 3,0 %) : 7,0 % = 1,3 %

Sharpe-Ratio Fonds B = (8,9 % − 3,0 %) : 3,5 % = 1,7 %

Somit war Fonds B auf risikoadjustierter Basis der bessere Fonds. Pro 1 Prozent Risiko (Standardabweichung) weist er eine höhere Rendite auf. Er besitzt somit eine höhere risikogewichtete Rendite, obwohl die Rendite dieses Fonds für sich allein genommen in der Vergangenheit deutlich niedriger war als diejenige von Fonds A.

Mancher Leser wird sich fragen, welcher Sinn dahintersteckt, den risikofreien Zinssatz zu subtrahieren, zumal Fonds B auch ohne die Subtraktion »gewonnen« hätte. In der Tat wird das Sharpe-Ratio oft nur in der vereinfachten Form *Rendite : Standardabweichung* berechnet und auf die Subtraktion des risikofreien Zinssatzes verzichtet. Die Begründung der Experten für die Subtraktion des risikofreien Zinssatzes lautet – etwas vereinfacht formuliert – wie folgt: Ohne diese Subtraktion würde die Standardabweichung innerhalb des Sharpe-Ratios relativ zur Rendite ein zu hohes Gewicht bekommen. Im Ergebnis würde die Kennzahl dann nur noch niedrig verzinsliche Investments mit sehr niedrigem Risiko »empfehlen«.

Leider veröffentlichen recht wenige Anlegerzeitschriften das Sharpe-Ratio von Aktien, festverzinslichen Wertpapieren oder Investmentfonds.

Selbst in vielen Fondsprospekten fehlt es. Zwar sollten Neuanlagen ohnehin nicht auf der Basis historischer Renditen (also auch nicht auf Basis des historischen Sharpe-Ratios) getätigt werden, aber für die vergangenheitsbezogene Performance-Bewertung eines Investments gegenüber einem Vergleichsindex oder alternativen Anlagen ist das Sharpe-Ratio eine der besten einzelnen Kennzahlen. Ein ausschließlicher Vergleich der Renditen zweier Investments liefert jedenfalls oft ein irreführendes Bild.

Fünf nützliche Mathekniffe

In den Abschnitten 2.13 »Fehler (13): Sich auf Renditeangaben der Finanzindustrie verlassen« und 2.14 »Fehler (14): Der Geldillusion aufsitzen« sind wir bereits auf einige wichtige rechnerische Fallstricke und Eigenheiten eingegangen, die Anleger in der Welt der Finanzanlage manchmal in die Irre führen. Mit dem statistischen Konzept der Volatilität (Standardabweichung) haben wir uns ebenfalls schon beschäftigt. Daneben gibt es noch einige weitere, einfachere mathematische Aspekte und Techniken, die zu kennen nützlich ist. Fünf davon wollen wir nachfolgend vorstellen.

(1) Wie errechnet man aus einer Jahresrendite den Investitionsendwert? Angenommen, Sie schätzen die jährliche Rendite eines Investments auf 7 Prozent und investieren einmalig 1 000 Euro. Wie viel sind Ihre 1 000 Euro in 20 Jahren wert? Dieser sogenannte Zukunftswert lässt sich leicht ausrechnen: $1\,000 \times (1 + 7\%)^{20} = 3\,870$ Euro (anders dargestellt: $1\,000 \times 1{,}07^{20} = 3\,870$). Bei der Errechnung eines Endwertes sollte man naturgemäß zwischen realen und nominalen Renditen unterscheiden sowie Nebenkosten und Steuern beachten. Außerdem sollte man sich in diesem Kontext den Unterschied zwischen geometrischer und arithmetischer Durchschnittsrendite vergegenwärtigen (siehe Abschnitt 2.13). Der Zukunftswert einer Reihe von gleichbleibenden Einzahlungen (wie bei einem Wertpapiersparplan) ist von Hand etwas schwieriger zu berechnen. Wir empfehlen daher die Verwendung eines Tabellenkalkulationsprogramms. In MS Excel heißt die entsprechende Formel »ZW«.

(2) Wie errechnet man aus einer nominalen die reale Rendite? Um von der nominalen Rendite (einschließlich Inflation) zur realen Rendite zu gelangen, wird im Allgemeinen schlicht die Inflationsrate abgezogen (NR – Infl. = RR). Diese einfache Formel ist aber nur näherungsweise korrekt. Der genaue rechnerische Zusammenhang ist: (1 + RR) x (1 + Infl.) = (1 + NR) oder umformuliert: RR = [(1 + NR) / (1 + Infl.)] – 1. Ein Beispiel: Angenommen, NR sei 10 Prozent und die Inflation betrage 3 Prozent. Dann gilt: RR = [(1 + 0,1) / (1 + 0,03)] – 1 = 0,068 (oder 6,8 Prozent, was ein wenig unter dem Wert von 7,0 Prozent liegt, den die einfache Formel geliefert hätte.

(3) Prozentrechnung rauf und runter liefert zumeist unterschiedliche absolute Werte. Wenn ein Aktienkurs um 60 Prozent fällt und dann wieder um 80 Prozent steigt, wie hoch ist er nun relativ zum Ausgangskurs? Antwort: 72 Prozent, also immer noch um 28 Prozent niedriger als der Ausgangskurs. Nehmen wir an, der Kurs betrug ursprünglich 100, dann lautet die Rechnung wie folgt: 100 x (1 – 60 Prozent) = 40; 40 x (1 + 80 Prozent) = 72, was wiederum um 28 Prozent niedriger ist als 100. Daher ist die gewohnt sensationsheischende Berichterstattung der Medien zu relativieren, wenn sie vom »Comeback« einer Aktie oder des Aktienmarktes mit enorm hohen Prozentsätzen berichten. Prozentsätze können auf den ersten Blick sehr irreführend sein, wenn sie sich nicht mehr auf dieselben Ausgangsgrößen beziehen. Wenn ein Portfolio in einem Jahr um 10 Prozent fällt, dann muss es im nächsten Jahr wieder um (etwa) 11 Prozent steigen, um den vorherigen Wertverlust auszugleichen. Fällt es um 90 Prozent, muss es zum Ausgleich des Wertverlusts sogar um 1 000 Prozent steigen!

(4) Prozent und Prozentpunkt – oft verwechselt. »Die amerikanische Inflationsrate ist 2006 um ein halbes Prozent von 3,5 Prozent (Vorjahreswert) auf 3,0 Prozent gefallen.« Was ist falsch an dieser Aussage, die einem Presseartikel entnommen wurde? Bei einem Ausgangswert von 3,5 Prozent würde eine um ein halbes Prozent gefallene Inflationsrate 3,48 Prozent betragen, nicht 3,0 Prozent. Der Journalist verwechselte Prozent und Prozentpunkt. Tatsächlich ist die Inflation um einen halben Prozentpunkt oder um 14 Prozent gefallen. In diesem Beispiel dürften die meisten Leser den Irrtum dennoch richtig interpretiert haben, doch nicht immer sind journalistische Ungenauigkeiten mit dem gesunden Menschenverstand oder dem Hintergrundwissen, das man zufällig hat, entzifferbar.

(5) Die 72er-Regel Die »72er-Regel« ist eine praktische Faustregel, mit der man schnell berechnen kann, wie lange es dauert, bis sich bei einer angenommenen durchschnittlichen Jahresrendite eine Einmalanlage verdoppelt. Beispiel 1: Wie viele Jahre dauert es, bis sich der Wert eines Investments verdoppelt, wenn die angenommene Rendite 10 Prozent p.a. beträgt? Zur Berechnung teilt man einfach die Zahl 72 durch die angenommene Jahresrendite, hier also: 72 : 10 = 7,2 Jahre. Gerade bei einer solchen »Extrapolationsübung« empfiehlt sich übrigens (wie auch generell), zwischen nominalen und realen Renditen zu unterscheiden. Nominale Renditen sind letztlich nutzlos (siehe Abschnitt 2.14). Wenn die nominale Rendite 10 Prozent beträgt, ist zwar bekannt, dass nach 7,2 Jahren ein Anfangsinvestment von 10 000 Euro auf 20 000 Euro gestiegen ist, aber diese 20 000 Euro habe nicht die doppelte Kaufkraft wie 10 000 Euro heute (und nur dann hätte sich das Investment tatsächlich verdoppelt). Unterstellen wir, die angenommene reale Rendite betrüge 8 Prozent p.a. Dann braucht ein Vermögen bis zur wirklichen Verdoppelung (also Verdoppelung der Kaufkraft) 72 : 8 = 9 Jahre. Mit der 72er-Regel kann man auch den vermögensschädlichen Effekt der Inflation näherungsweise berechnen: Wie lange dauert es, bis die Inflation einen bestimmten Geldbetrag um die Hälfte entwertet hat? Erneut wird einfach die Zahl 72 durch die unterstellte Inflationsrate geteilt. Beträgt die angenommene Inflationsrate beispielsweise 3 Prozent p.a., lautet die Rechnung: 72 : 3 = 24 Jahre.

Anmerkungen zu den verwendeten Renditedaten

Im Folgenden haben wir einige Hinweise zusammengestellt, die dem besseren Verständnis der in diesem Buch aufgeführten historischen Daten dienen.

Wo nicht anders angegeben, enthalten die angegebenen Renditen keine Nebenkosten (Transaktionskosten) auf Anlegerebene. Diese Kosten schmälern die angegebenen historischen Bruttorenditen. Als Faustregel kann gelten, dass Transaktionskosten selbst bei preisgünstigen Indexanlagen in den meisten Asset-Klassen selten unter 0,5 Prozentpunkte p.a. (exklusive steuerliche Effekte) liegen. Diese Kosten sind jedoch für aktiv gemanagte Anlagen in der Regel deutlich höher (zu Transaktionskosten siehe Abschnitt 2.2).

Die Dividenden- oder Zinskomponente in den angegebenen Renditen ist »brutto« zu verstehen. In vielen Ländern werden jedoch Quellensteuern auf jene Dividenden und Zinsen erhoben, die vor allem an im Ausland ansässige Investoren (auch Fondsanleger) fließen. Dies gilt sowohl für Aktien als auch für Rentenpapiere. Diese Quellensteuersätze variieren oft je nach Sitzland des Anlegers. In Deutschland ist es im Prinzip möglich, diese im Ausland gezahlten Quellensteuer mit der eigenen Einkommensteuerschuld zu verrechnen (analog zur Zinsabschlagsteuer und Kapitalertragsteuer, die Vorauszahlungen auf die Einkommensteuerschuld des Anlegers sind).[69] Oft scheitert dies jedoch daran, dass keine entsprechend genauen oder zuverlässigen Daten vorliegen oder die Anleger den Arbeitsaufwand für deren Beschaffung scheuen. Beispiel Aktienindizes: Aufgrund des Zinseszinseffektes kann bei einer geometrischen Durchschnittsrendite über einen langen Zeitraum von zum Beispiel 35 Jahren der Unterschied zwischen Renditen einschließlich Bruttodividende (wie in diesem Buch) und Renditen einschließlich Nettodividende (je nach Höhe der Dividendenrendite) bis zu rund einem Prozentpunkt betragen. Das heißt, geometrische Durchschnittsrenditen auf Basis von Nettodividendenrenditen wären für viele Indizes außerhalb der Europäischen Union um etwa einen Prozentpunkt niedriger. Für kurzfristige Zeiträume wäre der Unterschied geringfügig niedriger (Zinseszinseffekt). Auf Jahresbasis liegt der Unterschied – grob geschätzt – bei circa 0,7 Prozentpunkten (zu Steuern auf Indexanlagen siehe Abschnitt 4.8). Die Unterscheidung von Netto- und Bruttodividende betrifft aktive und passive Anlageprodukte gleichermaßen.

In vielen Ländern, zum Beispiel in den USA, sind anders als in Deutschland realisierte Kursgewinne auch auf Fondsebene (nicht nur auf Anlegerebene) steuerpflichtig. Da Indexfonds gegenüber aktiven Fonds aufgrund ihrer viel geringeren Handelstätigkeit weitaus weniger Kursgewinne tatsächlich realisieren, haben sie gegenüber aktiven Fonds in diesen Ländern einen besonders großen steuerlichen Vorteil. Diese steuerlichen Effekte sind naturgemäß ebenfalls nicht in veröffentlichten Indexrenditen enthalten. Das gilt ebenso für Einkommensteuerbelastungen von Anlegern (das heißt auf Anlegerebene) im Falle realisierter Kursgewinne.

Wo nicht anders angegeben, handelt es sich bei den angegebenen Renditen um Performance-Indexzahlen (Total-Return-Zahlen), also Renditen einschließlich (Brutto)-Dividenden bzw. Zinsen, im Unterschied zu Kursindexzahlen (auch Preisindexzahlen genannt), die Ausschüttungen normalerweise nicht berücksichtigen.

Wo nicht anders angegeben, sind die Renditen in Euro angegeben. Für alle Renditen (ausgenommen für den Wertpapiermarkt Deutschland) wurde für Zeiträume vor 1999 anstelle des entsprechenden Wechselkurses zum Euro (am Jahresende) der Wechselkurs von 1,95583 D-Mark verwendet.

Wo nicht anders angegeben, unterstellen die angegebenen Renditen jährliches Rebalancing (siehe Abschnitt 4.6) und kostenfreie Reinvestition der Ausschüttungen (Dividenden, Zinsen) am Ausschüttungstag.

In einigen Fällen reichten vorhandene Datenreihen nicht ausreichend lange in die Vergangenheit zurück, weswegen aus unserer Sicht vergleichbare »Ersatzdatenreihen« verwendet wurden. Wo dies geschah, ist es gesondert angemerkt.

Wo nicht anders angegeben, handelt es sich bei den angegebenen Daten um geometrische Durchschnittsrenditen; diese sind zu unterscheiden von arithmetischen Durchschnittsrenditen (siehe hierzu Abschnitt 2.13).

Globale Asset-Klassen-Renditen seit 1970
Alle Renditen in DM bzw. Euro ohne Abzug von Kosten oder Steuern: jährliches Rebalancing

	Aktien	Aktien	Aktien	Aktien	Aktien	Aktien			Aktien
	MSCI World Index	MSCI World Index, Growth	MSCI World Aktien Index, Value	Nebenwerte, global	DAX, Deutschland	Deutschland, langfr. Staatsanleihen (RexP)	Geldmarktzinsen (3 Mon.) Deutschland, Jahresmittelwert	Immobilien, Deutschland	MSCI Index Europe
Anmerkung zu Daten				1				2	
Nominale geometrische Durchschnittsrendite (inkl. Inflation)									
Die letzten 37 Jahre (1970–2006)	8,1%	9,2%	12,9%	13,1%	8,0%	7,0%	5,8%	5,3%	9,5%
Die letzten 19 Jahre (1988–2006)	8,4%	6,9%	9,9%	12,1%	10,6%	6,3%	4,7%	5,0%	11,3%
Die letzten 10 Jahre (1997–2006)	8,5%	6,5%	10,0%	14,3%	8,9%	5,2%	3,1%	3,5%	11,3%
Reale geometrische Durchschnittsrendite (exkl. Inflation) **Überlappende Zeitfenster**									
Die letzten 37 Jahre (1970–2006)	4,9%	–	–	9,7%	4,8%	3,9%	2,7%	–	6,3%
Die letzten 32 Jahre (1975–2006)	8,2%	6,4%	9,9%	13,8%	7,5%	4,4%	2,6%	–	9,8%
Die letzten 19 Jahre (1988–2006)	6,2%	4,7%	7,6%	9,8%	8,3%	4,1%	2,6%	–	9,0%
Die letzten 13 Jahre (1994–2006)	7,0%	5,4%	8,4%	10,7%	7,0%	3,9%	1,6%	0,3%	9,5%
Die letzten 10 Jahre (1997–2006)	6,7%	4,8%	8,3%	12,5%	7,1%	3,5%	1,4%	1,8%	9,5%
Nicht überlappende Zeitfenster									
1970–1975	–9,1%	–	–	–6,4%	–5,3%	1,4%	2,4%	–	–7,7%
1976–1981	5,3%	2,0%	8,1%	20,6%	–2,9%	1,9%	2,7%	–	3,1%
1982–1987	15,7%	14,7%	17,2%	16,6%	12,6%	7,7%	3,1%	–	16,3%
1988–1993	5,2%	3,9%	6,6%	8,4%	11,9%	5,2%	5,3%	–	8,6%
1994–1999	17,9%	20,1%	15,7%	9,1%	18,8%	4,5%	2,3%	–0,8%	19,3%
2000–2006	–1,6%	–5,8%	2,5%	12,2%	–2,2%	3,3%	1,1%	1,3%	1,7%
Niedrigste jährl. Einzelrendite	–28,7%	–27,9%	–28,2%	–37,4%	–43,9%	–2,5%	2,1%	–6,2%	–24,8%
Anteil der Jahre mit neg. Rend.	24%	22%	19%	19%	30%	5%	0%	22%	24%

Anmerkungen:
1 Nebenwerte, global: Bis 2000 DFA Small Company Global, danach MSCI-Small Cap-Index.
2 Immobilien Deutschland: Von 1989 bis 1995 repräsentieren die ausgewiesenen Immobilienrenditen den Dimax-Index (ein Performance-Index, der aus etwa 50 börsennotierten deutschen Immobilien-AGs besteht), ab 1996 den DIX (Deutscher Immobilienindex).
3 Immobilien Europa: Von 1988 bis 1995 repräsentieren die ausgewiesenen Renditen den Epix50-Index (die 50 größten börsennotierten europäischen Immobilienaktien). Ab 1996 handelt es sich um Immobilienmarktrenditen (nicht Immobilienaktien), erhoben vom britischen IPD-Institut. 1996–2000: einfacher Durchschnitt aus den Immobilienmarktrenditen der Länder Deutschland, Großbritannien und Frankreich; ab 2001: IPD Pan-European Property Index (11, später 13 westeuropäische Länder).
4 Staatsanleihen Schwellenländer: Der Embi+ Index repräsentiert großvolumige, besonders liquide, in US-Dollar notierende Staatsanleihen der 19 wichtigsten Schwellenländer.

	Aktien				Aktien	Aktien					
Immobilien (gewerbl. und wohnw.), Europa	MSCI USA Index	USA, 10-jährige Staatsanleihen	USA, Unternehmensanleihen hoher Bonität	USA, Geldmarkt (3-Monats-T-Bills)	MSCI Japan Index	Schwellenländer, MSCI Emerging Markets Index	Staatsanleihen Schwellenländer (Embi+ Index)	Rohstoffe GSCI Total Return	Rohstoff-direktanlage, CRB Commodity-Rendite in EUR	Gold	CSFB Tremont Hedge Fund Index
3							4	5	6	7	8
7,9%	8,1%	6,3%	7,5%	3,4%	8,9%	14,2%	11,1%	9,0%	1,2%	5,5%	10,8%
7,9%	11,4%	8,6%	7,8%	3,6%	1,4%	14,2%	7,5%	8,8%	2,2%	0,3%	7,3%
10,7%	8,7%	8,4%	7,4%	3,7%	2,2%	9,5%	11,7%	6,0%	5,8%	6,1%	10,5%
–	4,9%	3,1%	–	0,4%	5,7%	–	–	5,8%	-1,8%	2,3%	–
–	8,6%	4,8%	4,7%	1,7%	6,2%	–	–	3,8%	-2,0%	-0,5%	–
5,7%	9,1%	6,3%	5,6%	1,5%	-0,6%	11,9%	–	6,6%	0,1%	-1,7%	–
5,8%	8,7%	5,3%	4,5%	1,6%	0,0%	4,1%	9,3%	6,3%	2,4%	1,1%	9,0%
8,9%	7,0%	6,6%	5,7%	2,1%	0,6%	7,8%	9,9%	4,3%	4,1%	4,4%	8,7%
–	-10,5%	-6,2%	–	-7,2%	3,5%	–	–	10,4%	-3,1%	11,5%	–
–	3,3%	-4,0%	-3,9%	3,1%	12,7%	–	–	0,6%	-0,9%	12,5%	–
–	10,2%	10,4%	11,4%	2,0%	23,3%	–	–	4,1%	-7,2%	-2,7%	–
6,2%	10,8%	9,2%	8,5%	1,9%	-1,5%	31,4%	–	7,8%	-4,1%	-7,2%	–
3,9%	24,9%	6,5%	5,7%	5,2%	3,4%	0,6%	10,0%	5,0%	-1,4%	-5,9%	12,9%
7,4%	-3,6%	4,4%	3,5%	-1,5%	-2,8%	7,2%	8,6%	7,5%	5,8%	7,6%	5,7%
-15,9%	-30,2%	-19,4%	-17,4%	-21,7%	-50,5%	-24,3%	-20,5%	-34,8%	-32,8%	-26,5%	-4,3%
21%	30%	35%	30%	38%	35%	32%	15%	30%	51%	43%	15%

5 GSCI TR: Rohstoff-Futures-Index: Indexzusammensetzung (Stand Ende 2005): Öl und Energie 68%, Metalle 9%, Agrarrohstoffe/-produkte 23%. Die Zusammensetzung des GSCI-Index verändert sich regelmäßig in Abhängigkeit von den relativen Größenordnungen der weltweiten Handelsvolumina der einzelnen Commodities.

6 Reuters CRB: Rohstoffpreisindex, Indexzusammensetzung (Stand Ende 2005): Öl und Energie 17,6%, Agrarrohstoffe/-produkte 53%, »Industrials« (Basismetalle, Baumwolle) 11,8%, Edelmetalle 17,6%.

7 Gold: Rendite des Goldpreises (Goldpreisveränderungen).

8 CSFB Tremont Hedge Fund Index: Der Index ist nicht um den Survivorship-Bias bereinigt (Korrektur mindestens 2 Prozentpunkte nach unten). Ferner sind die laufenden Kosten bei Hedge-Fonds um mindestens einen Prozentpunkt höher als in allen anderen Asset-Klassen.

Langfristige Korrelationen der wichtigsten Asset-Klassen

Korrelation ausgewählter Asset-Klassen (Korrelation der Jahresrenditen)
Zeitraum: 1988–2006 (alle zugrunde liegenden Renditen in Euro)

	Aktien Deutschland	Staatsanleihen Deutschland	Geldmarkt-anlagen Deutschland	Aktien Europa	Immobilien Europa	Aktien Japan	Aktien USA	Staatsanleihen USA	Immobilien USA	Schwellen-länderaktien	Aktien Welt, Industrieländer	Aktien Welt, Nebenwerte, Industriel.	Aktien Welt Large, Value, Industriel.	Rohstoffe/ Commodities
Aktien Deutschland	+1,0	(−0,1)	(−0,1)	+0,9	+0,6	+0,6	+0,8	+0,1	+0,4	+0,7	+0,9	+0,6	+0,9	+0,0
Staatsanleihen Deutschland		+1,0	+0,1	+0,0	+0,2	(−0,2)	+0,1	+0,5	(−0,2)	(−0,1)	+0,0	(−0,1)	(−0,0)	(−0,3)
Geldmarkt-anlagen Deutschland			+1,0	(−0,1)	(−0,1)	(−0,2)	+0,1	+0,2	(−0,4)	+0,2	(−0,1)	(−0,1)	(−0,1)	(−0,1)
Aktien Europa				+1,0	+0,5	+0,4	+0,9	+0,4	+0,5	+0,5	+0,9	+0,6	+0,9	+0,0
Immobilien Europa					+1,0	+0,3	+0,2	+0,4	+0,4	+0,5	+0,5	+0,5	+0,4	+0,0
Aktien Japan						+1,0	+0,3	(−0,0)	+0,3	+0,7	+0,6	+0,6	+0,6	+0,2
Aktien USA							+1,0	+0,1	+0,5	+0,4	+0,7	+0,5	+0,8	(−0,1)
Staatsanleihen USA								+1,0	+0,6	+0,1	+0,3	+0,4	(−0,1)	+0,0
Immobilien USA									+1,0	+0,1	+0,5	+0,5	+0,4	+0,3
Schwellen-länderaktien										+1,0	+0,6	+0,6	+0,6	+0,2
Aktien Welt, Industrieländer											+1,0	+0,7	+0,8	(−0,1)
Aktien Welt Nebenwerte, Industriel.												+1,0	+0,4	+0,2
Aktien Welt Large Value, Industriel.													+1,0	+0,2
Rohstoffe/ Commodities														+1,0

Alle Korrelationen ≤ 0,4 sind durch Schattierung hervorgehoben

Die Tabelle lässt die besten »Diversifizierer« für ein Weltaktienportfolio (Industrieländer) primär aus Blue-Chips (MSCI Welt) erkennen: Rohstoffe, Immobilien, Geldmarktanlagen, Staatsanleihen. Korrelationen sind im Zeitablauf nicht stabil. Sie ändern sich jedoch weniger schnell als Renditen.

Grafiken zu den Aktien-Crashs von 1987 und von 2000 bis 2002

Der Aktien-Crash von 1987 am Beispiel des MSCI Deutschland (monatl. Indexstände)

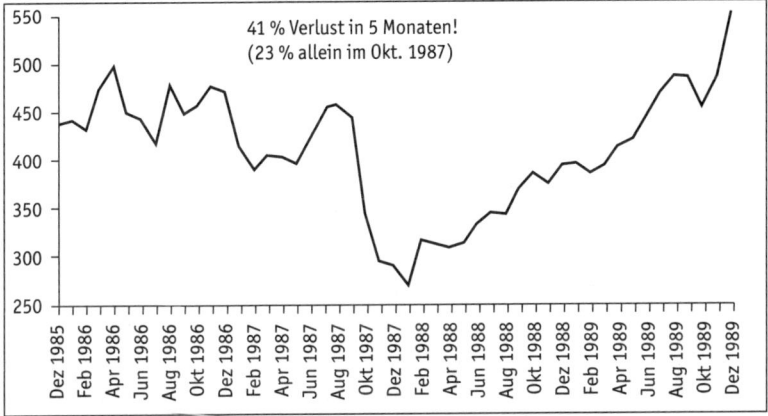

41 % Verlust in 5 Monaten!
(23 % allein im Okt. 1987)

Der Aktien-Crash von 2000–2002 am Beispiel eines Portfolios aus 80 % MSCI World und 20 % MSCI Emerging Markets (EUR)

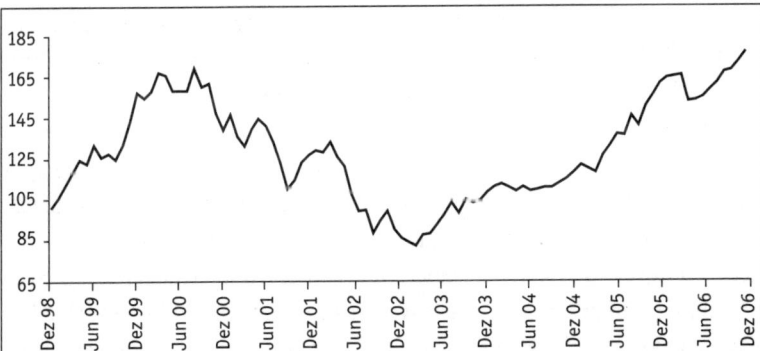

Durch noch bessere Diversifikation, insbesondere auch in Nebenwerte, Rohstoffe und Immobilien sowie risikoarme Geldmarktanlagen, hätten die negativen Auswirkung des Crashs zur Hälfte oder sogar fast vollständig vermieden werden können. Die Absturzphase dauerte etwa zweieinhalb Jahre, die Erholungsphase bis zur Erreichung des Stands vor Crash-Beginn 45 Monate (in US-Dollar gerechnet weitaus weniger aufgrund der Abwertung des Dollar gegenüber den meisten Währungen seit Mitte 2001). Auch hier hätte sich also – wie beim vorherigen Crash 1987 – »Aussitzen« gelohnt. Die Mehrzahl der Anleger hatte diese Nervenstärke und Zuversicht vermutlich nicht und realisierte durch vorzeitigen Verkauf die Verluste teilweise oder auch vollständig. Viele von ihnen kehrten erst zwei oder drei Jahre später an die Börse zurück und stiegen so zu einem inzwischen stark erhöhten Kursniveau wieder ein.

Die besten Informationsquellen für Privatanleger

>»Wir können es nicht oft genug wiederholen: Identifizieren Sie die ›herr-
schende Meinung‹ zu Wertpapier- und Vermögensanlagen so gut wie nur
möglich, um diese Meinung dann konsequent zu ignorieren.«

William Bernstein, Neurologe, Finanzökonom, Bestsellerautor

Allgemeine Hinweise

Leider gibt es im deutschsprachigen Raum einen echten Mangel an
guter Medienberichterstattung und Büchern über Asset-Allokation und
Indexing, der wichtigsten Form nachhaltig erfolgreichen Investierens.
Die besten Veröffentlichungen kommen seit jeher aus den USA und
nur eine kleine Zahl davon wird ins Deutsche übersetzt. Wer Englisch
lesen kann, hat somit einen gewissen Vorteil, aber letztlich ist auch für
alle anderen interessierten Anleger ausreichendes, wenn auch weniger
vielfältiges Lesefutter vorhanden.

Zunächst aber: Bestellen Sie alle Abos von Finanzzeitschriften und
elektronischen Newslettern sofort ab und ignorieren Sie alle konventionellen Finanzseiten im Internet, die Berichterstattung zu Geldanlagen
in Tageszeitungen sowie das Marketingmaterial von Investmentpro-
duktanbietern. Sie sparen damit eine Menge Geld und Zeit.

Nutzen Sie die Zeit, die Sie durch konsequentes Ignorieren von In-
vestmentpropaganda gewonnen haben, indem Sie stattdessen in aller
Ruhe einige der Investmentbücher lesen, die wir nachfolgend vorstellen.
Am besten ein oder zwei pro Jahr – je nach Lust auch mehr. Gute Bücher sind die beste Art, sich über Geldanlagen und Altersvorsorge wei-
terzubilden. Es lohnt sich auch, wenigstens einen einschlägigen Aufsatz
oder Artikel pro Vierteljahr zu lesen, beispielsweise auf den englisch-
sprachigen Websites von www.vanguard.com, www.efficientfrontier.
com oder der deutschsprachigen Site www.moneyfruits.com.

Das folgende Buchverzeichnis enthält Veröffentlichungen, deren
Lektüre der Erhaltung und Förderung Ihrer finanziellen Gesundheit
dienen. Nicht berücksichtigt haben wir Lehrbücher zu Grundlagen der
Investitionstheorie und zur Finanzmathematik sowie Bücher und Ar-

tikel aus finanzwirtschaftlichen Zeitschriften, die sich vorwiegend an ein akademisches Publikum richten. Da ständig neue Titel zum Thema erscheinen. lohnt es sich, einmal jährlich bei Amazon.de oder Ihrem Buchhändler danach zu stöbern.

Bücher

Die mit einem Smiley (☺) gekennzeichneten Bücher halten wir für besonders empfehlenswert. Die Mehrzahl ist leider nur in englischer Sprache erschienen, aber die Anzahl nützlicher Bücher in deutscher Sprache nimmt langsam zu.

☺ Armstrong, Frank A.: *The Informed Investor. A Hype Free Guide to Constructing a Sound Financial Portfolio.* New York 2003. Solides, detailliertes Buch zum Thema Indexing für Privatanleger.

☺ Belsky, Gary / Gilovich, Thomas: *Behavioral Economics. Börsenerfolg ist die Kunst, Fehler nicht zweimal zu machen.* München 2001. Gutes, streckenweise sehr unterhaltsames Buch zu Behavioral Finance. Beschreibt, wie man deren Erkenntnisse für sich persönlich nutzen kann.

Berkowitz, Stephen A. / Finney Louis, D. / Logue, Dennis E.: *The Investment Performance of Corporate Pension Plans – Why They Do Not Beat the Market Regularly.* New York 1988. Wissenschaftliche Studie, die belegt, dass die Mehrzahl aller Investmentfonds – in diesem Fall amerikanische Pensionsfonds – schlechter als angemessene Vergleichsbörsenindizes performen.

☺ Bernstein, Peter L.: *Wider die Götter. Die Geschichte von Risiko und Riskmanagement von der Antike bis heute.* München 1998. Die ebenso spannende wie lehrreiche Geschichte des Risikomanagements im Allgemeinen und des Finanzrisikomanagements im Besonderen.

☺ Bernstein, Peter L.: *Capital Ideas. The Improbable Origins of Modern Wall Street.* New York 1992. Das Buch erzählt die faszinierende Geschichte der Modernen Portfoliotheorie. Für Leser, die dieses Thema vertiefen möchten.

☺ Bernstein, William J.: *Die intelligente Asset-Allocation. Wie man profitable und abgesicherte Portfolios erstellt.* München 2006. Ein von der Fachpresse zu Recht hoch gelobtes Buch. Es zeigt auf anspruchsvolle, aber dennoch lesbare und über weite Strecken humorvolle Weise, wie man Asset-Allokation – größtenteils mit Indexanlagen – richtig durchführt. Hochgradig zu empfehlen.

☺ Bernstein, William J.: *Die Geburt des Wohlstandes. Wie der Wohlstand der modernen Welt entstand.* München 2005. (Originaltitel: *The Birth of Plenty*) Geniales Buch zur ökonomischen Geschichte der letzten tausend

Jahre. Wenn nur unsere wirtschaftlich leider unbedarften Geschichtslehrer es lesen würden ...

☺ Bernstein, William J.: *The Four Pillars of Investing. Lessons for Building a Winning Portfolio.* New York 2002. Ebenfalls ein glänzendes und oft witziges Buch. Etwas einfacher, allgemeiner und teilweise ausführlicher als *Die intelligente Asset-Allocation.*

☺ Bodie, Zvi / Clowes, Michael J.: *Worry-Free Investing. A safe Approach to Achieving Your Lifetime Financial Goals.* New York 2003. Bei seinem Erscheinen einiges Aufsehen erregendes Buch eines renommierten Finanzprofessors zum Thema persönliche Altersvorsorge. Einfach geschrieben. Bodie empfiehlt praktisch ausschließlich inflationsindexierte Staatsanleihen, die es inzwischen auch in Deutschland gibt (die aber bisher ungünstig besteuert werden). Ob der Bodie-Ansatz realistisch ist, bleibt abzuwarten. Das Hauptproblem: Die Renditen dieser sehr risikoarmen Produkte sind so niedrig, dass außerordentlich hohe Sparraten nötig sind, um einen nennenswerten Vermögenszuwachs zu erzielen.

☺ Bogle, John C.: *Common Sense on Mutual Funds. New Imperatives for the Intelligent Investor.* New York 1999. John Bogle, Gründer und langjähriger Chef der amerikanischen Fondsgesellschaft Vanguard, ist wahrscheinlich der weltweit führende Experte zu Publikumsinvestmentfonds, und dies ist wohl das beste Buch zu Investmentfonds auf dem Markt. Umfassend und anspruchsvoll, aber dennoch für jeden verständlich geschrieben.

Bogle, John C.: *Bogle on Mutual Funds: New Perspectives for the Intelligent Investor.* New York 1993.

BVI-Bundesverband Deutscher Investment Gesellschaften e.V.: Veröffentlicht ein kostenloses, sehr interessantes Jahrbuch zum Investmentfondssektor in Deutschland (einschließlich ETFs) und viele andere nützliche Broschüren, zum Beispiel auch zur steuerlichen Behandlung von Fondsinvestments.

☺ Chancellor, Edward: *Devil Take the Hindmost: A History of Financial Speculation.* New York 2000. Empfohlen von William Bernstein, und das ist Auszeichnung genug. Zeitweilig gab es eine deutsche Ausgabe unter dem Titel *Bullen gegen Bären,* die eventuell in einigen Bibliotheken vorhanden oder antiquarisch erhältlich ist.

☺ Clason, George S.: *Der reichste Mann von Babylon. Die Erfolgsgeheimnisse der Antike.* Zürich 1998. Deutsche Ausgabe eines legendären amerikanischen Klassikers zu den mentalen Voraussetzungen des »Reichwerdens«. Steht turmhoch über dem dünnen Geplaudere der entsprechenden deutschen Autoren.

☺ Clements, Jonathan: *25 Myths You've Got to Avoid If You Want to Manage Your Money Right: The New Rules for Financial Success.* New York 1998. Gelungenes Buch, das mit den zahlreichen Irrtümern und »Mythen« zur Vermögensanlage, die von den populären Medien und vielen Kundenbetreuern der Banken verbreitet werden, aufräumt.

☺ Coyne, Tom / Miller, Susan: *The Index Investor Guide To Asset Allocation For Euro Based Investors.* New York 2004. Download von www.index-investor.com. Empfehlenswertes Buch zu einem der zentralen Themen des Investmentprozesses, der Asset-Allokation. Gelegentlich trocken, aber dennoch sehr gelungen.

☺ Ellis, Charles D.: *Winning the Loser's Game. Timeless Strategies for Successful Investing.* 3. Aufl., New York 1998. Unübertroffen, wenn es darum geht, die Grundprinzipien einer rationalen Anlagepolitik knapp und relativ leicht verständlich darzustellen. Ferner erläutert der Autor praktisch alle der zahlreichen Irrtümer über Vermögensanlage im Allgemeinen und Wertpapierinvestments im Besonderen.

Etterer, Alexander / Beer, Robert / Fleischer, Klaus: *Indexing. Wie Sie zukünftig mit Indexanlagen erfolgreich investieren.* München 2003. Leider nicht empfehlenswert, da Indexanlagen hier im Rahmen eines aktiven, untauglichen Anlagekonzeptes präsentiert werden.

Etterer, Alexander / Schmitt, Hubert-Ralph / Wambach, Martin: *Exchange Traded Funds. Die Investmentrevolution für Privatanleger!* München 2004. Nicht empfehlenswert.

☺ Evans, Richard E. / Malkiel, Burton G.: *The Index Fund Solution: A Step-By-Step Investor's Guide.* New York 2000.

☺ Ferri, Richard: *All About Asset Allocation. The Easy Way to Get Started.* New York 2005. Gut und verständlich geschrieben mit Schwerpunkt Indexing. Allerdings favorisieren wir die Bücher von Swedroe, die überwiegend eine ähnliche Zielsetzung haben.

Fridson, Martin S.: *Investment Illusions: A Savvy Wall Street Pro Explodes Popular Misconceptions About the Markets.* New York 1996.

GFA – Gesellschaft für Fondsanalyse mbH (Hrsg.): *FondsGuide Deutschland 2006. Ratgeber Investmentfonds.* Stuttgart 2005. Der umfassendste Katalog der in Deutschland zugelassenen Fonds und ihrer wichtigsten Kennzahlen einschließlich des Total Expense Ratios. Leider verbreitet auch dieses ansonsten sehr seriöse Buch den zwar allgegenwärtigen, aber falschen Irrglauben, dass die historische Performance von Fonds ein geeignetes Auswahlkriterium für Neuanlagen sei. Wird jährlich aktualisiert.

Gibson, Roger: *Asset-Allocation. Balancing Financial Risk.* 3. Aufl., New York 2000. Anspruchsvolle Veröffentlichung über Asset-Allokation. Gelungen, aber eine Aktualisierung wäre wünschenswert.

Goldberg, Joachim / Nitzsch, Rüdiger von: *Behavioral Finance. Gewinnen mit Kompetenz. Überlegenes Wissen für Ihre Anlageentscheidung.* München 1999. Buch zum Modethema »Behavioral Finance«. Suggeriert allerdings fälschlich, dass man, bewaffnet mit dem Wissen dieses Buches, die beschriebenen Fehler beim Stock-Picking oder Market-Timing vermeiden oder sogar andere austricksen könne, was leider nicht zutrifft. Das Buch von Martin Weber zum gleichen Thema ist besser.

☺ Graham, Benjamin: *Intelligent Investieren. Der Bestseller über die richtige Anlagestrategie.* München 2005. Die Erstausgabe erschien in den dreißiger Jahren unter dem Titel »Security Analysis«. Das meistverkaufte Investmentbuch aller Zeiten und nach Ansicht vieler eines der besten. Gut für Anleger, die trotz unserer gegenteiligen Empfehlung in einzelne Aktien investieren wollen.

Hägele, Jochen: *Mit Sicherheit mehr Zinsen. Alles, was Sie über Zinsanlagen wissen müssen – vom Tagesgeldkonto bis zur Hochzinsanlage.* München 2003. Nicht eben grandios, jedoch anscheinend das derzeit einzige deutschsprachige Buch zu Zinsanlagen oder Anleihen, das nicht ganz und gar oberflächlich ist und dennoch allgemein verständlich bleibt. Ignorieren Sie die penetranten Hinweise auf aktives Traden – wenn das funktionieren würde, wäre der Autor längst Multimillionär, hätte seinen Job als Finanzjournalist aufgegeben und würde sich hüten, sein Wissen zu veröffentlichen.

☺ Hebner, Mark T.: *Indexfunds: The 12-Step Program for Active Investors.* New York 2005. Kein Indexing-Buch ist typografisch und didaktisch schöner gestaltet. Tolle Grafiken, viele davon in Farbe. Gut gelungen.

Ibbotson, Roger / Brinson, Gary: *Global Investing. The Professional's Guide to the World Capital Markets.* New York 1992. Anspruchsvolles Buch über internationale Asset-Allokation mit einer ausführlichen Darstellung der langfristigen Renditen unterschiedlicher internationaler Finanz-Assets. Leider keine aktuellere Auflage verfügbar.

Klein, Marc / Martin Grimm: *Der große Index Guide. Die 150 wichtigsten Investment-Märkte im Profil.* München 2006. Leider hält das Buch nicht, was der Titel verspricht. Die relativ oberflächlichen Informationen können wohl zu 90 Prozent gratis aus dem Internet heruntergeladen werden.

☺ Klein, Stefan: *Alles Zufall. Die Kraft, die unser Leben bestimmt.* Hamburg 2005. Nicht nur auf den Kapitalmärkten, sondern auch im Leben schlechthin spielt der Zufall eine viel größere Rolle, als manchem von uns lieb ist. Sehr empfehlenswert.

Kommer, Gerd: *Weltweit investieren mit Fonds. Wie Sie Ihre Gewinne erhöhen und Ihr Risiko senken können.* Frankfurt/New York 2001.

Kommer, Gerd: *Indexfonds und -zertifikate. Gewinnen mit der genial einfachen Anlagestrategie der Profis.* Frankfurt/New York 2000.

☺ Kotlikoff, Laurence J. / Burns, Scott: *The Coming Generational Storm. What you need to know about America's Future.* Cambridge, Mass. 2004. Brillantes Buch über die enormen ökonomischen Belastungen, die die Überalterung Amerikas für seine Sozialsysteme und Staatsverschuldung bedeutet. Zeigt, was der einzelne Anleger in dieser Situation (angesichts der Naivität der Regierungen) tun kann. Weitgehend auf die deutsche Situation übertragbar.

Kritzman, Mark P.: *Puzzles of Finance. Six Practical Problems and Their Remarkable Solutions.* New York 2002. Wissenschaftlich orientiert. Gutes Kapitel zum Spezialthema »Time Diversification«.

☺ Malkiel, Burton G.: *Börsenerfolg ist kein Zufall. Die besten Investmentstrategien für das neue Jahrtausend.* München 2000. (Originaltitel: *A Random Walk Down Wall Street.* Im Januar 2007 erschien eine neue US-Auflage.) Kultbuch. Erläutert auf anspruchsvolle, aber dennoch unterhaltsame Weise die neusten Erkenntnisse der Finanzwirtschaft zum Thema Geldanlage. Stark »Indexing-lastig«. Insbesondere wird gezeigt, dass für praktisch keine aktive Anlagestrategie hinreichende Erfolgsbelege existieren, die wissenschaftlichen Kriterien standhalten.

☺ Malkiel, Burton G. / Mei, J.P.: *Global Bargain Hunting. The Investor's Guide to Profits in Emerging Markets.* New York 1998. Erstklassiges Buch über Investments in den Schwellenländermärkten; wenn auch nicht unmittelbar auf die Bedürfnisse eines deutschen Anlegers zugeschnitten.

Niquet, Bernd: *Keine Angst vorm nächsten Crash. Warum Aktien als Langfristanlage unschlagbar sind.* Frankfurt/New York 1999. Interessantes Thema, interessanter Titel, leider über weite Strecken nur eine obskure Abhandlung über Geldtheorie, die keine konkreten Informationen zum eigentlichen Gegenstand des Buches liefert.

O'Shaughnessy, James P.: *Die besten Anlagestrategien aller Zeiten.* 3. Aufl., Landsberg/Lech 1999. (Originaltitel: *What Works on Wall Street: A Guide to the Best-Performing Investment Strategies of All Time*) Was andere Investmentbücher an Zahlenmaterial zu wenig haben, hat dieses Buch zu viel. Die statistische Methodik ist manchmal fragwürdig und die gezogenen Schlussfolgerungen sind jedenfalls von den präsentierten Daten keineswegs immer ableitbar. Die von O'Shaughnessy gemanagten Fonds sind überwiegend gescheitert und manche wegen mangelhafter Performance vom Markt genommen worden. Immerhin wird das Scheitern zahlreicher Spielarten von Stock-Picking und Market Timing anschaulich dargestellt.

Paulos, John Allen: *Innumeracy: Mathematical Illiteracy and Its Consequences.* New York 1990. Sehr gutes Buch über verbreitete mathematische sowie statistische Irrtümer, also über mathematischen Analphabetismus und seine Folgen.

☺ Quinn, Jane Bryant: *Making the Most of Your Money.* New York 1997. Vortrefflich und sehr umfassend.

☺ Ross, Ron: *The Unbeatable Market. Taking the Indexing Path to Financial Peace of Mind.* Eureka 2002. Höchstnote für die beste allgemein verständliche Erklärung der Efficient-Market-Hypothese und aller übrigen Gründe für die Überlegenheit passiven Anlegens, jedoch keine konkrete Empfehlungen für Indexanlagen-Portfolios.

Ruh, Sabine T.: *Indexfonds, Indexzertifikate, Indexaktien. Gewinnen mit DAX, Stoxx und Dow.* München 2002. Nicht empfehlenswert. Bleibt an der Oberfläche und wimmelt von sachlichen Fehlern.

SdK-Schutzgemeinschaft der Kapitalanleger e. V.: *Schwarzbuch Börse 2006.* Frankfurt 2006. »Augenöffner«-Buch. Die SdK kämpft für die Interessen der Kleinanleger.

Sease, Douglas R.: *Winning With The Markets: Beat the Traders and Brokers in Good Times and in Bad.* Wall Street Journal Book. New York 2001.

☺ Sherden, William: *The Fortune Sellers. The Big Business of Buying and Selling Predictions.* New York 1998. Unterhaltsames Buch über das Geschäft mit Prognosen, zum Beispiel von Aktienkursen, des Wetters, des Klimas, von Erdbeben oder volkswirtschaftlicher Wachstumsraten. Die völlig korrekte Hauptaussage des Buches: Die große Mehrzahl solcher Prognosen, die oft genug im »wissenschaftlichen« Gewand daherkommen, ist geradezu erschreckend fehlerhaft. Nur macht sich kaum jemand, wie in diesem Fall Sherden, die Mühe, diese Prognosen im Nachhinein zu überprüfen. Aus theoretischer Sicht ist das Buch aber eher schwach.

☺ Siegel, Jeremy J.: *Langfristig investieren. Warum langfristige Aktienstrategien funktionieren.* München 2006. (Originaltitel: *Stocks for the Long Run. The Definite Guide to Financial Market Returns and Long Term Investment Strategies*) Ein Klassiker der Investmentliteratur. Das Buch liefert eine Fülle an historischen Langfristdaten zum Aktienmarkt. Darüber hinaus werden die am meisten verbreiteten Anlagetheorien analysiert (und überwiegend verworfen). Und schließlich ist es eine fabelhaft geschriebene Geschichte des Kapitalmarktes und damit eines Kernelementes des Kapitalismus seit Beginn des 19. Jahrhunderts. Die Bibel der Buy-and-Hold-Anleger.

☺ Siegel, Jeremy J.: *Überlegen investieren. Warum sich die traditionellen Anlage-Strategien eben doch auszahlen.* München 2006.

☺ Simon, W. Scott: *Index Mutual Funds. Profiting from an Investment Revolution.* Camarillo, CA 1998.

☺ Stiftung Warentest: *Finanztest Spezial. Sonderheft Investmentfonds.* Sehr nützliches Sonderheft mit aktuellen Fondslisten, steuerlichen Informationen und guten Hinweisen auf günstige Einkaufsquellen. Leider wird aber auch hier das falsche »Hohelied« der Fondsauswahl nach historischer Performance gepredigt. Wird jährlich aktualisiert.

☺ Swedroe, Larry E.: *The Only Guide to a Winning Investment Strategy You'll Ever Need. The Way Smart Money Invests Today.* New York 2005. Alle Bücher von Swedroe sind hochgradig empfehlenswert und vermutlich die besten hinsichtlich der praktischen Umsetzung eines Indexportfolios (obwohl naturgemäß sich dabei auf der Produkt- oder steuerlichen Ebene nicht alles auf die Situation eines deutschen Anlegers übertragen lässt). Man kann gar nicht genug Swedroe lesen. Die Themen der folgenden Bücher überschneiden sich manchmal ein wenig, aber dennoch liefert jedes Buch neue Einsichten.

☺ Swedroe, Larry E.: *What Wall Street Doesn't Want You to Know. How You Can Build Real Wealth Investing in Index Funds.* New York 2001.

☺ Swedroe, Larry E.: *Rational Investing in Irrational Times. How to Avoid the Costly Mistakes Even Smart People Make Today.* New York 2002.

☺ Swedroe, Larry E.: *The Successful Investor Today. 14 Simple Truths You Must Know When You Invest.* New York 2003.

☺ Swedroe, Larry E. / Hempen, Joseph: *The Only Guide to a Winning Bond Strategy You'll Ever Need. The Way Smart Money Preserves Wealth Today.* New York 2006. Auch dieses Swedroe-Buch zu Anleihen ist hochgradig empfehlenswert und dem Buch von Hägele (siehe weiter oben) klar vorzuziehen, wenn auch verständlicherweise weniger auf deutsche Verhältnisse bezogen.

☺ Swensen, David: *Erfolgreich investieren. Strategien für Privatanleger.* Hamburg 2006. Ausgezeichnetes Buch eines sehr erfolgreichen Asset-Managers.

☺ Taleb, Nassim Nicholas: *Narren des Zufalls. Die verborgene Rolle des Glücks an den Finanzmärkten und im Rest des Lebens.* München 2005. Amüsantes und schlitzohriges Buch, geschrieben von einem Derivate-Trader und Mathematiker. Versucht zu zeigen, dass Zufall eine weitaus größere Rolle im Leben schlechthin, aber ganz besonders in den Finanzmärkten spielt, als wir zugeben wollen. Die Schwächen des Buches sind gelegentliche Längen und Wiederholungen sowie der etwas selbstgefällige Ton. Dennoch hochgradig empfehlenswert.

☺ Weber, Martin: *Genial einfach investieren. Mehr müssen Sie nicht wissen – das aber unbedingt!* Frankfurt/New York 2007. Hervorragendes Buch zur jungen Disziplin der Behavioral Finance. Lehrt, welche zum Teil haarsträubenden Fehler insbesondere aktive Anleger aufgrund von Selbstüberschätzung und anderer Formen irrationalen Verhaltens begehen. Professor Weber empfiehlt gerade wegen dieser psychologischen Faktoren passives Investieren. Einziges Manko des Buches: Konkrete Anlagehinweise finden sich darin nicht. Dennoch dürfte dieses Buch so gut wie jeden Leser zu einem besseren Anleger machen.

Aufsätze

Ackermann, Carl / McEnally, R. / Ravenscraft, D.: »The Performance of Hedge Funds: Risk, Return and Incentives«. In: *Journal of Finance*, June 1999.

Arnott, R.D. / Berkin, A.L. / Ye, J.: »How well have taxable investors been served in the 1980s and 1990s?«. In: *Journal of Portfolio Management* 26 (4), Sommer 2000.

Asness, Clifford / Krail, R. / Liew, J.: »Do Hedge Funds Hedge?«. In: *Journal of Portfolio Management*, Fall 2001.

Auckenthaler, Christoph u.a.: »Hedge Funds im Urteil von Anbietern und Investoren. Eine kritische Analyse«. Working Paper Nr. 33, November 2002, Universität Zürich.

Aydogan, Kursat / Gursoy, Guner: »P/E and Price-to-Book Ratios as Predictors of Stock Returns in Emerging Equity Markets«. In: *Emerging Markets Quarterly*, August 2000.

Baumann, W. Scott / Conover, C. Mitchell / Miller, Robert E.: »Investor Overreaction in International Stock Markets«. In: *Journal of Portfolio Management*, Summer 1999.

Bernstein, Peter L.: »Where, Oh Where, Are the 400 Hitters of Yesteryear?«. In: *Economics and Portfolio Strategy*, 15. April 1998.

Bernstein, William: »The Grand Infatuation«. 1999. Veröffentlicht im Internet unter www.fundsinteractive.com/expert.

Black, Fischer: »Implications of the Random Walk Hypothesis for Portfolio Management«. In: *Financial Analysts Journal*, March–April 1971.

Bofinger, P. / Schmidt, R.: »Should one rely on professional exchange rate forecasts?«. Würzburg Economic Papers No. 38, Würzburg 2003.

Bogle, John C.: »A Tale of Two Markets«. Bogle Financial Markets Research Center, April 2001, veröffentlicht bei www.vanguard.com.

Brinson, Gary P. / Hood, Randolph / Beebower, Gilbert L.: »Determinants of Portfolio Performance«. In: *Financial Analysts Journal*, July/August 1986.

Brown, Stephen J. / Götzmann, William N. / Ibbotson, Roger G.: »Offshore Hedge Funds: Survival and Performance, 1989–95«. In: *Journal of Business*, January 1999.

Brown, Stephen J. / Götzmann, William N.: »Performance Persistence«. In: *Journal of Finance* 50 (2), June 1995.

Brown, Stephen J. / Götzmann, William N. / Park, James: »Career and Survival: Competition and Risk in the Hedge Fund and CTA Industry«. In: *Journal of Finance*, October 2001.

Carhart, Mark M.: »On Persistence in Mutual Fund Performance«. In: *Journal of Finance*, March 1997.

Chen, Nai-fu / Zhang, Feng: »Risk and Return of Value Stocks«. In: *Journal of Business*, October 1998.

Coggin, T. Daniel / Trzcinka, Charles A.: »A Panel Study of U.S. Equity Pension Fund Manager Style Performance«. In: *Journal of Investing*, Summer 2000.

Crédit Suisse: »Diversifikation – Strategie für eine erfolgreiche Kapitalanlage«. In: *Economic Briefing* Nr. 20, 12/2000.

Dechow, Patricia M. / Sloan, Richard / Hutton, Amy: »The Relation Between Analysts' Long-Term Earnings Forecasts and Stock Price Performance Following Equity Offerings«. *Contemporary Accounting Research* 17 (1), Spring 2000.

Fama, Eugene F. / French, Kenneth R.: »Forecasting Profitability and Earnings«. The Center for Research in Security Prices, Working Paper no. 456, 2/1999.

Fama, Eugene F. / French, Kenneth R.: »The Cross-section of Expected Stock Returns«. In: *Journal of Finance*, June 1992.

Fama, Eugene F.: »Market Efficiency, Long-term Returns, and Behavioral Finance«. In: *The Journal of Financial Economics* 49, 1998.

Fama, Eugene F.: »Random Walks in Stock Market Prices«. In: *Financial Analysts Journal*, Sept./Oct. 1965, neu abgedruckt im Heft Jan./Febr. 1995.

Fortin, Rich / Michelson, Stuart: »Fund Indexing vs. Active Management: The Results are ...«. In: *Journal of Financial Planning*, February 1999.

Fuller, R. / Huberts, L. / Levinson, M.: »Returns to E/P Strategies, Higgledy Piggledy Growth, Analysts' Forecasts Errors, and Omitted Risk Factors.« In: *Journal of Portfolio Management*, Winter 1993.

Fung, W. K. H. / Hsieh, D. A.: »Performance Characteristics of Hedge Funds and CTA Funds: Natural vs. Spurious Biases«. In: *Journal of Financial and Quantitative Analysis* 35 (2000), S. 291–307.

Götzmann, William N. / Ibbotson, Roger: »Do Winners Repeat?« In: *The Journal of Portfolio Management*, Winter 1994.

Gregoriou, Greg: »Hedge Fund Survival Lifetimes«. In: *Journal of Asset Management*, December 2002.

Harris, Richard: »The Accuracy, Bias and Efficiency of Analysts' Long Run Earnings Growth Forecasts«. In: *Journal of Business Finance and Accounting*, June/July 1999.

Hendricks, Darryl / Patel, Jayendu / Zeckhauser, Richard: »Hot Hands in Mutual Funds. The Persistence of Performance, 1974–1987«. Working Paper no. 3389, National Bureau of Economic Research, Cambridge, Mass.

Hogan, Paula H.: »Are Alternative Investments Good Alternatives?«. Quarterly Note, 3rd Quarter 2003, Hogan Financial Management. Download von www.hoganfinancial.com.

Howell, M. J.: »Fund Age and Performance«. In: *Journal of Alternative Investments*, Fall 2001.

Ibbotson, Roger G. / Kaplan, Paul D.: »Does Asset Allocation Policy Explain 40, 90, or 100 % of Performance?«. In: *Financial Analysts Journal*, Jan./Feb. 2000.

Jelle van der Sluis, Pieter / Posthuma, Nolke: »A Reality Check on Hedge Funds«. Download von http://papers.ssrn.com.

Jensen, Michell C.: »Problems in Selection of Security Portfolios: The Performance of Mutual Funds in the Period 1945–1964«. In: *Journal of Finance* 23 (2), 1968.

Joos, Christian Martin / Kilka, Michael: »Sind Aktienportfolios privater Anleger ausreichend diversifiziert?«. In: *Die Bank*, 12/1999.

Kahn, Ronald N. / Rudd, Andrew: »Does Historical Performance Predict Future Performance?«. In: *Financial Analysts Journal*, Nov./Dec. 1995.

Kat, Harry / Amin, Gaurav S.: »Welcome to the Dark Side: Hedge Fund Attrition and Survivorship Bias Over the Period 1994–2001«. Working Paper, University of Reading, ISMA Centre, December 2001.

Kat, Harry: »10 Things That Investors Should Know About Hedge Funds.« In: *Institutional Investor*, Spring 2003.

Kat, Harry / Amin, Gaurav S.: »Hedge Fund Performance 1990 – 2000. Do the ›Money Machines‹ Really Add Value?«. Working Paper, 15 May 2001, University of Reading. Download von www.ismacentre.rdg.ac.uk.

Kat, Harry / Brooks, Chris: »The Statistical Properties of Hedge Fund Index Returns and Their Implications for Investors«. In: *Journal of Alternative Investments*, Fall 2002.

Kat, Harry: »Hedge Fund Mania. Some Words of Caution.« 23 March 2001, University of Reading. Download von www.ismacentre.rdg.ac.uk.

Keim, Donald / Madhavan, Ananth: »The Cost of Institutional Equity Trades«. In: *Financial Analysts Journal* 54, S. 50–69.

Kohler, Adele: »Hedge Fund Indexing: A Square Peg in Round Hole?«. June 2003. Download von www.ssga.com.

Lakonishok, Josef u.a.: »The Structure and Performance of the Money Management Industry«. Brookings Papers on Economic Activity, Brookings Institutions, Washington DC, 1992.

Louis K. C. Chan / Karceski, Jason / Lakonishok, Josef: »The Level and Persistence of Growth Rates«. In: *Journal of Finance* 58 (2), Spring 2003, S. 643–684.

Malkiel, Burton: »Returns from Investing in Equity Mutual Funds 1971 to 1991«. In: *Journal of Finance* 50 (2), June 1995.

Malkiel, Burton / Saha, Atanu: »Hedge Funds: Risk and Return.« Working Paper, 1 December 2004. In: *Financial Analysts Journal*, Nov./Dez. 2005.

Michael, Ron / Wolmack, Kent: »Conflict of Interest and the Credibility of Underwriter Analyst Recommendations.« In: *The Review of Financial Studies* 1999.

Odean, Terrance / Barber, Brad: »Too Many Cooks Spoil the Profits: The Performance of Investment Clubs«. In: *Financial Analysts Journal*, Jan./Febr. 2000.

Odean, Terrance / Barber, Brad: »Trading is Hazardous to Your Wealth: The Common Stock Investment Performance of Individual Investors«. In: *Journal of Finance* 55 (2), April 2000.

Odean, Terrance / Barber, Brad: »The Internet and the Investor«. In: *The Journal of Economic Perspectives*, Winter 2001.

Odean, Terrance: »Do Investors Trade Too Much?«. In: *American Economic Review* 89, December 1999.

Plexus Group: »Decision Timeliness and Duration«. Commentary no. 45, November 1995.

Schneider, Lukas: *Performance Consistency of UK Unit Trusts*. London 2007. Unveröffentlichtes Manuskript.

Sharpe, William: »Mutual Fund Performance«. In: *Journal of Business*, Special Supplement, January 1966.

Sharpe, William: »The Arithmetic of Active Management«. In: *Financial Analysts Journal* 47 (1), 1991.

Spiwoks, M.: »Verwendbarkeit der ZEW-Aktienkursprognosen für aktive Portfoliomanagementstrategien«. In: *Jahrbücher für Nationalökonomie und Statistik* 224 (1), 2004.

Surz, Ronald J. / Price, Mitchell: »The Truth About Diversification by the Numbers«. In: *Journal of Investing*, Winter 2000.

Taylor, Brian: »Total Investment Returns to International Stock Portfolios 1925–1998«. Download von www.globalfindata.com.

Thorley, Steven: »The Inefficient Markets Argument for Passive Investing«. February 1999, veröffentlicht bei www.indexfunds.com, 8.11.1999.

Van der Sluis, Pieter Jelle / Posthuma, Nolke: »A Reality Check on Hedge Fund Returns.« Working Paper, 8 July 2003, Free University of Amsterdam. Download von http://papers.ssrn.com.

Zhang, Lu: »The Value Premium«. University of Rochester Simon School of Business, Working Paper No. FR 02–19. Download von http://papers.ssrn. com, November 2002.

Zweig, Jason: »A Matter of Expectations«. Download von www.money.com, Januar 2001.

Websites

Dieser Abschnitt listet einige Websites auf, die für Indexer interessant sein können. Leider gibt es zum Thema passives Investieren / Indexing kaum wirklich empfehlenswerte Websites in deutscher Sprache. Es versteht sich von selbst, dass sich Online-Auftritte ständig verändern. Folglich ist die Gefahr, dass die nachfolgenden Informationen unvollständig oder veraltet sind, wenn Sie dieses Buch in der Hand halten, besonders groß. Ein Mangel vieler Websites liegt im Übrigen darin, dass die Informationen zu den Eigentümern/Betreibern entweder oberflächlich sind oder sogar vollständig fehlen. Auf diese Weise bleibt dem Nutzer oft verborgen, mit wem er es eigentlich zu tun hat und welche spezifischen Interessen sich hinter dem Angebot verbergen. Doch diese mangelnde Transparenz ist sicher kein Zufall: Scheinunabhängigkeit und Scheinneutralität lassen sich gut verkaufen. Verlassen Sie sich nicht blind darauf, objektiv oder umfassend informiert zu werden.

www.axa-im.de Anbieter von ETFs.

www.bafin.de Bundesanstalt für Finanzdienstleistungsaufsicht. Bietet unter anderem eine aktuelle Aufstellung aller in Deutschland zugelassenen ausländischen Investmentfonds.

www.bamweb.bamservices.com Website des amerikanischen Vermögensberaters Buckingham Asset Management (für die der bekannte Indexing-Buchautor Larry Swedroe arbeitet). Enthält generelle Informationen zum Thema passives Portfoliomanagement/Indexfonds.

www.bdb.de Bundesverband deutscher Banken e.V., Berlin. Die Website bietet eine Reihe nützlicher (kostenloser) Broschüren zu Geldanlage und Altersvorsorge.

www.behaviouralfinance.net Britische Website zum Thema Behavioural Finance (Anlegerpsychologie).

www.berkshirehathaway.com Website von Warren Buffetts berühmter Investmentgesellschaft (ein geschlossener Fonds nach amerikanischem Recht, der allerdings in Deutschland nicht beim BaFin registriert ist). Der einmal jährlich erscheinende Jahresbericht der Gesellschaft und ein etwa gleichzeitig publizierter Brief Buffetts an die Aktionäre sind inzwischen legendär für ihre hellsichtigen und oft sarkastischen Kommentare zum Investmentprozess und zur Finanzbranche allgemein.

www.bvi.de Bundesverband Investment und Asset Management e.V. Mit vielen nützlichen Gratisinformationen zum Thema Investmentfonds (einschließlich ETFs).

www.coffeehouseinvestor.com Website von Bill Shultheis, Autor des in den USA populären Buches *The Coffeehouse Investor*, eines sehr einfach gehaltenen, aber empfehlenswerten Buches zu Indexing. Gratis-Newsletter auf der Website abonnierbar.

www.dai.de Deutsches Aktieninstitut, Frankfurt/Main, eine Interessenvereinigung der börsennotierten Aktiengesellschaften in Deutschland zur Förderung des Aktienbesitzes. Die Website bietet viele brauchbare Broschüren und Informationen.

www.deutsche-finanzagentur.de Website der Finanzagentur der Bundesrepublik Deutschland (ehemals Bundesschuldenverwaltung und Bundeswertpapierverwaltung). Informiert über die sehr günstigen Konditionen und Merkmale der wichtigsten festverzinslichen Bundeswertpapiere; ferner darüber, wie man dort ein kostenloses Depot zur Verwaltung von Bundeswertpapieren einrichtet oder Sparpläne anlegt. Auch der Online-Kauf von Bundeswertpapieren ist möglich.

www.dfauk.com Dimensional Fund Advisors (DFA) ist in unseren Augen der beste Indexfonds-Anbieter der Welt. Leider sind die DFA-Fonds in Deutschland für Privatanleger noch nicht zugelassen (in manchen europäischen Ländern wie etwa Großbritannien ist das schon der Fall). Generell kann man in DFA-Fonds (in den Ländern, wo die Fonds registriert sind) nicht direkt, sondern nur über einen von DFA akkreditierten Finanzberater investieren.

www.dia-vorsorge.de Deutsches Institut für Altersvorsorge, Köln. Enthält außerordentlich nützliche Veröffentlichungen zum besorgniserregenden Thema gesetzliche Rentenversicherung und zur Altersvorsorge generell.

www.diehards.org Unseres Wissens derzeit das einzige permanente Diskussionsforum zum Thema Indexing und passives Investieren für Privatanleger. Exzellent.

www.dix.de Deutsche Immobilien Datenbank GmbH, Ersteller des »DIX« (deutscher Immobilienindex).

www.dowjones.com Website der amerikanischen Dow-Jones-Gruppe mit vielfältigen Wirtschaftsinformationen einschließlich Link zur Dow-Jones-Index-Seite.

www.easyETF.com Anbieter von ETFs.

www.econ.yale.edu/~shiller/data/ie_data.xls Website des Finanzökonomen Robert Shiller. Historische Indexrenditen und Index-KGVs.

www.efficientfrontier.com Website der amerikanischen Beratungsfirma von William Bernstein. Die Website widmet sich vor allem dem Thema Asset-Allokation, welche bekanntlich den größten Teil der Rendite eines Portfolios bestimmt, aber zugleich von den wenigsten Anlegern richtig verstanden wird. Sehr nützlich.

www.e-m-h.org Website zur Efficient-Market-Hypothese.

www.evansonasset.com Website des amerikanischen Vermögensberaters EAM Evanson Asset Management. Enthält generelle Informationen zum Thema passives Portfoliomanagement/Indexfonds.

www.exchange.de Website der Frankfurter Wertpapierbörse und ihrer Kooperationspartner.

www.exchangetradedfunds.de / www.deutsche-boerse.de/xtf Website der Tochtergesellschaft der Deutschen Börse AG, Frankfurt/Main, die für den Handel von börsengehandelten Indexfonds (ETFs) zuständig ist. Enthält eine sehr brauchbare Liste zu ETFs, die in Frankfurt gehandelt werden.

www.financialengines.com Beratungsunternehmen von Nobelpreisträger William Sharpe.

www.fondsweb.de Die Website enthält eine Suchfunktion für Indexfonds (einschließlich ETFs), wobei wohl nicht garantiert ist, dass alle in Deutschland zugelassenen Indexfonds oder ETFs auch gefunden werden.

www.gfa-fonds.de Deutsche Finanz-Website.

www.globalfindata.com Amerikanische Website, die historische Wertpapierdaten anbietet. Einige Datenreihen sind kostenlos.

www.gummy-stuff.org Website des kanadischen Mathematikers Peter Ponzo. Enthält Hunderte didaktisch liebevoll und sehr qualifiziert gemachter Artikel und Anleitungen zu finanzmathematischen Themen.

www.ifa.com / www.indexfundadvisors.com Website des amerikanischen Vermögensberaters Index Fund Advisors Inc. Enthält unter anderem generelle Informationen zum Thema passives Portfoliomanagement/Indexfonds und ein anspruchsvoll gestaltetes Online-Tool zur Bestimmung der eigenen Risikoneigung.

www.indexchange.de Anbieter von ETFs.

www.indexuniverse.com Website der Fachzeitschrift *Journal of Indexes*. Viele Artikel und Datenreihen zum Thema Indexing. Sehr gute Datenbank zu historischen Indexrenditen, Index-KGVs und Index-KBVs. Interessanter Gratis-Newsletter.

www.investorhome.com Website, die allgemeine Anlegerinformationen und Links zu einer großen Zahl anderer Finanz-Websites enthält.

www.investorsolutions.com Website des Buchautors Frank Armstrong zum Thema Low-Cost-, Buy-and-Hold-, passives Investieren. Guter Gratis-Newsletter.

www.ipdindex.co.uk International Property Databank Ltd., englisches Unternehmen, das mehrere internationale Immobilienindizes erstellt.

www.ishares.net Anbieter von ETFs

www.jasonzweig.com Amerikanischer Finanzjournalist, der sich wohltuend von seinen uninformierten, oberflächlichen Kollegen abhebt. Die Website enhält eine Menge interessanter Artikel zu den Themen passives Investieren, Altersvorsorge, Asset-Allokation und Kostenminimierung.

www.lyxoretf.de Anbieter von ETFs.

www.mba.tuck.dartmouth.edu/pages/faculty/ken.french/data_library.html Website des Finanzökonomen Ken French (mit historischen Datenreihen zum Herunterladen).

www.moneycentral.msn.com/investor Rechner zur Kalkulation der Restlebenserwartung.

www.moneychimp.com Interessante Finanz-Website.

www.moneyfruits.com Österreichischer Vermögensverwalter, der einen »Weltportfolio«-Investmentfonds anbietet, welcher sich an dem in diesem Buch empfohlenen Weltportfolio orientiert (auch als Sparplan erhältlich). Zahlreiche leicht lesbare Indexing-Artikel zum Download.

www.morningstar.de Deutsche Finanz-Website.

www.mscibarra.com Website der Morgan Stanley Capital International, einer Tochtergesellschaft der Investmentbank Morgan Stanley, zu den MSCI-Indizes. Hier können recht komfortabel Datenreihen zu den MSCI-Börsenindizes für Zeiträume von zehn Jahren und mehr kostenlos heruntergeladen werden.

www.onvista.de Deutsche Finanz-Website.

www.portfoliosolutions.com Website des Buchautors Richard Ferri und seiner Beratungsgesellschaft.

www.portfoliotheorie.com Deutsche Website zum Thema Moderne Portfoliotheorie und passives Investieren.

www.research-finance.com Website, die die neusten wissenschaftlichen Aufsätze zur Finanzökonomie auflistet.

www.retireearlyhome.com Website mit Finanzthemen für Personen vor und im Ruhestand.

www.schwab.com Website des weltweit größten Discount-Brokers Charles Schwab & Co, Inc. (USA). Interessante Broschüren zum Thema Geldanlage; eventuell interessant für Personen, die (in Kenntnis aller steuerlichen Implikationen) ein Depot in den USA eröffnen möchten.

www.sdk.org Schutzgemeinschaft der deutschen Kapitalanleger, München.

www.smarterinvestieren.de Deutsche Website zum Thema Indexing, erst seit kurzem online. Es bleibt abzuwarten, ob sie einen sinnvollen Beitrag zur Indexing-Szene im deutschsprachigen Raum leistet.

www.standardandpoors.com Website mit historischen Indexrenditen.

www.statestreetfrance.com Anbieter von Indexfonds und ETFs (auf der Website nach »StreetTracks« bzw. nach »Balzac-Fonds« suchen).

www.stoxx.com Website der Dow-Jones-Gruppe zur Stoxx-Index-Familie.

www.tamasset.com Website des amerikanischen Vermögensberaters Troutner Asset Management. Enthält gute Informationen zum Thema passives Portfoliomanagement/Indexfonds und einen elektronischen Newsletter, den man abonnieren kann.

www.t-online.de/etf Das Online-Portal zu ETFs der Autoren des Buches *Exchange Traded Funds. Die Investmentrevolution für Privatanleger.* Das Portal bietet aktuelle Informationen zu in Deutschland zugelassenen ETFs sowie eine nützliche Produktauflistung.

www.troweprice.com Website mit Monte-Carlo-Simulations-Tool für Privatanleger.

www.vanguard.com Website der amerikanischen Fondsgesellschaft Vanguard, die weltweit die meisten und größten Index-Publikumsfonds anbietet; leider bisher noch keine in Deutschland zugelassenen Fonds (in Österreich zugelassen, aber sehr hohe Mindestinvestmentschwelle). Nach DFA ist Vanguard wohl die global zweitbeste Fondsgesellschaft für Privatanleger. Die Website enthält unter anderem ein Fondsverzeichnis, Performance-Tabellen, Grundsatzartikel zu Indexing, aktuelle Marktdaten sowie eine riesige Anzahl exzellenter Gratisbroschüren zum Herunterladen. Hervorragend. Insbesondere das »Bogle Financial Markets Research Center« auf der separaten Website von Vanguard-Gründer John Bogle bietet brillante Aufsätze zu vielen Aspekten der Wertpapieranlage.

www.wikipedia.org Die englischsprachige Wikipedia enthält einige gute Artikel zum Thema »Indexing« (Suchbegriffe: »index investing«, »passive investing« und »asset allocation«).

www.world-exchanges.org Die Welt-Föderation der Börsen. Interessante Informationen zu den wichtigsten Börsen der Welt.

www.yahoo.de Enthält auch die deutsche Yahoo-Internet-Seite zum Thema Finanzen.

www.zertifikateboerse.de Website zu Indexzertifikaten.

www.zertifikateweb.de Deutsche Website zu Indexzertifikaten.

Glossar

Hinweis: Viele der in diesem Buch verwendeten Fachbegriffe werden im laufenden Text erläutert. Sollten Sie einen bestimmten Begriff nachstehend nicht finden, empfehlen wir, die entsprechende Textstelle mithilfe des Registerverweises aufzusuchen.

Adressrisiko, Bonitätsrisiko, Emittentenrisiko Besteht in der Gefahr negativer Wertschwankungen eines Wertpapiers (zum Beispiel Indexzertifikate, Aktien oder Anleihen), das heißt von Wertverlusten, weil sich das finanzielle Standing (Bonität, Kreditwürdigkeit) des Unternehmens, zu dem dieses Wertpapier gehört, verschlechtert hat. Im engeren Sinne die Gefahr, dass der Emittent einer Anleihe seinen Zins- und Kapitalrückzahlungsverpflichtungen nicht oder nicht termingerecht nachkommt.

Aktionärsrendite Engl. *total shareholder return*; die Rendite (üblicherweise jährlich gemessen), welche *alle* Ertragsbestandteile eines Wertpapiers enthält – in erster Linie Dividenden und Kurssteigerungen.

Anlagehorizont Die Dauer, für die ein Anleger eine bestimmte Anlage (Asset) mit großer bzw. größter Wahrscheinlichkeit zu halten beabsichtigt. Zum Beispiel sollte in Aktienfonds nur derjenige investieren, der einen Anlagehorizont von mindestens drei Jahren hat.

Antizyklisches Anlageverhalten Ein antizyklischer Anleger (engl. *contrarian investor*) investiert nicht im Einklang mit dem Markttrend – das wäre prozyklisches Verhalten –, sondern nutzt Börsenhochs und -tiefs, um entgegen dem Markt (antizyklisch) Wertpapiere zu kaufen bzw. zu verkaufen. Antizyklisches Anlageverhalten kann theoretisch zu höheren Gewinnen führen als prozyklisches Verhalten, scheitert aber wie viele andere aktive Anlagestrategien sehr oft in der praktischen Umsetzung. Antizyklisches Verhalten versucht die langfristig beobachtbare »Regression zum Mittelwert« auszunutzen. Es erfordert einen gewissen Mut, da man sich letztlich gegen die herrschende Meinung stellen muss. Prozyklisches Verhalten ist dagegen – vereinfacht gesagt – das, »was alle machen«, das heißt ein Investieren in die Asset-Klassen, die in der jüngeren Vergangenheit gut liefen (»performance chasing«).

Asset-Management Verwaltung (Management) von Vermögensanlagen durch in der Regel gewerbsmäßige Vermögensverwalter. Wird oft synonym zu dem Begriff Portfoliomanagement verwendet.

Ausschüttender Fonds Ein Investmentfonds, der die Dividenden und andere Barausschüttungen der in ihm enthaltenen Aktien einmal oder zweimal jährlich an die Fondsanleger ausschüttet. Das Gegenstück ist ein →thesaurierender Fonds. Steuerlich besteht kein Unterschied zwischen beiden Fondsvarianten.

Baisse, Bärenmarkt Engl. *bear market*, ein Börsenabschwung; Gegenteil von Bullenmarkt. Baisse = französisch für (sinngemäß) Börsenabschwung.

Barreserve Auch Cash- oder Liquiditätsreserve genannt. Jeder aktiv gemanagte Investmentfonds muss einen Teil seiner Fondsmittel in Cash (das heißt sehr kurzfristig verfügbaren Geldmarktanlagen) investieren, um jederzeit Fondsanteile von Anlegern zurückkaufen zu können. Diese Barreserve drückt die Performance jedes Aktien- und Rentenfonds in Aufschwungsphasen nach unten. Die relativ höhere Barreserve aktiv gemanagter Fonds ist einer der Gründe für ihren Renditenachteil gegenüber Indexfonds.

Basket-Zertifikat Engl. *basket* = Korb. Indexzertifikat, das auf einem von der Emissionsbank selbst kreierten »Index« basiert. Diese Zertifikate weisen fast immer höhere Kosten auf als einfache (→Plain-Vanilla-)Zertifikate. Bei einigen Basket-Zertifikaten kann die Zusammensetzung des Baskets während der Laufzeit des Zertifikates von der Emissionsbank verändert werden.

Besteuerungsrisiko, Steueränderungsrisiko Das Risiko der Senkung der Nachsteuerrendite einer Geldanlage aufgrund unerwarteter Änderung der Besteuerungsvorschriften. In den letzten Jahren hat dieses Risiko für die meisten Wertpapieranlageformen in Deutschland stark zugenommen.

Blend-Aktien Engl. *blend* = Mischung. Der Begriff wird gelegentlich verwendet, um den mittleren Bereich zwischen Value- und Growth-Aktien zu bezeichnen, also Aktien, die sich weder der einen noch der anderen Kategorie eindeutig zuordnen lassen.

Blue-Chips Englische Bezeichnung für Standardwerte (also Aktien von etablierten Großunternehmen mit hoher Marktkapitalisierung; in Deutschland zum Beispiel die im DAX gelisteten Unternehmen). Vgl. auch →Mid-Caps und →Small-Caps.

Bond Englische Bezeichnung für Anleihe, Schuldverschreibung, Industrieobligation (mittel- bis langfristige Schuldtitel); siehe →festverzinsliche Wertpapiere.

Bullenmarkt Auch engl. *bull market* oder frz. Hausse genannt, Börsenaufschwung. Gegenteil: bear market, Bärenmarkt, Baisse.

Bundesanstalt für Finanzdienstleistungsaufsicht (BaFin) Banken, Versicherungen und Fondsgesellschaften unterliegen der Aufsicht durch die BaFin.

Buy and Hold Dt.: »kaufen und halten«. Einfache Strategie, die zum Ziel hat, Wertpapieranlagen sehr langfristig im Portfolio zu halten und diese gerade nicht aufgrund kurzfristiger Kursschwankungen laufend zu traden (kaufen/

verkaufen). Buy and Hold macht deshalb Sinn, weil häufiges Traden hohe Transaktionskosten verursacht, die mögliche Erträge aus der besseren Bruttorendite der »neuen« Wertpapiere mehr als aufwiegen.

Data-Mining Dt.: »Datenbergbau«. Die sich in der Wissenschaft (Medizin, Ökologie, Soziologie, Wirtschaftswissenschaft) immer stärker ausbreitende Unsitte, mit computergestützten Korrelationsanalysen nach Parallelentwicklungen von Datenreihen zu suchen, zwischen denen dann ohne sachlogischen Beweis ein ursächlicher Zusammenhang postuliert wird. Tatsächlich können in historischen Datenbeständen stets mühelos »Muster«, Korrelationen und Marktanomalien gefunden werden, ganz besonders, wenn man den Datenbestand willkürlich eingrenzt. Ob diese Muster auch in der Zukunft für die gleiche Datenreihe weiter gelten werden, ist allerdings eine ganz andere Frage.

Depotbank Eine KAG (Kapitalanlagegesellschaft, Fondsgesellschaft) darf gemäß dem Gesetz für Kapitalanlagegesellschaften (KAGG) ein von ihr aufgelegtes Sondervermögen nicht selbst verwahren, sondern muss damit eine unabhängige Depotbank beauftragen. Dadurch bleibt das Fondsvermögen strikt vom Vermögen der KAG getrennt.

Depotbankgebühr Die Depotbank erhält für ihre Verwahrungs- und Kontrolltätigkeit eine Vergütung, die einige Promille des Fondsvermögens beträgt. Die genaue Höhe dieser Vergütung ist in den Besonderen Vertragsbedingungen des einzelnen Fonds angegeben. Die Gebühr wird dem Anleger nicht direkt belastet, sondern dem Fondsvermögen entnommen. Nicht zu verwechseln mit der → Depotgebühr.

Depotgebühr Gebühr, die ein Kreditinstitut für die Verwahrung und Verwaltung von Fondsanteilen für einen Anleger erhebt, also die persönlichen Wertpapierdepotkosten des Anlegers. Nicht zu verwechseln mit der → Depotbankgebühr. (Viele Direktbanken bieten inzwischen eine kostenlose Depotführung an.)

Dividendenrendite Engl. *dividend yield*; das Verhältnis aus Dividendenauszahlung pro Aktie und Aktienpreis. Sie liegt bei Großunternehmen durchschnittlich bei etwa 2 bis 3 Prozent p.a.

Emerging-Markets Dt.: »Schwellenländermärkte«; die Kapitalmärkte mittelmäßig entwickelter Volkswirtschaften (vor allem in Osteuropa, Lateinamerika, Ost- und Südostasien), üblicherweise gemessen am Bruttosozialprodukt pro Kopf (bis ca. 10 000 US-Dollar pro Jahr). In dieser Hinsicht stehen Schwellenländer also zwischen wirtschaftlich hoch entwickelten Industrieländern und gering entwickelten Dritte-Welt-Ländern. Schwellenländeraktien haben langfristig meist höhere Renditen als diejenigen von Industrieländern, weisen aber auch stärkere Wertschwankungen auf.

Equity-Premium Die Differenz zwischen der langfristigen Durchschnittsrendite von Aktien und risikolosen Anlagen (zum Beispiel kurzlaufenden Staatsschuldverschreibungen). Das E-P ist also eine »Risikokompensation«, sprich die Belohnung dafür, dass ein Aktionär durch Bereitstellung von Eigenkapital an ein durchschnittliches (Groß-)Unternehmen ein Verlustrisiko eingeht, das er bei einer risikolosen Anlage nicht zu tragen hätte. Das E-P liegt real bei etwa 3 bis 6 Prozentpunkten.

Event-Risk Event-Risk (engl. *event* = Ereignis) sind Risiken, die (a) extrem selten eintreten und daher besonders schwer zu prognostizieren und zu managen sind und (b), sofern sie eintreten, zumeist einen großen Schaden anrichten. Schwere Naturkatastrophen oder terroristische Anschläge können in diese Kategorie fallen.

Festverzinsliche Wertpapiere Engl. *bond*; Schuldverschreibungen mit einem feststehenden gleichbleibenden Verzinsungssatz (Nominalverzinsung). Der Anleger gewährt dem Emittenten quasi ein Darlehen in Höhe des Nennwertes; im Gegenzug hat er Anspruch auf eine feste nominale Verzinsung sowie Rückzahlung zu 100 Prozent zum Laufzeitende.

Fondsmanager Trifft die konkreten Anlageentscheidungen bei einem aktiv gemanagten Fonds im Rahmen der Anlagebedingungen, der Anlagegrundsätze und der gesetzlichen Anlagegrenzen. Das Fondsmanagement ist nicht frei von Fehleinschätzungen. Dieses Risiko ist nur durch Indexfonds auszuschalten.

Fonds-Picking Dem Stock-Picking vergleichbar. Fonds-Picking ist eine Vermögensverwaltung auf Fondsbasis und wird mittlerweile von zahlreichen Banken, Versicherungen und unabhängigen Vermögensverwaltern angeboten. Aber auch der einzelne Anleger kann Fonds-Picking praktizieren, wenn er mehr oder weniger laufend zwischen Fonds wechselt, um dadurch eine Überrendite zu erzielen. Fonds-Picking funktioniert noch schlechter als Stock-Picking. Von solchen Produkten ist aufgrund hoher Gebühren, mangelnder Transparenz und nicht nachgewiesenem Langfristerfolg abzuraten.

Free-Float Dt. etwa: »Streubesitz«; der Anteil der ausgegebenen Aktien eines Unternehmens, der jedenfalls im Prinzip für den Börsenhandel zur Verfügung steht. Aktienpakete im Staats- oder in Familienbesitz ohne »prinzipielle Handelsabsichten« gehören nicht zum Free-Float. Ein nach Marktkapitalisierung gewichteter Aktienindex kann bei der Berechnung des Gewichtes einer Aktie im Index entweder die Gesamtheit der Aktien eines Unternehmens berücksichtigen oder nur den Free-Float, der bei vielen Titel wesentlich kleiner ist als die Gesamtzahl der Aktien.

Geld-Brief-Spanne Engl. *bid/ask-spread* oder *bid/offer spread*; die Differenz zwischen dem Kaufpreis (Geldkurs, Bid) und dem Verkaufspreis (Briefkurs, Ask, Offer) für Wertpapiere oder Devisen. Der sogenannte Marktkurs liegt für gewöhnlich etwa in der Mitte dieser beiden Preise. Das heißt, man muss ungefähr die Hälfte der Spanne bei Kauf des Wertpapiers und die andere Hälfte beim Verkauf bezahlen (sofern sich die Spanne in der Zwischenzeit nicht geändert hat). Die Spanne ist umso enger, je »liquider« das Wertpapier ist, also je mehr Stücke umlaufen und je intensiver der laufende Handel in dem Papier ist. Die Geld-Brief-Spanne ist nicht wertpapierspezifisch, es gibt sie unter anderen Bezeichnungen (»Ankaufspreis«, »Verkaufspreis«) in praktisch jedem Markt, etwa im Gebrauchtwagenmarkt: Ein privater Verkäufer wird einen Wagen normalerweise nur zu einem niedrigeren Preis als den ursprünglichen Kaufpreis verkaufen können. Der Spanne repräsentiert unter anderem die Händlermarge.

Geldmarktanlagen Kurzfristige, risikoarme (und in der Regel niedrig verzinsliche) Geldanlagen, wie Termin- oder Festgelder, Geldmarktfonds, Sparbücher oder Konten mit variabler Guthabenverzinsung, Staatsanleihen der Bundesrepublik Deutschland bis etwa 18 Monate Laufzeit.

Hedging siehe → Kurssicherung

Index Ein Index ist eine statistische Maßzahl für die kollektive Wertentwicklung einer Gruppe von Aktien, festverzinslichen Wertpapieren oder anderer Asset-Typen mit einigen gemeinsamen objektiven Eigenschaften. Der Deutsche Aktienindex (DAX) etwa repräsentiert die Wertentwicklung der nach der Marktkapitalisierung 30 größten deutschen Aktiengesellschaften. Indizes dienen unter anderem als Vergleichsmaßstab (Benchmark) für die Wertentwicklung aktiv gemanagter Investmentfonds. Neben bekannten und repräsentativen Aktienindizes wie dem DAX, dem amerikanischen Dow-Jones-Index für 30 Industriewerte, dem Nikkei-225-Index für japanische Titel oder den diversen Morgan Stanley Capital International (MSCI)-Indizes gibt es auch weniger bekannte Indizes wie den amerikanischen Russell 2000, der 2000 amerikanische Nebenwerte umfasst. Hinzu kommen Rentenindizes wie der deutsche REX oder der Salomon Brothers (SALB). Weltweit existieren etwa 5000 verschiedene Wertpapierindizes (siehe auch Abschnitt 4.2).

Informationseffizienz In den Kapitalmärkten suchen ständig Millionen Experten und Insider nach Informationen, die zur Gewinnerzielung verwertet werden können. Wenn derartige Informationen existieren, ist daher die Wahrscheinlichkeit ihrer Entdeckung hoch. Danach durchdringen die Informationen den Markt in rasender Geschwindigkeit, zumeist dadurch, dass aufgrund dieser Informationen gehandelt wird, nicht notwendigerweise durch ihre formale Publikation. Das Internet und bestimmte gesetzliche Vorschriften erhöhen die Informationseffizienz immer weiter. In einem informationseffizienten Markt sind alle öffentlichen und vermutlich auch die meisten Insider-Informationen bereits in den Kursen enthalten, also nicht mehr verwertbar.

Institutionelle Investoren Banken, Versicherungen, Investmentfonds, Pensionskassen, Sozialversicherungsträger, Großunternehmen und andere Kapitalsammelstellen werden als institutionelle Investoren bezeichnet. Ihnen ist gemeinsam, dass sie ständig große Volumina von Geldern in praktisch allen Segmenten des Kapitalmarktes anlegen. Institutionelle Investoren gelten als die »professionellsten« Anleger am Kapitalmarkt.

Investmentfonds (= Fonds) Nach deutschem Recht ist ein Investmentfonds ein Sondervermögen, das von einer Kapitalanlagegesellschaft verwaltet und von einer von ihr unabhängigen Depotbank verwahrt wird. In einem Investmentfonds bündelt die Anlagegesellschaft die Gelder vieler Anleger, um sie nach dem Prinzip der Risikomischung in verschiedenen Vermögenswerten nach definierten Anlagegrundsätzen gewinnbringend anzulegen.

ISIN International Security Identification Number (engl. *security* = Wertpapier); ein europaweit einheitlicher Code zur Identifikation von Wertpapieren. Ersetzt die deutsche »WKN« (Wertpapierkennnummer).

Kaufkraftparität Engl. *purchasing power parity*. Finanzielle Größen wie Umsatz oder Gewinn, aber auch volkswirtschaftliche Variablen wie das Bruttoinlandsprodukt müssen stets in einer bestimmten Währung gemessen werden. Notiert die Ausgangsgröße in einer Fremdwährung, stellt sich die Frage, welcher Wechselkurs anzusetzen ist. Relativ zu ihrer inländischen Kaufkraft können Wechselkurse Währungen unter- oder überbewerten. Schwellenländerwährungen sind im langfristigen Durchschnitt sehr häufig unterbewertet. Daher werden für den internationalen Vergleich zum Beispiel von Bruttoinlandsprodukten, also der Wirtschaftskraft pro Land oder pro Kopf, oft die nominalen Wechselkurse durch einen sogenannten Kaufkraftparitäten-Kurs ersetzt, der die relativen Verhältnisse korrekter (»realistischer«) ausdrückt.

Kurs-Gewinn-Verhältnis Engl. *p/e ratio (price earnings ratio)*; das Verhältnis des Aktienkurses zum jährlichen Gewinn der Aktiengesellschaft.

Kursindex siehe → Preisindex

Kurssicherung (Hedging) Absicherung eines erreichten Kursniveaus durch entsprechende Transaktionen am Options- oder Terminmarkt zur Risikosenkung. Beispielsweise lässt sich ein Fonds durch Devisenkurssicherungsgeschäfte vor Währungsverlusten schützen. Mit anderen Instrumenten oder Techniken kann man das Kursverlustpotenzial reduzieren. Die Kosten für diese Geschäfte werden dem Fondsvermögen entnommen und belasten damit den möglichen Wertzuwachs. Auf lange Sicht ist Kurssicherung eher renditeschädlich (siehe Abschnitt 3.8).

Länderrisiko (politisches Risiko) Die Wertminderungsrisiken eines Investments, die auf hoheitliche, politische oder soziale Maßnahmen und Ereignisse im Investitionsland zurückgehen, zum Beispiel Enteignungen, Krieg, Bürgerkrieg, willkürliche Rechtsänderungen, Kapital- und Devisenverkehrsbeschränkungen, Ein- und Ausfuhrverbote oder Preisobergrenzen. Auch »politisches Risiko« genannt.

Leerverkauf Engl. *short selling*; der Verkauf eines Wertpapiers (oder Assets im Allgemeinen), das man im Augenblick des Verkaufes noch nicht besitzt (aber kostenpflichtig geliehen hat), zu einem vorher festgesetzten Preis. Die eigentliche Lieferung (Andienung) des Wertpapieres erfolgt erst zu einem vereinbarten Zeitpunkt in der Zukunft, wenn der Marktpreis (Kassapreis) des Assets entweder höher oder niedriger sein kann. Der Leerverkäufer hofft, dass der Marktpreis des Wertpapiers dann unter den ursprünglichen Verkaufspreis gefallen sein wird; er spekuliert also auf fallende Kurse. Im Augenblick der Andienung muss der Leerverkäufer das Wertpapier kaufen und es dann andienen/liefern. Ist der Preis tatsächlich gefallen, erzielt der Leerverkäufer einen Gewinn. Die meisten Banken in Deutschland lassen Privatanleger keine Leerverkäufe durchführen.

Leverage, Leveraging Dt.: Hebelwirkung; gemeint ist im Zusammenhang mit Kapitalanlagen, dass diese teilweise über einen Kredit (statt komplett aus Eigenmitteln) finanziert werden. Dadurch erhöht sich die Rendite des eigenen Kapitals, vorausgesetzt, die Rendite der Kapitalanlage ist höher als die Kreditzinsen. Durch Leveraging wird der Risikograd eines Portfolios erhöht. Privaten Anlegern ist von diesem Vorgehen (ausgenommen zur Immobilienfinanzierung) fast immer abzuraten. Siehe Abschnitt 3.5.

Market Impact Costs Wörtlich »Markteinwirkungskosten«. Entscheidet sich ein Fonds bei einem gegebenen Marktpreis und einem gegebenen Volumen an umlaufenden Aktien, eine vergleichsweise große Menge (in der Regel mehr als 1 bis 2 Prozent) des Volumens einer bestimmten Aktie zu verkaufen, führt das häufig dazu, dass der Fonds nicht zum augenblicklichen Marktpreis verkaufen kann, sondern nur zu einem niedrigeren Preis, da das zusätzliche Angebot den Markt (den derzeitigen Gleichgewichtspreis) zu stark beeinflusst. Der umgekehrte Effekt kann bei einem Kauf auftreten. Market Impact Costs verschlechtern insbesondere die Performance großer Investmentfonds. In engen, illiquiden Märkten (bestimmte Emerging-Markets oder bestimmte Branchen) können sogar schon Trades mit geringfügigem Volumen von Market Impact Costs betroffen sein. Deswegen ist der »Marktpreis« nicht immer der tatsächliche erzielbare Preis.

Mid-Caps *Mid-sized capitalization*; englische Bezeichnung für mittelgroße Unternehmen mit mittlerer Marktkapitalisierung (in Deutschland zum Beispiel die 70 Unternehmen des MDAX, die auf die 30 DAX-Unternehmen folgen).

Optionen, Optionsgeschäft Erwerb oder Veräußerung des Rechts, eine bestimmte Anzahl von Wertpapieren jederzeit während der Laufzeit der Option (Optionsschein) zu einem im Voraus vereinbarten Preis (Basispreis) entweder vom Kontrahenten (Stillhalter) zu kaufen oder an ihn zu verkaufen. Für dieses Recht hat der Käufer bei Abschluss des Optionsgeschäfts den Optionspreis (Prämie) zu zahlen. Gehandelt werden Kaufoptionen (*Calls*) und Verkaufsoptionen (*Puts*), die jeweils ge- und verkauft (geschrieben) werden können. Während Kaufoptionen das Recht, nicht jedoch die Pflicht gewähren, ein bestimmtes Wertpapier innerhalb eines bestimmten Zeitraums zu einem festgelegten Preis (dem Basispreis) zu kaufen, verbriefen Verkaufsoptionen das Recht, aber nicht die Pflicht, ein bestimmtes Wertpapier innerhalb einer definierten Zeitspanne zu einem festgelegten Preis zu verkaufen. Mit Calls spekuliert ein Anleger mit geringerem Kapitaleinsatz auf steigende Kurse, während er mit Puts sein Portfolio gegen fallende Kurse versichern kann, um sich gegen Rückschläge am Markt zu schützen. Optionen sind für passive, langfristig orientierte Anleger in der Regel kein sinnvolles Investment.

Performance In diesem Buch verstehen wir unter Performance letztlich dasselbe wie unter dem Begriff »Rendite«. Gelegentlich wird der Begriff auch enger als risikoadjustierte (risikogewichtete) Rendite verstanden.

Performance-Index Wertpapierindex, dessen Entwicklung sowohl die Kursgewinne der im Index enthaltenen Wertpapiere (zum Beispiel Aktien bei einem Aktienindex) reflektiert als auch die unterjährig ausgezahlten Dividenden und andere Ausschüttungen. Hierbei wird rechnerisch angenommen, dass diese Ausschüttungen sofort wieder in die Aktien des Index reinvestiert werden. Gegenteil: →Preisindex.

Plain-Vanilla-Indexzertifikat Mit dem Ausdruck *plain vanilla* (dt. »einfache Vanille«) werden salopp Wertpapiere beschrieben, die vergleichsweise einfach strukturiert sind. Bei Indexzertifikaten sind dies zum Beispiel Zertifikate ohne Cap/Renditegrenze (Discount-Zertifikate), Floor/Renditeminimum (Garantiezertifikate) oder andere besondere Ausstattungsmerkmale. Im Unterschied zu »strukturierten« Zertifikaten partizipieren Plain-Vanilla-Zertifikate vollständig am entsprechenden Index.

Politisches Risiko siehe →Länderrisiko

Portfolio, Portefeuille Die Summe aller Vermögenswerte eines Anlegers; im engeren Sinne die Summe seiner Wertpapiere oder die Zusammensetzung eines Depots, das über mehrere Depotkonten oder -banken verstreut sein kann. Bei Investmentfonds versteht man unter Portfolio die Summe der Wertpapiere, die der Fonds zu einem gegebenen Zeitpunkt hält.

Preisindex Wertpapierindex, der kurssenkende Ausschüttungen im Gegensatz zu einem →Performance-Index nicht rechnerisch berücksichtigt. Insofern stellt ein Preisindex keinen objektiven Maßstab für die Rendite des gemessenen Wertpapiermarktes dar. Wird auch Kursindex genannt.

Prozyklisches Anlageverhalten Siehe →Antizyklisches Anlageverhalten.

Quanto Namenszusatz bei Fonds, ETFs und Zertifikaten, der zum Ausdruck bringt, dass das Investmentprodukt währungsgesichert ist (zu den Vor- und Nachteilen von Währungssicherung siehe Abschnitt 3.8).

Rendite Der Ertrag pro Zeiteinheit einer Investition ins Verhältnis gesetzt zu dieser Investition (Verzinsung des eingesetzten Kapitals). Die Zeiteinheit ist häufig ein Jahr. Es existiert eine Vielzahl von Renditebegriffen, die oft nicht sauber voneinander getrennt verwendet werden: Vorsteuerrendite, Nachsteuerrendite, Bruttorendite, nominale Rendite, reale Rendite, zeitgewichtete Rendite, geldgewichtete Rendite usw. Die Rendite einer Investmentanlage beruht auf den liquiden Ertragseinnahmen des Fonds (zum Beispiel Zinsen, Dividenden, realisierte Kursgewinne) und den Kursveränderungen der im Fonds befindlichen Werte. Siehe auch →Performance.

Research Dt.: Forschung; Analyse eines Wertpapiers hinsichtlich seiner Kurschancen bzw. eines Unternehmens hinsichtlich seiner Ertragskraft.

Risikofreie (risikolose) Anlage, risikofreier Zins Der risikofreie Zinssatz ist allgemein ausgedrückt jene Rendite, die das niedrigstmöglich Ausfallrisiko (Bonitätsrisiko), aber durchaus ein Marktrisiko (zum Beispiel das allgemeine

Zinsänderungsrisiko) beinhaltet. In der realen Welt gibt es nur Näherungsgrößen für diesen Zinssatz. Die in Deutschland zumeist verwendete Näherungsgröße ist der Zinssatz für kurzfristige Verbindlichkeiten des Staates (bis zu zwölf Monaten). Ersatzweise kann man auch den Festgeldzinssatz großer Banken mit einwandfreier Bonität für zum Beispiel dreimonatige Laufzeiten verwenden.

Risikotoleranz Jeder Anleger hat eine spezifische Risikotoleranz (Risikotragekapazität), die sich aus dem Zusammenwirken vieler Faktoren ergibt, darunter seine psychologische Risikoneigung (seine »Nerven«), sein Vermögen, sein laufendes Einkommen, sein monatlicher Geldverbrauch, seine restliche Lebensarbeitszeit und seine Restlebenszeit. Eine Person mit einer hohen Risikotoleranz ist in der Lage, einen nach Höhe und Dauer bestimmten Wertverlust ihres Portfolios emotional und/oder finanziell leichter zu ertragen als eine Person mit niedriger Risikotoleranz.

Sachwert Aktien, Aktienfondsanteile und Immobilien sind Sachwerte, die normalerweise durch unerwartete Geldentwertung nicht an Wert einbüßen (ihr Wert steigt parallel zur Inflation), während festverzinsliche Wertpapiere und Rentenfondsanteile, Sparguthaben, Festgelder und Bargeld durch Inflation an Wert verlieren.

Selbstzerstörung Aufgrund des intensiven Wettbewerbs um hohe Renditen und der generellen Informationseffizienz der Wertpapiermärkte wirkt die Veröffentlichung einer Anlagestrategie, mit der der Markt geschlagen werden könnte, selbstzerstörerisch auf die Strategie. Aufgrund ihrer Anwendung durch eine rasch steigende Zahl von gewinnhungrigen Imitatoren werden diejenigen Assets, auf die die Strategie abzielt, schnell so teuer, dass sich die Strategie nicht mehr »rechnet« (bei einer Shorting-/Leerverkaufsstrategie wäre der Mechanismus umgekehrt, hätte jedoch dieselbe Wirkung).

Short-Selling siehe → Leerverkauf

Small-Caps *Small capitalization*; englische Bezeichnung für Unternehmen mit kleiner Marktkapitalisierung (Nebenwerte, kleine börsennotierte Unternehmen).

Stopp-Loss-Order Order zum Verkauf eines Wertpapiers, sobald der Kurs einen bestimmten Schwellenwert (der unter dem gegenwärtigen Marktpreis liegt) unterschritten hat. Stopp-Loss-Orders funktionieren letztlich weitaus schlechter, als ihre Befürworter gerne behaupten.

Themenzertifikat Indexzertifikat, das in eine bestimmte Branche oder in ein von der Emissionsbank relativ eng definiertes Aktiensegment investiert (zum Beispiel deutsche Internet-Aktien). Diese Zertifikate haben zumeist höhere Kosten als einfache (→ Plain-Vanilla-) Zertifikate. Von einem Kauf von Themenzertifikaten raten wir ab.

Thesaurierender Fonds Fonds, der die liquiden Erträge seiner Wertpapiere nicht ausschüttet, sondern sofort wieder intern investiert. (Die Besteuerung dieser Erträge ist unabhängig davon, ob sie ausgeschüttet werden oder nicht.) Siehe auch → ausschüttender Fonds.

Total Expense Ratio (TER) Dt.: Gesamtkostenquote (eines Fonds). Umfasst alle laufenden Kosten eines Fonds (mit Ausnahme der Wertpapierhandelskosten), die die echte Nettorendite bestimmen, zum Beispiel die Verwaltungsgebühr, die Kosten für Fondsmanagement und -research sowie die Depotbankgebühr. Diese Kosten werden ins Verhältnis gesetzt zum Fondsvolumen an einem bestimmten Stichtag (Net Asset Value). Nicht berücksichtigt sind hierbei einmalige Kosten wie zum Beispiel der Ausgabeaufschlag, ein eventueller Rückgabeabschlag sowie die (laufenden) persönlichen Depotkosten des Anlegers; ebenso die Wertpapierhandelskosten des Fonds, die mit der Performance verrechnet werden. Das TER ist die aussagekräftigste Kostengröße für die Beurteilung eines Fonds, aber auch das TER beinhaltet nicht alle Kosten.

Tracking-Error Die Differenz zwischen der Rendite eines Wertpapierindex und der Nettorendite einer diesen Index abbildenden Indexanlage (Indexfonds, Indexaktie, Indexzertifikat). Der Tracking-Error entspricht im Wesentlichen den Kosten, die die Performance der Anlage gegenüber derjenigen des Index (der ja keine Kosten enthält) etwas vermindern. Der Tracking-Error der kostengünstigsten Indexanlagen liegt bei etwa 0,25 Prozentpunkten, der Durchschnitt bei 0,5 bis etwa 1 Prozentpunkt.

Trading Das tendenziell kurzfristig orientierte Kaufen und Verkaufen von Wertpapieren (oder Fondsanteilen) mit dem Ziel der Realisierung von Kursgewinnen. Unzählige Studien haben gezeigt, dass bei objektiver Messung lediglich eine fast vernachlässigenswert kleine Minderheit von Privatanlegern hierbei Überrenditen erzielt.

Transaktionskosten Sämtliche Kosten, die mit dem Kaufen, Halten und Verkaufen von Wertpapieren einhergehen (Geld-Brief-Spanne, Courtagen, Spesen, Provisionen, Ausgabeaufschläge, Verwaltungsgebühren, Research-Kosten). Gelegentlich werden auch Steuern unter diesem Begriff berücksichtigt.

Umschlagshäufigkeit Engl. *turnover*; Begriff, der die durchschnittliche Haltedauer der von einem Fonds gehaltenen Wertpapiere bezogen auf ein Jahr beschreibt. Eine Umschlagshäufigkeit von 0,9 oder 90 Prozent besagt zum Beispiel, dass ein Aktienfonds eine einzelne Aktie durchschnittlich 90 Prozent eines Jahres (also 329 Tage) hält. Je hoher die Umschlagshäufigkeit, desto höher auch die renditebelastenden Transaktionskosten des Fonds. Die Umschlagshäufigkeiten aktiver Investmentfonds sind in den letzten 20 Jahren kontinuierlich gestiegen.

Vertriebszulassung Bevor ausländische Fondsanteile in Deutschland öffentlich zum Vertrieb angeboten werden können, muss die Investmentgesellschaft das Anzeigeverfahren für den öffentlichen Vertrieb beim Bundesaufsichtsamt für das Kreditwesen ordnungsgemäß durchlaufen haben. Nicht zugelassene Fonds werden steuerlich benachteiligt.

Verwaltungsgebühr Auch Managementgebühr oder engl. *management fee* genannt; jährlich vereinnahmte Grundgebühr (als Prozentsatz des vom einzelnen Anleger in den Fonds investierten Anlagevolumens) der Kapitalanlagegesellschaft für die Verwaltung. Liegt im Allgemeinen zwischen 0,5 Prozent und 2,0 Prozent p.a. Die Gebühr wird direkt aus dem Fondsvermögen entnommen.

Weltportfolio Eine in diesem Buch verwendete Bezeichnung für ein Aktienportfolio, das mehrere breit anlegende Investmentfonds enthält, die die wichtigsten, regionalen Asset-Klassen repräsentieren: Aktien Nordamerika, Aktien Westeuropa, Aktien Japan und Ozeanien, Aktien Schwellenländer (Naher und Mittlerer Osten, Ost- und Südostasien ohne Japan, Osteuropa, Lateinamerika, Afrika). Die Gewichtung der sechs Asset-Klassen entspricht grob den volkswirtschaftlichen Größenverhältnissen dieser Regionen (gemessen anhand des Bruttoinlandsprodukts). Ferner sind Immobilien und Rohstoffe Bestandteil des Portfolios, da diese Asset-Klassen eine vergleichsweise niedrige Korrelation zu Aktien und gleichzeitig ausreichend hohe Renditen aufweisen. Zusammen mit der →risikofreien Anlage ergibt das Weltportfolio ein spezifisches Finanzportfolio, dessen gesamter Risikograd über das Größenverhältnis zwischen risikofreier Anlage und Weltportfolio gesteuert wird, nicht jedoch über die Struktur des Weltportfolios selbst.

Anmerkungen

1 Ein diversifiziertes Indexing-Portfolio wie in diesem Buch vorgestellt (sogar ohne risikosenkende Beimischung von Anleihen oder Geldmarktanlagen) hätte im Crash von Ende 1999 bis Ende 2002 insgesamt (kumulativ) 4 Prozent gewonnen, gegenüber einem Verlust von 56 Prozent beim DAX.

2 Im weiteren Verlauf wird uns das Thema Risiko und insbesondere das Konzept der Standardabweichung noch viele Male begegnen. Lesern, die mit dem etwas komplizierten statistischen Risikomaß der Standardabweichung wenig vertraut sind, sei der Abschnitt »Risiko richtig verstehen« im Anhang anempfohlen.

3 Einige wichtige Anmerkungen zur Interpretation der in diesem Buch ausgewiesenen Indexrenditen finden Sie im Anhang (»Anmerkungen zu den verwendeten Renditedaten«).

4 Zu den renommiertesten Studien gehören diejenigen von William Sharpe (1966), Michael Jensen (1968), Burton Malkiel (1995), Mark Carhart (1997), Robert Arnott et al. (2000) und Terrence Odean (1999, 2000).

5 Diese Kosten liegen für Anleger in Einzelaktien im Durchschnitt noch höher als für Fondsanleger, weil sie insgesamt mehr traden (kaufen und verkaufen) und somit höhere Transaktionskosten verursachen.

6 Aufgrund seines Namens halten viele Anleger den MSCI-World-Index für einen »Weltaktienindex«, der den globalen Aktienmarkt abbildet (zu diesem wichtigen Index sind in Deutschland zugelassene Indexanlagen verfügbar). Das trifft aber nicht ganz zu. Der MSCI World umfasst zum einen nur die 23 entwickelten Länder (also keine Schwellenländer) und lässt außerdem Nebenwerte (mittlere und kleinere Unternehmen) außen vor, ist also ein reiner Blue-Chip-Index. Die regionale Gewichtung in dem Index sieht ungefähr wie folgt aus: USA 50 Prozent, Westeuropa 32 Prozent, Japan 12 Prozent, restliche Industrieländer 5 Prozent.

7 Man kann aktive Anlagestrategien auf vielerlei Weise klassifizieren: Ein interessantes Kriterium unterscheidet zwischen Strategien, die davon ausgehen, dass Wertpapierkurse immer nur vorübergehend von ihrem inneren (wahren) Wert abweichen, um dann irgendwann wieder dorthin zu konvergieren (einen Prozess, den der aktive Anleger auszubeuten versucht), und

solchen, die annehmen, ein Konvergieren zu einem wahren Wert gebe es überhaupt nicht, sondern nur gewisse Trends, die sich durch die richtige Analysetechnik erkennen und ausbeuten ließen. Für beide »Philosophien« finden sich keine wissenschaftlich haltbaren Belege.

8 Dem Autor sind nur eine Hand voll solcher Anleger bekannt (die meisten davon inzwischen »in Rente«), deren langfristige, objektive Outperformance (nach Kosten und Risiko) für den Durchschnitt ihrer Investments in dokumentierter Form belegbar ist. Sollten Sie eine größere Zahl solcher Superinvestoren kennen, schreiben Sie bitte an gerd_kommer@hotmail.com.

9 Im Ökonomendeutsch: Die asymmetrische Verteilung von Informationen zwischen den Marktteilnehmern ist weniger bedeutsam, als viele journalistische »Experten« und Buchautoren glauben, die so gerne von Beispielen »irrationaler Investoren« berichten. Damit glauben sie zu beweisen, dass der Markt als solcher nicht effizient sein könne. Das ist Unsinn. Die relevanten Informationen befinden sich nämlich nicht bei irgendeinem bestimmten Investor, sondern im Preis des Gutes selbst. Der legendäre Wirtschaftsnobelpreisträger Friedrich von Hayek bezeichnete Marktpreise daher als »quantitative Indizes, in denen alle relevanten Informationen verdichtet sind«, und das ist so gut wie immer mehr Information, als irgendein einzelner Marktteilnehmer auf der Basis öffentlich zugänglicher Informationen besitzt.

10 Es sollte daher auch nicht verwundern, dass die Ende der neunziger Jahre erstmalig aufgelegten Investmentfonds mit einer auf Erkenntnissen der Behavioral Finance basierenden Anlagestrategie in der Mehrzahl enttäuschende Ergebnisse aufweisen.

11 Literaturhinweise zum Beispiel in The Indexinvestor, April 2005, S. 21 ff. (www.indexinvestor.com).

12 Siehe zum Beispiel Joos, Christian Martin / Kilka, Michael: »Sind Aktienportfolios privater Anleger ausreichend diversifiziert?« In: Die Bank, 12/1999.

13 Die geometrische Durchschnittsrendite wird in Abschnitt 2.13 erläutert.

14 Die Hypothese, derzufolge das Aktienrisiko im Zeitablauf abnimmt – obwohl in der gesamten Finanzbranche als »Grundgesetz« der Aktienanlage einhellig etabliert –, ist in der Wissenschaft nicht ganz unumstritten. Je nachdem, wie man Risiko misst (zum Beispiel durch die kumulative anstelle der periodenbezogenen Standardabweichung), kann man nämlich auch zu dem Ergebnis kommen, dass das Aktienrisiko von der Länge des Zeithorizontes unabhängig ist oder sogar im Zeitablauf zunimmt. Diese beiden Schlussfolgerungen setzen allerdings jeweils mehrere Annahmen voraus, die aus unserer Sicht bei realen Anlegern (Haushalten) – wenn überhaupt – nur selten vorliegen. Hierauf näher einzugehen würde den Rahmen dieses Buches sprengen. Wir weisen lediglich auf einen Punkt hin, der in diesen Untersuchungen hervorgehoben wurde: Haushalte, bei denen Humankapital und Rentenansprüche (einschließlich Kapitallebensversicherungen) sowie

Immobilienvermögen (siehe hierzu Abschnitte 3.5 und 3.6) relativ zu ihrem Gesamtvermögen einen sehr kleinen Anteil ausmachen, sollten eine eher konservative (niedrige) Aktienquote in ihrem Gesamtportfolio bevorzugen, selbst bei sehr langem Anlagehorizont. Dasselbe gilt für Anleger, deren Humankapital (künftiges Gehalt) stark mt dem Aktienmarkt verknüpft ist.

15 Das wesentliche Problem dieser Asset-Klasse aus Investorensicht besteht in der Unklarheit hinsichtlich ihrer tatsächlichen Langfristrendite und Renditeschwankungen. Ferner sind Kunstinvestments normalerweise sehr illiquide und verursachen beträchtliche Lager-, Verwaltungs- und Versicherungskosten. In globalen Krisenzeiten dürfte diese Asset-Klasse besonders wertanfällig sein. Fazit: Nur geeignet für vermögende »Bonvivants«, die sich niedrige Rendite und hohe Risiken leisten können.

16 Zu den faszinierenden Erkenntnissen der Behavioral Finance, deren Lektüre auch für Privatanleger sehr lohnt, siehe Weber (2007).

17 Ausgewertet wurden die Publikationen *Der Aktionär, Börse-Online, DM, Focus Money, Finanzen, Finanztest, Der Fonds, Handelsblatt* und *Telebörse*.

18 »Revidierte« Prognosen sind in den Berichten von Aktienanalysen allgegenwärtig. Bei genauer Überlegung sind sie ein Kuriosum. Eine Prognose trifft entweder ein, dann war sie korrekt, oder sie tut es nicht, dann war sie falsch. Eine dritte Möglichkeit existiert nicht. Eine »revidierte« Prognose ist schlicht eine neue Prognose, die auf eine falsche folgt. Es ist bedauerlich, aber nicht überraschend, dass die Prognostiker nicht das Rückgrat haben, die Dinge beim Namen zu nennen.

19 Wer sich mit der mehr als enttäuschenden Bilanz der meisten aktiven Anlagestrategien näher beschäftigen möchte, dem seien die Bücher von Burton Malkiel und James P. O'Shaughnessy empfohlen (siehe Literaturverzeichnis).

20 Bei sogenannten Leerverkäufen von Wertpapieren (*short selling*) gilt die umgekehrte Reihenfolge, das Prinzip aber ist das Gleiche.

21 KGVs (*price earnings ratios*, abgekürzt *p/e ratios*) für die rund 50 wichtigsten Länderindizes finden sich in der britischen *Financial Times*, Sektion »Companies & Markets« (englische Ausgabe) sowie auf der Website www. indexuniverse.com.

22 Konventionelle »Blue-Chip«- oder Standardwerte-Aktienindizes wie die MSCI-Länderindizes, der DAX, der S&P 500, der Dow Jones Industrial Average, der Nikkei oder der Euro Stoxx 50 bestehen konstruktionsbedingt überwiegend aus sogenannten »Growth«-Aktien. Grund: Growth-Aktien haben in der Regel eine deutlich höhere Marktkapitalisierung als Value-Aktien und sind überdies auch zahlreicher.

23 Stiftung Warentest, *Handbuch Investmentfonds*. Berlin 1997, S. 68.

24 Der vermutlich erfolgreichste Anleger der Welt, Warren Buffett (genauer gesagt seine Investment-Holding »Berkshire Hathaway Inc.«) erzielte von

1965 bis 2006 eine Aktionärsrendite von 21,9 Prozent p.a. gegenüber 9,8 Prozent p.a. für den S&P 500-Index. In den letzten Jahren (so auch in 2006) hat Berkshire den S&P allerdings unterperformt.

25 Dass die arithmetische Durchschnittsrendite ohnehin ein irreführendes (wenn auch gebräuchliches) Renditemaß ist, werden wir in diesem Abschnitt weiter unten sehen.

26 Den internen Zinsfuß können Sie mit einem Tabellenkalkulationsprogramm wie etwa MS Excel für Ihre eigenes Portfolio relativ leicht selbst ausrechnen, sofern Ihnen die Daten der Einzahlungen in das Portfolio sowie der Entnahmen aus dem Portfolio zur Verfügung stehen.

27 Näheres zu dieser Methode beim BVI, Frankfurt/Main (www.bvi.de).

28 Im Anhang (»Fünf nützliche Mathekniffe«) wird dargestellt, wie man rechnerisch korrekt von der nominalen zur realen Rendite gelangt.

29 Interessanterweise ist Inflation ein Phänomen der jüngsten historischen Vergangenheit. Einigermaßen verlässliche Inflationsdaten liegen ab etwa dem Jahr 1600 vor. Daraus lässt sich das Folgende ablesen: Von 1600 bis zum Beginn des Ersten Weltkrieges gab es in Westeuropa und den USA praktisch überhaupt keine Inflation im Sinne eines langfristigen Kaufkraftsverlustes einer Währung. Zwar traten kürzere Zeitperioden von mehreren Jahren, in einzelnen Fällen sogar Jahrzehnten auf, in denen das allgemeine Preisniveau anstieg, aber dieser allgemeine Anstieg war stets vorübergehend und auf Angebotsverknappung infolge von Missernten oder Kriegen zurückzuführen. Innerhalb weniger Jahre nach einem solchen Ereignis fiel das Preisniveau für gewöhnlich wieder auf das ursprüngliche Niveau zurück. Nennenswerte und dauerhafte Inflationsraten traten erst im 20. Jahrhundert auf, als die Regierungen der westlichen Staaten nach und nach die Goldbindung ihrer Währungen (den sogenannten »Goldstandard«) abschafften. Dadurch konnten sie nun ohne jede Begrenzung Geld drucken, um Aufrüstung, einen ausufernden Wohlfahrtsstaat und andere Programme zur Ausdehnung der staatlichen Macht oder zum »Kauf« von Wählerstimmen zu finanzieren. Generell ist Inflation nichts anderes als eine indirekte Steuer auf die Inhaber von Geldvermögen im Unterschied zu Sachvermögen, denn der Wert dieses Geldvermögens wird in dem Maße, wie es Inflation gibt, geschädigt. Da »arme« Haushalte im Vergleich zu wohlhabenden Haushalten einen größeren Anteil ihres Gesamtvermögens als Geldvermögen (Bargeld, Sparguthaben und festverzinsliche Anleihen im Unterschied zu Sachvermögen wie Aktien und Immobilien) halten, trifft sie Inflation als eine Form der staatlichen Enteignung relativ stärker als reiche Haushalte.

30 Dabei spielt es keine Rolle, ob es sich dabei um eine Einmalprovision oder eine laufende Vergütung aus dem Depotbestand handelt.

31 In den USA und Großbritannien haben sich längst »fee only«-Vermögensberater etabliert, die gegen ein festes Honorar beraten, ohne Produkt- oder Verkaufsprovisionen und Ähnliches zu vereinnahmen. Nur von solchen Rat-

gebern ist dauerhaft interessenkonfliktfreie Qualitätsberatung zu erwarten, die sich langfristig durch bessere Nettorenditen für den Anleger bezahlt macht. Der deutsche Finanzmarkt hinkt hier wieder einmal hinterher.

32 Der deutsche Hersteller des Plüschtier-Maskottchens »Goleo« der Fußball-WM 2006.

33 Peter Lynch bemerkt über Rentenfonds sarkastisch: »Es ist ziemlich sinnlos, Yo-Yo Ma [einen der weltbesten Cellisten] dafür zu bezahlen, das Radio anzustellen.« (P. Lynch, *Beating the Street*, 1993)

34 Man kann fast alle Bundeswertpapiere gebührenfrei bei den Banken oder auch direkt bei der Finanzagentur der Bundesrepublik Deutschland (früher »Bundesschuldenverwaltung«), www.deutsche-finanzagentur.de, erwerben und dort kostenfrei verwalten lassen. Sogar Ansparpläne sind bei der BSV möglich. Lediglich die an der Börse gehandelten Bundesobligationen und Bundesanleihen verursachen Kauf- und Verkaufskosten, wenn Sie sie nicht bei Ausgabe, das heißt als neu emittierte Papiere mit voller Restlaufzeit, erwerben, sondern während der Laufzeit kaufen, beispielsweise, weil Sie eine Bundesobligation mit einer Restlaufzeit von zwei Jahren (statt der vollen 5¼ Jahre) erwerben wollen.

35 Die Korrelation 20-jähriger US-Staatsanleihen mit dem S&P-500 Index in den letzten 80 Jahren war zwölfmal so hoch wie diejenige von Geldmarktanleihen. Hinzu kommt, dass die Korrelation langfristiger Anleihen und Aktien in Aktienabschwungsphasen oft vorübergehend ansteigt, also genau dann zunimmt, wenn man es als Anleger am wenigsten wünscht.

36 Bei Hedge-Fonds liegt die gesamte Kostenbelastung (verrechnete Kosten zuzüglich nicht verrechneter Kosten) weitaus höher als bei herkömmlichen Fonds. Hat ein durchschnittlicher aktiv gemanagter Aktienfonds eine jährliche Verwaltungsgebühr von rund 1,5 Prozent (Indexanlagen oft weniger als die Hälfte), liegen Hedge-Fonds oder Hedge-Fonds-Zertifikate im Mittel bei etwa 2 Prozent. Darüber hinaus zwacken sich Hedge-Fonds noch 10 bis 20 Prozent der Jahresrendite ab (sofern positiv oder über einem Mindestwert) und belasten eine Rückgabegebühr von selten unter 1 Prozent (oft zeitlich gestaffelt, in den Anfangsjahren mehr, nach drei Jahren dann sinkend). Unterstellt man optimistisch eine langfristige Fondsrendite von 10 Prozent, fließen davon also etwa 3,5 Prozentpunkte oder rund ein Drittel der Bruttorendite an die Fondsgesellschaft, sogar ohne Berücksichtigung eines möglichen Ausgabeaufschlages, der bei Hedge-Fonds fast immer 1 bis 2 Prozentpunkte höher liegt als bei aktiven Aktienfonds und 2 bis 3 Prozentpunkte höher als bei Indexaktienfonds.

37 Das hierbei eingesetzte statistische Verfahren (»Mean-variance-Optimierung«) setzt eben auch normalverteilte Renditen voraus.

38 Hedge-Fonds werden fälschlich oft als neue »Asset-Klasse« bezeichnet, was sie nicht sind. Hedge-Fonds sind lediglich Anlagevehikel, die mittels bestimmter Strategien ihrerseits in eine oder mehrere der bekannten Asset-Klassen investieren. Dasselbe gilt auch für Private-Equity-Fonds.

39 Beispielsweise brachten Schwellenländeraktien in den Jahren 2001 bis 2003 knapp 14 Prozent p.a. gegenüber 7,2 Prozent p.a. für Hedge-Fonds.

40 Hiervon gibt es neuerdings Ausnahmen (die sogenannten Fondsbörsen).

41 Weltweit geraten jährlich Dutzende von Banken in Schieflagen oder sogar in Konkurs. Die meisten notleidenden Institute werden, bevor es zu Anlegerschäden kommen kann, von konkurrierenden Banken übernommen oder vom Staat gestützt. Auch in Deutschland hat es nach dem Zweiten Weltkrieg schon eine Bankenpleite gegeben, bei der Anleger Schaden erlitten haben (Herstadt-Bank).

42 Gelegentlich werden Indexzertifikate aus Marketinggründen ohne Geld-Brief-Spanne angeboten (An- und Verkaufskurs sind identisch). Doch »dahinter verbirgt sich zu einem Großteil Augenwischerei. Denn allein der Umstand, dass es keine Abweichung zwischen An- und Verkaufspreis gibt, sagt nichts darüber aus, ob der Preis auch fair berechnet wurde. In der Praxis zeigt sich häufig, dass bei Anbietern mit Spread (Geld-Brief-Spanne) trotzdem günstiger eingekauft werden kann« (Etterer, Schmitt, Wambach). Vermutlich berechnet die Emissionsbank dieser Zertifikate den Einheitskurs einfach etwas zu hoch, sodass bei Auflösung des Zertifikates ein Überschuss für die Bank bleibt, der dem Spread entspricht.

43 In das Gesamtportfolio sollten idealerweise sämtliche Vermögensgegenstände eines Haushaltes einbezogen werden. Dazu zählen neben Wertpapieren alle übrigen Vermögensanlagen, zum Beispiel Immobilien, Lebensversicherungen, Bausparverträge und Kunstgegenstände, sogar ein teures Auto, wenn es vollkaskoversichert ist, und anderes mehr. Selbst das »Humankapital« (siehe Abschnitt 3.6) gehört letztlich dazu.

44 Korrelationen schwanken im Zeitablauf, das heißt, diese Werte müssen und werden im Zeitablauf nicht stabil bleiben. Die Veränderungen sind aber nicht zuverlässig vorhersagbar.

45 Diese Zahlen beziehen sich auf die Klassifizierung des Index-Providers Dow Jones Wilshire. Andere Index-Provider wie MSCI oder Standard & Poor's weichen hiervon geringfügig ab.

46 Und wieder ist es oft billige Sensationsmache, die mit historischen Fakten und Vernunft wenig zu tun hat. Zwei Beispiele für solche »sensationsheischenden Bücher«: *Der neue Kalte Krieg. Kampf um die Rohstoffe* und *Rohstoffe – der attraktivste Markt der Welt*. Wenn Letzteres der Fall wäre, dann müsste sich ein Trend der (real) fallenden Preise, der logisch zu begründen ist und über 200 Jahre angedauert hat, nunmehr radikal umkehren.

47 Dieser Index setzt sich wie folgt zusammen: Öl/Energie 17,6 Prozent, Agrarrohstoffe/-produkte 53 Prozent, »Industrials« (Kupfer und Baumwolle) 11,8 Prozent, Edelmetalle 17,6 Prozent. (Stand Ende 2006)

48 Dieser Begriff ist weniger kompliziert, als er klingt. Futures sind wie gesagt Warenterminkontrakte, also Termingeschäfte (hierbei fallen Geschäftsabschlussdatum, an dem der Preis und alle anderen Bedingungen des Ge-

schäftes festgelegt werden, sowie Liefer- und Bezahldatum des Kaufgegenstandes zeitlich auseinander). Termingeschäfte gab es in der Landwirtschaft schon 100 Jahre vor Columbus' Entdeckungsfahrten. Ein Futures-TR-Index reflektiert die Erträge aus (a) den zugrunde liegenden Kassapreisveränderungen (Spot-Market-Preis) im Zeitablauf, die langfristig – wie wir gezeigt haben – null sind, aber in den letzten sieben Jahren ausnahmsweise positiv waren, (b) dem sogenannten »Roll-Return«, der sich aus dem möglichen Unterschied zwischen Kassapreis (Spot-Market-Preis) am Einlösetermin des Futures-Kontrakts und dem Futures-Preis ergibt (diese Differenz ist langfristig bei Öl im Durchschnitt leicht positiv), sowie (c) den Zinseinnahmen, die aus dem hinterlegten Kapital (Besicherung des Kontrakts) für die Kaufsumme erwirtschaftet werden (dieses Kapital wird bei einem rollierenden Futures-Kontrakt ja normalerweise nie eingesetzt). Ganz wichtig: Die sogenannte »Excess-Return«-Variante (ER) der Indizes enthält letztere Renditekomponente nicht und hat daher stets eine niedrigere Rendite als die TR-Variante des relevanten Index.

49 Historische Immobilienrenditen reichen leider nicht annähernd so lange zurück wie Aktien- und Anleihenrenditen. Die vorhandenen Datenreihen sind daher weniger verlässlich.

50 Für die mathematisch orientierten Leser: Die Eigenkapitalrendite (»EKR«) kann zum Beispiel mit der folgenden Formel berechnet werden: EKR = ungeleveragte Rendite + (Verhältnis Fremdkapital : Eigenkapital) x (ungeleveragte Rendite – Zinskosten). Beispiel: EKR = 10 % + (80 %/20 %) x (10 % – 7 %) = 22 %.

51 Man kann wohl annehmen, dass die meisten »Häuslebauer«, ihre Bankberater und Journalisten das Risiko von Immobilieninvestments unterschätzen. Wahrscheinlicher Grund: Es fehlt eine Börse, auf der man die Rendite- und Preisschwankungen tagtäglich objektiv beobachten kann. So ist etwa die Standardabweichung (also das Risiko) geleveragter Immobilienrenditen in Europa ungefähr viermal so hoch wie diejenige deutscher Staatsanleihen und wohl genauso hoch oder höher als die von Aktien. (Andere Risikomaße wie zum Beispiel der Anteil der Jahre mit negativen Renditen oder die niedrigste Jahresrendite bestätigen dieses Bild.) »Sichere Immobilien«? Es steht zu vermuten, dass die meisten Immobilieninvestoren unterbewusst dagegen aufbegehren, sich das ja nur schwer beobachtbare Risiko ihrer Immobilienanlage einzugestehen. Die Realität tritt jedoch spätestens dann zutage, wenn man die Immobilie tatsächlich verkauft.

52 Selbstredend ist eine solche Schätzung von großer Unsicherheit geprägt. Gleichwohl macht es Sinn, sie alle paar Jahre einmal anzustellen. Am einfachsten lässt sich die Kalkulation mit einem Tabellenkalkulationsprogramm bewerkstelligen. Benutzen Sie dabei die Formel »BW«. Nicht vergessen: Ihr Gehalt als eine negative Zahl eingeben.

53 Zu allen diesen qualitativen Aussagen finden sich konkrete Zahlen in dem Aufsatz von Crédit Suisse, 12/2000 (siehe Literaturverzeichnis).

54 Das mag den einen oder anderen Leser verwundern, trifft aber zu: Damals bestanden zum einen weniger Handelshemmnisse wie etwa Zölle und Einfuhrbeschränkungen, und zum anderen bedeutete der weltweit gültige Goldstandard, dass es im internationalen Handel keine Wechselkursrisiken gab.

55 Eine ähnliche Untersuchung hat William Bernstein für die Aktienmärkte der USA und Großbritanniens über den längeren Zeitraum von 1919 bis 1994 angestellt. Die Korrelation während der ersten 19 Jahre betrug 0,66, diejenige während der letzten 19 Jahre 0,18. (Bernstein, 2001)

56 Das sind (a) die industrialisierten Regionen Westeuropa, Nordamerika, Japan und Australien/Neuseeland (insgesamt 25 Länder) und (b) die Emerging-Markets, also im Wesentlichen Ost-/Südosteuropa, Ost-/Südostasien, Lateinamerika und Südafrika (insgesamt mehr als 30 Länder). Hongkong und Singapur werden manchmal den Emerging-Markets, manchmal den entwickelten Märkten zugeordnet.

57 Eine umfassende Auflistung nationaler Indizes findet sich unter http://en.wikipedia.org/wiki/List_of_stock_market_indices.

58 Der Euro Stoxx 50 ist in diesem Sinne ein besonders »schlechter«, weil enger Index. Er deckt nur weniger als 40 Prozent der Marktkapitalisierung der Europäischen Währungsunion ab und ist »Growth-lastig«.

59 Vanguard ist immerhin in Österreich und der Schweiz zugelassen, dort allerdings mit einem beschränktem Produktprogramm und besonders hohen Mindestanlagebeträgen. Beide Gesellschaften haben Zulassungen für mehrere andere europäische Länder. Bleibt zu hoffen, dass Vanguard und DFA in den nächsten Jahren auch in Deutschland Zulassungen beantragen.

60 Da es sich bei diesen Zertifikaten somit letztlich um passive Anlagevehikel auf Value-Aktien handelt, sind sie potenziell interessant, denn es gibt nach wie vor noch nicht genügend Indexanlagen auf Value-Indizes. Ferner werden (immerhin) 85 Prozent der Nachsteuerdividenden an den Anleger weitergegeben (die Dividendenrendite ist bei Value-Aktien im Durchschnitt höher als bei Growth-Aktien) und die Zertifikate haben keine Laufzeitbegrenzung. Der 15-prozentige Abzug bei den Dividenden ist zwar ärgerlich, aber angesichts des allgemeinen Mangels an Value-Indexanlagen wohl so lange hinnehmbar, bis es Produkte ohne diesen Abzug gibt. Ein weiterer potenzieller Nachteil der Zertifikate ist die Indexanpassung auf monatlicher Basis, was als sehr häufig erscheint und übermäßige Transaktionskosten verursachen könnte.

61 Länger als bis 1978 reichen die uns vorliegenden Daten nicht für alle vertretenen Asset-Klassen zurück.

62 MSCI hat inzwischen eine Indexserie entwickelt, die auf dem BIP-Ansatz beruht. Die Ergebnisse werden jedoch nicht frei zugänglich veröffentlicht.

63 Generell gilt, dass realisierte Kursgewinne auf »Fondsebene« (das heißt innerhalb des Fonds) in Deutschland (anders als zum Beispiel in den USA)

steuerfrei sind. Die Angaben in diesem Abschnitt beziehen sich stets auf die Anlegerebene.

64 Weitere empirische Untersuchungen, die belegen, dass Indexfonds auch in den angeblich ineffizienten Märkten konsistent vor aktiven Fonds liegen, finden sich beispielsweise in Swedroe (2005), S. 80 ff.

65 Nicht erwerbsfähige Personen sind Kinder und Jugendliche bis zum 15. Lebensjahr und Personen über 65 Jahre. Dabei werden Kinder und Jugendliche nur mit 1/3 gewichtet, da ihre Lebenshaltungskosten statistisch entsprechend niedriger sind als die alter Menschen, was auf unterschiedliche Gesundheitskosten und andere Ursachen zurückzuführen ist.

66 Dies ist zugegebenermaßen lediglich ein Argument für den »relativen« Vorteil von Aktien gegenüber anderen Anlageformen, nicht aber dafür, dass die absoluten Renditen von Aktien so hoch bleiben wie bisher.

67 Dass die Normalverteilung die Renditerealität nicht ganz korrekt beschreibt, zeigt folgendes Beispiel: Zwischen dem 3. Juni 2002 und dem 18. Mai 2007 (1295 Tradingtage, rund fünf Jahre) betrug die durchschnittliche tägliche Rendite des MSCI Deutschland 0,05 Prozent (gerundet) und die Standardabweichung dieser Tagesrenditen 1,5 Prozent (gerundet). Demnach dürfte ein Tagesverlust von mehr als 3 Prozent (das sind zwei Standardabweichungen) an sich nur an maximal 2,5 Prozent aller Tradingtage (also maximal an 32 Tagen) vorkommen. Tatsächlich fand ein solcher Tagesverlust aber 46-mal statt. Das heißt, das tatsächliche Risiko war in dieser Betrachtungsweise um fast die Hälfte höher, als es bei einer korrekten Normalverteilung der Tagesrenditen hätte der Fall sein dürfen.

68 Aus Gründen der Einfachheit haben wir für alle Berechnungen des Sharpe-Ratios in diesem Buch den einheitlichen risikofreien Zinssatz von 3,0 Prozent verwendet.

69 Änderung ab Anfang 2009 zu erwarten.

Danksagung

Herr Lukas Schneider von Dimensional Fund Advisors, London, hat das Manuskript gelesen und mir wertvolle Hinweise und Anregungen zum verwendeten statistischen Zahlenmaterial gegeben. Frau Christiane Meyer vom Campus Verlag und Herr Jan W. Haas, Berlin, haben das Buch sehr kompetent betreut, einige Unplausibilitäten beseitigt, den Lesern eine Reihe von Wiederholungen erspart und Struktur sowie Schreibe verbessert. Verbleibende Fehler gehen allein zu meinen Lasten.

Register